资本市场学院
CHINA CAPITAL MARKET INSTITUTE

U0819509

上市公司并购重组

规则·实务·案例

资本市场学院◎编著

M&A FOR LISTED COMPANIES:
RULES, PRACTICE, AND CASES

中国财经出版传媒集团
中国财政经济出版社

图书在版编目（CIP）数据

上市公司并购重组：规则 · 实务 · 案例 / 资本市场学院编著. --北京：中国财政经济出版社，2023.7（2023.11 重印）

ISBN 978-7-5223-2113-4

Ⅰ. ①上… Ⅱ. ①资… Ⅲ. ①上市公司-企业兼并-中国 Ⅳ. ①F279.246

中国国家版本馆 CIP 数据核字（2023）第 052269 号

责任编辑：马　真　　　　　　责任校对：胡永立

封面设计：中通世奥　　　　　责任印制：刘春年

上市公司并购重组：规则 · 实务 · 案例

SHANGSHI GONGSI BINGGOU CHONGZU：GUIZE · SHIWU · ANLI

中国财政经济出版社 出版

URL：http：//www. cfeph. cn

E-mail：cfeph@ cfeph. cn

社址：北京市海淀区阜成路甲 28 号　邮政编码：100142

营销中心电话：010-88191522　编辑部电话：010-88190957

天猫网店：中国财政经济出版社旗舰店

网址：https：//zgczjjcbs. tmall. com

北京时捷印刷有限公司印刷　各地新华书店经销

成品尺寸：170mm×240mm　16 开　34.75 印张　504 000 字

2023 年 7 月第 1 版　2023 年 11 月北京第 2 次印刷

定价：96.00 元

ISBN 978-7-5223-2113-4

（图书出现印装问题，本社负责调换，电话：010-88190548）

本社质量投诉电话：010-88190744

打击盗版举报热线：010-88191661　QQ：2242791300

本书编写组

（按姓氏笔画排序）

王　亚　王开定　王泰基　左　迪　叶铭芬　乐君波
刘　宁　刘成伟　刘会军　刘运宏　刘佳婧　关　芮
许泽旻　杜雅文　李俊灏　李彦华　杨常建　吴永杰
吴　童　沈　笠　张　磊　陈　韵　屈真真　赵　桐
赵　涔　胡品品　姜翼凤　贾　明　黄　荷　黄盼盼
章哲妍　梁真菲　彭　亚　董光启　蔡明月　管瑞龙
樊灿宇

序　言

提高上市公司质量是党中央、国务院从战略和全局高度作出的重大决策部署。近年来，中国证监会深入贯彻习近平新时代中国特色社会主义思想，聚焦“健全资本市场功能，提高直接融资比重”，紧紧围绕“建设中国特色现代资本市场”这一目标，出台多项措施推动形成提高上市公司质量的强大合力，促进科技、资本和实体经济高水平循环。

为充分发挥并购重组优化资源配置、提升市场效率、激活主体活力、培育新动能的主渠道作用，监管机构持续深化改革，推动上市公司借助并购重组做大做强。经过多年发展，我国已成为仅次于美国的全球第二大并购市场。2023 年，全面注册制实施牵引中国特色现代资本市场建设进入新征程，为我国资本市场带来全方位、根本性变化，并购重组优化存量资源的作用更加明显。

为帮助相关市场主体全面、精准把握注册制下的监管政策，提升并购重组质量及效能，特别是提升上市公司“关键少数”并购重组的规范化水平，自成立以来，学院持续开展系列并购重组专题培训。在教学过程中，根据学员意见反馈，学院发现有必要编写一本权威性、系统性、实操性兼具的并购重组教材，以帮助学员全面、深入理解并购重组相关规则和操作实务。为此，学院于 2022 年启动了上市公司并购重组教材编写计划。根据 2023 年 2 月全面注册制实施后发布的并购重组制度规则，并结合 2021 年 11 月上市公司监管法规体系首次全面整合修订有关内容，在 7 家参编单位大力支持下完成了本书的编写工作。

本书全面介绍了各板块上市公司收购、重大资产重组、分拆与分立、股份回购等业务模块所涉及的最新规则内容、审批要求以及并购重组实践过程中的操作重点。为便于读者对照使用并购重组领域的相关制度规则，深入把握重点和疑难问题，本书大体上按照并购重组制度规则的内在逻辑进行排列，对涉及的主要概念、内容条分缕析，提炼了实际操作中的难点、关键问题，且充分运用案例进行深入浅出、有针对性的解答。

全书由华泰联合证券、广发证券、国信证券 3 家证券公司，金杜律师事务所、环球律师事务所、天职国际会计师事务所 3 家市场专业机构以及中国人民大学国际并购与投资研究所合作完成。华泰联合证券参与了本书前期筹划及框架拟定。全书共分为导论篇、收购篇、重组篇、其他业务篇四个部分，各章节主要内容及执笔单位如下：

导论篇为第一章，即“上市公司并购重组发展与趋势展望”，由中国人民大学国际并购与投资研究所执笔。

收购篇为第二章至第七章。第二章“上市公司收购概论”由中国人民大学国际并购与投资研究所执笔；第三章“上市公司收购的信息披露”由金杜律师事务所执笔；第四章“协议方式收购上市公司”由环球律师事务所执笔；第五章“上市公司要约收购”由广发证券执笔；第六章“上市公司收购主要关注问题”第一节至第四节由华泰联合证券执笔，第五节由金杜律师事务所执笔，第六节由天职国际会计师事务所执笔；第七章“上市公司收购所聘中介机构职责”由广发证券执笔。

重组篇为第八章至第十三章。第八章“上市公司重大资产重组概论”、第九章“上市公司发行股份购买资产”、第十章“上市公司重组上市”、第十一章“换股吸收合并”、第十二章“上市公司重大资产重组主要关注问题”第一节至第九节以及第十一节、第十三章“上市公司重大资产重组所聘中介机构职责”由华泰联合证券执笔；第十二章第十节由天职国际会计师事务所执笔，第十二节、第十三节由金杜律师事务所执笔。

其他业务篇为第十四章至第十五章。第十四章“上市公司分拆与分立”、第十五章“上市公司股份回购”由国信证券执笔。

资本市场学院研究和教培工作人员承担了全书的统筹和校阅工作。

为尽最大努力确保内容的准确性、及时性，在本书编写过程中，参与人员多次校稿研讨并几易其稿。但因全面注册制实施过程中资本市场各项制度规则处于快速优化完善状态，市场实践也不断发生变化，加之编写人员能力有限，书中的部分内容难免存在偏差，请读者在阅读、使用本书时，注意与最新法律法规相对照。后续学院也会根据政策与实践的变化不断修订并及时更新本书内容，如果您在阅读、使用过程中有任何意见和建议，欢迎发送邮件至jxyj@ccmi.edu.cn，我们将予以参考修订。

资本市场学院

2023年4月

目　录

导论篇

收购篇

重组篇

其他业务篇

导论篇

第一章　上市公司并购重组发展与趋势展望

第一节　上市公司并购重组概论

一、上市公司并购重组的含义

上市公司并购重组是市场约定俗称，并非准确的法律概念，其主要包括对上市公司股权结构、资产和负债结构、收入及利润产生重大影响的上市公司控制权转让（收购）、资产重组（购买、出售资产）、股份回购、合并和分立等业务活动。从概念名称上，可以将上市公司并购重组拆分为上市公司收购和上市公司资产重组两大类。

上市公司收购主要是指收购人通过合法的手段，获得上市公司股权，进而取得或者巩固上市公司控制权的行为。上市公司收购主要涉及股权结构的调整，目标大多指向公司控制权的变动，核心是股东准入。在我国，上市公司收购行为主要受到《中华人民共和国证券法》（以下简称《证券法》）和《上市公司收购管理办法》（以下简称《收购办法》）等法律法规的规范。

上市公司资产重组主要涉及上市公司的资产、负债和业务的整合，目标是优化公司的资产规模和质量、产业和行业属性，其结果将导致上市公司资产结构的变化，核心是资产业务的准入。在我国，上市公司资产重组行为主要受到《证券法》和《上市公司重大资产重组管理办法》（以下简称《重组办法》）等法律法规的规范，其中上市公司重大资产重组是监管的重点。《重组办法》（2023 年修订）第二条对上市公司重大资产重组进行了明确定义，即“上市公司及其控股或者控制的公司在日常经营活动之外购买、出售资产或者通过其他方式进行资产交易达到规定的标准，导致上市公司的主营业务、资产、收入发生重大变化的资产交易行为”。《重组办法》（2023 年修订）第十二条又进一步明确了上市公司重大资产重组的判断标准，即“上市公司及其控股或者控制的公司购买、出售资产，达到下列标准之一的，构成重大资产重组：（一）购买、出售的资产总额占上市公司最近一个会计年度经审计的合并财务会计报告期末资产总额的比例达到百分之五十以上；（二）购买、出售的资产在最近一个会计年度所产生的营业收入占上市公司同期经审计的合并财务会计报告营业收入的比例达到百分之五十以上，且超过五千万元人民币；（三）购买、出售的资产净额占上市公司最近一个会计年度经审计的合并财务会计报告期末净资产额的比例达到百分之五十以上，且超过五千万元人民币。”

值得注意的是，当上市公司采取发行股份购买资产，或者采取吸收合并其他上市公司或者股份回购时，则同时涉及上市公司收购（股东结构发生变化）和上市公司资产重组（公司内部的资产结构发生变化），这也是上市公司资本运作的常态化模式，所以上市公司并购重组便成为耳熟能详的概念了。

二、上市公司并购重组的业务范围

目前，上市公司并购重组的业务范围包括上市公司收购、资产重组、股份回购、上市公司分立与合并等。

在实务中，我国上市公司收购的业务范围分为二级市场举牌收购、协议收购、要约收购、间接收购、国有股权划拨、司法拍卖转让、管理层收购等。上市公司资产重组的业务范围则包括购买资产、出售资产、以对外投资或以合资方式实施资产重组等。在上市公司资产重组业务中，上市公司分拆子公司上市业务在 2019 年 12 月 13 日证监会正式公布《上市公司分拆所属子公司境内上市试点若干规定》（证监会公告〔2019〕27 号，以下简称《境内分拆规定》）之后日益受到关注。所谓的上市公司分拆子公司上市，是指上市公司将部分业务或资产，以其直接或间接控制的子公司的形式，在证券市场首次公开发行股票上市或实现重组上市的行为。2022 年 1 月 5 日，证监会公布了《上市公司分拆规则（试行）》（证监会公告〔2022〕5 号，以下简称《分拆规则》），统一了上市公司分拆子公司在境内外上市的条件，明确和完善了分拆条件的判断标准。

上市公司回购股份，是指上市公司利用现金等手段，收购公司发行在外的一定数额股票的行为。该行为将导致公司股东结构变化，因此也属于上市公司并购重组的业务范围。

上市公司分立，通常是指对上市公司资产和负债进行分割，将原来一家上市公司分立形成两家上市公司并分别独立上市的行为，主要涉及资产的重组。

上市公司合并，是指两个或两个以上的上市公司依照《公司法》规定的条件和程序，通过订立合并协议，共同组成一个公司的行为。上市公司合并又可分为吸收合并和新设合并两种类型。

第二节　上市公司并购重组业务的历史演变

一、主要业务发展概述

（一）上市公司收购

1993 年，深宝安（000009）收购延中实业（600601）是我国首例举牌收购案例，随后又发生了深圳万科（000002）举牌上海申华（600653）、深圳无极举牌飞乐音响（600651）、君安证券举牌上海申华（600653）等案例，但整体数量不多。2005 年股改之后，实现了股本全流通和同股同权，举牌收购的数量明显增多，其中 2015—2016 年更是因保险公司频频举牌迎来举牌收购的高峰期。但由于举牌收购上市公司的成本较高，而且容易引起现有股东或者管理层的反制，导致举牌收购的难度较大。在股票发行注册制改革的背景下，上市公司壳资源的价值也有所下降，因此近年来举牌收购的热度有所降低。

1994 年，棱光实业（600629）股权转让是我国资本市场第一例协议收购案例。在 2005 年股改之前，由于国有股和法人股不能流通，因此股权转让主要通过协议转让方式进行。2005 年股改之后，协议转让仍然是上市公司收购的重要手段之一，但协议收购更加市场化。根据笔者统计，2013 年前我国上市公司涉及实际控制人变更的协议收购数量整体比较平稳，但自 2014 年开始，尤其是 2018 年后，上市公司的协议收购持续活跃。主要原因之一是有些上市公司大股东爆发股票质押风险，上市公司经营也面临困境，为此许多地方政府成立纾困基金，帮助民营上市公司及其大股东化解流动性风险和股票质押风险，从而导致协议收购更加活跃。

2003 年，南钢联合公司要约收购南钢股份（600282）是我国资本市场第一例要约收购案例。从 2018 年开始，我国上市公司要约收购的数量明显增加，其原因与协议收购相似，即 2018 年以后整体市场环境的变化，导致上市公司原控股股东不得不稀释持股比例，甚至不惜转让上市公司的控制权。

1999 年，琼民源（000508）公众股股东以其所持股份为限，1∶1 等量置换北京住总集团所持有的中关村科技股份。这是我国资本市场最早的上市公司吸收合并案例。据不完全统计，截至目前上市公司通过换股吸收合并上市公司的有 50 多家，其中大部分吸收合并发生在国有企业之间，主要目的是解决同业竞争，提升综合竞争力等。

上市公司间接收购也常有发生，其主要有三种模式。第一种是直接收购上市公司大股东的股权，实现对大股东控股，进而间接控制上市公司，这也是目前比较流行的方式。第二种是对上市公司大股东进行增资，获得大股东控制权，从而取得上市公司的实际控制权。第三种是投资者与上市公司大股东成立合资公司，其中上市公司大股东以其所持有的上市公司股权出资，投资者获得合资公司的控制权，从而间接控制上市公司。

近年来，由于一些上市公司经营不善、债务违约、破产重整等因素，导致通过司法拍卖、破产重组、债务重组获得上市公司控制权的数量快速增加，据不完全统计，2021 年因司法拍卖及破产重整导致的上市公司控制权变动的数量分别为 16 家和 12 家。此外，2020 年 2 月 14 日证监会发布上市公司再融资新规，允许上市公司引入战略投资者后，引入战略投资者的整合模式也受到上市公司青睐。比较特殊的管理层收购，则多发生在 1999—2002 年，近年来少有发生。

（二）上市公司资产重组

随着资本市场发展以及上市公司数量增加，2016 年之前我国上市公司资产重组活跃度不断上升。尤其在 2012—2015 年，上市公司资产重组的热度上升更加明显。主要体现在：上市公司资产重组的数量和金额迅速增加；一些传统企业积极通过资产重组推动供给侧结构性改革，谋求产业转型或者业务多元化发展；新技术、新业态、新产业成为上市公司并购的重点领域，估值溢价率不断提升；部分 VIE 企业及中概股公司通过并购重组回归 A 股市场的热情高涨，如分众传媒借壳七喜控股（002027）、巨人网络借壳世纪游轮（002558）等。

2016 年之后，受监管政策等因素影响，我国上市公司资产重组尤其是重组上市的活跃度有所下降。自 2018 年下半年开始，上市公司资产重组的监管政策逐步放松，监管层鼓励上市公司实施资产重组做强做大，但上市公司资产重组的活跃度仍未提高，究其主要原因：一是我国经济进入新常态，经济增速放缓，降低了上市公司实施资产重组的意愿；二是我国注册制的推进，缩短了 IPO 周期，降低了企业上市门槛，吸引了一大批优秀企业直接通过科创板、创业板上市，在短期内降低了优质企业通过重大资产重组上市的热情。

当前，我国上市公司资产重组业务发展呈现以下特点：一是上市公司资产重组中的“高估值、高商誉、高承诺”问题得到有效治理，交易逻辑更为理性务实；二是并购重组更加注重服务实体经济发展，近年来并购重组在推动供给侧结构性改革、推动战略性新兴产业发展、推动国有企业改革、服务国家脱贫攻坚战略和“一带一路”建设等方面发挥着重要作用；三是上市公司实施破产重整的数量明显增加，破产重整成为提高企业资产质量的重要手段，许多上市公司通过破产重整获得新生；四是实施子公司分拆上市的公司越来越多，尤其在计算机通信、软件和信息服务、医药、高端装备制造、新材料等新兴产业领域；五是国际并购更加理性，国际并购的目的主要是获得高端技术和资源，并购标的不断向信息技术、高端装备、资源等领域集中。此外，一些阻碍上市公司资产重组的顽疾仍然存在，主要表现为涉及并购重组的内幕交易频现；忽悠式、跟风式收购仍有发生；“重收购轻整合”现象比较突出；利用破产重整逃废债的苗头有所凸显等。

（三）重组上市

重组上市是一种常见的上市公司并购重组模式，由于同时涉及上市公司收购和资产重组，因此备受监管机构和投资者关注。根据《重组办法》（2023 年修订）第十三条规定，上市公司自控制权发生变更之日起 36 个月内，向收购人及其关联人购买资产，购买的资产总额、营业收入、资产净额、发股数量达到上市公司相应指标 100% 以上或者可能导致上市公司主营业务发生根本变化的，即构成重组上市，又称“借壳上市”。

2013 年 11 月之前，在 IPO 核准制背景下，由于借壳上市条件低于 IPO 标准，且审批时间短，因此受到市场追捧，上市公司借壳上市数量不断增加。一些借壳上市的乱象，如“炒壳”“保壳”“养壳”等也屡屡出现。为此，2013 年 11 月证监会发布《关于在借壳上市审核中严格执行首次公开发行股票上市标准的通知》，要求上市公司购买的资产对应的经营实体应当是股份有限公司或者有限责任公司，且符合《首次公开发行股票并上市管理办法》（以下简称《首发办法》）规定的发行条件。借壳上市与 IPO 标准相同，提高了借壳上市的难度。

借壳上市条件与 IPO 标准等同，并没有浇灭借壳上市的热情，反而市场热度不断高涨，2014 年、2015 年借壳上市的数量更创新高，各种借壳上市乱象愈演愈烈，一些 ST 上市公司甚至成为投资者追捧的对象。为此，监管层出台了更为严格的监管政策，其中2016年9月8日证监会公布的《关于修改〈上市公司重大资产重组管理办法〉的决定》，被称为史上最严格的借壳上市监管政策。通过一系列整顿，我国借壳上市迅速降温，2017—2019年借壳上市数量大幅减少，各种乱象也得到明显改善。

2019年10月18日，证监会再次发布了《关于修改〈上市公司重大资产重组管理办法〉的决定》，对借壳上市政策松绑，但2020年以来我国借壳上市仍然比较低迷，数量较少（见图1－1），主要原因是在注册制背景下，越来越多的企业青睐于直接IPO，而且随着退市制度的常态化，借壳上市失败的风险也在增加。

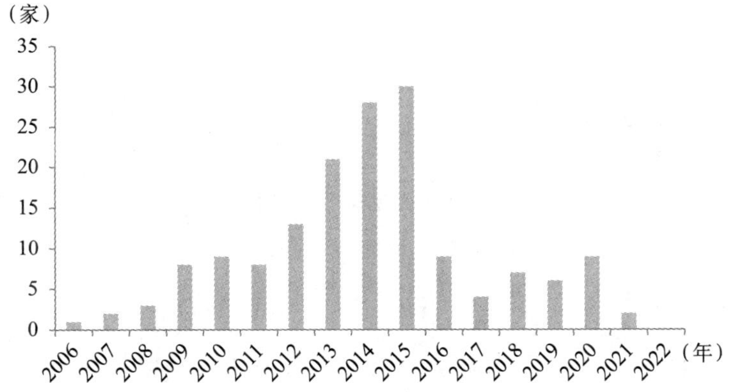

图1－1　借壳上市数量统计

注：按照首次披露日期统计，为已成功实施的案例。

数据来源：Wind资讯。

（四）上市公司股份回购

根据《公司法》第一百四十二条的规定，公司实施股份回购主要有以下情形：减少公司注册资本；与持有本公司股份的其他公司合并；将股份用于员工持股计划或者股权激励；股东因对股东大会作出的公司合并、分立决议持异议，要求公司收购其股份；将股份用于转换上市公司发行的可转换为股票的公司债券；上市公司为维护公司价值及股东权益所必需。

据不完全统计，2006—2022 年我国共有 2200 多家上市公司成功实施过股份回购，尤其是 2019 年以来，上市公司实施股份回购的数量快速增加，2022 年实施股份回购的上市公司超过 800 家（见图 1－2）。从目的看，17% 的股份回购明确用于股权激励，14% 的股份回购明确用于市值管理，1% 的股份回购明确用于员工持股计划，其他 68% 的股份回购目的不是特别明确，可能用于股权激励或最后依法注销等。

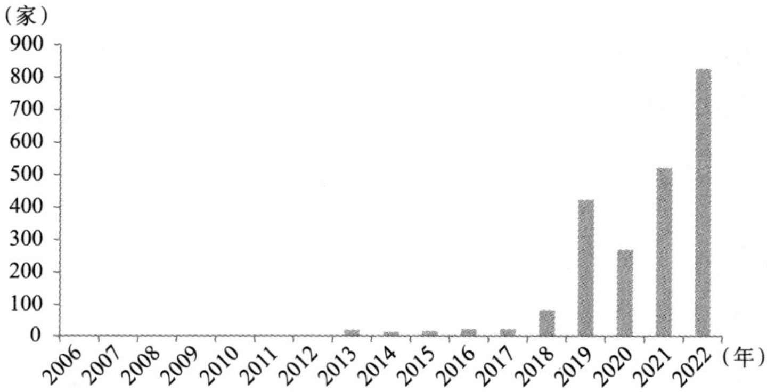

图 1－2　上市公司实施股份回购数量统计

注：一家上市公司在一年内实施多次股份回购只统计一次。

数据来源：Wind 资讯。

2019 年以来，我国实施股份回购的上市公司大幅增加，重要原因是监管放松，监管机构鼓励上市公司实施股份回购：

一是新修正的《公司法》放宽了股份回购的要求。2018 年修正前的《公司法》第一百四十二条规定公司不得收购本公司股份，只有以下几种情形才可以进行股份回购：减少公司注册资本；与持有本公司股份的其他公司合并；将股份奖励给本公司职工（不得超过本公司已发行股份总额的 5%）；股东因对股东大会作出的公司合并、分立决议持异议，要求公司收购其股份的。2018 年修正后的《公司法》在原有第一百四十二条规定的基础之上，增加了可回购股份的两种情形：将股份用于转换上市公司发行的可转换为股票的公司债券；上市公司为维护公司价值及股东权益所必需。尤其“上市公司为维护公司价值及股东权益所必需”这一情形给予上市公司很大空间。

二是2018年11月，证监会、财政部、国资委联合发布《关于支持上市公司回购股份的意见》，认为上市公司股份回购是国际通行的公司实施并购重组、优化治理结构、稳定股价的必要手段。该意见的核心内容包括：上市公司股价低于其每股净资产的，董事会应当及时充分听取股东关于公司是否应实施股份回购等措施的意见和诉求；上市公司股价低于其每股净资产，或者20个交易日内股价跌幅累计达到30%的，可以为维护公司价值及股东权益进行股份回购，上市公司因该情形实施股份回购并减少注册资本的，不适用《上市公司回购社会公众股份管理办法（试行）》（以下简称《回购办法》）第八条关于股票上市已满一年的要求和《关于上市公司以集中竞价交易方式回购股份的补充规定》第九条关于特定期间内不得回购股份的条件限制；鼓励上市公司依法回购股份用于股权激励及员工持股计划；继续支持上市公司通过发行优先股、债券等多种方式，为回购筹集资金等。

（五）上市公司合并

在我国，上市公司合并时有发生，合并方式以换股吸收合并为主。从上市公司合并的目的来看，我国上市公司合并主要分为几种类型：

一是出于产业横向或纵向整合目的，通过合并实现强强联合，或者由于同一控股股东下两家上市公司存在一定的同业竞争，为减少同业竞争问题，提高整体竞争力，实施上市公司合并。典型案例有美的集团（000333）吸收合并小天鹅，上海医药（601607）吸收合并上实医药和中西药业。

二是国企改革带来的上市公司合并。随着国企改革的进一步深入，为解决国企发展过程中暴露出的国有资本布局结构不合理、资源配置效率不高、同质化发展、恶性竞争加剧等问题，以央企为代表的合并整合明显增加。如中国南车（601766）和北车合并、中国国电和神华集团（601088）重组、中电投（600886）和国家核电重组、宝钢集团（600019）和武钢集团重组、中国中化集团（600500）和中国化工集团重组等。国有集团企业的合并，一般也会对旗下的上市公司进行整合。

三是B股转A股带来的上市公司合并。由于B股市场逐渐被边缘化，许多B股企业为谋求自救，将B股转为A股或者H股。针对B股转A股尚未出台专门的政策，B股直接转A股难度较大，许多方案采用A股上市公司发行股份吸收合并B股，然后B股退市注销的模式。如浙能电力吸收合并东电B（900949）、新城控股吸收合并新城B（900950）、城投控股吸收合并阳晨B（900935）、冠豪高新吸收合并粤华包B（200986）等。

（六）上市公司分立

在我国，上市公司分立比较少见，截至目前A股市场只有一例，即2010年东北高速（600003）分立为龙江交通和吉林高速。

二、并购重组业务不同发展阶段及特点

通过梳理和总结我国上市公司并购重组业务发展的历史及现状，可以将其划分为以下几个发展阶段：

（一）起步探索阶段（2002年前）

上市公司收购随着证券交易市场的诞生而产生。1990年和1991年，上海证券交易所（以下简称“上交所”）和深圳证券交易所（以下简称“深交所”）先后正式开业，标志着我国证券市场建立。因为证券法律法规自证券市场建立后很长一段时间内处于制定过程中，所以从中国证券市场建立至1993年《股票发行与交易管理暂行条例》（以下简称《股票条例》）颁布实施这一阶段，我国的上市公司收购处于相对自由的发展阶段。大量非流通股的存在使得上市公司收购的可能目标主要集中在“三无概念股”（指无国家股、无法人股、无外资股）上，上市公司收购的机会很小，也没有相应的法律规定给予引导和规范。

1993年4月22日，国务院证券委批准颁布了《股票条例》，其中第四章“上市公司的收购”主要规定了三个方面：一是个人不得持有一个上市公司5‰以上的发行在外的普通股，实际上是禁止个人进行上市公司收购；

二是持股5%以上的主体必须履行阶段性披露和暂停交易的义务；三是强制要约收购制度，要求持股30%的发起人以外的股东必须参照二级市场交易的市场价格或收购人一年内买入该种股票的成本价格，以现金方式向全体股东发出收购要约。

1999年7月1日起施行的《证券法》（以下简称“1998年版《证券法》”）专设“第四章 上市公司收购”，对上市公司收购进行规定。1998年版《证券法》在《股票条例》的基础上，添加了“协议收购”的制度规定，另详细规定了要约收购和上市公司收购完成后相关事项，增加了一项审批事项——涉及国家授权投资机构持有的股份需按照规定经有关主管部门批准。该项审批事项仅涉及国家授权投资机构持有的股份转让行为，对整个上市公司收购行为尚无过多的审核与批准程序。《股票条例》规定要约收购有向证监会和证券交易所报告并公告的义务，在此基础上，1998年版《证券法》又规定要约收购人变更要约事项必须获得证监会及证券交易所的批准，还规定“经国务院证券监督管理机构免除发出要约的除外”，即豁免强制要约之情形。

从1998年版《证券法》对上市公司收购的规定来看，上市公司收购的审批/审核依然很少，市场主体可以依据法律规范的程序性要求完成收购，具有上市公司收购的决定权，政府、行业主管或监管部门对上市公司收购的监管不多。

但是，这个时期我国开始实施的上市公司退市制度让上市公司收购的主导权逐步转移到政府手中。1998年4月22日，沪深交易所对外宣布，将根据1998年实施的股票上市规则对财务或其他状况出现异常的上市公司股票交易进行特别处理（Special Treatment，缩写为“ST”），对连续2个会计年度的经审计净利润均为负值或最近1个会计年度经审计的每股净资产低于股票面值的上市公司的股票实行特别处理。为解决上市公司股票暂停上市后的股份转让问题，1999年6月17日沪深交易所分别发布《上交所股票暂停上市相关事项的处理规则》和《深交所上市公司股票暂停上市处理规则》，推出PT制度（Particular Transfer），对近三年连续亏损的上市公司暂停其股票上市，并规定了暂停上市股票的交易规则。ST 制度和 PT 制度是我国上市公司退市制度的初步探索，一方面是向投资者提示退市风险，另一方面是在对上市公司进行退市警告的同时给予其改善经营并“再上市”的机会。但是，地方政府为保住上市公司的“壳”，开始主导 ST 或 PT 上市公司的控制权转让和资产重组，引发了以保护上市资格为目的的大规模并购重组。“多数地方政府开始重视本地上市公司的发展，将上市公司作为推动国有企业改革的试点和龙头，也将上市公司经营好坏作为衡量其政绩的标准之一，尤其是在一些上市公司经营持续恶化的地区，政府不得不使用行政手段推动其控制权的转让和资产重组，这已成为最有效和最快速的方法”①。

整体看，在这一时期，我国证券市场逐渐成熟，但是上市公司收购的法律法规还不够完善，相关实施细则、具体规范及指引不够详尽，无法有效制约上市公司收购中出现的暗箱操作、信息披露不透明等问题。从交易方式来看，仍旧是以国有股权之间划转为主。同时，由于退市制度的推出，资本市场中借壳/买壳上市案例大量出现，但这类收购往往都由政府主导，由于是被迫进行，其并购重组的绩效并不明显②。

（二）规范发展阶段（2002—2005 年）

在这个阶段，一方面政府主导着上市公司收购的进程，另一方面有关上市公司收购的程序性约束机制和相应法律法规的安排还不健全。加上证券市场刚刚起步，诚信机制相对缺乏，暴露出上市公司收购方面的诸多问题。其一，虽然《股票条例》和 1998 年版《证券法》都规定了证券监管机关的法律地位，但是 1998 年版《证券法》规定的监管手段仅限于调查取证、询问、查阅和复制相关记录、查封、申请冻结等稽查手段，没有监管处罚权力。监管缺位导致诸多欺诈收购等案件的发生。其二，当时已有的法律法规主要是原则性规范，缺乏具体的、操作性的程序规范，上市公

① 马庆泉、吴清：《中国证券史》（第二卷），中国金融出版社 2009 年版，第 165 页。

② 中国证监会：《中国上市公司并购重组发展报告》，中国经济出版社 2009 年版，第 7 - 15 页。

司收购中逃避监管的现象比较普遍。其三，因市场上流通股和非流通股同时存在导致的市场结构性缺陷不利于要约收购实施，所以大量收购行为采用了法人股协议转让的形式。其四，上市公司收购制度中的法律责任设定不够明确，导致这一时期的上市公司收购产生的诸多欺诈和违规事件处罚过轻，达不到整治和规范的效果，以圈钱、操纵市场、保壳获利为目的的上市公司收购盛行。

针对上述问题，监管机构于2002年9月28日发布了《收购办法》。

与已有的上市公司收购制度相比，2002年版《收购办法》具有诸多富有针对性的创新规范：扩大了上市公司收购的主体，自然人、法人（国有、民营、甚至外资）均可平等参与上市公司收购；扩大了上市公司收购的方式，协议收购、要约收购和竞价收购均是法律允许的收购方式；扩大了上市公司收购的支付方式，上市公司收购可以采用现金、依法可以转让的证券以及法律、行政法规规定的其他支付方式等；进一步明确了协议收购和要约收购的具体程序和要求。同时，2002年版《收购办法》也增加了行政审批的规定，一方面增加了以证监会为主体的证券市场内部审批；另一方面加大了证监会以外行政机关的审批主体、审批事项及审批权限。除协议收购需要相关主管部门批准以外，上市公司收购也会涉及资产转让、控制权转移或涉及主营业务的改变等事项，这些事项的变化往往需要发改委、国土资源管理、环境保护部门等主管机关审批，涉及外资收购的还要经过中国人民银行（外汇管理局）、商务部等部门审批。

除《收购办法》，证监会还发布了一系列文件，如《关于上市公司重大购买、出售、置换资产若干问题的通知》（证监公司字〔2001〕105号，以下简称“105号文”）、《上市公司股东持股变动信息披露管理办法》（2002）等，对涉及上市公司收购的相关重要法律问题进行了较为详细的规定，初步构建了以实质性审核为核心的上市公司收购监管体系。这些文件的发布起到了有效打击内幕交易与股价炒作、遏制虚假重组、增强上市公司收购透明度等作用，有利于发挥证券市场资源优化配置功能。因此，这一阶段市场化的上市公司收购相对于上个时期有所增加，通过上市公司收购实现资源互补、强强联合以及产业整合等战略性功能逐渐体现。但是，在上市公司收购得到发展的同时，有关上市公司收购的行政审批力度也逐渐加大。大量上市公司收购行为仍由政府主导，甚至出现地方政府直接参与收购的情况。新问题的产生要求证券市场尽快完善上市公司收购制度及监管体系，强化持续监管。

（三）规范与发展并举的市场化探索阶段（2006—2011 年）

具备行政化色彩的上市公司收购往往收购成本高，市场效率和市场化程度较低，而且收购人和市场都不掌握上市公司收购进程的决定权，对上市公司收购缺乏确定的预期。2005 年版《证券法》以及 2006 年版《收购办法》对上市公司收购制度进行了市场化机制的有效探索。2005 年版《证券法》相比于 1998 年版《证券法》主要有以下几点修改：一是扩大了上市公司收购的方式，除要约收购、协议收购方式外，还增加了采取“其他合法方式收购”；二是对收购中的一致行动人①与收购人持有的股份合并计算；三是允许收购人按比例收购②，取消了上市公司全面收购的限制要求；四是删除了要约收购中的强制要约收购义务豁免条款；五是规定收购的一致行动人通过协议收购持有上市公司股份 30% 以上，继续进行收购，也必须发出收购要约；六是将收购人持有股票的一般性锁定期由 6 个月改为 12 个月。

证监会制定的 2006 年版《收购办法》也引入或者加大了市场化机制：（1）扩大了上市公司收购方式的内容，在传统的要约收购和协议收购的基础上，增加了通过投资关系、协议、其他安排或者综合采用这些方式和途径取得上市公司控制权的收购方式；（2）完善财务顾问制度，由财务顾问

① 《证券法》没有对“一致行动人”作出具体定义。但其第八十六条的规定可称为“一致行动人”的情形。2006 年版《收购办法》在附则中对“一致行动”进行定义：“投资者通过协议、其他安排，与其他投资者共同扩大其所能够支配的一个上市公司股份表决权数量的行为或者事实。”

② 按比例收购即部分股份要约。2013 年版《证券法》第八十八条规定：“通过证券交易所的证券交易，投资者持有或者通过协议、其他安排与他人共同持有一个上市公司已发行的股份达到百分之三十时，继续进行收购的，应当依法向该上市公司所有股东发出收购上市公司全部或者部分股份的要约。”

负责对收购人的主体资格、收购目的、购买实力、诚信记录、资金来源和履约能力进行尽职调查，关注收购人在收购过程中是否有对上市公司或上市公司的其他股东的不当行为，在收购完成后对收购人进行持续督导，并对未勤勉尽责的财务顾问设定相应的法律责任；（3）转变了监管方式，由监管部门直接监管下的上市公司收购制度转变为财务顾问把关下的上市公司收购制度。这些市场化的机制改革让市场主体获得了上市公司收购的部分决定权，上市公司收购机制走向了市场化探索阶段。

在并购重组方面，证监会于 2008 年 5 月和 8 月先后颁布了《重组办法》和《上市公司并购重组财务顾问业务管理办法》，减少行政审批，强化中介机构对上市公司合规性的把关作用，初步建立了以市场主体约束为主导的市场化监管机制。在这一时期，“十二五”规划提出了积极加快转变经济发展方式的战略任务，2008 年国务院发布《关于当前金融促进经济发展的若干意见》，鼓励“有条件的企业利用资本市场开展兼并重组”，2010 年国务院发布《关于促进企业兼并重组的意见》，明确提出“遵循市场经济规则，充分发挥市场机制的基础性作用，规范行政行为，由企业通过平等协商、依法合规开展兼并重组，防止‘拉郎配’”。为贯彻落实国务院《关于促进企业兼并重组的意见》，证监会推出了推动整体上市、防止内幕交易、完善停复牌制度和信息披露制度等十项工作安排。2011 年 9 月 1 日起施行的《关于修改上市公司重大资产重组与配套融资相关规定的决定》涉及规范和引导借壳上市、完善发行股份购买资产的制度规定和支持并购重组配套融资等事项。此外，还强化了财务顾问对实施借壳上市公司的持续督导职责。整体来看，新规定的推出明确了借壳上市的监管范围、监管条件和监管方式，有利于进一步规范、引导借壳上市行为，遏制市场绩差股投机炒作和内幕交易等问题，同时统筹平衡借壳上市与 IPO 的监管效率，有利于市场化退市机制改革的推进和出台。

（四）以市场化为基础的改革阶段（2012 年至今）

2012 年 2 月《收购办法》的修订标志着市场化改革进入了新阶段。2012 年版《收购办法》对 2006 年版《收购办法》进行了修订，引入了

“免于豁免申请”的规定，即将原规定的按照简易程序申请要约豁免的内容简化为免于提出豁免申请，直接向证券交易所和证券登记结算机构申请办理股份转让和过户登记手续，进一步提高了上市公司收购的市场化效率。

2012年底，党的十八大报告进一步明确了市场化改革方向。在此基础上，证监会继续推动上市公司收购的市场化进程，从事前把关向事中、事后监管转移，实施了以下几个方面的改革：一是加强稽查执法处罚力度；二是并购重组分道审核；三是提高借壳上市标准；四是优化兼并重组市场环境。其中，自2013年10月起实施的并购重组分道审核机制意味着证监会进一步放宽对上市公司收购的行政化审批，同时突出上市公司以及财务顾问等中介机构的自律和把关作用。

2014年3月7日，国务院印发《关于进一步优化企业兼并重组市场环境的意见》，要求在兼并重组过程中有效调动企业积极性，坚持市场化运作，避免违背企业意愿的“拉郎配”，同时逐步取消下放部分审批事项，简化审批程序。2014年7月11日，证监会发布修订后的《重组办法》和《收购办法》，取消除借壳上市之外的重大资产重组行政审批和要约收购行政审批。此次修订是适应了当时国民经济“转方式、调结构”战略调整的需要，对促进上市公司行业整合和产业升级，推动并购重组市场发展具有重要意义。

2015年8月，证监会等四部委联合发布《关于鼓励上市公司兼并重组、现金分红及回购股份的通知》，要求大力推进上市公司兼并重组：取消和简化审批，对市场化、规范化程度高的并购交易实施快速审核；创新支付工具和融资方式，推出上市公司定向可转债，鼓励证券公司、资产管理公司、股权投资基金和产业投资基金等参与上市公司兼并重组，鼓励国有控股上市公司依托资本市场加强资源整合；推动商业银行积极稳妥开展并购贷款业务，鼓励商业银行对兼并重组后的上市公司实行综合授信，通过并购贷款、境内外银团贷款等方式支持上市公司实行跨国并购；采取有效措施依法打击和防范兼并重组过程中的内幕交易、利益输送等违法违规行为。

在这一期间，上市公司并购重组的活跃度快速上升，但也出现一些乱象。如在上市公司收购中，高杠杆融资收购、并购资金层层嵌套等时有出现。在上市公司资产重组中，跟风式、跨界式并购重组数量明显增加，主要表现在影视、游戏等热门行业成为并购的主要领域；并购重组中的“高估值、高溢价、高商誉”问题日益突出等。

为了给“炒壳”降温，促进市场估值体系的理性修复，继续支持通过并购重组提升上市公司质量，引导更多资金投向实体经济，2016 年 9 月 8 日，证监会发布《关于修改〈上市公司重大资产重组管理办法〉的决定》。修订后的《重组办法》一是完善借壳上市认定标准，细化关于上市公司“控制权变更”的认定标准，完善关于购买资产规模的判断指标，明确累计首次原则的期限为 60 个月；二是完善配套融资的监管措施，抑制投机“炒壳”，取消借壳上市的配套融资，提高对重组方的实力要求，延长相关股东的股份锁定期，遏制短期投机和概念炒作；三是按照全面监管的原则，强化上市公司和中介机构责任，加大问责力度。

2018 年 10 月，证监会确定并购重组“小额快速”审核机制，符合情形的并购重组审核速度加快；放开了配套融资“补流”用途的限制，上市公司配套募集的资金可用于支付并购交易中的现金对价、交易税费、人员安置费用等并购整合费用和投入标的资产在建项目建设，也可用于补充上市公司和标的资产流动资金、偿还债务；进一步新增了并购重组审核分道制豁免/快速通道产业类型，支持重点产业发展；将 IPO 被否企业筹划重组上市的间隔期从 3 年缩短为 6 个月。

2019 年 10 月 18 日，证监会发布《关于修改〈上市公司重大资产重组管理办法〉的决定》，对借壳上市政策松绑，此次修改主要有以下内容：一是简化借壳上市认定标准，取消“净利润”指标；二是将“累计首次原则”计算期间由 60 个月缩短至 36 个月；三是允许符合国家战略的高新技术产业和战略性新兴产业相关资产在创业板借壳上市，其他资产不得在创业板实施借壳上市交易；四是恢复借壳上市配套融资；五是丰富重大资产重组业绩补偿协议和承诺监管措施，加大问责力度。

2020 年 10 月 5 日国务院发布《关于进一步提高上市公司质量的意

见》，提出“充分发挥资本市场的并购重组主渠道作用，鼓励上市公司盘活存量、提质增效、转型发展。完善上市公司资产重组、收购和分拆上市等制度，丰富支付及融资工具，激发市场活力”，政策对上市公司并购重组的支持力度不断加大。

第三节　上市公司并购重组发展趋势与新要求

我国上市公司并购重组业务的发展正呈现出以下趋势：

一是上市公司并购重组作为提高上市公司质量的重要手段，未来将继续保持活跃状态。虽然受我国经济步入新常态，以及股票发行注册制实施的影响，近几年上市公司并购重组行为更为谨慎。但从长期来看，上市公司并购重组仍将活跃。首先，自 2018 年开始，监管层对上市公司并购重组持鼓励态度，出台了一系列的政策措施，不断提高上市公司实施并购重组的意愿。其次，随着中国经济持续发展，以及注册制全面实施，我国上市公司数量也在快速增加，必然带动上市公司并购重组活动的增加。比较典型的现象就是近两年来，上市公司收购上市公司案例明显增加。如格力电器（000651）收购盾安环境、南钢股份（600282）收购万盛股份等。此外，随着退市制度常态化，上市公司面临的退市风险大增，许多上市公司更有动力借助并购重组来提高发展质量。

二是上市公司并购重组业务将更加市场化。近年来，证监会等监管机构不断深化“放管服”改革，在完善上市公司并购重组基本制度的同时，不断简政放权，充分发挥市场的资源配置作用，鼓励并购双方充分市场化博弈。例如，2020 年版《重组办法》规定上市公司发行股份的价格不得低于市场参考价的 90%，但 2020 年 6 月 12 日证监会发布《创业板上市公司持续监管办法（试行）》提出发行股份的价格不得低于市场参考价的 80%，放宽了定价下限标准，给予交易双方更大的博弈空间；又如在 2020 年版《收购办法》中，全面取消要约收购审批等，减少行政干预，使得上市公司市场化的并购重组加速演进。

三是上市公司并购重组业务将更加法治化。推动上市公司并购重组市场化并不意味着放任不管，近年来监管层也正加快推进上市公司并购重组的法治化进程。首先，建立和完善以信息披露为核心的监管体系，通过完善法律法规，规范上市公司并购重组行为；其次，强化对并购重组的事中事后监管，明确各参与方的责任，特别强调中介机构发挥好资本市场“看门人”作用，比如对并购重组中的业绩承诺不达标等问题采取相应监管措施等，严格依法依规监管和规范并购重组市场；再次，创新监管手段，充分发挥科技在监管中的作用，不断提高监管效能，并将其规定在上市公司并购重组的相关法律规范要求中；最后，严格落实《证券法》等法律规定，不断强化证监会的稽查与监管职能，加大对内幕交易等违法行为打击处罚力度，提高并购重组参与者的违法成本等。

四是上市公司并购重组将持续国际化。虽然受国际环境变化、新冠疫情暴发等众多因素影响，短期内上市公司国际化并购低迷，但长期来看，这一趋势不会改变。首先，我国坚定不移推进更高水平对外开放的政策不会改变；其次，受中美贸易摩擦等因素影响，欧美国家加强了对外国直接投资和收购的审查，针对欧美国家的国际并购将受到较大影响，但自从我国实施“一带一路”建设以来，我国在“一带一路”沿线国家的影响力不断加大，而且这些国家自身经济实力较弱，对国际资本的依赖度高，也有动力在逆全球化的背景下加强与我国经贸合作，“一带一路”沿线有望成为中国企业国际并购的重要区域。

结合行业发展趋势和上市公司并购重组实践，上市公司并购重组未来发展方向主要有以下几个重点方面：

一是上市公司开展并购重组更加理性。盲目式收购、跟风式收购给上市公司带来的危害有目共睹。上市公司在实施并购重组时首先应该深刻认识到并购重组是推动公司产业升级、提高上市公司质量的手段，而不是单纯的迎合市场热点、市场炒作的方法。上市公司开展并购重组应该紧密围绕公司实际情况，基于产业逻辑开展。此外，上市公司开展并购重组应该避免犯“重交易、轻整合”的错误，重视并购重组后的整合工作，将整合工作真正贯穿于整个并购重组过程，提高并购重组的成功率。

二是上市公司并购重组将重点围绕实体经济和国家发展战略展开。充分发挥并购重组功能作用，提高上市公司质量，支持产业结构转型升级，更好服务国家战略大局，切实助力科技、资本和实体经济高水平循环是上市公司并购重组的目的，也是监管层鼓励的重点方向。2020 年 10 月 5 日国务院发布《关于进一步提高上市公司质量的意见》，提出“发挥证券市场价格、估值、资产评估结果在国有资产交易定价中的作用，支持国有企业依托资本市场开展混合所有制改革”，明确并购重组是推动国企改革，提高国有资产效益的重要手段。因此，未来上市公司并购重组应该重点服务实体经济，在推动供给侧结构性改革，助力国资国企改革，实现国内国际“双循环”、发展战略新兴产业、“一带一路”建设等方面发挥重要作用。

三是上市公司并购重组模式不断创新，以满足上市公司多样化需求。随着资本市场发展以及上市公司数量增多，上市公司对并购重组的需求也更加多样化。因此有必要在合法合规、风险可控的前提下，不断进行并购重组模式的创新。近年来，我国在上市公司并购重组模式创新上已经取得了一定成果，如在并购重组的方式上，上市公司分拆子公司上市、上市公司收购上市公司、上市公司收购其他上市公司资产等案例明显增多；在并购重组的支付方式上，越来越多的上市公司选择定向可转债作为支付手段，这既有利于增加并购交易谈判弹性，为交易提供更为灵活的利益博弈机制，又有利于有效缓解上市公司现金压力及大股东股权稀释风险，丰富并购重组融资渠道。对上市公司并购重组模式的创新需求，在另一方面也意味着今后对并购重组参与者的专业水平要求越来越高。

四是上市公司并购重组参与者合规意识不断增强。随着上市公司并购重组法治化的推进，一方面并购重组各参与方的权利、义务和责任更加科学和明确；另一方面对各种违法违规行为的处罚力度也在不断加大。这就要求并购重组参与者不断提高合规意识，确保上市公司实施并购重组的行为合法合规。

收购篇

第二章　上市公司收购概论

第一节　上市公司收购的含义

一、上市公司收购的内涵

现行的《证券法》和《收购办法》等法律法规均没有对上市公司收购进行明确的定义。我国理论界和实务界根据其目的（结果），将上市公司收购分为狭义和广义两种。狭义的上市公司收购是指获得一家上市公司的股份，取得对该公司控制权的行为；广义的上市公司收购是指获得一家上市公司的股份，取得或者巩固该公司控制权的行为。狭义的上市公司收购强调取得上市公司控制权，广义的上市公司收购则包括取得或者巩固上市公司控制权等情形。

最早提及上市公司“收购”的是深圳市政府于1992年发布的《深圳市上市公司监管暂行办法》①。该办法第四十七条规定：“收购与合并是指法人或自然人及其代理人通过收购，拥有一家上市公司（或公众公司）的股份，而获得对该公司控制权的行为。控制权是指拥有一家上市公司25%以上的股份或投票权。”可见，该规定采用的是狭义的上市公司收购定义。我国规范上市公司收购行为的最早法律规范是1993年颁布的《股票条例》，其第四章“上市公司收购”主要对上市公司收购涉及的收购主体、

① 该《暂行办法》由深圳市政府1992年4月发布，2001年9月废止。

权益披露和要约收购等内容作了规定，但是没有对上市公司收购进行定义。1998年颁布的《证券法》沿用了《股票条例》的立法体例和规制方法，在内容上增加了协议收购和行政监管的规定，也没有关于上市公司收购的定义。2002年颁布的《收购办法》第一次对上市公司收购进行了定义。该《收购办法》第二条规定“本办法所称上市公司收购，是指收购人通过在证券交易所的股份转让活动持有一个上市公司的股份达到一定比例、通过证券交易所股份转让活动以外的其他合法途径控制一个上市公司的股份达到一定程度，导致其获得或者可能获得对该公司的实际控制权的行为”，这仍为狭义的上市公司收购概念。

2005年修改的《证券法》虽然也没有对上市公司收购进行定义，但是从全国人民代表大会常务委员会法制工作委员会编写的《中华人民共和国证券法（修订）释义》[①] 对上市公司收购目的“是为了获得或者巩固上市公司控制权”的说明中可以看出，上市公司收购包括了取得和巩固上市公司控制权两种情形。此后规范上市公司收购的法律文件基本沿用了该定义。

与上市公司收购概念相关联的是上市公司控制权概念。一个公司控制他公司，应当是指该公司对他公司形成完全控制或具有实际控制力，如可以决定他公司的决策、经营管理、财务、人事任免等，其结果是使他公司完全为控制公司的利益服务。而持有股份仅仅是形成控制的一种方式，还可以通过其他方式来达到控制他公司的目的。2020年版《收购办法》第八十四条规定：“有下列情形之一的，为拥有上市公司控制权：（一）投资者为上市公司持股50%以上的控股股东；（二）投资者可以实际支配上市公司股份表决权超过30%；（三）投资者通过实际支配上市公司股份表决权能够决定公司董事会半数以上成员选任；（四）投资者依其可实际支配的上市公司股份表决权足以对公司股东大会的决议产生重大影响；（五）中国证监会认定的其他情形。”从前述规定可以看出，我国对控制权的界定

① 李飞主编：《中华人民共和国证券法（修订）释义》，法律出版社2005年版，第125页。

比较宽泛，只要对上市公司的决策权具有支配或者控制力就有可能被认定为具有上市公司控制权，而不仅仅局限于持有、控制一个上市公司投票权的股份达到或超过一定比例的单一情形。这种对实际控制权的界定是与上市公司股权结构的特点相联系的，规定的内容比较具体且有针对性，采用列举和兜底相结合来划定取得上市公司控制权标准的立法方式，经实践证明是科学可行的。

二、上市公司收购的外延

取得或者巩固上市公司控制权的方式很多，包括二级市场交易、协议收购和其他安排等方式。《证券法》《收购办法》对此进行了规定。现以这些规定为基础，探讨上市公司收购外延的几个问题。

1. 上市公司收购的对象是上市公司，收购的标的是上市公司的股份。那么上市公司作为主体，收购其他公司是否属于上市公司收购的范畴呢？

上市公司收购的客体为上市公司发行在外的股份（股票）。首先，上市公司的收购是针对上市公司进行收购，这就包括上市公司与上市公司之间的收购行为和上市公司与非上市公司之间的收购行为[①]。上市公司收购是指对上市公司股份的收购，而不是对非上市公司股份（股权）的收购。换言之，投资者收购上市公司形式以外企业的行为不属于上市公司收购的范畴。其次，上市公司收购是针对上市公司发行股份的收购，而不是针对上市公司资产的收购。此外，上市公司收购的目的（结果）是获得或者巩固上市公司的控制权。对上市公司的控制权体现在上市公司股东大会上的表决权。根据《公司法》规定，只有持有上市公司有表决权股票的股东才能行使对应的表决权。换言之，对上市公司的收购，其实是对上市公司股份的收购。收购上市公司的资产不表示对上市公司股份的收购，那就不一定构成上市公司收购。

---

① 由于现行法律法规没有明确规定上市公司收购的主体范围，所以上市公司收购的主体应当包括法人和自然人。但是自然人收购上市公司的行为在实践中并非常见，因此在此不作具体讨论。

上市公司作为主体对其他非上市公司的收购是否属于法律意义上的上市公司收购，这个问题需要具体分析。如果以上市公司为主体收购非上市公司，若该收购是上市公司以现金方式支付，将其他公司纳为上市公司子公司或分公司，该行为没有涉及上市公司股份的变动，所以不属于上市公司收购的范畴。如果上市公司以定向增发股份等方式收购非上市公司，那么该行为有可能构成上市公司收购，需要具体分析和对待：第一种情形，若上市公司实际控制人同时也是非上市公司股东之一，收购完成后上市公司实际控制人的持股比例提高，这属于巩固上市公司控制权的行为，属于上市公司收购的范畴。实践中常见的“整体上市”中的部分模式就属于这种情形。第二种情形，投资者 A 同时作为上市公司和非上市公司的股东，但并不是上市公司的第一大股东（或者实际控制人），收购完成后投资者 A 成为上市公司的第一大股东或者实际控制人，这属于获得上市公司控制权的行为，也属于上市公司收购的范畴。实践中常见的“买壳上市”可以部分归属到此类情形。总而言之，只有增发后的股份持有人在巩固或者获得上市公司控制权的情况下，该收购才属于上市公司收购。如果上市公司通过换股吸收合并其他上市公司，即使是通过换股吸收合并的形式获得其他公司的股权（股份），但是对方公司的股份持有人没有达到获得上市公司控制权的程度，也就不属于上市公司收购。

2. 通过二级市场实现上市公司收购，该收购过程本质上还是证券交易，这个证券交易在何种情况下才构成上市公司收购？这种上市公司收购与一般证券交易的区别在哪里？

从市场交易的角度来看，若股权转让并未导致上市公司控制权的转移，则属于一般的证券投资行为。只有在以获得或者巩固上市公司控制权为目的，获得或者巩固上市公司控制权的证券交易才属于上市公司收购。从法律规范的角度来看，上市公司实际控制人通过一般的证券交易增持上市公司股份的，即使可以豁免发出收购要约，也属于上市公司收购。同样，如果上市公司股东（非上市公司实际控制人）通过二级市场增持上市公司股份，即使要履行权益披露义务，只要其未达到获取上市公司控制权之结果，就不属于上市公司收购。

需要注意的是，某些证券交易行为虽然不属于上市公司收购，但是应该受到上市公司收购制度的约束。其法理意义在于，不管收购人的主观目的如何，随着上市公司收购行为的不断延伸，都将客观导致取得上市公司控制权的后果。因此，即使有些（机构）投资者不是以获取上市公司控制权为目的，但只要其购买特定上市公司已发行股票达到一定比例，为了保护其他股东的合法权益，法律都将假设其证券交易行为可能触发上市公司的收购，从而将其纳入上市公司收购制度的约束范围。

上市公司收购不同于一般证券交易行为之处在于，前者通过证券交易达到了取得或巩固上市公司控制权的目的，而且上市公司收购的交易标的额度较大。上市公司收购的大额交易和随后可能形成的控制权变更会对其他股东利益造成重大影响。理论上，如果上市公司股权全部流通，通过二级市场的证券交易进行上市公司收购是最直接、最常见的收购方式。但这种市场化的收购方式要面对众多个性化的投资者，而且需要遵循严格的证券交易信息披露规则，所以收购成功的难度相当大。一方面，收购将造成目标公司股价上涨，从而导致收购成本增加；另一方面，收购方还要遵守相关的证券交易制度。因此，通过二级市场收购一般适用于上市公司股权相对分散且控股股东的持股比例较低的情况，只有当收购方已经获得相当的控股地位或者已经距离实际控制地位不远时，收购才有望完成。

3. 上市公司收购是巩固或取得上市公司控制权的行为，那么上市公司实际控制人未发生变化而控股股东发生变化是否属于上市公司收购？

按照《收购办法》相关规定，此类情况也属于上市公司收购行为。其第六十二条第一款规定："有下列情形之一的，收购人可以向中国证监会提出免于以要约方式增持股份的申请：（一）收购人与出让人能够证明本次股份转让是在同一实际控制人控制的不同主体之间进行，未导致上市公司的实际控制人发生变化……"这主要是指上市公司收购人与出让人存在实际控制关系，例如整体上市，或均受同一控制人控制[①]。其第六十三条第一款规定："有下列情形之一的，投资者可以免于发出要约：（一）经政府或者国有资产管理部门批准进行国有资产无偿划转、变更、合并，导致投资者在一个上市公司中拥有权益的股份占该公司已发行股份的比例超过30%……"从这些"免除发出要约"的规定可以确定，上市公司收购并不一定涉及公司实际控制人的变更，对上市公司收购的界定只要追溯到上市公司控股股东所持股份的变动。

上市公司收购中实际控制人未发生变化的情况大多数发生在国有股权的转让之中。不难看出，《收购办法》第六十三条规定有利于降低国有控股上市公司收购的成本，便于国有资产在不同主体之间划转。那么对于国有股权在国有单位之间转让，什么情况下可以被认定为上市公司实际控制人未发生变化，《收购办法》并没有作出明确规定。根据实际操作，以下几种情况可能被界定为同一实际控制人[②]：（1）转让双方属于同一级地方政府所有或者控制；（2）转让双方属于同一国有控股集团所有或者控制；（3）转让双方为国有控股集团和该集团在境外设立的全资子公司。相反，收购人和出让人处于不同省份或者分属于中央企业和地方企业所有或者控制的则属于实际控制人发生了变化，因为中央及地方各级政府的出资人分别行使国有资产所有者权利[③]。

4. 上市公司收购与上市公司并购的联系与区别。

并购，又称兼并收购。作为资本市场上的一种资本运作形态，其并不是一个法律上的概念，而是人们对某类资本运作现象的一种形象性描述。兼并，类似于香港《公司收购与合并守则》中的"合并"一词，是指在

① 这类情况是指收购人与出让人必须是在同一控制人之下不同主体之间的转让。存在以下情形之一的，属于股权转让完成后上市公司的实际控制人未发生变化：（1）收购人与出让人在同一控股集团内，受同一自然人或法人控制；（2）收购人与出让人属于同一出资人出资并且控制。

② 邱永红：《上市公司收购中新型法律问题探析》，《证券法苑》（2013）第八卷，第229页。

③ 国务院《企业国有资产监督管理暂行条例》第四条规定：国家实行由国务院和地方人民政府分别代表国家履行出资人职责，享有所有者权益，管资产和管人、管事相结合的国有资产管理体制。中央政府和地方各级政府分别确定、公布其履行出资人职责的企业。

资本市场上，价值或重要性方面较强的一个企业融合或吸收另一个价值或重要性方面较弱的企业①。收购是指在资本市场上，某个经营主体通过一定方式获取特定财务的所有权或控制权；在证券市场上，通常指一家企业获取另一家企业的控股权或者控制权。总而言之，并购也就是指公司间展开的以公司吸收合并、新设合并以及公司收购为内容的公司产权交易与资本运营行为。

一般认为公司并购包括狭义和广义两个层次含义。狭义的并购是指一家企业通过股权的变动，将其他企业纳入自己的控制范围，以此来扩大市场占有率或者进入其他行业。狭义的并购包括股权或资产的购买，并且该购买行为不以取得被并购企业的所有股权或者资产为限，即取得部分股权或者资产亦可。广义的并购则除了包括狭义的企业并购外，还包括任何企业经营权的转移活动（无论形式上或实质上②），即包括吸收合并、新设合并、资产剥离、股权购买等所有经营权的转移行为。

上市公司并购即指上市公司参与的公司并购行为。根据上市公司并购标的的不同，上市公司参与并购的地位和作用也不同，可以将上市公司并购分为股权并购和资产并购。股权并购是指以上市公司股权为标的，在上市公司股东层面发生的并购，具体表现为不同比例、不同方式的上市公司股权购买、出售、置换等行为。资产并购是指以上市公司所拥有的资产为标的，在上市公司与其他企业之间发生的不同比例、不同方式的资产购买、出售、置换等行为。

根据上文的论述，广义的上市公司收购是指收购人直接或者通过投资关系、协议、其他安排的途径间接取得上市公司股份，以取得或者巩固上市公司控制权的行为。所以，上市公司收购不仅是狭义的上市公司股份变动活动，而且这个股份变动活动必须达到取得控制权的程度。此外，巩固控制权的股权变动和通过其他安排而获得控制权的上市公司收购行为不包

① 罗文志、董寒冰：《上市公司并购法律实务》，法律出版社2005年版，第5页。

② 姜宁：《企业并购重组通论——以中国实践为基础的探讨》，经济科学出版社2009年版，第3－4页。

括在一般公司并购的范围之内，因为一般公司并购的对象主要是经营权的变动，而不是控制权的变动或巩固。

第二节　上市公司收购的类型

理论界和实务界根据不同的要素标准，对上市公司收购作了诸多分类。

依据收购方与被收购方所属行业的相关性，可以将上市公司收购划分为横向收购、纵向收购及混合收购。横向收购是指收购方与被收购方处于相同或相关行业的收购，收购方购买目标公司的股权以实现对其控制。纵向收购是指生产过程或者经营环节紧密相关的公司之间的收购行为，收购方与被收购方处于同类产品/服务的不同阶段（例如，原材料的供应商或者产品的购买者），在产业链上有明显的上下游关系。混合收购是指生产和经营彼此没有关联的产品或服务的公司之间发生的收购行为。上市公司实施混合收购多为获得多元化发展或实现借壳上市。

按照被收购方在收购后法人地位的存续与否，可以将上市公司收购分为吸收型收购和控股型收购。吸收型收购是指收购方存续，被收购方被吸收合并的收购，收购完成后目标公司往往被收购者吸收合并，目标公司不再存续。控股型收购是收购方获得目标企业的实际控制权，收购方与被收购方均存续的收购。

根据收购对象不同，上市公司收购可以分为直接收购和间接收购。直接收购是收购方直接收购目标公司股东所持股权从而获得目标公司控制权的收购，大多数上市公司收购即属于此种类型。间接收购是指收购人在形式上没有直接成为目标公司的股东，但通过特殊安排达到实现控制上市公司的目的，如收购方直接收购上市公司大股东（一般为法人股东）股权、向大股东增资扩股、出资与大股东成立合资公司、托管大股东股权等。

根据收购是否取得目标公司（董事会/股东大会）的同意，可以将上市公司收购分为善意收购和恶意收购。善意收购是目标公司经营者及其股东同意收购方提出的收购方案并承诺给予协助的收购，往往实施比较顺利。恶意收购是在目标公司管理层对收购方的收购行为不知情，或者对收购行为持反对态度的情况下收购方对目标公司强行完成的收购。

按照收购方式的不同，可以将上市公司收购分为要约收购和非要约收购。要约收购是指收购方公开向目标公司股东发出要约，承诺以某一确定价格购买一定比例或数量目标公司股份的收购。非要约收购是除要约收购以外的收购，如协议收购、司法拍卖、二级市场收购等。其中，协议收购是非要约收购的主要方式，协议收购是指收购方以协商的方式与目标公司的股东签订收购其股份的协议，从而达到控制上市公司的目的。

按照收购是否借助杠杆融资，可以将上市公司收购划分为杠杆收购和非杠杆收购。杠杆收购是指收购方利用目标公司的资产及经营收入作为担保融资支付收购款而进行的收购，收购方只需支付少量的费用。非杠杆收购是除杠杆收购以外的收购，包括现金收购、换股收购、并购贷款收购、并购基金收购等。需要注意的是，非杠杆收购并不意味着收购公司不用举债即可负担并购支付对价，在实践中，几乎所有的收购都会利用融资资金完成，所不同的是融资的方式和数额。

根据收购的支付方式不同，可以将上市公司收购分为现金收购和股份收购。现金收购是指收购方用现金作为支付手段购买目标公司部分或全部股份的收购行为。股份收购是指收购方以所持本公司发行的股份换取目标公司的部分或者全部资产或者股份而实现的收购。

第三节　上市公司收购的监管及规则体系

一、制度体系

目前我国上市公司收购的监管体系以证监会为核心，同时涉及多个政府主管部门，包括国资监管、外资监管、行业主管等行政监管机构，以及证券交易所、证券业协会等自律性组织等。首先，国有股权的转让需要审批，上市公司收购涉及国有资产的，不论是国有独资企业还是国有控股、参股企业的国有股份转让，都要先经过国有资产监管部门的审批。其次，有些特殊行业的并购需要获得行业主管部门审批，如军工行业等。最后，如果涉及外资收购，还包括发改委实施的境外投资项目核准备案和商务部实施的外国投资者战略投资上市公司的核准等。上述审批环节大部分都需要在证监会审批之前完成。但为了进一步优化企业兼并重组市场环境，2014 年 10 月 24 日证监会宣布，不再将发改委实施的境外投资项目核准和备案、商务部实施的外国投资者战略投资上市公司核准、经营者集中审查等三项审批事项，作为上市公司并购重组行政许可审批的前置条件，而是改为并联式审批。

我国上市公司收购的法律体系自上而下依次包括法律、行政法规、部门规章以及证券交易所制定的自律性规则。

法律规范包括《公司法》和《证券法》。《公司法》中关于公司组织形式、治理结构、股东和公司高级管理人员职责、合并与分立的规定等，是规范上市公司收购行为中相关利益主体权利义务关系、公司组织形式和主体资格的法律依据。《证券法》是系统规范上市公司收购的法律，重点规定了上市公司收购的方式，持股达到上市公司股份总数 5% 的收购人的报告、公告和暂停交易义务，要约收购和协议收购程序以及上市公司收购行为完成后的相关事项等。

行政法规主要是 1993 年 4 月 22 日国务院发布的《股票条例》、2010 年 8 月 28 日国务院发布的《关于促进企业兼并重组的意见》、2014 年 3 月 7 日国务院印发的《关于进一步优化企业兼并重组市场环境的意见》。

部门规章主要是中国人民银行、证监会、财政部、国资委、商务部等部委针对上市公司收购的主体、程序、财务与税收、产业政策、外汇管制等问题所制定的相关规定、通知或办法，主要规定包括：（1）关于上市公司收购的《收购办法》（2020 年修订）和《外资战投管理办法》（2006 年）；（2）关于上市公司股份回购的《上市公司股份回购规则》（2022

年)、《关于支持上市公司回购股份的意见》(2018 年);(3) 关于规范上市公司收购中介机构行为的规定;(4) 其他机关制定的部门规章、规范性文件等。另外,证监会为了进一步规范上市公司收购过程中公司信息披露的内容与格式,先后颁发了多项《公开发行股票公司信息披露的内容与格式准则》。

自律性规则主要是证券交易所、证券业协会等制定的业务规则,主要有《上海证券交易所股票上市规则》(2022 年修订)、《上海证券交易所科创板股票上市规则》(2020 年修订)、《深圳证券交易所股票上市规则》(2022 年修订)、《深圳证券交易所创业板股票上市规则》(2020 年修订)、《北京证券交易所股票上市规则(试行)》(2021 年),以及上海、深圳、北京证券交易所发布的相关业务指引等(见表 2-1)。

表 2-1　　上市公司收购的主要规则体系

效力层级	规则名称
法律	《中华人民共和国公司法》(2018 年修正)
	《中华人民共和国证券法》(2019 年修订)
行政法规	《股票发行与交易管理暂行条例》(1993 年)
	《关于促进企业兼并重组的意见》(2010 年)
	《关于进一步优化企业兼并重组市场环境的意见》(2014 年)
部门规章及规范性文件	《上市公司收购管理办法》(2020 年修订)
	《外国投资者对上市公司战略投资管理办法》(2006 年)
	《上市公司股份回购规则》(2022 年)
	《关于支持上市公司回购股份的意见》(2018 年)
	《关于外国投资者并购境内企业的规定》(2009 年)
	《公开发行股票公司信息披露的内容与格式准则第 15 号——权益变动报告书》(2020 年修订)
	《公开发行股票公司信息披露的内容与格式准则第 16 号——上市公司收购报告书》(2020 年修订)
	《公开发行股票公司信息披露的内容与格式准则第 17 号——要约收购报告书》(2022 年修订)
	《公开发行股票公司信息披露的内容与格式准则第 18 号——被收购公司董事会报告书》(2020 年修订)

续表

效力层级	规则名称
部门规章及规范性文件	《公开发行证券的公司信息披露内容与格式准则第55号——北京证券交易所上市公司权益变动报告书、上市公司收购报告书、要约收购报告书、被收购公司董事会报告书》（2021年）
	《关于填报〈上市公司并购重组财务顾问专业意见附表〉的规定》（2017年修订）
	《上市公司并购重组财务顾问业务管理办法》（2008年）
	《律师事务所从事证券法律业务管理办法》（2007年）
	《财政部、证监会关于会计师事务所从事证券期货相关业务有关问题的通知》（2007年）
	《财政部、证监会关于从事证券期货相关业务的资产评估机构有关管理问题的通知》（2008年）
	《企业重组业务企业所得税管理办法》（2010年）
	《企业会计准则第20号——企业合并》（2007年）
	《关于外国投资者并购境内企业的规定》（2009年）
	《上海证券交易所股票上市规则》（2022年修订）
交易所业务规则	《上海证券交易所科创板股票上市规则（2020年修订）》
	《深圳证券交易所股票上市规则》（2022年修订）
	《深圳证券交易所创业板股票上市规则（2020年修订）》
	《北京证券交易所股票上市规则（试行）》（2021年）

二、监管方式

（一）2014年前，上市公司收购的监管主要采用信息披露监管与实质性审核相结合方式

信息披露的监管涵盖了可能导致上市公司控制权变动和控制权实际变动两个方面。对要约收购的信息披露监管上，除了满足权益变动信息披露的要求以外，还要对其信息披露的内容进行实质性审核；在持股权益变动的信息披露监管上，2013年版《证券法》和2012年版《收购办法》对持股达5%—30%的披露义务主体、内容、程序和形式等问题作了比较明确的规定。其中，（1）对5%—20%之间不涉及控制权变更的股份权益变动，可以采用“简式权益变动报告书”的形式进行披露，如果持股变动涉及控

制权变更，则需采用“详式权益变动报告书”的形式对其持股变动进行披露；（2）对于20%—30%之间的股份权益变动，如果不涉及控制权变更，仅需采用“详式权益变动报告书”的形式对其权益变动进行披露，如果涉及控制权变更，除少数例外情况外，收购人除采用“详式权益变动报告书”的形式披露其持股变动以外，还应聘请财务顾问对其持股变动行为出具核查意见。对要约收购的监管是采用以信息披露为基础，辅之以前置的实质性审查的监管模式。

此外，依据2012年版《收购办法》第四条，上市公司的收购涉及国家产业政策、行业准入、国有股份转让等事项，或者收购人为外国投资者，按照相关规定需要取得国家相关部门批准的，应当在取得批准后进行。这也就意味着，有些上市公司的要约收购在证监会审核之前，还需要得到相关部门的审核批准。

（二）2014年后，上市公司收购监管更加强调事中事后监管方式

2014年《证券法》和《收购办法》的修改，标志着我国上市公司收购监管方式的重大转变。2014年版《收购办法》将第二十八条规定修改为“以要约方式收购上市公司股份的，收购人应当编制要约收购报告书，聘请财务顾问，通知被收购公司，同时对要约收购报告书摘要作出提示性公告。本次收购依法应当取得相关部门批准的，收购人应当在要约收购报告书摘要中作出特别提示，并在取得批准后公告要约收购报告书”。这就意味着，证监会不再对要约收购进行审核。如果要约收购同时涉及国有股权转让、外资收购、反垄断审查、特殊行业（如军工）等，按照相关规定需要其他主管部门审批的，在实施要约收购前仍然需要获得相关部门批准。2014年版《收购办法》虽然保留了要约收购豁免申请的行政许可，但增加了两种自动豁免情形，使得主动豁免的情形达到七种。2014年版《收购办法》还取消了收购人如果变更收购要约必须事先获得证监会及证券交易所批准的规定，只需要及时公告，载明具体变更事项即可。在大幅减少行政审批的同时，也强化了事中事后监管力度，提高了违法违规的成本。

2019年版《证券法》和2020年版《收购办法》更加突出了上市公司收购的法治化和市场化发展趋势，更加强调事中事后监管。2020年版《收购办法》将第六章改名为“免除发出要约”，并对相关条款进行了修订，全面取消了要约收购豁免申请的行政许可，只需律师事务所等专业机构出具专业意见即可。2019年版《证券法》对信息披露的要求更高，相应的处罚力度更大，2020年版《收购办法》也作了相应的调整，在很大程度上提高了事中事后监管的力度。

三、监管措施及主要内容

（一）行政监管

2020年版《收购办法》更加强调对上市公司收购行为的事中事后监管，其监管措施和内容主要涉及以下方面。

一是对信息披露义务人，如果未按照《收购办法》要求披露信息，或者披露的信息存在虚假记载、误导性陈述或者重大遗漏的，证监会将采取责令改正、监管谈话、出具警示函、责令暂停或者停止收购等监管措施。并且在改正前，相关信息披露义务人不得对其持有或者实际支配的股份行使表决权。

二是针对收购人，除对其信息披露行为进行监管外，重点监管内容还包括收购人是否按照规定聘请了财务顾问；是否存在刻意规避法定程序和义务，变相进行上市公司收购；是否未按照规定擅自实施要约收购；是否存在故意不履行要约收购义务等。对于上述行为，证监会将对其责令改正，采取监管谈话、出具警示函、责令暂停或者停止收购等监管措施。并且在改正前，收购人不得对其持有或者实际支配的股份行使表决权。此外，如果在收购过程中，收购人存在虚假披露、操纵证券市场等违法行为，还将追究其法律责任。

三是针对市场中介机构及其人员，《收购办法》拓宽了其履行职责的要求。在上市公司收购过程中，如果中介机构未能够依法履职，或者违反了相关法律法规，证监会对其监管措施包括责令改正、采取监管谈话、出具警示函、责令公开说明、责令定期报告等。责令改正的，在改正前，中介机构及其人员不得接受新的上市公司并购重组业务。

此外，对上市公司收购的监管还覆盖上市公司原控股股东或实际控制人、上市公司董事会和上市公司董事。例如，上市公司董事未履行忠实义务和勤勉义务，利用收购谋取不当利益的，证监会对其监管措施包括监管谈话、出具警示函等，并可以认定为不适当人选。证监会还会将上市公司的收购及相关股份权益变动活动中的当事人的违法行为和整改情况记入诚信档案。

（二）证券交易所自律性监管

除行政监管外，上海、深圳、北京证券交易所通过分别制定的《股票上市规则》等业务规则文件，对上市公司收购进行自律性监管，对违规行为采取自律性监管措施，甚至自律性处分。

根据相关文件，证券交易所可以实施的监管措施主要有：口头警示；书面警示；约见谈话；要求中介机构或者要求聘请中介机构核查并发表意见；要求限期改正；要求公开更正、澄清或说明；要求公开致歉；要求限期召开投资者说明会；要求上市公司董事会追偿损失；对未按要求改正的证券发行人相关证券实施停牌；建议更换相关任职人员；暂停受理或者办理相关业务；暂停适用信息披露直通车业务；限制交易；向相关主管部门出具监管建议函；交易所规定的其他自律监管措施。此外，北交所还可采取对存在违规行为的监管对象予以关注、要求其提交书面承诺、暂停解除上市公司控股股东、实际控制人的股票限售等自律监管措施。

根据相关文件，证券交易所的纪律处分主要包括：通报批评；公开谴责；公开认定不适合担任相关职务；建议法院更换上市公司破产管理人或者管理人成员；暂不接受发行人、上市申请人提交的发行上市申请文件；暂不接受控股股东、实际控制人及其控制的其他发行人提交的发行上市申请文件；暂不受理专业机构或者其从业人员出具的相关业务文件；收取惩罚性违约金；暂停或者限制交易权限；取消交易权限；取消会员或者其他交易参与人资格；报请证监会认定会员董事、监事、高级管理人员为不适当人选；交易所规定的其他纪律处分。

以深交所为例，《上市公司股东及董事、监事、高级管理人员减持股份实施细则》（2017 年修订）对股东及董监高人员的减持行为进行了规范，其第十五条规定“上市公司股东、董监高减持股份违反本细则规定，或者通过交易、转让或者其他安排规避本细则规定，或者违反本所其他业务规则规定的，本所可以采取限制交易等监管措施或者实施纪律处分。严重影响市场交易秩序或者损害投资者利益的，本所从重处分。前款规定的减持行为涉嫌违反法律、法规、部门规章、规范性文件的，本所报中国证监会查处”。《上市公司股份协议转让业务办理指引》（2021 年修订）对股份协议转让业务进行了规范，其第十七条规定“转让双方办理协议转让，如存在违反法律、行政法规、部门规章、规范性文件、本所业务规则的相关规定及转让双方作出的承诺等情形，本所可以对其采取相应的自律监管措施或者纪律处分”。

第三章　上市公司收购的信息披露

第一节　信息披露制度体系

一、证券信息披露制度

信息披露制度，是证券法律制度中的基础制度，具有深厚的法学和经济学理论基础，目前被学者和实务界普遍认可的理论依据主要为有效资本市场假设理论（Efficient Capital Market Hypothesis）、信息不对称理论（Asymmetric Information）和代理契约理论（Agency Theory）。这些理论显示，在提高证券市场资源有效配置、解决证券市场信息不对称导致的逆向选择及道德风险等问题方面，证券信息披露是必不可少的制度需要。如果从市场和投资者的立场出发，证券信息披露显著地表现出强制性特点；从上市公司自身的立场出发，还应包含在市场中发挥相当重要作用的自愿性信息披露制度。自愿性信息披露应当遵守公平原则，保持信息披露的持续性和一致性，不应选择性披露或利用自愿披露的信息，不当影响证券价格或从事市场操纵等违法违规行为。

我国自证券市场发展伊始，就非常重视信息披露制度的建立，最早可追溯到1993年国务院颁布的《股票条例》，不仅明确了公开发行股票并上市过程中的招股说明书等应披露文件，而且设置“上市公司的信息披露”专章规定定期报告、重大事项公告等上市公司持续信息公开文件。1998年《证券法》在国家法律层面确立强制性信息披露制度，信息披露的规范要求融合在证券发行、证券交易、上市公司收购等规范证券市场主要活动的专章中。2019年《证券法》升级和整合设置了“信息披露”专章，扩大“信息披露义务人”范围，在真实、准确、完整的信息披露三大原则上增加了可理解、及时、公平等明确要求，补充自愿性信息披露的原则规定，在国家法律层面夯实了证券信息披露的制度架构，进一步强化信息披露要求，加大投资者保护力度。

二、上市公司收购的信息披露制度

传统的信息披露制度以及证券监管的信息披露主体，其主要对象是证券发行人或上市公司，其需遵守首次公开发行信息披露、持续公开信息披露的规范要求，包括需依法发布招股说明书、募集说明书、定期报告、临时报告等各种信息披露文件。相对地，投资者为公司公开披露信息的接收方，享有知悉信息的权利，并结合公司信息披露的内容作出投资决策。

上市公司收购是证券市场优化资源配置、实现价值发现的重要手段，也是证券市场各方主体博弈的主战场。无论收购方式为友好、敌意，收购路径为二级市场举牌、协议转让或要约收购，收购目的为引入战略投资者、财务投资者或成为实际控制人，相对收购活动中的买方或卖方而言，上市公司的中小股东处于信息不对称地位，且分散的公众股东缺少对抗并购交易双方的博弈能力，更多依靠“用脚投票”。上市公司收购本身就是影响证券价格波动的重大事项，易诱发操纵市场、内幕交易、违规增减持或利益输送等行为。因此，在上市公司收购活动中，以发行人和上市公司为核心主体的传统信息披露制度，不足以充分保护公众投资者和防止证券欺诈。从立法、执法和司法上全面贯彻和实施以投资者为核心主体的上市公司收购的信息披露制度，促使上市公司收购的信息披露真实、准确、完整、充分、及时、公平，是保护公众投资者利益、维护并购市场健康发展的基石。

我国现行的上市公司收购的信息披露制度，主要是从上市公司收购、上市公司信息披露两大维度建立起完整的规范体系，旨在为证券市场参与各方提供安全、便捷、高效和公平的市场环境，激发市场活力、强化上市公司的自律自控以及市场参与主体之间的相互制衡功能。包含上市公司收购信息披露相关的规范法律、行政法规和部门规章，主要为《证券法》（以“第四章上市公司的收购”和“第五章信息披露”为核心）以及《收购办法》《上市公司信息披露管理办法》（以下简称《信披办法》）。部门规章以下，包含或涉及对上市公司收购信息披露的具体规范性文件主要有36件，已实现证监会行政监管与交易所自律监管有效衔接，覆盖沪深交易所主板（含原深交所中小板）、上交所科创板、深交所创业板、北交所，各板块求同存异，以全面注册制下信息披露为统一目标（见表3－1、表3－2）。

表3－1　包含和涉及上市公司收购信息披露重要规范内容的证监会监管规则

基础规则
1.《上市公司董事、监事和高级管理人员所持本公司股份及其变动管理规则》（2022年修订） 2.《公开发行证券的公司信息披露内容与格式准则第5号——公司股份变动报告的内容与格式》（2022年修订） 3.《公开发行证券的公司信息披露内容与格式准则第15号——权益变动报告书》（2020年修订） 4.《公开发行证券的公司信息披露内容与格式准则第16号——上市公司收购报告书》（2020年修订） 5.《公开发行证券的公司信息披露内容与格式准则第17号——要约收购报告书》（2022年修订） 6.《公开发行证券的公司信息披露内容与格式准则第55号——北京证券交易所上市公司权益变动报告书、上市公司收购报告书、要约收购报告书、被收购公司董事会报告书》（2021年11月15日起施行）
监管指引
《上市公司监管指引第4号——上市公司及其相关方承诺》（2022年修订）
规则适用指引
《监管规则适用指引——上市类第1号》（2020年7月31日起施行）

表3－2　包含和涉及上市公司收购信息披露重要规范内容的各证券交易所自律规则

上交所	深交所	北交所
自律监管规则		
1.《上海证券交易所股票上市规则》（2023年修订） 2.《上海证券交易所科创板股票上市规则》（2020年12月修订）	1.《深圳证券交易所股票上市规则》（2023年修订） 2.《深圳证券交易所创业板股票上市规则》（2023年修订）	《北京证券交易所股票上市规则（试行）》（2021年11月15日起施行）

续表

<table>
<tr><th>上交所</th><th>深交所</th><th>北交所</th></tr>
<tr><td colspan="3">自律监管指引</td></tr>
<tr><td>1.《上海证券交易所上市公司自律监管指引第1号——规范运作》
2.《上海证券交易所上市公司自律监管指引第2号——信息披露事务管理》
3.《上海证券交易所上市公司自律监管指引第8号——股份变动管理》（2022年修订）
4.《上海证券交易所科创板上市公司自律监管指引第1号——规范运作》
5.《上海证券交易所科创板上市公司自律监管规则适用指引第2号——自愿信息披露》</td><td>1.《深圳证券交易所上市公司自律监管指引第1号——主板上市公司规范运作》（2022年修订）
2.《深圳证券交易所上市公司自律监管指引第2号——创业板上市公司规范运作》（2022年修订）
3.《深圳证券交易所上市公司自律监管指引第5号——信息披露事务管理》
4.《深圳证券交易所上市公司自律监管指引第10号——股份变动管理》（2022年修订）</td><td>1.《北京证券交易所上市公司持续监管指引第5号——要约收购》
2.《北京证券交易所上市公司持续监管指引第8号——股份减持和持股管理》</td></tr>
<tr><td colspan="3">自律监管指南</td></tr>
<tr><td>1.《上海证券交易所上市公司自律监管指南第1号——公告格式》（2023年4月修订）
2.《上海证券交易所上市公司自律监管指南第2号——业务办理》（2023年2月修订）
3.《上海证券交易所上市公司自律监管指南第3号——信息披露咨询、业绩说明会等服务》
4.《科创板上市公司自律监管指南第1号——信息披露业务办理》
5.《科创板上市公司自律监管指南第3号——日常信息披露》（2023年2月修订）
6.《科创板上市公司自律监管指南第11号——信息披露咨询、业绩说明会等服务》（2023年2月修订）</td><td>1.《深圳证券交易所上市公司自律监管指南第1号——业务办理》（2023年4月修订）
2.《深圳证券交易所创业板上市公司自律监管指南第1号——业务办理》（2023年2月修订）
3.《深圳证券交易所上市公司自律监管指南第2号——公告格式》（2023年4月修订）
4.《深圳证券交易所创业板上市公司自律监管指南第2号——公告格式》（2023年修订）</td><td>《北京证券交易所上市公司业务办理指南第7号——信息披露业务办理》（2022年修订）</td></tr>
</table>

第二节　信息披露主体

《证券法》《收购办法》中所称上市公司收购，从广义上理解，不仅包括收购人以取得或巩固控制权为目的的上市公司收购行为，还包括其他投资者因股票增减持情形而发生的股份权益变动行为。上市公司收购的信息披露主体，不同于首次公开发行信息披露、持续公开信息披露的主体为发行人或上市公司，而是以上市公司的收购及相关权益变动所涉收购人、投资者（包含增持方和减持方）作为信息披露的核心主体；同时，上市公司及其董事、高级管理人员等关键少数，为上市公司收购信息披露的补充和辅助主体。上市公司控股股东、实际控制人及其一致行动人应当及时、准确地告知上市公司是否存在拟发生的股权转让、资产重组或者其他重大事件，并配合上市公司做好信息披露工作。

一、收购人、投资者及其一致行动人

上市公司收购人，从狭义上理解，是以取得或巩固上市公司控制权为目的的投资者及其一致行动人。收购人取得上市公司控制权的方式包括直接持股并成为上市公司控股股东，或者通过投资关系、协议和其他安排等间接方式成为上市公司的实际控制人。实际控制人是指“拥有公司控制权、能够实际支配公司行为的主体”[①]，其影响力和权利来自对上市公司的直接或者间接的股权投资关系。

上市公司的投资者，是指在一个上市公司中拥有权益的民事主体，包括自然人、法人及其他组织。在一个上市公司中拥有的权益，包括登记在其名下的股份，以及虽未登记在其名下，但该投资者可以实际支配表决权的股

---

① 证监会《〈首次公开发行股票注册管理办法〉第十二条、第十三条、第三十一条、第四十四条、第四十五条和〈公开发行证券的公司信息披露内容与格式准则第57号——招股说明书〉第七条有关规定的适用意见——证券期货法律适用意见第17号》（中国证券监督管理委员会公告〔2023〕14号）。

份。一致行动，是指投资者通过协议、其他安排，与其他投资者共同扩大其所能够支配的一个上市公司股份表决权数量的行为或者事实。在上市公司的收购及相关股份权益变动活动中有一致行动情形的投资者，互为一致行动人。投资者及其一致行动人在一个上市公司中拥有的权益应当合并计算。

投资者及其一致行动人拥有上市公司有表决权的股份数量和持股比例的多少，决定了其在上市公司的股东地位的重要程度。上市公司股东拥有《公司法》等法律法规规定的基本权利，包括依法享有利润分配等资产收益、投票表决等参与重大决策和选择管理者的权利，以及信息披露、维护上市公司独立性等相应义务（见表3－3）。上市公司股东拥有上市公司的股份完整权益，既包括上市公司股东的财产权，也包括上市公司股东的表决权。根据《证券法》《收购办法》《上市公司治理准则》《上市公司章程指引》和各证券交易所的股票上市规则等规定，通常情形下，股东对上市公司的董事会和股东大会决议施加的影响力，与其持股比例成正比。

表3－3　拥有上市公司有表决权的股份比例对应的股东重要法定权利义务

有表决权的股份比例	具有实质差异的股东重要法定权利义务
1%	（1）股东代位诉讼权：董事、高级管理人员执行公司职务时违反法律、行政法规或者章程的规定，给公司造成损失的，连续180日以上单独或合并持有公司1%以上股份的股东有权书面请求监事会向人民法院提起诉讼；监事会执行公司职务时违反法律、行政法规或者章程的规定，给公司造成损失，股东可以书面请求董事会向人民法院提起诉讼。监事会、董事会收到股东书面请求后拒绝提起诉讼，或者自收到请求之日起30日内未提起诉讼，或者情况紧急、不立即提起诉讼将会使公司利益受到难以弥补的损害的，上述股东有权为了公司的利益以自己的名义直接向人民法院提起诉讼。他人侵犯公司合法权益，给公司造成损失的，上述股东可以依照前述规定向人民法院提起诉讼 有限责任公司的股东、股份有限公司连续180日以上单独或者合计持有公司1%以上股份的股东，依据《公司法》第一百五十一条第三款的规定，以清算组成员有违反法律、行政法规或者公司章程的行为为由向人民法院提起诉讼的，人民法院应予受理 （2）独立董事提名权：上市公司董事会、监事会、单独或者合并持有上市公司已发行股份1%以上的股东可以提出独立董事候选人，并经股东大会选举决定

续表

有表决权的股份比例	具有实质差异的股东重要法定权利义务
3%	股东大会提案权：公司召开股东大会，单独或者合并持有公司3%以上股份的股东，有权向公司提出提案，具体可以在股东大会召开10日前提出临时提案并书面提交召集人
5%	构成各证券交易所股票上市规则列举的上市公司的关联方，构成《上市公司股东、董监高减持股份的若干规定》等规范性文件规定的大股东（区别于公司法项下的控股股东、实际控制人界定），需遵守规范关联交易、避免短线交易、上市公司收购及相关权益变动的投资者信息披露义务等重要义务
10%	（1）股东大会召集权：单独或合计持有公司10%以上股份的股东请求时，公司应在事实发生之日起两个月以内召开临时股东大会 （2）董事会召集权：单独或合计持有公司10%以上股份的股东可召集董事会 （3）其他如公司解散请求权等重要权利
20%	（1）会计准则角度能够对被投企业施加"重大影响"的通常股份比例，从而可将该股东所投企业作为联营企业纳入其长期股权投资科目进行权益法核算 （2）投资者及其一致行动人拥有权益的股份达到或者超过一个上市公司已发行股份的20%但未超过30%的，应当编制详式权益变动报告书
30%	相对控股（可据此根据《收购办法》认为获得上市公司控制权）和触发全面要约收购义务的股份比例临界点。控股股东和实际控制人需遵守维护上市公司独立性、避免同业竞争、规范关联交易等重要义务
34%	对股东大会特别决议（2/3通过）事项，拥有一票否决权
50%	绝对控股、自由增持（其后增持可免于发出要约）的股份比例临界点。控股股东和实际控制人需遵守维护上市公司独立性、避免同业竞争、规范关联交易等重要义务
51%	绝对控股，对股东大会普通决议（1/2通过）事项，拥有决策控制权
67%	对股东大会特别决议（2/3通过）事项，拥有决策控制权

续表

有表决权的股份比例	具有实质差异的股东重要法定权利义务
75%	触发私有化退市的股份比例临界点、余股股东强制收购请求权（对应收购人强制收购义务）：收购期限届满，被收购公司股权分布不符合证券交易所规定的上市交易要求的，该上市公司的股票应当由证券交易所依法终止上市交易；其余仍持有被收购公司股票的股东，有权向收购人以收购要约的同等条件出售其股票，收购人应当收购
90%	股权分布不具备上市条件：社会公众股东（除持有上市公司10%以上股份的股东及其一致行动人，以及上市公司的董事、监事和高级管理人员及其关联人以外的上市公司其他股东）持有的股份低于公司总股本的25%，公司股本总额超过人民币4亿元的，低于公司总股本的10%

2019年版《证券法》突出权益变动的股份比例计算以“有表决权股份”为准，明确“权益”变动以“表决权”为要件。如按股份所有权、表决权是否分离的标准来划分投资者范围，则在逻辑上可分成四个象限（见图3－1）。

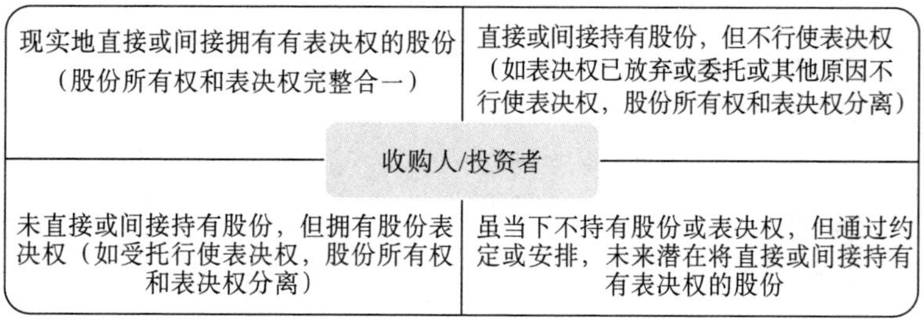

图3－1　按股份所有权和表决权的分离状态划分投资者范围四象限

由图3－1可见，上市公司收购及相关权益变动所涉投资者，既包括直接或间接持有上市公司股份的投资者，也包括现实或潜在持有上市公司股份的投资者，还包括显名或隐名持有上市公司股份的投资者，以及虽不持有股份，但通过表决权委托、一致行动安排等拥有上市公司股份表决权的投资者。无论是现实的，还是依据协议约定或类似安排潜在的、将拥有上市公司相关股份所有权或者实际支配股份表决权的投资者，均为《证券法》《收购办法》等法律法规项下的上市公司收购及相关权益变动的信息披露义务人。

除此之外，实务中还有一类常见类型的投资者，即实际使用相关证券账户进行股票交易的账户控制人，也应属于上市公司收购及权益变动行为的信息披露义务人。对于证券账户控制人，证券监管机构在若干监管、处罚案例中作出了明示，任何机构和个人不得通过借用金融工具、协议安排等方式规避信息披露义务。

案例3－1　毛某、姚某未披露及违规交易D上市公司（权益变动披露不以行使表决权为适用前提）

【案例概述】2017年11月至2019年7月，P股权投资基金（以下简称“P基金”）时任董事长毛某，与姚某开始共同通过P基金相关工作人员，控制使用机构账户、信托产品账户、私募产品账户、个人账户共计55个证券账户交易D上市公司，在一年多时间内累计增持金额18亿余元，减持金额16亿余元。账户组在2017年11月持有D公司比例达到5.3%后仍继续交易，最高达到24.59%。截至2019年7月仍持有15.19%。P基金于2019年7月4日才首次发布股东权益变动公告，披露其持有D公司超过5%。

【监管机构认定】毛某的代理人请求免于处罚，提出相关理由之一是《证券法》“慢走规则”所规制的是以自己的名义实际行使以“表决权”为核心之股东权利的“投资者”，毛某不属于此类规制范围，不应被认定为信息披露及限制期内交易的违法主体。

证监会认为，相关账户控制人只要使用所控制的账户交易股票，其就有义务关注账户持股情况并按照规定履行相应的信息披露、停止交易等义务，因此毛某、姚某构成违反《证券法》的超比例增持、减持未报告、披露的违规行为，以及限制期内交易的违规行为，并对毛某、姚某给予警告、罚款等行政处罚。

案例3-2　J投资公司、魏某未披露及违规交易L上市公司（权益变动披露不以收购意图为适用前提）

【案例概述】2016年9月至2017年5月，J投资管理有限公司（以下简称“J投资公司”）控制使用“吴某”等9个证券账户（个人账户组）交易L公司。个人账户组交易决策由J投资公司市场部作出并下单交易，除“全某”账户交易L公司的资金来源于J投资公司及其员工外，个人账户组其他账户交易L公司的资金来源于账户名义所有人或J投资公司的客户。魏某时任J投资公司董事长，分管主要负责涉案交易的资本市场部。

2016年12月，J投资公司持有L公司的比例首次达到其总股本的5%，此后继续反复买卖，持股比例在5%上下波动，并于2017年1月由4.88%增至7.12%，第二次超过5%，于4月13日由4.96%增至5.04%，第三次超过5%，均未按规定进行报告和公告。2017年1月，J投资公司持有L公司比例达到最高点8.93%，其后继续买卖，至4月持股比例减少至3.7%，减持比例超过L公司总股本5%，也未按规定进行报告和公告。

【监管机构认定】J投资公司及其代理人提出：《证券法》规范的是上市公司收购活动中收购者的信息披露义务，保护的是上市公司和投资者的合法权益。J投资公司主观上没有收购上市公司的意图，行为上没有利用其持有的有表决权股份影响上市公司的经营、决策和人事安排，客观上没有使他人及社会公共利益遭受损失，对其进行严重的行政处罚，有违比例原则。魏某在2016年9月才担任J投资公司董事长并分管资本市场部，其对资本市场部招徕大宗交易客户，特别是交易L公司不知情，更非决策者。

证监会认为，2005年版《证券法》第八十六条没有将收购意图作为适用前提，当事人是否具有主观收购意图，不影响对其违法行为的认定。魏某作为董事长，全面负责J投资公司日常管理，且其分管资本市场部，对资本市场部的证券交易行为负有管理责任。不知情并非法定免责事由，且在一定程度上反映出魏某未勤勉尽责，认定其为直接负责的主管人员有事实依据。2021年5月，证监会对J投资公司、魏某超比例持股未报告及限制期内交易的违规行为给予警告、罚款等行政处罚。

案例3－3　陈某、许某未披露及违规交易O上市公司（协议约定不排除账户控制人的信息披露义务）

【案例概述】陈某时任O上市公司董事长兼总经理，许某为Z资产管理有限公司（以下简称“Z公司”）的实际控制人。2018年2月，陈某托请朋友张某代其出面作为甲方，与乙方Z公司签订《投资合作协议》，约定共同出资并配资用于在二级市场交易O公司，投资期限为一年，扣除利息等支出后剩余收益按照甲乙双方各半分配。2018年5月，在陈某已实际控制O公司远超5%的情况下，陈某、许某通过“曹某”等57个证券账户，合计新增持股52,989,491股，占总股本的5.02%，新增持股比例首次超过5%，但未按法律规定履行信息披露义务，仍反复交易。2018年5月底至7月初，涉案账户组合计违规买入金额5亿余元，违规卖出金额1.6亿余元。2018年7月9日，账户组合计持股减至2,000余万股，占总股本比例低于5%。

【监管机构认定】证监会认为，《投资合作协议》约定的资金并未使用Z公司账户（使用的是“庄某”账户），且相关资金也未用于Z公司实际经营，涉案相关交易未体现Z公司单位决策和单位意志；涉案《投资合作协议》中，Z公司虽名为签约主体，但其对应的银行账户却是许某控制的“庄某”账户，涉案证券账户资金来源与许某所控制的银行账户密切相关，故此行为为许某个人违法行为。陈某、许某分别通过张某、Z公司签订投资合作协议共同持有O公司，许某为涉案账户的信息披露义务主体。因此本案所涉超比例持股与限制期交易行为系陈某、许某的共同行为。2021年11月，证监会对陈某、许某采取警告、罚款等行政处罚。

案例3－4　周某未披露及违规交易T上市公司等股票（金融产品及其受托管理不排除账户控制人的信息披露义务）

【案例概述】周某实际控制“周某”及其家庭成员名下共8个自然人账户、7个产品账户，分别持有上市公司T公司、H公司、L公司、W公司、J公司已发行股份累计达到5%时，未按照规定进行报告和公告，并在限制期内，继续买卖相关上市公司股票。

【监管机构认定】 证监会认为，私募基金、信托产品的管理人对其管理的产品负有大额持股披露义务的约定、规定，并非排除其他相关投资者基于证券法规定应履行信息披露义务的理由。周某实际控制15个账户，对账户组的交易具有最终决策权。在其中产品账户既未约定投资标的，亦未就表决权行使作出限制性规定的情况下，周某作为账户组的实际控制人，能够实际支配账户组持有股票的表决权。依照2005年《证券法》第八十六条，周某应随时关注并合并计算账户组在同一时间持有同一家上市公司已发行股份的数量，及时履行披露义务，并在限制期内停止交易。2021年5月，证监会对周某超比例持有T公司等未报告行为及在限制期内交易5只股票行为给予警告、罚款等行政处罚。

有增必有减。伴随着上市公司收购、投资者通过各种方式增持上市公司股份，相应会有上市公司现有股东/投资者减持股份。减持方就其减持行为和信息披露义务，亦需遵守《证券法》《收购办法》《上市公司股东、董监高减持股份的若干规定》等相应规则。对于减持方，通常涉及需信息披露的情形包括：（1）5%权益变动披露（投资者持股比例超过5%时，每减少5%时，及持股比例降至5%以下时）；（2）1%持股变动披露（投资者持股比例超过5%时，每减少1%时）；（3）5%以上股东通过协议转让、大宗交易、集中竞价等方式减持的，3个交易日前预先披露；（4）5%以上股东、董监高通过交易所集中竞价减持的，15个交易日前预先披露。

二、上市公司

在上市公司收购及相关权益变动活动中，上市公司应当及时发布关于股东权益变动的提示性公告的情形，主要包括：（1）投资者及其一致行动人、上市公司股东、收购人、实际控制人依法发布权益变动报告书、上市公司收购报告书摘要、要约收购报告书摘要等相关公告的；（2）拥有权益的股份比例达到或超过5%的股东减持至5%以下；（3）拥有权益的股份比例达到或超过5%的股东，其拥有权益的股份每增加或者减少1%；（4）拥有权益的股份比例达到或超过5%的股东，其一致行动人的成员或构成发生变化，但未导致其拥有权益的股份比例和数量发生变化的；（5）股东通知上市公司拟公开挂牌出让股份；（6）上市公司的第一大股东或控股股东及其实际控制人不变，但第一大股东或控股股东与实际控制人之间的逐级股权关系发生变化，导致层级减少或者持股情况发生较大变化的。

在上市公司对股东权益变动情形发布相关提示性公告时，应当对相关权益变动属于增持或者减持，是否触及要约收购、是否会使公司控股股东及实际控制人发生变化等情形作出重要提示。另外，上市公司在发布提示性公告时，亦需遵守所在交易所板块的相关信息披露规则、指引等相关要求，例如，根据上交所《上海证券交易所上市公司自律监管指南第1号——公告格式》（2023年4月修订）"关于股东权益变动的提示性公告"相关要求，在权益变动的提示公告中，如涉及投资者作为信息披露义务人需披露权益变动报告书、收购报告书摘要、要约收购报告书摘要等后续工作，上市公司应公告其拟披露的时间；如权益变动情况会导致控股股东、实际控制人的变化，上市公司应当披露控股股东、实际控制人的股权结构图。

此外，各证券交易所在其股票上市规则中强调，上市公司应当配合投资者履行信息披露义务。股东、实际控制人及其他相关信息披露义务人未履行报告和公告义务的，上市公司董事会应当自知悉之日起作出报告和公告，并督促相关股东、实际控制人及其他相关信息披露义务人履行公告义务。

案例3－5　D上市公司未披露控制权转让相关合作协议

【案例概述】2016年5月，D上市公司原控股股东Y集团与K经贸发展有限公司（以下简称"K经贸"）、X投资集团签署《合作协议》，约定Y集团向K经贸及X投资集团设立的子公司甲公司转让其持有的D上市公司28%股份，股份转让完成后，甲公司应配合Y集团购买D公司的商业及酒店类资产。《合作协议》涉及D公司控制权转让，并对重要资产转让作出安排，交易对价合计为28亿元。

2016年6月，甲公司与Y集团签订《股份转让协议》，Y集团向甲公司转让其持有的D公司28%股份，交易对价13亿元。转让后，甲公司成为D公司控股股东。

D公司于2016年6月披露的《关于控股股东签署〈股份转让意向协议〉暨控制权变更的提示性公告》，以及Y集团、甲公司等披露的权益变动报告书均仅提及《股份转让协议》的相关内容，未提及《合作协议》中关于甲公司配合Y集团购买D公司的商业及酒店类资产、交易对价合计28亿元等事项。D公司于2020年2月披露的问询函回复公告显示，其时任董事长田某、时任副董事长杜某、实际控制人陈某知悉《合作协议》相关事项，但直至2019年12月，D公司披露《关于重大诉讼的公告》才首次提及前述事项。

【监管机构认定】上述行为违反交易所股票上市规则相关规定，2020年12月，交易所对Y集团、K经贸及田某、杜某、陈某进行通报批评，对D公司出具监管函。

第三节　信息披露时点

上市公司收购的信息披露时点，可以分为大额持股预警披露、要约收购及免于要约披露、增减持预先披露等主要情形，主要取决于投资者拥有上市公司股份及相关权益的绝对比例和变动比例，也就是通常所说的股份刻度和变动幅度。

通过上市公司收购的强制性信息披露对收购行为进行干预，于投资者或收购人而言，一定程度上加大和延长了收购成本和交易时间；于未参与交易的上市公司其他股东而言，股东均拥有对股价有重大影响的信息的知情权，体现了公平、公正原则，也被赋予了以公允价格参与特定交易的机会或权利；亦能在很大程度上遏制上市公司并购重组中的内幕交易、市场操纵、欺诈行为等禁止性行为。

一、大额持股预警披露

收购人或投资者拟取得上市公司有表决权的股份数量和股份比例，往往是其作出对上市公司进行收购或投资决策的首要内容，体现其成为控股股东、实际控制人、战略投资者或财务投资者的不同交易目的。根据《证券法》《收购办法》等法律法规，上市公司收购的信息披露主要从股份及相关权益的绝对比例（如5%、20%、30%、50%等）和变动比例（如1%、2%、5%等）上设置持股预警。

收购人或投资者拟交易取得的股份权益数量、比例和价格，以及具体采取证券交易所内的证券交易、协议转让、要约收购或者司法拍卖等不同交易路径和方式，决定了收购人或投资者是否会触发信息披露，以及如果触发，具体披露时间、程序、内容等具体要求的不同。而披露时间、程序和内容等具体要求的不同（见图3-2），反之又会影响投资者对交易方案要素的选择和决策，甚至直接影响收购人或投资者是否进行收购的决策。

（一）5%权益披露

1. 5%权益披露规则

上市公司收购及相关权益变动需遵守5%最低刻度、5%变动幅度均应披露的要求，具体包括：（1）通过证券交易所的证券交易，投资者持有或者通过协议、其他安排与他人共同持有一个上市公司已发行的有表决权股份达到5%时；（2）投资者持有或者通过协议、其他安排与他人共同持有一个上市公司已发行的有表决权股份达到5%后，其所持该上市公司已发行的有表决权股份比例每增加或者减少5%。

该持股预警披露可减缓潜在的收购上市公司行为对目标公司和股票市场的冲击，避免“突然袭击”。当首次持股达到5%（刻度）及其后每增减5%（幅度），投资者均应及时（即在相关事实发生之日起3日内）履

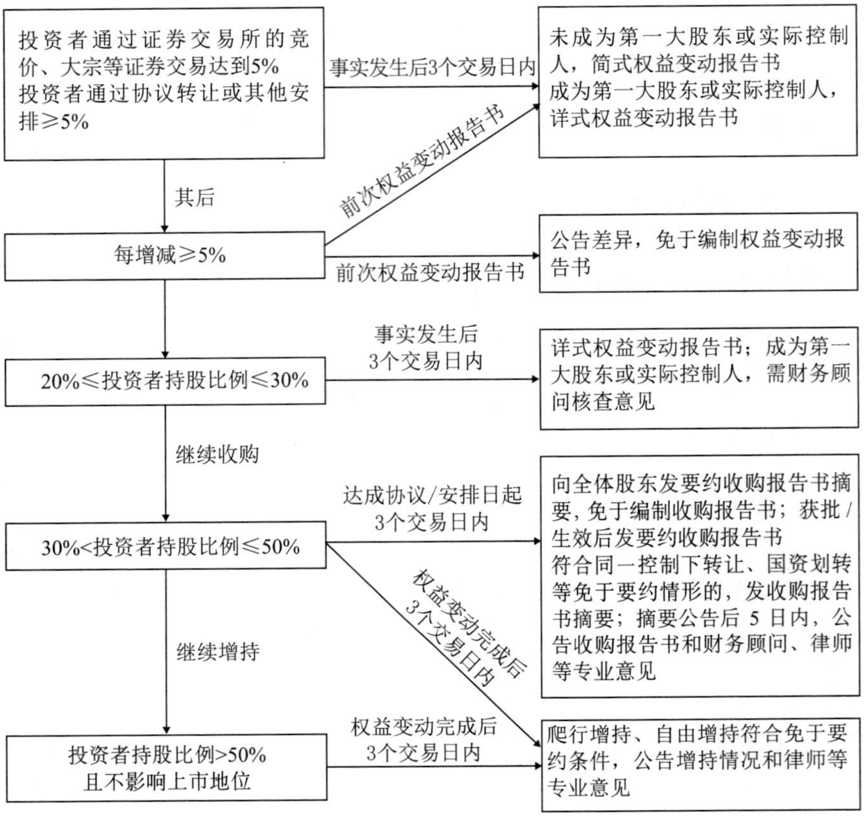

图3－2　上市公司收购及相关权益变动的主要披露规则

行权益变动披露义务，而且应在限制期内（即在事实发生之日起至公告后3日内）禁止买卖目标公司股票。前述3日均指交易日，不含公告日当天。

根据证监会《监管规则适用指引——上市类第1号》的举例和解释，不仅投资者首次达到5%股份比例刻度需进行权益变动披露（“首次举牌”），投资者在股票减持情形下持股比例跨越5%这一股份比例刻度的情形，即如通过证券交易所的证券交易，投资者及其一致行动人拥有权益的股份降至5%以下时，即使“变动数量”未达到上市公司已发行股份的5%（如从5.5%降至4%），也应披露权益变动报告书并履行相关限售义务。需注意的是，对于因增发股份等原因导致投资者持股比例被动降至5%以下后又主动减持股份的，投资者也应披露权益变动报告书并履行相关限售义务。

案例3-6 W集团、廖某未披露及违规交易Y上市公司（5%权益变动披露和限制期禁止交易）

【案例概况】2018年10月至2019年3月，W集团利用W投资公司、冯某等10个证券账户交易Y公司股票，资金来源于W集团关联企业G公司。账户组交易Y公司由W集团决策，其中，公司账户由W集团员工徐某等下单交易，个人账户由沈某等下单交易。2018年11月，账户组持有Y公司股份达到上市公司已发行股份5%；2019年1月，账户组持有Y公司股份达到上市公司已发行股份10%；W集团均未及时履行报告及公告义务。W集团在2019年1月发布的数个相关公告中披露的持股数量和持股比例，均与账户组实际持股情况不一致。前述期间，W集团利用账户组累计买入6,000余万股，累计买入金额5亿余元；累计卖出4,000余万股，累计卖出金额4亿余元。

【监管机构认定】证监会认为，2018年9月，W集团和Y公司开始洽谈合作；2018年11月，W集团和Y公司形成合作框架，公布了合作声明；2018年12月，W集团召开内部临时董事会，讨论收购Y公司事项。收购Y公司是由W集团计划、主导、决策的，利用W投资等账户在二级市场购买Y公司股票系为了实现W集团最终举牌的目的，是整个收购安排中的一个步骤。2019年1月W集团举牌标志着此前的初步合作、形成合作框架、出资和董事会决议等内容已分步实施完成。W集团持有Y公司股份达到5%、10%时，未及时履行报告及信息披露义务，所披露的持股变动情况有误导性陈述，在限制期内交易Y公司股票的行为，构成2005年《证券法》第一百九十三条第一款、第二百零四条所述的违法行为。廖某为W集团的法定代表人、董事长、首席执行官等，知悉、参与并决策W集团交易Y公司事项，未履行信息披露义务和限制交易义务，应认定为直接负责主管人员。2022年6月，证监会对W集团、廖某给予警告、罚款等行政处罚。

对于投资者拥有上市公司股份比例每增加或者减少5%的权益变动披露幅度，系指通过证券交易所的证券交易或协议转让等其他方式，投资者及其一致行动人拥有权益的股份“变动数量”达到上市公司已发行股份的5%时，应披露权益变动报告书，履行相关限制期禁止交易义务。

2. 触发5%权益披露的事实行为发生日

根据《收购办法》，投资者、收购人应在“事实发生之日”起3日（指交易日，不含公告日当天）内，披露符合证监会规定的上市公司权益变动报告书、收购报告书（摘要）、要约收购报告书（摘要）。结合《监管规则适用指引——上市类第1号》，对此规定主要理解如下：

（1）协议收购的，在达成收购协议之日起3日内，其中共同出资设立新公司的，在达成出资协议之日起3日内。

实务中，协议收购如涉及国有股东需公开征集受让方，或者其股东需通过产权交易所进场挂牌交易确定受让方的，应当在证券交易所以外的市场挂牌出让之日起3日内通知上市公司进行提示性公告，并予以披露。与受让人签署协议后，出让人应按上述规定及时披露权益变动报告。

（2）以协议等方式一致行动的，在达成一致行动协议或者其他安排之日起3日内。

（3）行政划转的，在获得上市公司所在地国资部门批准之日起3日内。

实务中需注意，“上市公司所在地国资部门批准”具体需要根据《上市公司国有股权监督管理办法》《企业国有资产交易监督管理办法》等国务院国资委的规定和地方国有资产监管机构的规定细化。通常而言，符合国有股东所持上市公司股份在本企业集团内部进行无偿划转等特定情形的，由所属国家出资企业批准，其他情形由该国有股东逐级上报所属有权国有资产监督管理机构审核批准，审批权限部门并非严格意义上的上市公司所在地国资部门；同时，提交国有股东履行国有股划转审批，通常要求满足相关专业机构已完成尽调并出具审计报告、法律意见书、财务顾问等文件、国有股东已作出内部决定、相关划转协议已签署等申报条件。因此，国资批准划转之日为国有股东因股权划转披露权益变动报告的最迟触发时点。

（4）司法裁决的，在收到法院就公开拍卖结果裁定之日起3日内。

（5）继承、赠与的，在法律事实发生之日起3日内。

因继承或赠与导致信息披露义务人在上市公司中拥有权益的股份变动达到法定比例的，信息披露义务人应当披露其与被继承人或赠与人之间的关系、继承或赠与开始的时间、是否为遗嘱继承、遗嘱执行情况的说明等。

（6）认购上市公司发行新股的，在上市公司董事会作出向收购人发行新股的具体发行方案的决议之日起3日内。

投资者认购上市公司新股包括以现金方式锁价认购或者承诺现金方式按询价结果参与认购，也包括以拥有的股权等非货币资产进行认购。通常来说，上市公司董事会作出向认购人发行新股的具体发行方案的决议时，上市公司与认购人也会相应签署附条件生效的股份认购协议；从时间上讲，一般在上市公司董事会作出上述决议之日，或最多提前1—2日，认购人与上市公司签署股份认购协议，以防范内幕交易、股价较大波动影响交易价格等风险。

（7）其他特殊情形。

在投资者认购上市公司可转债、可交债、优先股之时，由于认购方案不涉及有表决权的股份，因此，在认购协议签署或相关发行方案董事会决议作出时，不适用权益变动披露；但在投资者对所认购的可转债、可交债、优先股依法和依约行使转股权或恢复表决权的事实发生之日起3日内，应适用权益变动披露的相关规定和要求。

同时，各证券交易所在其股票上市规则中对投资者持有上市公司已发行的可转换公司债券达到一定比例，以及相关转换为股份所引起的股份变动等情况作出相关信息披露规定，主要包括：（1）投资者持有上市公司已发行的可转换公司债券达到发行总量的20%时，应当在事实发生之日起2个交易日内通知公司予以公告；（2）投资者持有公司已发行的可转换公司债券达到发行总量的20%后，每增加或者减少10%时，应当在事实发生之日起2个交易日内通知公司予以公告；（3）上市公司应当在可转换公司债券转换为股票的数额累计达到可转换公司债券开始转股前公司已发行股份总额的10%时及时披露公告；（4）上市公司应当在每一季度结束后及时披露因可转换公司债券转换为股份所引起的股份变动情况。

3. 投资者违反5%权益披露义务的表决权限制

对于投资者违反5%权益披露义务的法律后果，除责令改正、警告和罚款等行政处罚外，2019年版《证券法》在第六十三条新增第三款，规定违规买入上市公司有表决权的股份的，在买入后36个月内，对超过规定比例部分不得行使表决权。各证券交易所的股票上市规则明确规定，上市公司不得将投资者违规买入的前述股份计入出席股东大会有表决权的股份总数。

此外，2020年版《收购办法》在"监管措施和法律责任"章节把收购行为中信息披露违规等事项作为可对改正前的收购人采取限制表决权措施的情形，主要包括：

（1）《收购办法》第七十五条：上市公司的收购及相关股份权益变动活动中的信息披露义务人，未按照该办法的规定履行报告、公告以及其他相关义务的，证监会责令改正，采取监管谈话、出具警示函、责令暂停或者停止收购等监管措施。在改正前，相关信息披露义务人不得对其持有或者实际支配的股份行使表决权。

（2）《收购办法》第七十六条：上市公司的收购及相关股份权益变动活动中的信息披露义务人在报告、公告等文件中有虚假记载、误导性陈述或者重大遗漏的，证监会责令改正，采取监管谈话、出具警示函、责令暂停或者停止收购等监管措施。在改正前，收购人对其持有或者实际支配的股份不得行使表决权。

（3）《收购办法》第七十七条：投资者及其一致行动人取得上市公司控制权而未按照该办法的规定聘请财务顾问，规避法定程序和义务，变相进行上市公司的收购，或者外国投资者规避管辖的，证监会责令改正，采取出具警示函、责令暂停或者停止收购等监管措施。在改正前，收购人不得对其持有或者实际支配的股份行使表决权。

（4）《收购办法》第七十八条：收购人未依照该办法的规定履行相关义务、相应程序擅自实施要约收购的，或者不符合该办法规定的免除发出要约情形，拒不履行相关义务、相应程序的，证监会责令改正，采取监管谈话、出具警示函、责令暂停或者停止收购等监管措施。在改正前，收购人不得对其持有或者支配的股份行使表决权。

实务中，关于违规增持的表决权如何限制，涉及违规增持的认定主体和程序、限制表决权的主体和程序、参与表决的股份事后被限制表决权、该决议效力如何认定等诸多问题，存在争议。如在康达尔（000048）的控制权争夺战中，康达尔公司董事会通过决议，确认大股东京基公司与林某等人的表决权无效，后被京基公司诉至法院。法院认为，表决权作为股东的基本权利，应由证监会对其作出限制，不能通过董事会决议的方式予以限制。再如成都路桥（002628）控制权争夺战中，法院在判决中也表达了类似意见。该等判例说明，法院在介入证券市场治理时，尊重行政监管部门的专业判断。

（二）1%权益变动披露

2019年版《证券法》新增规定在投资者首次举牌后，即投资者持有或者通过协议、其他安排与他人共同持有一个上市公司已发行的有表决权股份达到5%后，其所持该上市公司已发行的有表决权股份比例每增加或者减少1%，应在事实发生的次日通知上市公司，并予以公告。

需注意，上述权益变动披露义务，仅为投资者通知和上市公司提示性公告义务，不同于5%权益变动下投资者需披露的权益变动报告书、收购报告书等格式文件，而且该等1%幅度权益变动并不受限制期内禁止股票买卖义务限制。

案例3－7　Q基金管理公司等未披露及违规交易J上市公司（投资者及一致行动人持股达到5%后1%权益变动的信息披露义务）

【案例概况】J上市公司股东Q基金管理有限公司、B资产管理有限公司、J基金管理有限公司，在合计拥有公司权益的股份达到公司已发行股份的5%时，未停止买卖公司股票，也未及时编制并披露权益变动报告书；在合计拥有权益的股份达到公司已发行股份的5%后，所持股份比例增加1%时，未及时履行信息披露义务。相关股东直至合计持股超过6.558%、一致行动关系已不存在后，才对前期简式权益变动报告书作出修订并履行信息披露义务，前期权益变动相关信息披露不准确、不完整，未完整披露一致行动人及其持股情况等信息。

【监管机构认定】上述行为违反《证券法》有关规定。2022年1月，上交所对Q基金管理有限公司、B资产管理有限公司、J基金管理有限公司予以通报批评。

二、要约收购披露

投资者通过证券交易所的证券交易或者协议或者其他方式，持有一个上市公司的股份达到该公司已发行股份的30%时，继续收购应采取要约方式进行，向上市公司的股东发出全面要约或部分要约。

实务中易忽视的是投资者爬行增持、自由增持两种情形下的信息披露要求。根据《收购办法》第六十三条规定，在一个上市公司中拥有权益的股份达到或者超过该公司已发行股份的30%的，自上述事实发生之日起一年后，每12个月内增持不超过该公司已发行股份的2%的，投资者可以免于发出要约（“爬行增持”）；而在一个上市公司中拥有权益的股份达到或者超过该公司已发行股份的50%的，继续增加其在该公司拥有的权益不影响该公司的上市地位的，投资者同样可以免于发出要约（“自由增持”）。无论是爬行增持还是自由增持，投资者均应在权益变动行为完成后3日内就股份增持情况作出公告，律师应就相关投资者权益变动行为发表符合规定的专项核查意见并由上市公司予以披露。

案例3-8　控股股东爬行增持J上市公司（期限届满未及时披露增持结果）

【案例概况】J集团为J上市公司的控股股东。J上市公司于2017年2月披露称，J集团于2016年11月至2017年2月通过交易系统拟增持J公司股份，占其已发行总股本的1.07%。J集团及一致行动人计划自2016年11月起12个月内，合计增持最少不低于J公司总股本的1%，最多不超过2%。

上述增持期限届满后，J集团未及时通知J公司股份增持计划的完成情况，直至2018年2月才通知J公司。2018年2月，J公司披露《关于公司股东增持公司股份计划完成的公告》，截至当日J集团及其一致行动人合计持股比例为34.1170%。

【监管机构认定】 J集团违反《股票上市规则》《主板上市公司规范运作指引》相关规定。2018年2月，交易所对J集团出具监管函。

不同于投资者5%权益变动情形下的披露权益变动报告书及限制期内禁止买卖股票义务，上述情形下投资者履行增持行为的权益变动披露义务，仅为投资者通知和上市公司提示性公告义务。但需注意，根据《收购办法》第六十三条第二款，对于年度2%额度内的爬行增持，所增持股份的锁定期为增持行为完成后6个月；而对于持股50%以上的控股股东的自由增持，如其采用集中竞价方式增持股份的，自每累计增持股份比例达到该公司已发行股份2%的当日以及上市公司发布增持进展公告当日，该控股股东不得再行增持股份，即此种情形不仅涉及控股股东自由增持的信息披露义务，还需遵守当日不得再行增持的禁止性规定。

案例3－9　控股股东自由增持Q上市公司（达到2%时未及时信息披露和停止增持）

【案例概况】 2019年1月，Q上市公司披露《关于控股股东增持公司股份达到2%暨增持计划的进展公告》显示，2018年11月至2019年1月，控股股东Q集团通过集中竞价方式累计增持上市公司股票3,000余万股，占上市公司总股本的2.024%。

【监管机构认定】 作为上市公司持股50%以上的股东，控股股东在累计增持股份比例达到2%时，未及时停止增持并履行报告和信息披露义务，违反《收购办法》相关规定。2019年2月，交易所对Q集团出具监管函。

无论是上述爬行增持还是自由增持，根据证券交易所有关股份变动管理的自律监管指引，投资者应当在单项增持计划中的首次增持行为发生之日，将增持情况通知上市公司，公司应当及时发布股东增持公司股份的公告。公告内容至少包括股东的姓名或者名称、增持方式、本次增持前后该股东在公司中拥有权益的股份数量、比例，以及相关股东是否提出后续增持计划等。相关股东首次增持行为发生后，拟继续增持股份的，应当在首次增持行为发生之日，将后续增持计划一并通知上市公司。公司应当在股东增持公司股份公告中披露相关股东后续增持计划，且相关增持计划将被视为该投资者的公开承诺，如未兑现可能面临法律责任。

案例3－10　控股股东违规增持T上市公司（控股股东未履行增持计划）

【案例概况】2018年5月，T上市公司披露控股股东T集团计划增持公司股份的提示性公告，控股股东承诺：拟自2018年5月起12个月内增持T公司，增持规模至少为2亿元。2019年5月，T公司披露控股股东增持计划延期的公告，将增持计划延期至2020年5月末。2020年4月，T公司披露控股股东终止增持计划的公告。截至承诺期满，控股股东累计增持T公司近150万股，金额合计为2,400余万元，占增持计划承诺金额的12.35%。

【监管机构认定】作为控股股东，T集团未按规定履行增持承诺，违反《股票上市规则》《上市公司规范运作指引》相关规定。2020年8月，交易所对T集团出具监管函。

三、5%以上股东和董监高增减持预先披露

增减持预先披露不同于持股预警披露，从时间上而言，前者主要指在相关权益变动行为发生前，预先按相关交易所的公告格式要求进行披露，而后者要求投资者在上市公司收购及相关权益变动行为的相关事实发生日起限期依法披露；从主体上而言，预先披露主要针对拟进行相关增减持的上市公司控股股东、实际控制人、其他持股5%以上股东，以及上市公司

董事、监事、高级管理人员；从行为上而言，预先披露有的针对证券市场的竞价交易、大宗交易，有的则不区分任何增减持方式；从效力上而言，预先披露分为法定预先披露及相关股东、董监高自愿承诺预先或提前披露的情形。

（一）集中竞价减持：提前15个交易日

根据证监会《上市公司股东、董监高减持股份的若干规定》及各证券交易所的股票上市规则，上市公司持股5%以上的股东、董事、监事、高级管理人员计划通过证券交易所集中竞价交易减持股份的，应当在首次卖出的15个交易日前向证券交易所报告并预先披露减持计划，由证券交易所予以备案。

案例3－11 S投资公司违规减持Y上市公司（机构股东违反IPO减持提前披露的承诺）

【案例概况】Y上市公司的机构股东S投资公司持股比例不到1%，但因其与Y公司实际控制人签署了投票委托书将其全部股权对应的表决权委托给实际控制人行使，从而构成并披露为Y公司实际控制人的一致行动人。S投资公司在2018年Y公司IPO时承诺“通过集中竞价交易减持股份的，应履行在首次卖出股份的15个交易日前向交易所报告备案减持计划、公告等相关程序”。但S投资公司于2021年5月至6月直接通过集中竞价交易减持Y公司合计1,700余万股，占总股本的0.6962%，减持金额28亿余元，直至上述减持完成后3日才由Y公司披露《关于股东违反承诺减持公司股份并通过公司致歉的公告》。

【监管机构认定】证监会认为，S投资公司承诺提前15个交易日向交易所报告备案的信息披露义务，系因为承诺而成为应当披露的信息披露义务人，S投资公司未按承诺进行披露即进行股票减持的行为构成违反《证券法》的减持未及时依法履行信息披露义务的违规行为，给予其警告、罚款等行政处罚。

实务中需注意，即便5%以上股东、董监高通过集中竞价方式减持股份属于被强制平仓情形的，也需遵守在15个交易日前预先披露减持计划的要求。

（二）首次公开发行并上市减持承诺：提前3个交易日

发行人在首次公开发行并上市时，根据《中国证监会关于进一步推进新股发行体制改革的意见》对于提高公司大股东持股意向透明度的要求，在公开募集及上市文件中披露公开发行前持股5%以上股东的持股意向及减持意向；持股5%以上股东减持时，须提前3个交易日予以公告。发行人招股说明书通常披露前述减持预披露承诺。

案例3－12　Y公司违规减持L上市公司（控股股东违反IPO减持提前披露的承诺）

【案例概况】L上市公司控股股东Y公司在L公司《首次公开发行股票并在创业板上市招股说明书》《首次公开发行股票并在创业板上市之上市公告书》中承诺，减持L公司股份前，应于减持前3个交易日予以公告，并按照证券交易所的规则及时、准确地履行信息披露义务。Y公司于2022年6月、7月通过大宗交易合计减持L公司股份24万余股，涉及金额1,000余万元。上述交易后两日，L公司才发布公告称Y公司拟减持公司股份不超过108万股，占公司总股本的0.977%。

【监管机构认定】Y公司在实施减持行为前未预披露减持计划，违反了其对公司作出的承诺，Y公司的行为违反了《股票上市规则》相关规定。2022年7月，交易所对Y公司下发监管函。

除上述增减持预先披露要求外，各证券交易所还规定了若干其他预先披露要求。例如，《北京证券交易所上市公司持续监管办法（试行）》规定，持股5%以上股东、实际控制人、董事、监事、高级管理人员拟在3个月内减持股份的总数超过公司股份总数1%的，还应当在首次卖出的30个交易日前预先披露减持计划（持股5%以上股东、实际控制人减持其通过北交所和全国股转系统竞价或做市交易买入的上市公司股份不适用）。

第四节　信息披露内容

上市公司收购和权益变动的信息披露内容，可从不同维度进行划分。通常主要是从投资者的信息披露文件格式和内容上，分为简式权益变动报告书、详式权益变动报告书、收购报告书、要约收购报告书等信息披露文件。

实务中，除上述主要规范分类外，还可从信息披露的时间顺序上，划分为收购筹划（收购前）、上市公司收购和权益变动报告书编制和披露（收购中）、收购进展和实施、收购后（交易相关方履行收购后承诺等）等各阶段对应的信息披露内容；从信息披露义务人的主体上，划分为投资者、收购人、标的上市公司等不同主体对应的信息披露格式和内容；从信息披露内容的性质上，划分为强制性信息披露内容、自愿性信息披露内容。

一、简式、详式、收购、要约收购等报告书格式和内容规范

证监会发布的《公开发行证券的公司信息披露内容与格式准则》第15、16、17、55号规定的信息披露内容，是对投资者在一个上市公司中拥有权益的股份变动的强制性信息披露的最低要求（见表3-4）。

对于权益变动报告书或（要约）收购报告书中有关收购协议的披露问题，尤需重视。收购协议的主要内容披露应包括但不限于：协议当事人、涉及股份的种类、数量、比例、股份性质及性质变动情况、价款、支付对价（如现金、资产、债权、股权或其他安排）及其来源、付款安排、协议签订时间、生效时间及条件、特别条款等；交易是否附加特殊条件、是否存在补充协议、协议双方是否就股份表决权的行使存在其他安排、是否就出让人在该上市公司中拥有权益的其余股份存在其他安排。如上市公司收购过程中未披露补充协议或者补充协议的内容披露不完整，信息披露义务

表 3-4　简式、详式、收购、要约收购等报告书适用情形和主要内容

报告书	适用情形	报告书主要披露内容
简式权益变动报告书	信息披露义务人增加或减少其在一个上市公司中拥有权益的股份变动达到 5% 的，且不属于依法须编制收购报告书、要约收购报告书、详式权益变动报告书的情形	1. 投资者（信息披露义务人）及其一致行动人的姓名、住所；投资者及其一致行动人为法人的，其名称、注册地及法定代表人 2. 持股目的，是否有意在未来 12 个月内继续增加其在上市公司中拥有的权益 3. 上市公司的名称、股票的种类、数量、比例 4. 在上市公司中拥有权益的股份达到或者超过上市公司已发行股份的 5% 或者拥有权益的股份增减变化达到 5% 的时间及方式、增持股份的资金来源 5. 在上市公司中拥有权益的股份变动的时间及方式 6. 权益变动事实发生之日前 6 个月内通过证券交易所的证券交易买卖该公司股票的简要情况 7. 中国证监会、证券交易所要求披露的其他内容
详式权益变动报告书	信息披露义务人因增加其在一个上市公司中拥有权益的股份，导致其在该上市公司中拥有权益的股份达到或超过该公司已发行股份 20% 但未超过 30%，或虽未超过 20% 但成为该公司第一大股东或实际控制人	简式权益变动报告书格式内容外，主要增加（比照收购报告书对收购人的要求编制详式权益变动报告书）： 1. 投资者（信息披露义务人）及其一致行动人的控股股东、实际控制人及其股权控制关系结构图 2. 取得相关股份的价格、所需资金额，或者其他支付安排 3. 投资者、一致行动人及其控股股东、实际控制人所从事的业务与上市公司的业务是否存在同业竞争或者潜在的同业竞争，是否存在持续关联交易；存在同业竞争或者持续关联交易的，是否已作出相应的安排，确保投资者、一致行动人及其关联方与上市公司之间避免同业竞争以及保持上市公司的独立性 4. 未来 12 个月内对上市公司资产、业务、人员、组织结构、公司章程等进行调整的后续计划 5. 前 24 个月内投资者及其一致行动人与上市公司之间的重大交易 6. 投资者不存在《收购办法》第六条规定的情形 7. 投资者能够按照《收购办法》第五十条的规定提供相关文件

续表

报告书	适用情形	报告书主要披露内容
收购报告书	通过协议收购、间接收购和其他合法方式，在上市公司中拥有权益的股份超过该上市公司已发行股份30%的投资者及其一致行动人	1. 收购人情况（收购人基本信息、控制权结构、主要业务及近3年财务状况、收购人及董监高近5年处罚等合规情况、收购人及其实控人拥有境内外上市公司或金融机构权益达到或超过5%的简要信息；收购人为多人的，其关联或一致行动关系） 2. 收购决定和收购目的（含未来12个月增减持计划） 3. 收购具体方式 4. 资金来源 5. 免于发出要约的情形（含免于发出要约的具体使用情形、收购前后上市公司股权结构、免于发出要约的法律意见） 6. 收购人后续计划（含收购人未来12个月对上市公司主营业务重大调整或资产重组计划；董监高变更及其他对上市公司业务和组织结构有重大影响的计划） 7. 对上市公司影响分析（含独立性、关联交易和同业竞争等方面） 8. 报告日前24个月收购人与上市公司之间重大交易 9. 前6个月买卖上市交易股份情况（覆盖收购人及各自的董监高或主要负责人，以及上述人员直系亲属，按每月买入、卖出分别统计和披露交易数量、价格区间） 10. 收购人财务资料 11. 其他重大事项（包括收购人、财务顾问、法律顾问签字声明等） 报告书摘要需至少包含上述1、2、3、5、11项
要约收购报告书	以要约收购方式增持上市公司股份	1. 收购人（信息披露义务人）的姓名、住所；收购人为法人的，其名称、注册地及法定代表人，与其控股股东、实际控制人之间的股权控制关系结构图 2. 收购人关于收购的决定及收购目的，是否拟在未来12个月内继续增持 3. 上市公司的名称、收购股份的种类 4. 预定收购股份的数量和比例 5. 收购价格

续表

报告书	适用情形	报告书主要披露内容
要约收购报告书		6. 收购所需资金额、资金来源及资金保证，或者其他支付安排 7. 收购要约约定的条件 8. 收购期限 9. 公告收购报告书时持有被收购公司的股份数量、比例 10. 本次收购对上市公司的影响分析，包括收购人及其关联方所从事的业务与上市公司的业务是否存在同业竞争或者潜在的同业竞争，是否存在持续关联交易；存在同业竞争或者持续关联交易的，收购人是否已作出相应的安排，确保收购人及其关联方与上市公司之间避免同业竞争以及保持上市公司的独立性 11. 未来12个月内对上市公司资产、业务、人员、组织结构、公司章程等进行调整的后续计划 12. 前24个月内收购人及其关联方与上市公司之间的重大交易 13. 前6个月内通过证券交易所的证券交易买卖被收购公司股票的情况 14. 中国证监会要求披露的其他内容

人或其董事、监事、高级管理人员可能会被采取行政处罚、监管措施、交易所纪律处分；致使上市公司、其他股东或公众投资者在证券交易中遭受损失的，信息披露义务人应当承担赔偿责任。

案例3－13　G公司、G上市公司对权益变动信息披露存在重大遗漏

【案例概况】2015年3月，G公司同Y股权投资有限公司、D集团有限公司、邢某等三方签订《股份转让协议》和《股份转让补充协议》。《补充协议》在《转让协议》的基础上，在履约保证金、股东权益、现金分红、违约责任等方面增加了实质性内容，并明确约定“本补充协议与《股份转让协议》具有同等法律效力，本补充协议与《股份转让协议》不一致的，以本补充协议为准”。上述协议签署后四日，G公司在披露的简式权益报告书中未将《补充协议》列入备查文件，也未就是否存在补充协

议进行说明。G上市公司在披露的《关于控股股东转让公司股份的提示性公告》中，只披露了本次股份变动计划情况、《转让协议》《简式权益报告书》等，没有提及《补充协议》。此外，就2015年6月对所持G上市公司股份质押变动情况，G公司未及时披露。

【监管机构认定】 证监局认为，《公开发行证券的公司信息披露内容与格式准则第15号——权益变动报告书》明确规定《补充协议》属于应当披露的事项，依法依规披露《补充协议》是G公司的信息披露义务，不以股份转让最终是否能履行，是否存在误导、利用内幕信息意图等因素为前提条件。G公司存在未披露《补充协议》及股份质押未及时披露等多次信息披露违法行为。2016年9月，证监局对G公司、G上市公司及相关责任人员采取警告、罚款等行政处罚措施。

二、上市公司收购筹划阶段的停牌、保密和披露

根据相关规定，上市公司及相关信息披露义务人筹划控制权变更、要约收购等重大事项，应当分阶段披露所筹划事项的具体情况，及时提示相关风险，不得以“相关事项结果尚不确定”为由随意申请停牌①，也不得仅以“相关事项结果尚不确定”为由不予披露。

上市公司应当维护证券交易连续性，审慎申请停牌，保护公众投资者的交易权利，不得以停牌代替相关方的信息保密义务。上市公司及其股东、实际控制人，董事、监事、高级管理人员和其他交易各方，以及提供服务的中介机构，在筹划重大事项过程中，应当严格履行保密义务，建立健全保密制度，做好信息管理和内幕信息知情人登记工作，及时履行相关审议程序和信息披露义务。鉴于上市公司收购交易达成前，交易双方的谈判博弈及法律法规、股票市场等变化导致交易具有较大不确定性，且相关

① 根据各证券交易所发布的停复牌及信息披露相关自律监管指引，如上市公司股东筹划控制权变更、要约收购等事项确需公司申请停牌的，可以申请停牌不超过2个交易日，并依规履行信息披露义务；确有必要的，可以延长至5个交易日。公司首次披露筹划控制权变更、要约收购事项的，应当披露交易对手方所属行业、所涉及的股权比例范围，以及是否涉及有权部门事前审批等。

各方需履行相应的决策程序后方可确定交易，如立即披露可能会损害公司利益或者误导公众投资者，当有关内幕信息知情人已书面承诺保密，且有关尽调、谈判、非约束性意向协议等前期收购信息获得严格保密的，上市公司可以暂不披露。

根据《信披办法》和各证券交易所股票上市规则，上市公司及相关信息披露义务人应当最迟在涉及的重大事项触及下列任一时点及时履行信息披露义务：（1）董事会或者监事会作出决议；（2）签署意向书或者协议（无论是否附加条件或期限）；（3）公司（含任一董事、监事或者高级管理人员）知悉或者应当知悉该重大事项发生。

实务中，对于并购交易的有关各方如签署交易备忘录、意向协议、框架协议的，是否触发应披露事项，尺度经常不好把握。当上市公司作为交易对方（例如，上市公司收购如采取增发新股方式，则交易主体涉及上市公司）或交易协助方（如采取股东转让股份方式，虽上市公司非直接交易主体，但可能涉及配合、协助交易主体事项）参与签署意向书或者框架协议（无论是否附加条件或期限）等法律文件，或上市公司的董事、监事或者高级管理人员知悉相关决议或协议事项，均应触发前述信息披露义务。

案例3－14　J上市公司及其董秘等未披露重大事项备忘录

【案例概况】2021年6月，J上市公司第一大股东L资产管理公司实际控制人冯某与X投资公司实际控制人朱某共同签署2份备忘录，就涉及J上市公司非公开发行、L资产管理公司表决权委托、董事会席位及管理层人员安排等重大事项达成约定。

J公司在知悉上述事项后未及时履行信息披露义务，直至2021年10月公告备忘录原文。上市公司在回复交易所问询函中认为，在X投资公司与L资产管理公司签署《备忘录》时，L资产管理公司是J公司的第一大股东，负有信息披露的义务；L资产管理公司作为上市公司有多年影响力的股东，从未通知公司要求披露《备忘录》的内容；L资产管理公司从未声明《备忘录》需要与《表决权委托协议》捆绑或披露；董秘徐某作为L

资产管理公司推荐到公司的高管，全程协助冯某起草、沟通、签署了《备忘录》与《表决权委托协议》，深刻了解签署《备忘录》的本意与上市公司的合规要求，明确并知悉《备忘录》不是与《表决权委托协议》捆绑的一份文件，《备忘录》仅是X投资公司与L资产管理公司诚信合作和共同努力的一个目标，不是不可改变的硬性要求，故公司在公告《表决权委托协议》及其后的一系列公告中，都未提及《备忘录》。

【监管机构认定】证监局认为，上述情形违反《信披办法》相关规定。徐某作为J公司董秘，未按规定履行勤勉尽责义务，对上述问题负有主要责任，并对J公司、徐某、冯某、朱某出具警示函。

此外，根据各证券交易所股票上市规则相关规定，上市公司并购交易的重大事项尚处于筹划阶段，但在上述时点之前出现下列情形之一的，上市公司及相关信息披露义务人也应及时披露相关筹划情况和既有事实：（1）该重大事项难以保密；（2）该重大事项已经泄露或者出现市场传闻；（3）公司股票及其衍生品种的交易发生异常波动。实务中，上市公司应当关注本公司证券及其衍生品种的异常交易情况及媒体关于本公司的报道。在上市公司的收购及相关权益变动披露前，如相关信息已在媒体上传播或者公司股票交易出现异动的，上市公司应当立即向当事人进行查询、及时向相关各方了解真实情况，必要时应当以书面方式问询，当事人应当及时予以书面答复，上市公司应当及时作出公告。

案例3－15　D公司对G上市公司87亿元“协议受让＋认购定增”筹划阶段信息披露

2020年5月，G上市公司的控股股东G控股及实际控制人李某与D公司签署《股份转让协议》，D公司与G公司签署《附条件生效的股份认购暨战略合作协议》，D公司与G控股、李某等签署《股东协议》；同日G公司发布了非公开发行预案等一系列公告、D公司发布详式权益变动报告书。根据G公司在非公开发行审核中公开披露的前述交易筹划期间交易有关各方的接触行为，在2020年5月重大事项首次信息披露前，自2019年

9月起D公司已启动对G公司重大投资前的尽调和交易磋商，2019年9月进行了全面尽职调查、2019年12月至2020年1月进行了第一次补充尽职调查、2020年2月至4月进行了第二次补充调查，在首次公开披露前的前述尽调及交易磋商、筹划期间：

（1）G公司于2020年1月发布媒体报道的澄清公告：因2020年1月相关媒体报道称“D公司拟通过折价私募股权配售的方式收购公司20%股份并成为公司第二大股东”，公司核实称正和D公司就未来可能开展的技术、产品、资本等方面进行战略合作探讨，未就相关合作事项签署或达成任何实质性的有约束力的协议、承诺或其他安排，有重大不确定性。

（2）G公司于2020年1月间先后发布股票交易异常波动公告：称股票交易价格连续3个交易日内日收盘价格涨幅偏离值累计达到20%以上，构成异动。公司核实称不存在应披露而未披露的重大信息、关联方不存在买卖股票。

（3）G公司于2020年4月发布股票交易异常波动公告、关于对深交所关注函的回复公告。称关注到近期有媒体报道表示“D公司收购G公司股权一事已经获得了董事会的批准，将收购G公司30%的股份，价值为7亿余美元（约合人民币50余亿元）”，但公司与D公司尚未就具体合作方式、内容、价格等形成一致意见，亦未就相关合作事项签署或达成任何实质性的有约束力的协议、承诺或其他安排。未来双方能否达成一致意见，以及何时能达成一致意见均存在较大不确定性。同时，公司公告不存在应披露而未披露的重大信息、关联方不存在买卖股票。

（4）G公司于2020年5月发布筹划重大事项停牌公告，称实际控制人通知正筹划股权转让事宜，拟向战略投资者转让其持有的部分公司股权并涉及其他表决权安排。可能导致公司第一大股东及实际控制权变更，对手方属制造业，涉有关部门事前审批；次日起停牌不超过5个交易日。5月末又公告延期5个交易日，次日公告交易正式信息。

【案例分析】在G公司引入战略投资者前的投资者尽调、交易磋商等重大事项筹划过程中，先后出现了有关媒体报道和多次股价异动情形，上市公司及时进行关注、自查、向控股股东和实际控制人等相关主体核实、对是否存在应披露未披露事项等情况予以说明和披露。

三、上市公司收购进展的披露

上市公司收购和权益变动通常涉及签约、披露、生效、实施和完成等一系列流程，尤其是涉及股份协议转让、认购定增、要约收购等收购方式的，往往程序和步骤较多、历经时间较长。根据《信披办法》第二十五条和各证券交易所的股票上市规则，上市公司披露重大事件后，已披露的重大事件出现可能对上市公司证券及其衍生品种交易价格产生较大影响的进展或者变化的，上市公司应当及时披露进展或者变化情况、可能产生的影响。

针对采取要约收购方式的收购人，如自作出要约收购提示性公告起60日内，未公告要约收购报告书的，收购人应当在期满后次一个工作日通知被收购公司，并予公告；此后每30日应当公告一次，直至公告要约收购报告书。

针对采取协议收购方式的收购人，如收购人在收购报告书公告后30日内仍未完成相关股份过户手续的，应当立即作出公告，说明理由；在未完成相关股份过户期间，应当每隔30日公告相关股份过户办理进展情况。

案例3－16　Z上市公司控制权转让案（收购进展和实控人披露错误）

【案例概况】2020年7月，Z公司披露《关于控股股东的股东进行股权转让暨实际控制人变更的提示性公告》，公司实际控制人李某于公告前一日与刘某签订《股权转让协议》，李某将其持有的公司间接控股股东X公司100%股权转让给刘某，转让后公司实际控制人由李某变更为刘某。同日发布的相关公告具体披露了本次协议转让事项整体安排、协议主要内容、权益变动前后公司控制权情况等相关内容。公司在后续相关临时公告、2020年半年度报告和第三季度报告中均披露公司实际控制人为刘某。

2021年2月，公司披露的《更正公告》《关于实际控制人签署股权转让解除协议暨终止公司控制权拟变更事项的公告》显示，相关股权转让事项尚未完成工商变更登记手续，但公司前期相关公告未就此进行说明，或进行风险提示，并错误披露实际控制人已由李某变更为刘某。

同时，收购人刘某未按照《收购办法》及时披露本次股权转让事项的进展情况，公司也未督促其履行披露义务。李某作为公司实际控制人和本次股权转让协议的当事人未履行勤勉尽责义务，对上述违规事实负有重要责任。

【监管机构认定】深交所认定Z公司、李某和刘某的上述行为违反深交所股票上市规则的相关规定，并对三者出具了监管函。

四、上市公司收购后承诺的披露、变更和豁免

在上市公司收购交易实务中，交易各方除对各自在交易前、交易中的有关情形，在股份转让协议等交易协议中向交易对方进行陈述保证，或在权益变动报告书等披露文件中公开承诺外，还会涉及交易各方在收购完成后各自需遵守的“应为”或“不应为”等承诺保证事项。

根据不同的收购目的和交易安排，买方、收购人通常作出的收购后承诺主要包括：通过上市公司收购取得的股份在一定期限内不转让的承诺、避免同业竞争有关的承诺（如存在同业竞争，竞争性资产在一定期限内注入等）、推动上市公司再融资等资本运作承诺等。

根据不同的股份出售目的和交易安排，卖方通常作出的收购后承诺主要包括：表决权委托或放弃的承诺、不谋求控制权的承诺、收购后一定年度的上市公司业绩补偿的承诺、出售价款借与上市公司的承诺等。

就交易各方应遵守的收购后承诺的法律性质而言，上述承诺有的属于法定强制性承诺，即使当事人没有约定，根据《证券法》《收购办法》等法律法规也应遵守，例如收购人持有的被收购的上市公司股份，在收购行为完成后的18个月内不得转让的承诺；有的属于当事人主动自愿性承诺，例如收购人承诺更长的股份锁定期；有的甚至未采用“承诺”字样，例如收购人公开披露收购后的12个月内没有继续增持上市公司股份的计划，

但该种情形在实务中往往仍被视同承诺处理。

就交易各方承诺的主要格式和内容而言，依据股份协议转让、要约收购、认购新增股份、司法拍卖等不同的交易方式，主要体现在关于上市公司收购的交易协议中，例如不同情形下适用的股份转让协议、股份认购协议、股东协议、单方声明和承诺函等，并体现在投资者需编制和披露的权益变动报告书、收购报告书、要约收购报告书等信息披露文件中。

并购交易各方协议约定的重要承诺应公开披露，禁止“抽屉协议”。该等承诺事项对于公众投资者而言，具有作出价值判断和投资决策的重大影响，因此该等承诺不仅在交易各方之间具有内部约束力，对于公众投资者也具有外部约束力。

2019 年《证券法》增加了对公开承诺的信息披露规定，即第八十四条第二款：“发行人及其控股股东、实际控制人、董事、监事、高级管理人员等作出公开承诺的，应当披露。不履行承诺给投资者造成损失的，应当依法承担赔偿责任。”结合实务中出现的承诺人所作承诺内容不规范、后续难以履行等突出问题，证监会在 2022 年《上市公司监管指引第 4 号——上市公司及其相关方承诺》（以下简称《4 号指引》）中进一步明确了承诺作出时有关各方的信息披露要求。承诺人作出承诺，有关各方必须及时、公平地披露或者提供相关信息，保证所披露或者提供信息的真实、准确、完整，不得有虚假记载、误导性陈述或者重大遗漏。

无论是法律强制的还是自愿承诺的，并购交易各方一旦涉及收购后承诺事项，承诺人应当严格履行其作出的各项承诺，采取有效措施确保承诺履行，不得擅自变更或者豁免。例如，上市公司控制权的收购人在收购完成后需遵守 18 个月的法定锁定期，或者相关协议中收购人自愿且不可撤销地承诺更长的锁定期，该等情形即属于《4 号指引》所列的不得变更或豁免的承诺。在相关锁定期届满前，根据《收购办法》、交易行为对应的规范要求及收购人的承诺，收购人不应转让相应持有的存量及增量上市公司股份。各证券交易所也在其股票上市规则中均明文规定，投资者及董事、监事和高级管理人员等对上市公司股份的持有比例、持有期限、变动方式、变动价格等作出承诺的，应当严格履行所作出的承诺。投资者出售已解除限售的股票及其衍生品种应当严格遵守所作出的各项承诺，不得影响所作承诺的继续履行。

除属于法律强制性的承诺以及属于《4号指引》所列的不得变更或豁免的承诺以外，就自愿承诺的范畴内，当因相关法律法规、政策变化、自然灾害等自身无法控制的客观原因导致承诺无法履行的，或其他确已无法履行或履行承诺不利于维护上市公司权益的，相关承诺方可变更或豁免履行。但上市公司及承诺人应充分披露变更或豁免履行承诺的原因，并及时提出替代承诺或提出豁免履行承诺义务，且承诺变更、豁免需履行严格的决策程序。除因相关法律法规、政策变化、自然灾害等自身无法控制的客观原因外，变更、豁免承诺的方案应提交股东大会审议，上市公司应向股东提供网络投票方式，承诺人及其关联方应回避表决。独立董事、监事会应就承诺人提出的变更方案是否合法合规、是否有利于保护上市公司或其他投资者的利益发表意见。

第四章　协议方式收购上市公司

第一节　协议收购概述

一、协议收购的类型

所谓“协议方式”收购上市公司，其要义在于“协议”是相对于通过交易所的证券交易系统，采取二级市场竞价、大宗或者公开市场的要约收购等公开方式而言。

根据2019年《证券法》第六十二条，“投资者可以采取要约收购、协议收购及其他合法方式收购上市公司”；根据第七十一条第一款，“采取协议收购方式的，收购人可以依照法律、行政法规的规定同被收购公司的股东以协议方式进行股份转让”。

所谓“协议收购”或“协议方式”收购，从转让方的角度又称为协议转让（Negotiated Transfer）。协议转让或协议收购属于上市公司收购的主要方式。广义来看，认购上市公司定增也是属于一种通过“协议”收购上市公司股份的方式。另外，国资内部重组进行的无偿划转，以及因持股主体清算注销、协议捐赠或离婚财产分割等非交易过户方式，也可能引起基于协议所进行的上市公司权益变动。对此，本章不作展开。本章将重点讨论商业范畴内针对上市公司已发行存量老股转让的相关交易安排，具体包括：

（1）直接收购：即通过协议方式从上市公司股东处收购存量老股；交

易后，收购人成为上市公司的直接股东。

（2）间接收购：即通过收购上市公司股东的股权（受让该股东之老股或认购该股东的增资扩股）而间接取得上市公司权益；交易后，收购人成为上市公司的间接股东。

二、直接收购的监管架构

通过协议方式直接收购上市公司的存量老股（流通股），现行监管框架下涉及的主要规则如下（见表4－1）。

表4－1　协议方式直接收购的监管框架

规则简称	规则全称	文号	发布/修订时间
基础监管规则			
《证券法》	《中华人民共和国证券法》	主席令第37号	2019年12月修订
《收购办法》	《上市公司收购管理办法》	证监会令第166号	2020年3月修订
《协议转让规则》	《上市公司流通股协议转让业务办理暂行规则》	证监市场字〔2006〕7号	2006年8月发布
交易所业务规则			
《上交所协议转让业务指引》	《上市公司股份协议转让业务办理指引》	上证发〔2021〕67号	2021年8月修订
《上交所协议转让办理指南》	《上市公司股份协议转让业务相关办理指南》	上证函〔2021〕1436号	2021年8月修订
《深交所协议转让业务指引》	《上市公司股份协议转让业务办理指引》	深证上〔2021〕1004号	2021年10月修订
《深交所协议转让办理指南》	《上市公司股份协议转让业务办理指南》	深证上〔2021〕1014号	2021年10月修订
《北交所协议转让细则》	《北京证券交易所上市公司股份协议转让细则》	北证公告〔2021〕18号	2021年11月发布
《北交所协议转让业务指引》	《北京证券交易所上市公司股份协议转让业务办理指引》	北证公告〔2021〕19号	2021年11月发布

续表

规则简称	规则全称	文号	发布/修订时间
中登过户规则			
中登上海过户规则	《中国证券登记结算有限责任公司上海分公司营业大厅业务指南》，第二章	中国结算沪业字〔2022〕54 号	2022 年 5 月修订
	《中国证券登记结算有限责任公司上海分公司上市公司收购及现金选择权登记结算业务指南》，第一章	中国结算沪业字〔2022〕93 号	2022 年 7 月修订
中登深圳过户规则	《中国证券登记结算有限责任公司深圳分公司证券非交易过户业务指南》，第三章	中国结算深业字〔2022〕13 号	2022 年 5 月修订
中登北京过户规则	《中国证券登记结算有限责任公司深圳分公司证券非交易过户业务指南》，第二章	中国结算深业字〔2022〕13 号	2022 年 6 月修订

三、间接收购的监管架构

间接收购（收购人的角度），或称间接转让（转让方的角度），本质上也是一种场外进行的协议转让交易。与直接协议转让相比，间接收购的特征体现在交易方式的“间接”这一外在形式上。也就是说，在上市公司直接持股的现有股东通常不发生变更，而是在上市公司的机构股东（非自然人的法人或合伙企业等机构股东）层面，其上层股东或合伙人发生变更，进而导致相对于上市公司而言发生了间接的权益变动。

在现有框架下，有关间接收购/间接转让的专项规则主要包括：(1)《收购办法》“第五章 间接收购”第五十六条至第六十条；(2)《上市公司国有股权监督管理办法》(以下简称“国资 36 号令”)“第六章 国有股东所持上市公司股份间接转让”第四十一条至第四十七条。

就其外延范畴来看，《收购办法》项下的“间接收购”与国资 36 号令项下的“间接转让”之间有个值得注意的细节差异，即后者的范围比前者的范围要窄一些。

间接收购。《收购办法》项下主要包含两种类型：（1）收购人虽不是上市公司的股东，但通过投资关系、协议、其他安排导致其拥有权益的股份达到或者超过一个上市公司已发行股份的5%；（2）投资者虽不是上市公司的股东，但通过投资关系取得对上市公司股东的控制权，而受其支配的上市公司股东所持股份达到前条规定比例，且对该股东的资产和利润构成重大影响。

间接转让。国资36号令项下是指“因国有产权转让或增资扩股等原因导致国有股东不再符合本办法第三条规定‘国有股东的界定’[①] 情形的行为”。其逻辑主要在于从国资监管角度，对于需要按照国资36号令框架进行规范的“间接转让”的范围尽量不扩大化，即只有因国有股东层面的股权变化（老股转让或增资扩股）而导致上市公司的该国有股东（SS或CS标识）的国资性质发生变更（即国有股东因交易而由国企变成非国有），才构成国资36号令项下的“间接转让”，从而需要遵守国资36号令的相关要求——主要包括定价规范、国资审核程序、聘请财务顾问等。

另外，对于未构成国资36号令项下的“间接转让”的其他间接收购交易（即未导致国有股东的国资性质发生变更的），以下几点需要特别阐明：

（一）信息披露

无论是否属于国资36号令项下的“间接转让”（导致国有股东国资性质变更或未变更），该等发生在上市公司的国有股东层面的权益变动，因涉及上市公司权益的间接变动，如果达到了相应的信息披露标准，均需遵守《收购办法》的相关规范要求。

① 国资36号令第三条规定：“本办法所称国有股东是指符合以下情形之一的企业和单位，其证券账户标注‘SS’：（一）政府部门、机构、事业单位、境内国有独资或全资企业；（二）第一款中所述单位或企业独家持股比例超过50%，或合计持股比例超过50%，且其中之一为第一大股东的境内企业；（三）第二款中所述企业直接或间接持股的各级境内独资或全资企业。”

（二）国资监管

无论是否构成导致国资性质变更的国资36号令项下的“间接转让”，针对国有股东层面的交易，仍需遵守2016年6月国务院国资委、财政部发布的《企业国有资产交易监督管理办法》（以下简称“国资32号令”）以及2022年5月发布的《关于企业国有资产交易流转有关事项的通知》（国资发产权规〔2022〕39号）等相关规范（包括国资审核、进场交易、评估定价等）。其差异在于，若不构成国资36号令项下的“间接转让”，会有一些程序上的便利，主要包括两方面：（1）审批权限不是必须省级以上（国资36号令第六条、第四十五条），而是根据国有股东的所属管辖，可能当地市级就有权限；（2）不强制要求聘请财务顾问（国资36号令第四十四条）。

（三）定价规范

即便不属于国资36号令项下的“间接转让”（未导致国有股东国资性质变更），针对涉及股权转让或增资扩股的上市公司的国有股东进行评估定价时，也要遵守国资36号令的相关规范，其第四十七条明确规定：“国有股东产权转让或增资扩股未构成间接转让的，其资产评估涉及上市公司股份作价按照本办法第四十三条规定确定。”

第二节　协议方式直接收购

通过协议方式收购上市公司股份——协议转让/协议收购，其中一个关键环节是申报取得交易所的合规确认。交易所对于受理范围有明确规定。

一、交易所不予受理的负面清单情形

（一）交易所不受理申报的负面清单情形

按照交易所协议转让业务指引的明确规定，如果出现某些负面清单情

形，交易所将不会受理协议转让申请。这些情形主要涉及标的股份权利受到限制以及交易本身涉嫌违规两大方面，具体包括如下情形：

①不符合交易所业务指引规定的受理前提；

②拟转让的股份已被质押且质权人未出具书面同意函；

③拟转让的股份存在尚未了结的诉讼、仲裁或者其他争议或者被司法冻结等权利受限情形，但存在司法标记，且按照《关于进一步规范人民法院冻结上市公司质押股票工作的意见》规定取得人民法院准许文件的除外；

④转让存在证监会《上市公司股东、董监高减持股份的若干规定》或者《减持细则》规定的不得减持的情形；

⑤转让双方任意一方被证监会及其派出机构采取不得在证券交易场所交易证券的市场禁入措施，但根据《证券市场禁入规定》第六条可以交易证券的除外；

⑥违反转让双方作出的相关承诺；

⑦转让可能导致规避股份限售相关规定；

⑧转让可能构成短线交易或者其他违反法律、行政法规、部门规章、规范性文件或者本所业务规则的情形；

⑨交易所认定的其他情形。比如，根据上交所及北交所的协议转让业务指引，若协议签署日与提交申请日间隔超过6个月且无正当理由的，交易所将不予受理。尽管深交所现行业务指引并无类似规定，但实践中若签署日与申请日间隔太久，申报时可能也需相应说明。

除上述负面清单情形以外，还需要特别注意的是，限售期内的股票通常是不可以转让的，交易所受理协议转让申请的标的股份必须是无限售条件的流通股。尽管如此，也存在例外，即同一控制下的集团内部转让（转让双方存在控制关系，或均受同一控制人控制）。该等情形下的限售股转让是被交易所上市规则以及证监会《证券期货法律适用意见第4号》所明确允许的。

（二）带质押股份的转让

对于上述负面清单情形中的股份质押情形，实践中的处理方式通常是先解除质押，然后再向交易所申报协议转让。就此，通常会需要收购人或其关联方通过先行支付一部分转让价款或提供过桥资金等方式，以使得转让方可以解除标的股份上的质押。

从交易所业务指引的上述规定来看，规则上也允许带质押过户，但前提是取得质权人的书面同意函。就带质押转让的具体要求而言，根据交易所的协议转让业务指南（以深交所为例），通常需要质权人就下列事项予以明确意思表示："经质押双方协商一致，×××作为质权人同意×××将质押股份中的×××股以×元/股的价格转让给×××，并在解除质押后，办理登记过户手续。"而对于股票过户阶段，中国结算业务指南则要求质权人明确同意："我单位同意本次股份转让，同意过出方×××将质押在我单位名下的××××公司（证券简称：××××，证券代码：××××××）【××××】股在质押状态下直接转让给过入方××××公司。"

其实，允许带质押转让也与《中华人民共和国民法典》（以下简称《民法典》）第四百四十三条第二款所确立的一项基本规则相一致："基金份额、股权出质后，不得转让，但是出质人与质权人协商同意的除外。"实务中，在特定情形下也存在带质押转让的个别案例。例如，和晶科技（300279）实际控制人于2020年1月转让的标的股份即存在质押和司法冻结情形，转让方承诺于交割前解除司法冻结。而质权人则和收购人是同一主体，收购人同意标的股份在质押状态下进行转让。类似地，2019年3月，莱茵体育（000558）控股股东向成都体投转让控股权时，标的股份质押于多家金融机构。根据交易协议安排，收购人支付首期收购款项用于偿还质押贷款；其后，股份再质押给收购人。由此，质权人和收购人属同一主体。该笔转让于2019年6月完成过户。

在上述案例中，带质押转让的质权人与收购人是同一主体。实务中，带质押过户情形相对较少。原因有多方面，一是收购人通常要求所收购的标的股份必须权属清晰完整，很少能接受带质押的股票转让；二是出于对被担保主债权安全性的考虑以及内部合规等因素，质权人通常也不愿意同意将质押物转让给一个陌生第三方；三是从监管角度看，一个基本要求是拟转让的标的股份应权属清晰，不涉及限制性权利负担或潜在的权利纠纷。因此对于带质押转让建议谨慎处理。除了需与质权人等利益相关方做好协商以外，还有必要提前与交易所及登记公司做好沟通。尤其是交易所可能会关注此类安排会否影响交易后股权结构的稳定性，特别是在控制权交易中。

二、受理范围及门槛

（一）受理范围

对于负面清单以外情形，也并非所有交易均可采用协议转让的方式进行。根据证监会《协议转让规则》（第三条）、交易所协议转让业务指引及办理指南等相关监管规范，目前交易所可受理的协议转让申请限于如下几种情形：

（1）与上市公司收购及股东权益变动相关的股份转让（转让股份数量不低于上市公司境内外发行股份总数5%的协议转让）；

（2）因自然人、法人或者其他主体对公司持股超过50%，或者根据证监会有关规定构成实际控制关系或者均受同一控制人所控制的协议转让，转让股份数量不受前项不低于5%的限制；

（3）外国投资者战略投资上市公司所涉及的协议转让；

（4）法律法规、证监会及交易所业务规则认定的其他情形。

（二）典型场景——取得/巩固控制权的“上市公司收购”

实务中，最典型的协议转让场景是控制权收购交易，即狭义范畴的“上市公司收购”。实际上，协议转让本身也是上市公司控制权交易的主要手段。

证监会《协议转让规则》（第三条）明确允许交易所可以办理流通股

协议转让的情形之一便是与“上市公司收购”相关的股份转让。需要注意的是，此处用的是“上市公司收购”，而不是“上市公司的收购”。后者是泛指通过各种方式收购上市公司股份的交易，而前者则是狭义的范畴——涉及取得或巩固上市公司控制权的交易。根据证监会上市部2009年12月发布的《关于上市公司收购有关界定情况的函》（上市部函〔2009〕171号），“上市公司收购”是指“为了获得或巩固上市公司控制权的行为”。而《证券法》第四章的标题用的则是“上市公司的收购”。在该章节下，既涵盖5%甚或1%幅度权益变动的相关行为，也包含超过30%以上的收购行为。

（三）受理门槛——达到5%幅度的“权益变动”

根据证监会《协议转让规则》第三条，股东的“权益变动”也可以通过协议转让进行。但流通股协议转让语境下的“权益变动”有其特指，并非泛指任何比例幅度的股份转让交易。尤其是在2019年《证券法》将±1%的权益变动也纳入应进行披露的监管范围以后，更有必要进行相应澄清。在此方面，交易所提供了进一步指引。根据《上交所协议转让业务指引》第五条、《深交所协议转让业务指引》第六条以及《北交所协议转让业务指引》第五条，符合交易所受理条件的协议转让应满足的条件之一，转让股份数量不低于上市公司境内外发行股份总数5%的协议转让。

一方面，协议转让所涉及的标的股份比例应不低于上市公司总股本的5%。这一点可以从《证券法》及《收购办法》相关规定中看出。根据《证券法》第六十三条及《收购办法》第十三条，收购人初始取得5%或后续权益变动幅度达到±5%时，应编制简式或详式权益变动报告书。

另一方面，从交易所协议转让业务指引的规定来看，上述5%的门槛是从单一受让方的角度计算的。也就是说，单个转让方的转让比例可以低于5%，但前提是同一笔协议转让交易中，有多个转让方同时向同一收购人转让，以确保单一收购人（包括其一致行动人）合计受让的比例达到或超过5%。例如，在万力投资及其下设基金恒翼投资收购山河智能（002097）案例中，几家退出机构的转让比例均低于5%，但收购人的受让比例合计超过5%。该等转让于2019年1月签约，并于2019年4月完成过户。

（四）可低于5%门槛的例外情形

并非所有的交易都必须达到5%的比例门槛，才可以通过协议转让的方式进行。在现有规则框架下，也存在一些例外情形。

1. 例外A：同一控制下的转让

根据证监会《协议转让规则》以及交易所协议转让业务指引，对于同一控制下的转让“转让双方存在实际控制关系、均受同一控制人所控制”，并未设置转让方或单一受让方的最低受让比例门槛。也就是说，对于同一控制下的集团内部转让，无论转让方还是受让方，交易比例低于5%时仍可以向交易所进行协议转让申报。

不过，对于这种基于“同一控制而豁免适用5%门槛”的协议转让，在向交易所申报时，交易当事方需要额外提供工商登记资料以及专项法律意见书，以证明其双方之间同一控制关系的存在。

2. 例外B：质押式回购违约处置

根据沪深交易所《关于通过协议转让方式进行股票质押式回购交易违约处置相关事项的通知》（上证发〔2020〕28号、深证上〔2020〕303号）（以下简称《质押式回购违约处置通知》），对于质押式回购交易项下的协议转让（即股票质押式回购交易的出质人违约后，质权人依据业务协议的约定行使质权，由出质人将标的股票转让给质权人或者第三方的协议转让），单个受让方的最低受让比例门槛降至2%。

（五）特定情形——外资战投

证监会《协议转让规则》第三条明确允许的另一个协议转让的交易场景是“外国投资者战略投资上市公司所涉及的股份转让”。

特别值得一提的是，针对外资战投A股上市公司，现行的《外资战投管理办法》曾要求外资战投最低持股不低于10%。而根据最新发布的《外资战投管理办法（修订征求意见稿）》（2020年6月）来看，前述10%

的门槛拟调整为：通过协议转让进行的外资战投，持股比例不低于5%。

三、协议转让的定价

（一）价格下限

价格属于交易的核心商业条款。本质上，转让价格应由交易双方通过谈判磋商并结合交易情况协商确定。

一个合理的商业定价需要综合考虑交易的具体情况，比如控制权溢价、上市公司资产负债状况、二级市场股价、不同交易主体的议价能力或谈判筹码等。然而，对于境内上市公司而言，其股份协议转让的定价并不是一个完全的商业谈判范畴。除商业博弈因素以外，由于协议转让还需要办理交易所的合规确认，因此其定价还需要遵守监管机构的相关规范指引。

1. 实务场景中的协议转让价格下限要求

按照现行规范指引，协议转让应当以协议签署日（或变更主体/价格/数量的补充协议签署日）的前1个交易日转让股份二级市场收盘价为定价基准，转让价格范围下限比照大宗交易的规定执行。

实务中，协议转让需遵守的价格下限要求，需考虑如下不同场景（见图4－1）。

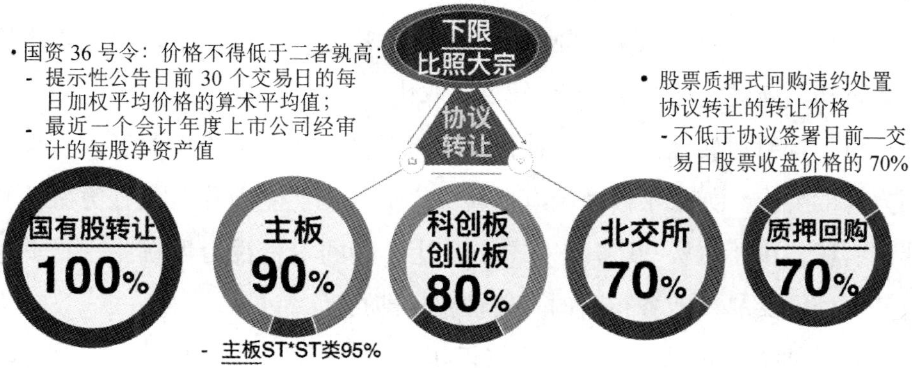

图4－1　协议转让的定价指引——价格下限

2. 协议转让的一般定价原则

协议转让的定价基准应比照大宗交易价格下限。根据交易所协议转让业务指引，协议转让的转让价格不应低于协议签署日大宗交易价格范围的下限。而根据交易所现行股票交易规则，大宗交易的成交申报价格应在当日涨跌幅限制内。由此，结合现行交易规则项下的股票涨跌幅限制规则，协议转让的转让价格下限主要有如下三种情形：

（1）沪深主板：前 1 交易日收盘价的 90%，ST、*ST 特别处理措施的为前收盘价的 95%；

（2）科创板/创业板：前 1 交易日收盘价的 80%；

（3）北交所：前 1 交易日收盘价的 70%。

3. 国有股转让的特殊要求

如果涉及上市公司国有股转让，则要遵循国资监管的相关要求。具体而言，根据国务院国资委、财政部及证监会 2018 年 5 月发布的国资 36 号令，国有股转让的价格不得低于下列两者之中的较高者：

（1）国有股转让提示性公告（通常早于签约日）前 30 个交易日的每日加权平均价格算术平均值；

（2）最近一个会计年度经审计每股净资产。

与一般定价原则不同，对于国有股转让，其价格下限按前 30 个交易日均价计算，并没有 90% 或其他折扣。2007 年《国有股东转让所持上市公司股份管理暂行办法》（国资 19 号令）曾允许在算术平均值基础上有 10% 折扣，该规定已被国资 36 号令所取代。

对于国有股转让而言，转让价格下限需同时遵守证券监管及国资监管两方面的要求。如果不涉及国有股转让，而是国有企业作为受让方去收购非国有股，由于国资 36 号令对国企受让增持的定价没有明确指引，此时只需要遵守交易所业务指引的一般性要求即可。

4. 质押式回购违约处置的价格折扣

如果涉及的标的股份是券商质押式回购交易项下因违约处置所进行的股份协议转让，根据沪深交易所《质押式回购违约处置通知》，其价格下限按照“转让协议签署日前1个交易日股票收盘价格的70%”确定。

（二）定价基准日

1. 实务场景中的定价基准日

就协议转让的转让价格下限而言，交易所协议转让业务指引所确定的定价基准日是“协议签署日”，即按转让协议签署日当天（当日非交易日的顺延至次一交易日）的大宗交易申报价格范围，确定本次交易的转让价格底限，即签约日前1交易日收盘价的90%（或80%或70%）①。

然而，签约日本身的界定还需要考虑具体情形。实务中，结合保密要求、项目复杂性、交易谈判进展，以及基于在限售期内为提前锁定交易等因素的考虑，一笔转让交易可能会在达成正式交易协议之前先签署一个框架协议；或者签署协议后由于商业考量、市场环境变化或外部监管要求考虑等原因再签署一个补充协议。此类实务需求客观存在。对此，需区分情形具体分析。

从合规角度，交易所关注的焦点在于提交给交易所审核且具备了转让价格等核心条款的交易文件的签署日，无论其名称是框架协议还是补充协议。

实务中，流通股协议转让的定价基准日主要有如下几种场景（见图4－2）。

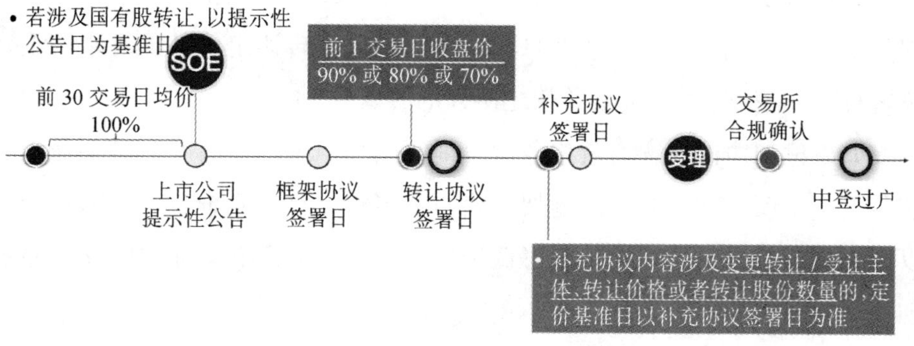

图4－2 协议转让实务场景中的定价基准日

① 《深交所协议转让业务指引》第十条；《上交所协议转让业务指引》第六条（五）；《北交所协议转让业务指引》第八条。

2. 国有股转让的定价基准日

与通常交易中以协议签署日为定价基准日不同，根据国资 36 号令，国有股的转让是以“提示性公告日”为定价基准日，转让价格不得低于该等基准日前 30 个交易日股票均价的算术平均值。

实务中，国有股东通知上市公司发布拟转让上市公司股份的提示性公告的日期通常早于协议签署日。这是因为按照国资 36 号令的要求，国有股转让通常需要公开征集潜在的受让方，经公开征集确定受让方之后方可签署正式交易文件。由此，提示性公告日一般会早于协议签署日，除非是属于根据国资 36 号令可以豁免公开征集程序直接进行协议转让的情形。

就定价基准日而言，与国资 19 号令相比，国资 36 号令针对国有股转让的现行定价规则有所变化：无论公开征集转让还是非公开协议转让，定价基准日均为提示性公告日。

3. 框架协议及补充协议场景下的定价基准日

实务中，交易当事方在签署正式交易文件之前可能会先行签署框架协议（或者具有法律约束力的意向协议）。比如，2020 年 3 月 28 日签署框架协议，完成尽职调查及谈判等各项工作后，于 2020 年 6 月 30 日签署正式协议。

就定价基准日的确定而言，对于框架协议，若其中不涉及价格条款，则其签署日不能作为定价基准日。可以作为协议转让定价基准日之“协议签署日”，是指包含有价格条款之协议的签署日。

如果框架协议包含有价格条款，则要区分情形具体分析。若后续不再签署正式协议，即以之前的框架协议作为申报文件，则框架协议签署日可以作为定价基准日，转让价格不低于该签署日前 1 日收盘价的 90%（或科创板/创业板 80%，或北交所的 70%）。

若后续签署正式协议，且正式协议维持了框架协议的同等价格，则还需进一步区分：（1）若签署框架协议至正式协议签署期间二级市场股价上涨，致使转让价格低于正式协议签署日前 1 交易日收盘价的 90%（或 80% 或 70%），则需要以正式协议签署日为基准日调整价格，否则与交易所协议转让业务指引的定价规范相抵触；（2）若期间二级市场股价下跌，则以框架协议签署日为基准确定的转让价格应该会高于正式协议签署日前1日收盘价的90%（或80%或70%），在正式协议维持了与框架协议同样的价格的情形下（从而按之前更高收盘价基准确定的交易价格肯定不会低于股价下跌后的收盘价基准），属于合规。此时价格是否调整取决于双方的协商，不是必须调整。

若后续签署的正式协议对之前框架协议中的价格条款进行了调整，则应以正式协议的签署日为定价基准日。调整后的转让价格不应低于正式协议签署日前1日收盘价的90%（或80%或70%）。

另外，若正式协议签署后交易各方后续又签署了补充协议，根据交易所协议转让业务指引及办理指南规定的相关申请资料要求来看，补充协议内容涉及变更转让主体、转让价格或者转让股份数量的，计算转让价格时，应以补充协议的签署日为准。也就是说，应按照后续补充协议签署日前1交易日收盘价为基准，判断转让价格下限是否合规。

上述定价基准日的选取，主要是从交易所业务指引合规的角度，去判断双方所协商确定的价格是否低于了定价基准日前1交易日收盘价（涉及国资的则是提示性公告日前30交易日均价）的定价基准，而非强制要求交易双方必须以定价基准作为最终交易价格。价格本质上是商业谈判范畴，应由交易双方协商确定。但从合规角度，若协商确定的交易价格低于交易所定价基准的，则为了合规申报目的需要调整，否则可能构成申请交易所合规确认的障碍。不过，双方可就由此调整所产生的补偿或多退少补机制进行协商。

若转让价格超过定价基准有溢价的则无须调整。尽管如此，若溢价幅度过高，则可能引起交易所的反馈关注，需要进行定价合理性解释。另外，收购方为国企的，若溢价幅度偏高，则国资监管部门可能会关注是否涉嫌定价不公允侵害国有资产利益，更需慎重处理。

（三）溢价幅度合理性的监管关注

与针对价格下限的设置有明确规范指引不同，交易所现行业务指引对于协议转让的价格上限或者溢价幅度的设置均无明确限制性规定。

就国资交易而言，国资36号令对此也无特别规定。但是，国资36号令要求在上报国资委或集团母公司审核的收购方案中，应包含“价格上限及确定依据”［国资36号令第五十五条（二）］。也就是说，从国资利益保护的角度，如果国企受让的溢价幅度越高，解释定价合理性的难度以及通过国资审核的不确定性风险也就越大。

对于一般性交易，尽管交易所并无明确的定价上限要求，但在实务中如果价格超过合理幅度（如超过20%），则可能面临交易所的反馈问询。比如，在2019年鲁民投旗下的金湖投资及鲁民投基金管理公司收购日科化学（300214）合计13.24%股份（增持后持有21.88%）的交易中，交易价格为每股7.69元，较1月4日股票收盘价溢价超过35%。深交所要求补充说明本次交易转让价格大幅溢价的原因及合理性，本次交易各方是否存在其他协议或安排。再比如，在2019年万力投资及其下设基金恒翼投资收购山河智能（002097）20.43%股份（另有8%的表决权委托安排）时，股权转让价格分别为每股8元和7.33元，较协议签署前1交易日公司股票收盘价格溢价36.75%和25.3%。深交所也要求交易双方说明溢价较高的原因。

对于上述反馈问询，从交易双方的角度，核心工作在于向交易所说明其定价依据以及溢价幅度的商业合理性。比如，在日科化学的交易中，收购人解释其定价是参考了上市公司2015年非公开发行的价格7.69元，以及收购人通过协议转让、大宗交易、集中交易等取得上市公司股份的综合收购成本是6.57元每股（相当于综合溢价幅度仅为15.67%）。而在山河智能的交易中，收购人在答复时提到了上市公司业绩良好，以及考虑到了控制权溢价因素，并提供了5例近期的控制权转让交易的定价作为参考。前述案例分别在2019年2月及4月完成过户。

从相关实务经验来看，除价格底限需遵守交易所及国资监管的相关要求以外，具体价格的设置包括溢价幅度等属于商业谈判范畴，应由交易双方结合具体情况协商确定。尽管溢价幅度偏高可能会引起国资审核或交易所的关注问询，但在能提供定价依据及商业合理性解释的情况下，通常会被放行。

（四）实务中同一笔交易中的不同定价机制设置

实务中，同一笔收购交易中可能也会有不同的价格设置（前提是都不低于交易所业务指引所要求的价格底限）。

一方面，针对不同的交易对象及交易规模，其价格会有区分。比如，在2019年万力投资及其下设基金恒翼投资收购山河智能（002097）20.43%股份时，自原控制人受让的价格是8元/股，而自机构投资人处受让的价格为7.33元/股。另一方面，同样是在前述交易中，即便与同一机构投资人之间的交易，价格设置又结合过户的时间预期而有所区分："经双方协商一致，如在2019年3月31日（含当日）前完成交割，则转让单价为7.33元/股；如在2019年4月1日及之后完成交割，则转让单价为7.40元/股。本报告书按7.33元测算……"类似上述山河智能案例中的定价设置，过户越晚价格越高，有利于促使收购人尽快完成过户。假若进行另外一种方向的设置，过户越晚价格越低，则可能会更有利于促使转让方尽快完成过户。

总而言之，特定情形下价格的设置，还可以综合考虑定价背后不同的利益诉求、功能驱动逻辑等因素。定价的核心是商业博弈，最终需由交易双方在遵守规则底限要求的前提下，结合项目的具体情况协商确定。

四、转让价款的支付

除价格本身以外，价款的具体支付安排也是一项重要的商业条款，不同的支付安排会产生不同的驱动效果。本质上，价款支付安排属于交易双方协商确定的商业谈判范畴，但前提是不能与监管规则的明确要求有抵触。

就价款支付而言，对期限有明确要求的主要涉及国资相关交易。除此以外，交易所在这方面没有额外要求。具体而言，价款支付涉及如下几方面规范指引：

一方面，针对国有股转让，首期需要在签约后（即便此时尚未取得国资批复而协议尚未生效）即支付至少30%的保证金；其后，在交易取得国资委或集团母公司的国资批复而生效之后再支付余款，并且至迟应在向交易所提交协议转让申请之前结清全款。根据国资36号令第二十六条、第三十五条以及交易所协议转让业务指引及办理指南，就国有股转让而言，收购方已支付全部转让价款的支付凭证（包括非货币对价资产的交割凭证，如适用）是向交易所办理合规确认及向登记公司办理过户手续的必备文件。

需要提示的是，上述要求是针对国有股转让的特别保障要求。如果是国有企业收购上市公司非国有股，对于支付期限则无特别要求。比如，在深圳国资委旗下的远致投资自控制人饶陆华处收购科陆电子（002121）10.78%股份的交易中，协议约定的是在过户后3个交易日内一次性付款。该笔收购已于2018年8月完成过户。

另一方面，对于其他交易（不涉及国有股转让）转让价款支付的具体安排则完全是商业谈判范畴，具体由交易双方协商确定。比如，在鲁民投旗下的金湖投资及鲁民投基金管理公司收购日科化学（300214）合计13.24%股份的交易中，按三期进行付款：签约后支付10%定金；交易所合规确认后支付40%；过户完成后支付剩余50%。

另外，从交易双方风险分配的角度，在全款交割之前，双方也可以根据情况达成账户共管或开立专户等双方均可接受的相关商业安排。比如，万力投资收购山河智能（002097）时，在与其中一家机构海厚泰的转让协议中约定，协议生效后将转让价款划入以收购方名义并在转让方指定银行开立的共管账户，取得交易所合规确认并且登记公司受理过户手续后，转让价款由共管账户支付至转让方账户；而在同一次收购中与另外一家机构金鹰基金的转让协议中则约定，在取得交易所合规确认并且登记公司办理股份临时保管后，受让方在指定银行开立专用账户并将转让价款划入，在股份过户交割后，转让价款由受让方专用账户划入转让方账户。

五、交易流程

（一）概览

根据《收购办法》、交易所协议转让业务指引及办理指南等相关规范，协议转让的交易流程可参见图4－3。

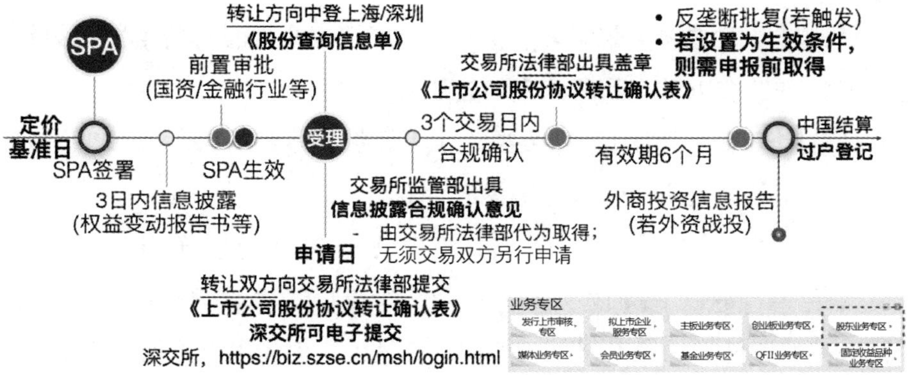

图4－3　协议转让的交易流程概览

有关上市公司收购中信息披露的详细分析请见第三章。对于协议转让中的信息披露要求本章不再赘述，下文重点介绍一下协议转让的其他关键流程环节。

（二）申报的前提条件

1. 适格条件

除不属于负面清单情形且符合交易所的受理范围及受理门槛要求以外，一笔协议转让交易若要成功取得交易所的合规确认，还需要满足一定的适格条件。

按照交易所协议转让业务指引①，转让双方申请办理协议转让时，应满足如下要求：

① 《深交所协议转让业务指引》第八条；《上交所协议转让业务指引》第六条；《北交所协议转让业务指引》第六条。

（1）转让协议依法生效；

（2）协议各方为自然人或者依法设立并有效存续的法人、其他组织；

（3）拟转让股份的性质为无限售条件流通股，法律、行政法规、部门规章、规范性文件及本所业务规则另有规定的除外；

（4）依据相关规定须经行政审批方可进行的协议转让，已经获得有权机关的批准；

（5）转让双方须披露相关信息的，已经依法合规履行信息披露义务；

（6）证监会以及交易所认定的其他要求。

针对上述条件中的几项重要要求，下文将具体分析。

2. 申报首要前提——转让协议的生效

如上所述，交易所受理协议转让申报的首要条件便是转让协议依法生效。实务中，转让协议的生效通常涉及三个维度的因素确定：内部决策已经完成；前置许可已经取得；协议约定的其他生效先决条件已经满足。

（1）内部决策。关于内部决策，就交易双方而言，自然人除了签字同意以外一般不会涉及内部决策问题，除非依据已有合约或其他安排需要取得第三方同意。而对于机构，则需要根据主体的性质确定合适的内部决策形式，包括总经理办公会（通常适用于国企）、董事会决议、投委会决议（一般适用于投资基金）、股东决定（一人公司）、股东（大）会决议等。具体到某一特定交易，交易双方究竟需要履行哪些内部决策程序，则需结合各自公司章程、合伙协议等内部规定的权限设置确定。

另外，除了转让双方以外，上市公司股份协议转让是否需要作为目标公司的上市公司本身履行相应的内部决策程序（董事会或股东大会）？一般而言，存量老股的转让通常不需要上市公司自身的决策程序。上市公司作为股份公司，不同于有限责任公司（《公司法》第七十一条要求有限责任公司股东的股权对外转让需要股东过半数同意），按照《公司法》第一百三十七条，股份公司的股份转让并不以股东大会同意为前提。实务中，上市公司的《公司章程》往往也不会对股东的股份转让作出更严格的程序性限制。

不过，几种特殊情形下的股份转让可能会涉及上市公司自身的董事会或股东大会程序。

（2）涉及上市公司董监高转让的上市公司董事会说明。按照交易所业务指引，当转让方为上市公司董监高（包括在任或离职），需要上市公司提供加盖上市公司公章或董事会印章的《上市公司董事会关于本次股份转让的情况说明》，列明本次转让的基本情况，并确认：①本次转让涉及的股份不存在相关法律法规及规范性文件或交易所业务规则等规定，以及转让方自行承诺（如有）的不得转让的情形；②本次转让不违反公司章程；③本次转让不违反《公司法》《证券法》以及减持规范等关于股份持有期限、卖出时间、卖出数量、卖出方式、信息披露等规定。

上述特别要求的原因在于董监高转让本身通常要遵守一系列限制，主要包括：《公司法》第一百四十一条要求其在任期内每年转让不得超过25%以及离职后半年内不得转让；《证券法》第四十四条规定6个月内不得有反向操作的短线交易规则；董监高的持股可能属于受减持规范或先前公开承诺的约束，或受限于股权激励计划业绩考核及锁定期等安排。

（3）外资收购人所触发的上市公司股东大会程序。按照2005年12月发布的《外资战投管理办法》第八条规定，通过协议转让引进外资战投的，应经上市公司董事会及股东大会通过。例如，2019年2月签约的香港绿伟有限公司收购澳洋顺昌（002245）10%的股份，以及2019年3月签约的凯雷投资旗下的CA Fabric Investments收购罗莱生活（002293）10%的股份，均约定以上市公司股东大会批准为协议转让的生效条件之一，并已分别召开了股东大会进行了审议批准。

不过，从2020年6月发布的《外资战投管理办法（修订征求意见稿）》来看，针对协议转让方式的外资战投已经明确取消了前述上市公司董事会及股东大会程序要求，除非上市公司自身的公司章程另有规定。

（4）限售期内转让之转让方承诺豁免的股东大会批准。通常而言，可以转让的股份应该是流通股。尽管如此，A股市场的锁定期又区分法律明确规定的强制要求与股东在此基础上所作出的更严标准的自愿承诺。对于自愿承诺的锁定，经上市公司股东大会批准，可以变更或豁免。不过，该等自愿承诺的变更或豁免应符合证监会《4号指引》的相关要求。

（5）管理层收购（MBO）的股东大会批准。《收购办法》第五十一条明确规定，上市公司董监高及员工（包括其控制的机构）收购公司控制权的“应当经董事会非关联董事作出决议，且取得2/3以上的独立董事同意后，提交公司股东大会审议，经出席股东大会的非关联股东所持表决权过半数通过”。

3. 外部行政审核程序

关于外部行政审核，主要涉及类别有：国资交易、外资战投、特殊行业如金融类，以及反垄断申报。

（1）国资交易。实务中，比较常见的协议生效条件是国资审批程序。尽管如此，需要提及的是，按照2018年5月发布的国资36号令、2019年6月发布的《国务院国资委授权放权清单（2019年版）》以及2022年5月发布的《关于企业国有资产交易流转有关事项的通知》（国资发产权规〔2022〕39号），除涉及上市公司控制权变更或需要进行非公开协议转让的交易以外，其他大部分国资交易（包括未导致控制权变更的国有股东公开征集转让以及国有企业协议受让增持等），其审批权限已下放至国企集团母公司，无须再报国资委审批。另外，对于地方国有企业转让上市公司股份，即便需要报送国资委审批的，审批层级也已下放至省级国资委，而无须再上报至国务院国资委审批。

（2）外资战投。对于收购人为外国投资者的情况，除涉及负面清单以外，自2017年7月起主管外资准入的商务部门程序已由审批制改为备案制。并且，2018年6月修订的《外商投资企业设立及变更备案管理暂行办法》第七条进一步明确，外资战投备案可以在股份过户登记后进行。换言之，对于外资战投而言，商务部门程序不再是强制性的生效前置许可，除非涉及负面清单领域。比如，2019年2月签约的GLP Capital Investment 4（HK）Limited收购万通地产（600246）10%的股份，已于2019年5月29日完成过户登记；而根据其公告，上市公司将在过户完成后再办理后续备案手续。

而自 2020 年 1 月 1 日《外商投资法》生效后，外资备案制进一步调整外商投资信息报告制度。涉及外商投资企业设立、变更（包括因并购等事项）的，在进行工商信息登记的同时在线报送《外商投资信息报告》。而 2020 年 6 月发布的《外资战投管理办法（修订征求意见稿）》也明确，通过协议转让方式进行的外资战投，在完成中国结算的过户登记手续后，由外国投资者或上市公司向商务主管部门报送投资信息。

（3）金融等特定行业。若转让标的涉及银行、证券、保险等持牌金融机构，根据有关行业的股东资格或持股比例限制的规定，还需取得行业主管部门或相关机构的批复。该等批复（若适用）也是交易所申报的必备文件之一。

（4）反垄断审查。由于涉及上市公司收购的交易规模通常不小，因此交易极可能触发反垄断申报程序，尤其在控制权交易中。若交易相关因素达到反垄断申报门槛，则需要取得国家市场监督管理总局的反垄断批复。

就反垄断批复而言，需要注意的是，交易所协议转让业务指引及办理指南并未明确将反垄断批复作为申报文件之一。根据《反垄断法》第二十五条规定，需进行反垄断申报的，在批复之前不得实施集中。也就是说，在取得反垄断批复之前，不得进行过户交割。

就规则要求而言，与上述国资批复或备案程序不同，反垄断批复并非转让协议生效的前置条件，而是过户交割（交易实施）的前置条件。但是，如果交易双方在转让协议中明确将反垄断批复作为协议生效条件之一，则必须首先取得反垄断批复才能提交申报。这是因为，根据交易所协议转让业务指引的要求，提交交易所办理转让申请的前提条件之一是“转让协议依法生效”。由于取得交易所合规确认后应在一定期限内（沪深交易所 6 个月、北交所 2 个月）向中国结算提交过户申请，否则需要重新申请交易所合规确认。因此，若涉及反垄断批复，通常还是需要在取得反垄断批复后再提交交易所申请更有确定性。

4. 交易所合规确认不得作为协议生效的先决条件

实务中，除内部决策这类基础性条件以及政府前置审批这类强制性条件以外，转让双方还可以根据交易具体情况在协议中约定其他生效先决条件。

然而，需要特别强调的是，正如深交所曾在其2019年版协议转让业务办理指南中特别提示的，“协议不得将经交易所审核无异议或类似内容约定为生效条件”。虽然协议转让的一个关键环节是取得交易所的合规确认，但实务中应特别注意的是，不应将交易所的合规确认本身作为协议生效条件。这里的逻辑在于，交易所业务指引明确要求协议转让申报的前提条件之一是协议已经依法生效，提交给交易所的申请文件也应是已经生效的协议文本。因此，如果协议将交易所合规确认本身作为生效条件，则意味着提交给交易所的协议文本在申报时点（交易所尚未审核决定）是尚未生效的。这与交易所的业务指引直接冲突。实务中，交易双方通常是将交易所合规确认作为过户交割或价款支付的先决条件，而非协议生效条件。

实际上，从交易的确定性来讲，协议的生效条件应尽量压缩，除了法律明确要求的前置审批等强制性条件以外，尽量不再约定其他生效条件。协议尽早生效，通常对交易双方都有利。至于交易双方更关注的其他一些事项，包括反垄断批复等，可作为过户交割或价款支付的先决条件，而非转让协议的生效条件。如果交易实际情况需要，双方约定了其他生效条件，那么在向交易所申报合规确认时，对于除了决议、政府批复这些有明确文件支持以外的其他生效先决条件，则需要由交易双方出具书面说明，明确确认“所附条件已成就，协议已生效”。

5. 交易所申报中的其他注意事项

就交易流程而言，各交易所在细节上会略有差异，但核心环节都在于取得交易所的合规确认函。其中，就具体的申报文件而言，也有需特别注意的地方。

（1）转让协议。作为交易核心要素，在提交交易所申报时需要注意：

①文本：必须是协议正本原件。

②签署：转让协议多页的，需加盖骑缝章或自然人签署骑缝字；非本

人/法定代表人/执行事务合伙人签署的，需提交授权委托书原件（经公证）及委托双方身份证明复印件。

③产品主体：转让方或受让方属于资管计划/契约型基金等金融产品的，转让协议中应明确签署主体（如为产品管理人）与产品的关系、产品的全称（证券账户卡的“证券账户名称”）；协议转让申请表中的出让人/受让人名称应填写产品名称（与证券账户卡股东名称一致），而非管理人名称。

另外，在同一笔交易中一对多时，即涉及多个转让方或多个受让方[①]，考虑到交易经手费成本[②]，条件允许的情况下，可以考虑签署在同一份转让协议中，避免因分别签署不同的协议（单一转让方分别对不同受让方，或单一受让方分别对不同转让方）而额外增加交易手续费成本，除非不同的交易主体在权利义务（比如业绩对赌或声明保证条款）或审批程序（比如有的涉及国资或外资）等方面差异太大而不便在同一文本上签署。

（2）交易双方的主体身份证明。交易主体应是自然人或者依法设立并有效存续的法人、其他组织，申报时应准备好相应的身份证明文件。

对于转让方或受让方涉及境外主体（自然人或机构）的，其申请文件（身份证明、授权委托书以及授权人有权授权的证明文件）应区分不同法域经过相应公证及认证程序。如果境外主体注册地在其他法域，则需要按当地的法律进行公证后，再报送中国驻当地使领馆进行认证。其中，对于实务中比较常见的在英属维尔京群岛（BVI）或开曼群岛（Cayman）注册的主体，在当地进行公证后，还需要报送位于伦敦的中国驻英大使馆进行认证，通常需要耗时月余。对于非中文的相关申请文件，还需要提供加盖境内翻译公司公章并经境内公证的翻译件。这些都需要在交易中统筹安排好，避免影响整体交易进展。

（3）持股情况查询。作为申报文件之一，需要向交易所提交由中国结

① 多个转让方时单一转让方的转让比例可以低于5%，但多个受让方时每一个受让方合计受让比例均应达到5%。

② 按成交金额的0.00487%向转让方及受让方分别收取，单一主体上限10万元人民币。

算出具的转让方持股情况证明。内容需包含转让方股份持有信息单和冻结信息单，出具时点必须是向交易所提交转让申请当日。也就是说，在确定申请当日应先由转让方在中国结算上海、深圳或北京分公司查询并打印持股信息及冻结信息表单，然后当天再去交易所法律部提交转让申请。

（4）申报时点。《上交所协议转让业务指引》第七条第（七）项以及《北交所协议转让业务指引》第七条第（六）项均明确将“协议签署日与提交申请日间隔超过6个月且无正当理由”作为交易所不予受理的情形之一。《深交所协议转让业务指引》并无这方面的明确要求，但实践中间隔太久可能也会引起关注。实务中，交易双方在签约后往往都会尽快完成相关过户交割手续。从尽量减少交易的不确定性风险角度，实务中往往会在转让协议中明确约定，在取得前置批复而交易生效后多少个工作日内必须提交申报，并且往往会把付款安排与协议生效或提交合规确认申报节点相结合考虑。

（5）交易所审核时限。交易所业务指引规定应在受理申请后3个交易日内作出决定。实务中，尤其涉及控制权交易时往往都需要当事人补充提供材料或答复交易所反馈。因此，从提交申请到取得交易所出具合规确认的时间可能需要一周左右或更长时间。

需要特别提示的是，交易所出具的合规确认存在有效期。沪深交易所的合规确认有效期是6个月，北交所为2个月。超过前述期限未去办理过户登记手续的，应当向交易所重新提交合规确认申请。

6. 中国结算过户登记

协议转让的最后一个交易环节是股份的过户登记。在取得交易所合规确认后，交易双方即可前往中国结算上海、深圳或北京分公司办理股份过户登记。

中国结算通常在3个工作日内完成审核。审核通过后，收讫印花税和过户费后领取《过户登记确认书》，完成过户登记手续。从交易流程角度来看，中国结算的过户登记是最后一个交易环节。而从交易实务角度来看，过户后可能还涉及其他重要事项，如余款支付、外资的信息报告、管理层调整或尽调发现问题的完善等交割后事项等，这些重要事项都需要交易双方商谈后在相关交易文件中予以明确，以避免不必要的潜在纠纷或不确定性风险。

第三节　协议方式间接收购

一、交易类型及实务场景

根据《收购办法》第五十六条、第五十七条，上市公司的间接收购主要有两大类型：通过“投资关系”进行的股权类收购，以及通过“协议、其他安排”等实现的间接持有。

实务中，通过“投资关系”进行的上市公司间接收购主要有如下交易场景：

1. 老股转让。上市公司机构股东（公司或合伙企业）的股东或合伙人，转让其持有的该机构股东的股权或合伙份额。

2. 增资扩股。上市公司的机构股东进行增资扩股，引入新的股东或合伙人。

3. 股份出资。上市公司自然人或机构股东，以其所持有的上市公司股份作为出资，注入新设持股平台或与他人合资设立公司，或以所持上市公司股份为对价认购另一存续企业的增资或对该企业履行实缴出资。

对于上述交易，前两种类型（机构股东层面的股权转让或增资扩股）上市公司的登记股东不发生变更，不涉及交易所的合规确认程序。但对于受让股权或认购增资的投资人而言，可能因为间接持有上市公司权益而触发相应的信息披露义务，需要遵守《收购办法》相关规定。而第三种类型（股份出资），在上市公司层面将会发生登记股东变更，由原股东变更为新设公司或被投企业，即原股东由直接持股变更为经由新设公司或被投企业而间接持股。该等类型交易也属于上市公司股份的协议转让，需同时遵守协议转让的相关规范要求。

通过“协议、其他安排”达成的间接持有权益，实务中常见情形包括表决权委托、股权或业务托管、一致行动协议等。

（一）场景A：上市公司机构股东的股东转让股权

上市公司机构股东的股东，转让其所持该机构股东的存量股权，是比较常见的间接收购类型。如2018年10月，金浦东裕通过公开摘牌受让沧州大化（600230）的控股股东大化集团（持有上市公司46.25%股份）的控股权（50.98%），从而间接收购上市公司沧州大化。再比如2018年7月，海淀国资委旗下海科金集团收购金一文化（002721）也采用了间接收购的方式，由收购人海科金集团自上市公司的实际控制人处收购上市公司控股股东碧空龙翔73.32%的控股权，而碧空龙翔持有上市公司金一文化17.9%的股份。交易后，收购人海科金集团通过控制上市公司第一大股东碧空龙翔而间接收购上市公司金一文化。

间接转让既可以发生在境内，也可能是离岸交易（如果上市公司股东属于境外机构股东）。如IDG和谐系基金分别于2016年通过境内直接协议转让以及2018年通过境外间接收购，完成对四川双马（000935）的控制权收购交易。

另外，若上市公司的机构股东属于PE私募股权投资类有限合伙企业，间接收购则可能体现为该机构股东的有限合伙人LP及/或普通合伙人GP转让其合伙份额。

（二）场景B：上市公司机构股东增资扩股引进投资人

上市公司的机构股东除其股东转让股权以外，其自身进行增资扩股引进投资人往往也会涉及对该上市公司的间接收购。尤其是在涉及国企混合所有制改革的项目中，引进增量资金的增资扩股相比存量老股的转让，为国资监管机构更为鼓励的一种交易类型。如2017年新华都通过认购云南白药控股股东白药控股的增资，间接收购了云南白药（000538）。2019年2月华润医药收购江中药业（600750）也是通过认购上市公司大股东的增资扩股所进行的间接收购。

（三）场景 C：股东以所持上市公司股份出资对外投资

实务中，涉及股东以所持上市公司的股份出资所进行的对外投资具体可分两种：

1. 内部重组。上市公司股东将其所持上市公司股份，出资新设持股平台 SPV（境内独资企业或外商独资企业 WFOE），该出资方股东对上市公司由直接持股变为经由新设 SPV 间接持股。

2. 出资设立合资企业。上市公司股东以所持上市公司股份，出资认购现有企业增资或者与他人新设合资公司。

内部重组类型的，如北方股份（600262）第二大股东 Terex Equipment 于 2018 年 1 月签署《股份转让和股份出资协议》，约定 Terex Equipment 将其持有的上市公司 25.16% 股份转让给转让方于 2017 年 8 月新设的 WFOE 特沃上海，作为 Terex Equipment 对特沃上海的实缴出资，占特沃上海注册资本的 100%。交易后，Terex Equipment 由直接持股 25.16%，变更为通过其境内 WFOE 间接持股 25.16%。

股份出资的另外一种情形是上市公司股东以其所持上市公司股份作价出资，与他人共同设立 JV（合资公司）或者认购他人已设立的现有企业的增资。如紫鑫药业（002118）原控股股东康平公司（持股 39.27%），于 2018 年 11 月签署《项目投资合作协议》，约定以其持有的上市公司股份中的 20% 作为出资，与国企柳河县峰岭大健康产业园有限责任公司（以国有企业产权、股权及其他资产作价出资）共同注册成立新公司柳河顺驰医药大健康产业集团有限公司作为项目主体。交易后，康平公司持有新设项目主体 30% 的股权，而新设项目主体持有上市公司 20% 的股份（来源于康平公司的股权出资）。

需要注意的是，对于出资设立或增资 JV 的，如果股东以所持上市公司股份出资后在该等 JV 中不具有控股地位，则还可能涉及上市公司实际控制人的变更，可能会引发交易所针对上市公司控制权变更的相关关注。

二、定价规范

（一）协议转让与间接收购的定价指引比较

与协议转让的定价要求不同，现有规则针对上市公司的间接收购不存在明确的定价指引（国资除外）。

在定价方面，间接收购相较而言有更多的灵活空间，交易双方可以结合标的资产负债状况以及交易的具体情况协商确定。如上文提及的海科金集团通过控制目标公司碧空龙翔而间接收购金一文化（002721）的交易中，收购目标公司73.32%股权（从而间接控制上市公司17.9%股份）的总价款约定为1元，而该笔交易签约日的前1交易日收盘价是8.99元/股。若是按交易所协议转让业务指引，转让价格应不低于每股8.09元。显然，考虑到标的资产整体的资产负债情况，如果按协议转让定价指引执行，可能双方比较难达成一致。

（二）涉及国有股东（SS）的间接转让的定价指引

如果涉及上市公司国有股东（SS）的间接转让，在定价方面要遵守相应的国资监管要求。

首先，上市公司的国有股东（通常是未上市国有企业）要遵守国资32号令的相关要求，其本身的价值（及相应的该国有股东的股东转让股权或该国有股东自身的增资扩股的定价）要以资产评估结果为基础。

其次，在对国有股东进行评估定价时，其所持有的上市公司的股份价值评估应遵守国资36号令第四十三条规定："国有股东所持上市公司股份间接转让应当按照本办法第二十三条规定确定其所持上市公司股份价值，上市公司股份价值确定的基准日应与国有股东资产评估的基准日一致，且与国有股东产权直接持有单位对该产权变动决策的日期相差不得超过一个月。"而国资36号令第二十三条明确要求，国有股转让价格"不得低于下列两者之中的较高者：（1）提示性公告日前30个交易日的每日加权平均价格的算术平均值；（2）最近一个会计年度上市公司经审计的每股净资产值"。

再次，国资36号令第四十七条进一步规定，即便“国有股东产权转让或增资扩股未构成间接转让的”（即未导致国有股东国资性质变更的），“其资产评估涉及上市公司股份作价按照本办法第四十三条规定确定”。也就是说，无论是否构成国资36号令项下的“间接转让”，对于国有股东所持上市公司股份的价值，其评估均应参考上市公司国有股转让的定价原则——不低于基准日前30个交易日均价（及最近一年经审计每股净资产二者孰高），且前述定价基准日距国有股东关于本次产权交易决策日相差不得超过一个月。

最后，国资36号令第四十三条第二款还明确指出，“国有产权转让或增资扩股到产权交易机构挂牌时，因上市公司股价发生大幅变化等原因，导致资产评估报告的结论已不能反映交易标的真实价值的，原决策机构应对间接转让行为重新审议”。

三、外资战投事项

如果涉及外国投资人对上市公司进行收购，则需要遵守“外资战投”相关监管要求，包括投资人门槛、锁定期要求等。

实务中，外资战投比较常见的情形是境外投资人通过协议转让、要约收购或认购增发等情形而成为上市公司的直接股东。而对于通过间接收购——境外离岸交易或境内收购现有股东的股权是否也属于外资战投从而需要遵守相关监管要求，一直没有清晰统一的规则指引，实务中也存在不同理解和案例差异。

需要注意的是，现行《外资战投管理办法》虽并未将间接收购明确列为外资战投的方式，但是在第二十三条针对投资人后续退出时规定，“母公司通过其全资拥有的境外子公司进行战略投资并已按期完成的，母公司转让上述境外子公司”应向商务部提交申请，新的投资方应符合外资战投相关规定。对此，《外资战投管理办法（修订征求意见稿）》（2020年6月）第十七条也有类似规定：“战略投资涉及第四条第二款规定的情形并已按期完成的，全资投资者转让该外国投资者应符合限售期相关规定，新的受让方仍应符合本办法所规定的条件，承担该全资投资者及该外国投资者在上市公司中的全部权利和义务，并依法履行信息披露等义务。”

从上述规则来看，通过战投方式进入的外国投资者，后续进行境外间接转让退出的，应遵守外资战投相关要求，包括新受让方应符合外资战投资质要求。比如，2015 年 8 月以离岸交易方式进行的境外主体 Leading Big 对阳光股份（000608）的间接收购便进行了外资战投申报，并于 2016 年 1 月收到了商务部批复。

另外，针对涉及外国投资人的境内间接收购，是否需要符合外资战投相关要求，现有规则框架下尚缺乏明确指引。比如 2018 年 1 月 Terex Equipment 因将所持上市公司 25.16% 股份注入到其境内 WFOE 而构成对北方股份（600262）间接收购的交易，其形式上并不属于现有规则项下的“境外间接转让”。尽管如此，由于交易后外方 Terex Equipment 由直接持股变更为通过境内 WFOE 持股，并导致上市公司从中外合资股份有限公司变更为内资股份公司，因此也进行了相应的外资变更备案程序，于 2018 年 2 月完成了“投资者基本信息变更”的备案，并于 2019 年 6 月完成了“企业类型变更为内资企业”的备案。但是，对于外国投资人通过境内 WFOE 或 FIE（外商投资企业）间接收购境内上市公司的，投资人是否必须满足外资战投的资产门槛等条件要求，目前尚无明确指引。

四、信息披露——权益比例计算

《收购办法》区分不同的收购比例并执行不同的信息披露标准。协议转让可以直接判断适用哪种信息披露标准。间接收购由于是通过中间持股主体（即上市公司现有股东）间接持股，应如何判断相应权益比例以及适用的信息披露标准，有必要进一步分析。

作为一般原则，《收购办法》第五十六条、第五十七条明确要求，间接收购导致收购人“拥有权益的股份”或者“受其支配的上市公司股东所持股份”达到了相应比例的，也应按规定履行相应的报告、公告义务。

对于如何计算间接收购交易中收购人所拥有的上市公司权益比例，现行规则并没有明确的指引。实务中一般区分参股型还是控股型收购。控股型收购一般计算全部，即现有股东所持有上市公司股比全部算作收购人（通过控制现有股东）所控制的上市公司权益比例；而对于参股型投资，则还要结合具体情况进一步分析。

如在金浦东裕收购沧州大化（600230）的交易中，收购人取得了控股股东大化集团50.98%的股权，而大化集团又持有上市公司46.25%的股份。该笔交易为控股型收购，集团所持有的46.25%上市公司股份全部算作收购人所收购的权益。因该等权益超过30%，从而触发了要约收购义务。否则若按乘积计算（50.98%×46.25%=23.58%），就不会触发要约收购义务。

对于参股型投资则需要进一步分析。如在2011年鼎晖投资间接收购鲁西化工（000830）的交易中，虽然直接股东鲁西化工集团持有上市公司30.37%的股份，但投资人通过增资扩股认购了集团39%的股权（并未控制集团），因而并未触发要约收购义务。在该项间接收购交易中，如果按乘积计算间接权益为11.98%，投资者应相应编制《简式权益变动报告书》。但从实际案例来看，包括上述案例以及近几年其他一些间接收购案例，参股投资方基本未被要求编制《权益变动报告书》，通常是由上市公司对其股东层面发生的变动进行相应提示性公告。

上述实践操作的依据应该源于《收购办法》关于间接收购信息披露的相关规定。如文首提及，《收购办法》关于间接收购信息披露的要求主要包含两种类型：《收购办法》第五十六条“收购人虽不是上市公司的股东，但通过投资关系、协议、其他安排导致其拥有权益的股份达到或者超过一个上市公司已发行股份的5%”；或者《收购办法》第五十七条“投资者虽不是上市公司的股东，但通过投资关系取得对上市公司股东的控制权，而受其支配的上市公司股东所持股份达到前条规定比例，且对该股东的资产和利润构成重大影响的”。

第五十七条情形针对的是控股型收购。针对参股型投资根据第五十六条，判断信息披露义务触发的基准是收购人所间接“拥有权益的股份”。

根据《收购办法》第十二条，投资人在上市公司所拥有的权益，“包括登记在其名下的股份和虽未登记在其名下但该投资者可以实际支配表决权的股份”。就此而言，在参股型投资交易中，对于投资人所参股的机构股东所持有的上市公司股份，该等参股投资人能否支配其表决权，便成了信息披露角度判断该投资人是否间接拥有该等权益的关键。通常理解，参股投资人无法支配其所参股公司所持有的上市公司股份表决权。

五、全面要约义务的触发及解决方案

根据《收购办法》第五十六条第二款的明确规定，如果导致收购人拥有权益的股份超过该公司已发行股份的30%，间接收购同样会触发全面要约义务。

如上文分析，首先需要根据间接收购的类型（参股型或控股型），初步判断拟议交易是否将触发全面要约义务（即间接持有权益超过30%）。如判断为触发全面要约义务，实务中交易当事方通常可以有三个选项供进一步考虑：

（1）发出全面要约；

（2）降比例。可以在交易前先行降低比例至30%或以下，如此交易时即便控股型投资也不会再触发要约义务；或者交易后视情况减持，“收购人预计无法在事实发生之日起30日内发出全面要约的，应当在前述30日内促使其控制的股东将所持有的上市公司股份减持至30%或者30%以下，并自减持之日起2个工作日内予以公告”（《收购办法》第五十六条第二款）；

（3）符合《收购办法》规定情形的，直接要约豁免。

其中，降比例（至30%整数或更低）常见的方式包括二级市场减持、大宗交易（前提是符合减持规则的要求）或者协议转让等。如嘉士伯2009年增持控制啤酒花（600090）的间接收购交易中，在增持交易前上市公司大股东新疆蓝剑嘉酿投资有限公司先行通过二级市场将其原持股41.3578%减持至29.9987%。从而嘉士伯增持取得大股东新疆蓝剑嘉酿投资有限公司的控制权时，不再触发全面要约义务。

另外，交易当事方也可以视情况选择在交易签约后再行减持（通过二级市场或其他方式），以解决要约义务的触发。如金浦东裕间接收购沧州大化（600230）交易中（收购控股股东大化集团50.98%的股权，而大化集团又持有上市公司46.25%的股份）采用了分立方式，将原大股东大化集团一分为三，其中新设分立公司A由收购人全资持有，新设分立公司B由大化集团层面未退出的原股东持有；新设分立公司A在分立后取得了23.58%（=50.98%×46.25%）的上市公司股份。由此，不再触发全面要约义务。

不过，需要注意的是，对于交易后再减持，《收购办法》第五十六条有明确的时间限制，即“在事实发生之日起30日内”。而有些减持方案可能无法在30日内及时完成，如上述沧州大化交易中的分立方案。单就《公司法》关于分立的公告期限要求是45日，且不考虑因国资审批或其他行政程序将会涉及更长时间。此时，可能会面临交易所的关注问询，需要结合项目实际情况进行适当说明及合理解释。比如在沧州大化的交易中，上交所便要求收购人补充说明未能在30日内将权益比例降至30%或以下的原因及期间采取的具体落实措施。

六、交易流程

与协议转让相比较，间接收购的一个明显差异在于其所转让或变更的直接标的不是上市公司的股份，而是上市公司股东的股权。因此，间接收购通常不涉及上市公司股票的过户变更手续，而且也不涉及交易所的合规确认程序。

从其交易流程来看，间接收购涉及的主要程序是上市公司股东（通常为非上市企业）所在地的工商变更登记手续（关于上市公司机构股东的股东或合伙人以及该机构股东的注册资本的变更），以及交易所环节的相应信息披露要求。

总之，间接收购既无须适用交易所协议转让业务指引（前述场景C中因股份出资导致上市公司股东发生变更的情形除外），也无须取得交易所的合规确认函。这可能也正是间接收购有更多定价空间的原因之一。

第五章　上市公司要约收购

第一节　要约收购概述

一、定义

上市公司要约收购，是指投资者通过向某一上市公司的所有股东发出公开收购要约，收购各股东持有上市公司的全部或部分股份，以取得该公司股份的行为。

收购方发出收购要约后，被收购公司股东可在一定期限内自行决定是否接受该要约。待收购期限届满，收购人应当购买目标公司股东预受（即同意接受收购要约）的股份，从而达到收购上市公司的目的。

要约收购是公开求购上市公司股份的唯一方式。根据《收购办法》第四十六条规定：除要约方式外，投资者不得在证券交易所外公开求购上市公司的股份。

二、实施主体

根据《收购办法》，实施要约收购的各方主体包括收购人、被收购人及其股东、收购方财务顾问及其他中介服务机构。

（一）收购人

根据《收购办法》第五条规定，收购人可以通过取得股份的方式成为一个上市公司的控股股东，可以通过投资关系、协议、其他安排的途径成为一个上市公司的实际控制人，也可以同时采取上述方式和途径取得上市公司控制权。收购人包括投资者及与其一致行动的他人。

收购人不得利用上市公司的收购损害被收购公司及其股东的合法权益。收购人出现下列情形之一的，不得收购上市公司：

（1）收购人负有数额较大债务，到期未清偿，且处于持续状态；

（2）收购人最近 3 年有重大违法行为或者涉嫌有重大违法行为；

（3）收购人最近 3 年有严重的证券市场失信行为；

（4）收购人为自然人的，存在《公司法》第一百四十六条规定的不得担任公司董监高 5 种情形之一的，具体包括：无民事行为能力或者限制民事行为能力；因贪污、贿赂、侵占财产、挪用财产或者破坏社会主义市场经济秩序，被判处刑罚，执行期满未逾 5 年，或者因犯罪被剥夺政治权利，执行期满未逾 5 年；担任破产清算的公司、企业的董事或者厂长、经理，对该公司、企业的破产负有个人责任的，自该公司、企业破产清算完结之日起未逾 3 年；担任因违法被吊销营业执照、责令关闭的公司、企业的法定代表人，并负有个人责任的，自该公司、企业被吊销营业执照之日起未逾 3 年；个人所负数额较大的债务到期未清偿等情形。

（5）法律、行政法规规定以及证监会认定的不得收购公众公司的其他情形。

（二）被收购人及其股东

被收购公司的控股股东或者实际控制人不得滥用股东权利损害被收购公司或者其他股东的合法权益。如出现上述情况，在转让控制权之前，应当主动消除损害；未能消除损害的，应当就其出让相关股份所得收入用于消除全部损害作出安排，不足以消除损害的部分，应当提供履约担保或安排，并取得股东大会的批准。

被收购公司的董事、监事、高级管理人员对公司负有忠实义务和勤勉义务，应当公平对待收购公司的所有收购人。被收购公司董事会不得滥用职权对收购设置不适当的障碍，不得利用公司资源向收购人提供任何形式的财务资助。

（三）财务顾问及其他中介服务机构

收购人进行上市公司的收购，应当聘请符合《证券法》规定的专业机构担任财务顾问。收购人未按照规定聘请财务顾问的，不得收购上市公司。收购方聘请的财务顾问需注意以下事项：

（1）财务顾问应当勤勉尽责，遵守行业规范和职业道德，保持独立性，保证其所制作、出具文件的真实性、准确性和完整性。

（2）财务顾问认为收购人利用上市公司的收购损害被收购公司及其股东合法权益的，应当拒绝为收购人提供财务顾问服务。

（3）财务顾问不得教唆、协助或者伙同委托人编制或披露存在虚假记载、误导性陈述或者重大遗漏的报告、公告文件，不得从事不正当竞争，不得利用上市公司的收购谋取不正当利益。

除收购方聘请的财务顾问外，其他为上市公司收购出具资产评估报告、审计报告、法律意见书的证券服务机构及其从业人员，应当遵守法律法规及相关规则，遵循本行业公认的业务标准和道德规范，诚实守信，勤勉尽责，对其所制作、出具文件的真实性、准确性和完整性承担责任。

另外，根据《收购办法》，被收购公司董事会应当聘请独立财务顾问提出专业意见。上市公司董事会或者独立董事聘请的独立财务顾问，不得同时担任收购人的财务顾问或者与收购人的财务顾问存在关联关系。独立财务顾问应当根据委托进行尽职调查，对本次收购的公正性和合法性发表专业意见。

案例5－1　林某间接控股S上市公司，因收购人主体不适格被责令改正

【案例介绍】2017年12月，J股权投资公司协议收购S上市公司3,000余万股，占公司总股本超过27%。收购完成后，J股权投资公司成为上市公司控股股东，林某夫妇分别持有J股权投资公司70%、30%股

权。2019 年 2 月，上述股份已完成过户，林某夫妇为上市公司实际控制人。

证监局核查发现，林某存在《收购办法》第六条“收购人最近 3 年有重大违法行为或者涉嫌有重大违法行为”的情形，不符合收购人的条件。2019 年 8 月，林某收到证监局《关于对林某采取责令改正措施的决定》，要求其 30 日内提交书面整改报告，明确整改措施、预计完成时间等内容。改正完成前，受林某支配的股东 J 股权投资公司不得行使其持有 S 公司股份的表决权。

2019 年 8 月，林某向证监局递交了整改报告，将其持有的 J 股权投资公司 70% 的股权转让给丈夫林某润。转让完成后，林某润持有 J 股权投资公司 100% 的股权。S 公司控股股东未发生变化，公司实际控制人发生了变化，林某已不再持有 S 公司控股股东 J 股权投资公司的任何股权，未直接或间接持有 S 公司股份，不会对 J 股权投资公司或 S 公司造成任何不良影响，影响相关机构行使表决权及提案权的障碍已经消除。

【要点】《收购办法》对实施上市公司收购行为的各方适格主体进行了相关规定。本案例中，J 股权投资公司对上市公司收购完成后，林某作为上市公司实际控制人，其收购人的主体资格存在瑕疵，被监管部门采取责令整改措施。

【案例分析】当上市公司发生要约收购时，各方需严格按照《收购办法》的监管要求，确保收购行为发生时，符合相关规定对实施主体的资格要求，避免出现违法违规情形。

三、法规体系及监管架构

要约收购的法规监管体系主要包括法律、部门规章以及证券交易所与中国结算监管规则层面。

法律主要包括《证券法》《公司法》《民法典》等，其中《证券法》第四章专门有要约收购的相关规定。

部门规章主要包括证监会发布的《收购办法》《重组办法》及相关配

套的格式准则。上述文件在《证券法》《公司法》等法律、行政法规的基础上，进一步具体和细化了上市公司的收购及相关股份权益变动活动，其中《收购办法》第三章及第六章就要约收购相关内容进行了详细规定。上述相关部门规章及配套规则如表5－1所示。

表5－1　要约收购相关的部门规章

序号	部门规章名称	发布部门	最近发布/修订时间
1	《上市公司收购管理办法》	证监会	2020年3月20日
2	《上市公司重大资产重组管理办法》	证监会	2023年2月17日
3	《公开发行证券的公司信息披露内容与格式准则第17号——要约收购报告书》	证监会	2022年1月5日
4	《公开发行证券的公司信息披露内容与格式准则第18号——被收购公司董事会报告书》	证监会	2020年3月20日
5	《公开发行证券的公司信息披露内容与格式准则第55号——北京证券交易所上市公司权益变动报告书、上市公司收购报告书、要约收购报告书、被收购公司董事会报告书》	证监会	2021年10月30日

交易所与中国结算监管规则方面，深交所发布了较为详细的指引规则，如《深圳证券交易所上市公司业务办理指南第10号——要约收购》《创业板上市公司业务办理指南第7号——要约收购》等。北交所也发布了《北京证券交易所上市公司持续监管指引第5号——要约收购》。此外，中国结算就要约收购的登记结算事宜，发布了《中国证券登记结算有限责任公司深圳分公司上市公司要约收购业务指南》。上述监管规则详见表5－2所示。除此之外，亦有不少监管规则中部分包含对要约收购的监管要求，如上交所发布的《上海证券交易所股票上市规则》中对要约收购过程引发的股份变动、停复牌和退市情形进行了阐释，对此本文不再赘述。

表 5－2　　要约收购相关的交易所与中国结算规则

序号	部门规章名称	发布部门	发布/修订时间
1	《深圳证券交易所上市公司业务办理指南第 10 号——要约收购》	深交所	2020 年 6 月 21 日
2	《创业板上市公司业务办理指南第 7 号——要约收购》	深交所	2020 年 6 月 12 日
3	《北京证券交易所上市公司持续监管指引第 5 号——要约收购》	北交所	2021 年 11 月 2 日
4	《中国证券登记结算有限责任公司深圳分公司上市公司要约收购业务指南》	中国结算深圳分公司	2020 年 7 月 15 日

第二节　要约收购类型与豁免情形

一、要约收购类型

（一）强制要约收购和自愿要约收购

根据收购人发出要约是因受到法律强制要求或是出于自愿，要约收购可分为强制要约收购和自愿要约收购。2016 年 1 月 1 日至 2022 年 6 月 30 日，A 股市场上共完成 60 起要约收购引发权益变动案例，其中强制要约收购案例 20 起，占比 33.3%；自愿要约收购案例 40 起，占比 66.7%①。上述案例中，20 起强制要约收购案例皆为全面要约收购，40 起自愿要约收购案例中有 39 起为部分要约收购，1 起案例为全面要约收购。

1. 强制要约收购

强制要约收购，是指在某些特定情形下，收购人需要向上市公司所有股东发出收购其所持全部或部分股份的收购。一般而言，收购人持有上市

① 数据来源于 Wind 资讯，日期统计口径为“交易完成日”。

公司的股份增多，使其持有上市公司股份比例超过该公司已发行股份的30%，则触发强制要约收购义务。根据《收购办法》规定，强制要约收购的触发条件包括三种类型，详见表5－3所示。

表5－3　强制要约收购的情形

《收购办法》条款	触发条件类型	具体触发条件	要约类型
第二十四条	增持股份触发	通过证券交易所的证券交易，收购人持有一个上市公司的股份达到该公司已发行股份的30%时，继续增持股份的	全面要约或部分要约
第四十七条	协议收购触发	收购人拥有权益的股份达到该公司已发行股份的30%时，继续进行收购的	全面要约或部分要约
		收购人拟通过协议方式收购一个上市公司的股份超过30%的，超过30%的部分应当改以要约方式进行	全面要约
第五十六条	间接收购触发	收购人虽不是上市公司的股东，但通过投资关系、协议、其他安排导致其拥有权益的股份超过该公司已发行股份的30%，且不打算或无法在30日内促使其控制的股东将所持有的上市公司股份减持至30%或者30%以下的	全面要约

在实务操作过程中，因增持股份及协议收购的执行细节可由收购方主观意愿决定，所以在触发强制要约收购义务前，收购方往往会主动采取要约收购行为，并在要约收购报告中将上述要约收购的行为定义为自愿要约收购，该部分相关案例将在自愿要约收购小节中进行讲述。

笔者统计的20起强制要约收购案例，均为全面收购的要约类型。其中，大部分强制发起的全面要约是由于收购方取得上市公司控股股东控制权，从而对上市公司的间接持股比例超过30%而触发的。例如，2021年津沪深医药对天药股份（600488）全体股东发出全面要约，津沪深医药通过天津产权交易中心公开收购渤海国资持有的天药集团67%股权，从而对上市公司的间接持股比例超过30%，强制触发全面要约义务。

值得注意的是，即便收购人对上市公司的持股比例已经超过30%，后续通过间接收购方式取得上市公司股份的，仍然触发全面要约收购义务。

例如，2019 年京基集团要约收购 ST 康达（000048）全部股份，要约收购前京基集团及其一致行动人合计对 ST 康达的持股比例为 41.65%，后续京基集团因受让罗某、陆某合计持有的华超投资 100% 股权，从而额外间接持有了 ST 康达 29.85% 的股份，对 ST 康达的合计持股比例增至 71.5%，强制触发全面要约义务。

2. 自愿要约收购

自愿要约收购是指收购人出于增持股份或维护上市公司股东权益等目的，自愿向上市公司的所有股东发出收购要约的行为。根据《收购办法》第二十三条的规定，投资者自愿选择以要约方式收购上市公司股份的，可以向被收购公司所有股东发出收购其所持有的全部股份的要约（全面要约），也可以向被收购公司所有股东发出收购其所持有的部分股份的要约（部分要约）。

在实务操作中，收购人采用增持股份或协议收购方式获取上市公司股份的，往往会将收购比例控制在刚好不触发强制要约收购义务的限度内。而后依据相关规定，除满足豁免要约条件外，收购人增持上市公司股份的，必须采取要约收购方式，但此时收购人往往会将其后续增持行为定义为自愿要约收购。例如，2022 年中联重科要约收购路畅科技（002813）部分股份，中联重科发出收购要约前已经通过协议转让的方式受让了路畅科技 29.99% 的股份。根据相关规定，此时继续增持股份应当采取要约方式进行；后续中联重科向除中联重科以外的路畅科技股东发出的部分要约，预定要约收购路畅科技总股本 23.83% 的股份，该案例的要约收购报告书中将此次部分要约收购定义为“主动要约收购”。

相应的，如果相关规定并未要求应当采取要约方式进行增持或收购，收购方亦可通过自愿要约收购的方式获得上市公司股份。例如，2018 年农发集团要约收购天邦食品（002124）部分股份，农发集团发出收购要约前未持有上市公司股份，且其发出要约预定收购股份占被收购公司总股本的比例为 10%，不涉及应当采取要约方式进行股份增持的相关规定，属于自愿要约收购的典型案例。

在自愿发起全面要约收购的情形中，往往以“赋予投资者充分选择权”及以“私有化退市”为目的。以赋予投资者充分选择权为目的的全面要约收购主要发生于上市公司控股股东因进行混合所有制改革导致股东结构发生剧烈变化的情形。如 2020 年商社集团全面要约收购重庆百货（600729），系因上市公司控股股东商社集团进行混合所有制改革，商社集团层面股东结构发生重大变化，为赋予投资者充分选择权而发起的全面要约收购。值得注意的是，该案例中商社集团的股权结构虽然发生重大变化，但实际控制人未发生变更，因此本次全面要约收购的收购方为商社集团，而非商社集团的新进入股东。

再如一起以私有化退市为目的，自愿发起全面要约收购的案例发生在 2013 年，神华国能以终止金马集团（000602）上市为目的，全面要约收购金马集团，金马集团于 2013 年 8 月 14 日起终止上市。

（二）全面要约收购和部分要约收购

根据投资者拟收购上市公司的全部股份或是部分股份，要约收购可以分为全面要约收购和部分要约收购，这两种方式都必须向上市公司的全部股东发出。

要约收购的一项重要原则即是被收购公司的所有股东应当受到同等对待。《证券法》第六十九条规定：“收购要约提出的各项收购条件，适用于被收购公司的所有股东。上市公司发行不同种类股份的，收购人可以针对不同种类股份提出不同的收购条件。”《收购办法》第二十六条规定：“以要约方式进行上市公司收购的，收购人应当公平对待被收购公司的所有股东。持有同一种类股份的股东应当得到同等对待。”

1. 全面要约收购

全面要约收购，是指收购人向被收购公司所有股东发出收购其所持有的全部股份的要约。

一般而言，全面要约收购发生于收购方因取得上市公司超 30% 以上的股权比例而触发的强制要约收购义务，实务中往往常见于收购人通过控制上市公司控股股东，从而导致其间接持有上市公司股份比例超过 30% 的情形。但仍存在收购方因赋予上市公司充分选择权或以私有化为目的，从而自愿发起全面要约收购的情形。

2. 部分要约收购

部分要约收购是指收购人向被收购公司所有股东发出收购其所持有的部分股份的要约，部分要约收购的比例下限是上市公司已发行股份的5%。

收购期限届满，发出部分要约的收购人应当按照收购要约约定的条件购买被收购公司股东预受的股份，预受要约股份的数量超过预定收购数量时，收购人应当按照同等比例收购预受要约的股份。具体计算公式如下：

收购人从每位预受要约股东处购买的股份数量 = 该股东预受要约的股份数量 ×（收购人预定收购总股份数量 ÷ 要约期间所有股东预受要约的股份总数）

如前文所述，在实务操作过程中，因增持股份及协议收购的执行细节可由收购方主观意愿决定，所以在触发强制要约收购义务前收购方往往会主动采取要约收购行为，并在要约收购报告中将上述行为定义为自愿要约收购。因此，拟触发强制要约义务的部分要约行为，收购方往往会将其定义为主动要约，故市场上相关部分要约收购案例皆属于主动要约类型。

（三）初始要约收购和竞争性要约收购

按照收购要约发出的先后顺序，要约收购可以分为初始要约收购与竞争性要约收购。初始要约收购，是指由第一个向标的公司所有股东发出收购要约的投资者所发出的要约，因此只有第一个要约可以成为“初始要约”。竞争性要约收购是指在初始要约出现之后，其他投资者向同一家标的公司所有股东发出的要约。竞争性要约可能有一个，也可能有多个。截至2022年6月30日，我国A股历史上暂未出现过竞争性要约收购的案例。

二、要约收购义务的豁免

（一）原规则框架下的要约豁免

此前，要约收购义务的豁免需要经过必要的申请程序及审批，要约豁免的情形可以分为三大类别：普通程序、简易程序和自动豁免。不同的要约豁免程序及其对应的适用情形可见表5－4。

表5－4　原规则框架下的豁免程序表

要约豁免程序类型	适用情形	程序流程
普通程序	原《收购办法》第六十二条，适用情形包括：同一控制下的转股；财务困难重组；其他兜底情形	向证监会提出要约豁免的申请，证监会在受理后20个工作日内作出是否予以豁免的决定
简易程序	原《收购办法》第六十三条第一款，适用情形包括：国有资产无偿划转、变更、合并；实施股份回购；其他兜底情形	向证监会提出要约豁免的申请，证监会自收到符合规定的申请文件之日起10个工作日内未提出异议的，视作同意
自动豁免	原《收购办法》第六十三条第二款，适用情形包括：增持新股；爬行增持；持股比例超过50%后继续增持；金融机构因承销、贷款持股超过30%；继承持股超过30%；购回式证券交易持股超过30%；优先股表决权恢复而超过30%；其他兜底情形	免于提出要约豁免的申请，可直接交易并履行披露义务，同时中介机构发表意见即可

（二）现行要约豁免情形

2020年3月，《收购办法》修订后取消了要约豁免的证监会审批程序。此次关于要约豁免相关的修订内容包括：《收购办法》的第六章标题，由"豁免申请"修改为"免除发出要约"；《收购办法》第六十二条、第六十三条所提及的要约豁免情形均适用自动豁免程序。

现行《收购办法》第六十二条"免于以要约方式增持股份"的情形，系《收购办法》修订前适用普通程序的要约豁免程序类型；第六十三条"免于发出要约"的情形，系《收购办法》修订前适用简易程序与自动豁免的要约豁免程序类型。

目前，符合上述两种要约豁免情形的收购案例均可自动豁免，无须提出要约豁免的申请。但根据《收购办法》第六十三条及第六十四条的规定，收购人按照规定的情形免于发出要约的，应当聘请符合《证券法》规定的律师事务所等专业机构出具专业意见。

在信息披露义务方面，收购方以协议方式收购上市公司股份超过30%，且符合要约豁免情形的，应当在与上市公司股东达成收购协议之日起3日内通知被收购公司，公告上市公司收购报告书摘要，并在收购报告书摘要公告后5日内，公告其收购报告书、财务顾问专业意见和律师出具的法律意见书。其他收购方式下符合要约豁免情形的，相关投资者应在权益变动行为完成后3日内就股份增持情况作出公告，律师应就相关投资者权益变动行为发表符合规定的专项核查意见并由上市公司予以披露。

要约收购的豁免情形如表5-5所示。

表5-5　要约收购的豁免情形

条款	豁免情形	
第六十二条：免于以要约方式增持股份的情形	同一控制下转让	收购人与出让人能够证明本次股份转让是在同一实际控制人控制的不同主体之间进行，未导致上市公司的实际控制人发生变化
	挽救严重财务困难公司	上市公司面临严重财务困难，收购人提出的挽救公司的重组方案取得该公司股东大会批准，且收购人承诺3年内不转让其在该公司中所拥有的权益
	兜底条款	证监会为适应证券市场发展变化和保护投资者合法权益的需要而认定的其他情形
第六十三条：免于发出要约的情形	国有资产无偿划转、变更、合并	经政府或者国有资产管理部门批准进行国有资产无偿划转、变更、合并，导致投资者在一个上市公司中拥有权益的股份占该公司已发行股份的比例超过30%
	实施股份回购	因上市公司按照股东大会批准的确定价格向特定股东回购股份而减少股本，导致投资者在该公司中拥有权益的股份超过该公司已发行股份的30%

续表

条款	豁免情形	
第六十三条：免于发出要约的情形	增持新股	经上市公司股东大会非关联股东批准，投资者取得上市公司向其发行的新股，导致其在该公司拥有权益的股份超过该公司已发行股份的 30%，投资者承诺 3 年内不转让本次向其发行的新股，且公司股东大会同意投资者免于发出要约
	爬行增持	在一个上市公司中拥有权益的股份达到或者超过该公司已发行股份的 30% 的，自上述事实发生之日起一年后，每 12 个月内增持不超过该公司已发行的 2% 的股份
	持股比例超过 50% 后继续增持	在一个上市公司中拥有权益的股份达到或者超过该公司已发行股份的 50% 的，继续增加其在该公司拥有的权益不影响该公司的上市地位
	金融机构因承销、贷款取得股份	证券公司、银行等金融机构在其经营范围内依法从事承销、贷款等业务导致其持有一个上市公司已发行股份超过 30%，没有实际控制该公司的行为或者意图，并且提出在合理期限内向非关联方转让相关股份的解决方案
	继承股份	因继承导致在一个上市公司中拥有权益的股份超过该公司已发行股份的 30%
	购回式证券交易	因履行约定购回式证券交易协议购回上市公司股份导致投资者在一个上市公司中拥有权益的股份超过该公司已发行股份的 30%，并且能够证明标的股份的表决权在协议期间未发生转移
	优先股表决权恢复	因所持优先股表决权依法恢复导致投资者在一个上市公司中拥有权益的股份超过该公司已发行股份的 30%
	兜底条款	证监会为适应证券市场发展变化和保护投资者合法权益的需要而认定的其他情形

下面对要约收购豁免的常见情形进行逐一探讨。

1. 同一控制下转让

该情形源自《收购办法》第六十二条第一项规定："收购人与出让人能够证明本次股份转让是在同一实际控制人控制的不同主体之间进行。"

根据2020年7月证监会发布的《监管规则适用指引——上市类第1号》，对该项规定应作如下理解：“（1）存在以下情形之一的，属于股权转让完成后上市公司的实际控制人未发生变化：①收购人与出让人在同一控股集团内，受同一自然人或法人控制。②收购人与出让人属于同一出资人出资且控制。对于国有控股的，同一出资人系指同属于国务院国资委或者同属于同一省、自治区、直辖市地方人民政府。（2）上市公司国有股在不同省、自治区、直辖市的国有企业之间，国务院国资委和地方国有企业之间进行转让时，视为实际控制人发生变化。”

案例5－2　J公司间接取得Q上市公司30.93%的股份（同一控制下转让的要约收购豁免）

【案例介绍】2020年12月底，C市中级人民法院裁定批准S集团及财务公司实质合并重整计划，J公司参与S集团及财务公司实质合并重整投资，J公司的投资金额为人民币33亿元并持有S集团60%股权，成为S集团控股股东，从而间接取得S集团及其一致行动人持有的Q上市公司30.93%的股份。J省国资委直接持有J公司100%的股权，是J公司的控股股东及实际控制人。

【要点】本次收购属同一控制下的转让，可豁免要约收购义务。

【案例分析】此次收购前，J省国资委持有S集团65%的股权，亦为S集团的控股股东及实际控制人。此次收购前后，Q公司的实际控制人均为J省国资委，此次收购是在同一实际控制人控制的不同主体之间进行，未导致Q公司的实际控制人发生变化。符合《收购办法》第六十二条第一款规定的可以免于以要约方式增持股份的情形，收购人可以据此免于以要约方式增持Q公司股票。

2. 挽救严重财务困难公司

该情形源自《收购办法》第六十二条第二项规定：“上市公司面临严重财务困难，收购人提出的挽救公司的重组方案取得该公司股东大会批准，且收购人承诺3年内不转让其在该公司中所拥有的权益。”

根据《〈上市公司收购管理办法〉第六十二条有关上市公司严重财务困难的适用意见——证券期货法律适用意见第7号》（2022年修订），提出如下适用意见："上市公司存在以下情形之一的，可以认定其面临严重财务困难：一、最近两年连续亏损；二、最近一年期末股东权益为负值；三、最近一年亏损且其主营业务已停顿半年以上；四、中国证监会认定的其他情形。"

案例5－3　Z公司拟协议收购Y上市公司53.83%的股份：挽救严重财务困难公司的要约收购豁免

【案例介绍】 2015年11月，Y国资公司及W集团分别与Z公司签署《上市公司股份转让协议》，同意将其合计持有的Y上市公司总股本的53.83%转让给Z公司，Z公司以现金方式购买该股份。本次股份收购作为挽救Y上市公司，重组其产业结构的主要内容。

【要点】 本次收购属挽救严重财务困难公司的情形，可豁免要约收购义务。

【案例分析】 Y上市公司面临严重财务困难，律师认为其符合"最近一年亏损且其主营业务已停顿半年以上"的情形。Z公司已承诺在受让相关股权后，3年内不转让其在上市公司所拥有的权益。重组方案已取得Y上市公司股东大会的批准。综上所述，此次股份收购符合免于以要约方式增持Y上市公司股份的条件。

3. 国有资产无偿划转、变更、合并

该情形源自《收购办法》第六十三条第一款第一项规定："经政府或者国有资产管理部门批准进行国有资产无偿划转、变更、合并，导致投资者在一个上市公司中拥有权益的股份占该公司已发行股份的比例超过30%。"

案例5－4　某国资公司间接受让H上市公司40.31%的股份：国有资产无偿划转、变更、合并的要约收购豁免

【案例介绍】 2021年6月，X集团和H国资公司签署协议，X集团将

其直接持有的H集团100%国有股权无偿划转至H国资公司。本次收购前，H国资公司未直接或间接持有H集团股权，收购完成后将直接持有H集团100%股权，并间接持有H集团的子公司H上市公司超过40%股份。

【要点】本次收购属国有资产无偿划转、变更、合并的情形，可豁免要约收购义务。

【案例分析】根据《收购办法》第六十三条第一款第（一）项的规定，经政府或者国有资产管理部门批准进行国有资产无偿划转、变更、合并，导致投资者在一个上市公司中拥有权益的股份占该公司已发行股份的比例超过30%的，投资者可以免于发出要约。此次收购符合前述相关规定，收购人可以免于发出要约。

4. 实施股份回购

该情形源自《收购办法》第六十三条第一款第二项规定："因上市公司按照股东大会批准的确定价格向特定股东回购股份而减少股本，导致投资者在该公司中拥有权益的股份超过该公司已发行股份的30%。"

案例5-5　注销股票后收购人持有L上市公司超过30%的股份：实施股份回购的要约收购豁免

【案例介绍】2021年2月底，L上市公司召开临时股东大会审议通过了《关于提请股东大会授权董事会办理公司2019年股权激励限制性股票回购注销相关事宜的议案》。2022年4月底，公司第四届董事会第十七次会议和第四届监事会第十五次会议审议通过了《关于回购注销部分限制性股票的议案》，同意公司回购注销限制性股票60余万股。回购注销完成后，收购人持有上市公司股票数量不变，合计持股比例被动上升超过30%。

【要点】本次收购属实施股份回购导致持股比例被动上升超过30%的情形，可豁免要约收购义务。

【案例分析】本次实施股份回购，造成收购人持有超过上市公司已发行股份的30%，属于《收购办法》第六十三条第一款第（二）项规定的免除发出要约情形。

5. 增持新股

该情形源自《收购办法》第六十三条第一款第三项规定："经上市公司股东大会非关联股东批准，投资者取得上市公司向其发行的新股，导致其在该公司拥有权益的股份超过该公司已发行股份的30%，投资者承诺3年内不转让本次向其发行的新股，且公司股东大会同意投资者免于发出要约。"

案例5－6 虢某认购D上市公司非公开发行股份后持股比例上升至36.31%：认购新股的要约收购豁免

【案例介绍】D上市公司于2020年11月召开临时股东大会，经出席股东大会非关联股东审议，同意虢某参与本次认购，并同意虢某免于以要约收购方式增持发行人股份。

【要点】本次收购属投资者认购上市公司发行的新股，且其承诺3年内不转让，可豁免要约收购义务。

【案例分析】根据虢某与发行人签署的《关于D公司附生效条件的非公开发行股票之认购协议》以及其出具的承诺函，虢某承诺其所认购的非公开发行股票自发行结束之日起三十六个月内不得转让。本次发行前后，虢某持有D公司的股份均超过30%，为其控股股东及实际控制人。

据此，收购律师认为，该次认购符合《收购办法》第六十三条第一款第三项规定的免于发出要约的情形。

6. 爬行增持

该情形源自《收购办法》第六十三条第一款第四项规定："在一个上市公司中拥有权益的股份达到或者超过该公司已发行股份的30%的，自上述事实发生之日起一年后，每12个月内增持不超过该公司已发行的2%的股份。"

案例5－7 张某增持S上市公司非公开发行股份后持股比例上升至36.31%：爬行增持的要约收购豁免

【案例介绍】此次增持前，张某及其一致行动人S创业投资公司合计持有公司股份占公司总股本的35.91%，超过公司当时已发行股份的30%。根据公司提供的资料并经律师核查，2021年1月至2月，张某通过集中竞价方式增持公司股份合计500余万股，占公司总股本的0.92%。

【要点】张某增持的股份数量占公司总股本的0.92%，累计增持比例未超过公司已发行股份总数的1%。除本次增持期间前述增持行为外，本次增持完成之日前12个月内，增持人不存在其他增持公司股份情况。

【案例分析】本次增持完成后，张某及其一致行动人S创业投资公司合计持有公司股份占公司总股本的36.83%。张某本次增持的股份数量占公司总股本的0.92%，累计增持比例未超过公司已发行股份总数的1%。本次增持完成之日前12个月内，增持人不存在其他增持公司股份情况。据此，收购律师认为，此次增持符合《收购管理办法》第六十三条规定的免于发出要约的情形。

7. 持股比例超过50%后继续增持

该情形源自《收购办法》第六十三条第一款第五项规定："在一个上市公司中拥有权益的股份达到或者超过该公司已发行股份的50%的，继续增加其在该公司拥有的权益不影响该公司的上市地位。"

案例5－8　贺某认购A上市公司非公开发行股份后持股比例从67.96%上升至70.18%：持股比例超过50%后继续增持

【案例介绍】根据《A公司2020年度非公开发行A股股票预案（修订稿）》及发行人与贺某签署的《附条件生效的股份认购协议》，此次非公开发行股票最终认购数量为1,100万股，由贺某以现金全额认购。

【要点】本次收购前，收购人持有股份比例已超过50%，继续增持后仍满足上市公司要求的社会公众持有股份的最低比例，可豁免要约收购义务。

【案例分析】本次非公开发行前，贺某及其一致行动人合计持有公司67.96%的股份，已超过公司已发行股份的50%。本次非公开发行完成后，贺某及其一致行动人直接及间接合计持有公司70.18%的股份，公司仍符合《深圳证券交易所股票上市规则》规定的社会公众持有的股份占公司股份总数比例为25%以上的上市地位。

鉴于此，收购律师认为，贺某本次收购符合《收购办法》第六十三条第五项规定的可免于发出要约的情形，可依据《收购办法》第四十七条规定免于发出要约。

8. 其他情形

要约豁免的其他情形包括：（1）证券公司、银行等金融机构在其经营范围内依法从事承销、贷款等业务导致其持有一个上市公司已发行股份超过30%，没有实际控制该公司的行为或者意图，并且提出在合理期限内向非关联方转让相关股份的解决方案；（2）因继承导致在一个上市公司中拥有权益的股份超过该公司已发行股份的30%；（3）因履行约定购回式证券交易协议购回上市公司股份，导致投资者在一个上市公司中拥有权益的股份超过该公司已发行股份的30%，并且能够证明标的股份的表决权在协议期间未发生转移；（4）因所持优先股表决权依法恢复导致投资者在一个上市公司中拥有权益的股份超过该公司已发行股份的30%；（5）证监会为适应证券市场发展变化和保护投资者合法权益的需要而认定的其他情形。

第三节　要约收购流程

一、流程概览

目前，交易所关于要约收购流程的相关指引包括《深圳证券交易所上市公司业务办理指南第10号——要约收购》《创业板上市公司业务办理指南第7号——要约收购》《北京证券交易所上市公司持续监管指引第5号——要约收购》《中国证券登记结算有限责任公司深圳分公司上市公司要约收购业务指南》等。根据上述文件的相关规定，我国上市公司要约收购的一般流程可分为四个阶段：披露要约收购报告书摘要阶段（记为R

日）、披露要约收购报告书阶段（记为 T 日）、要约阶段（要约收购截止日期记为 N 日）和要约收购结果。要约收购的流程总览参见图 5－1。

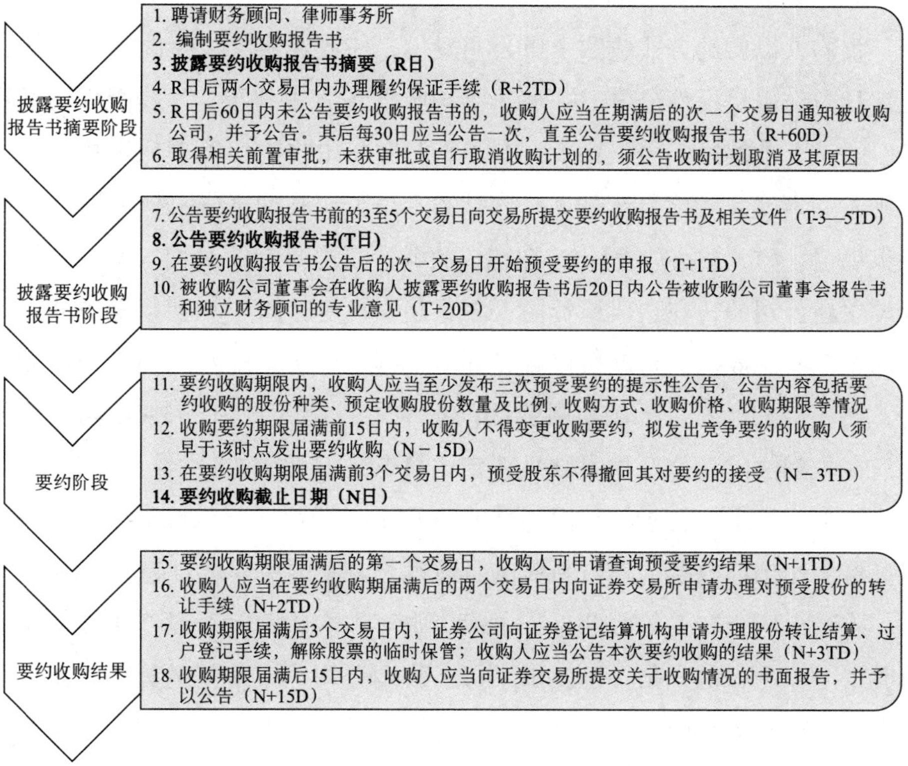

图 5－1　要约收购流程总览

二、各阶段流程要点

（一）披露要约收购报告书摘要阶段

1. 聘请财务顾问

根据《收购办法》第二十八条的规定：以要约方式收购上市公司股份的，收购人应当编制要约收购报告书，聘请财务顾问，通知被收购公司，同时对要约收购报告书摘要作出提示性公告。本次收购依法应当取得相关部门批准的，收购人应当在要约收购报告书摘要中作出特别提示，并在取得批准后公告要约收购报告书。

收购人拟以要约方式收购上市公司股份的，属于应当聘请财务顾问的情形。

2. 披露要约收购报告书摘要

收购人以要约方式收购上市公司股份，应当在事实发生之日起的3个交易日内作出提示性公告，并披露要约收购报告书摘要。《监管规则适用指引——上市类第1号》中的“1－15 上市公司收购相关事项”中，对上文所述“事实发生之日起的3日内披露上市公司收购报告书摘要”作了进一步规定：（1）协议收购的，在达成收购协议之日起3日内，其中共同出资设立新公司的，在达成出资协议之日起3日内；（2）以协议等方式一致行动的，在达成一致行动协议或者其他安排之日起3日内；（3）行政划转的，在获得上市公司所在地国资部门批准之日起3日内；（4）司法裁决的，在收到法院就公开拍卖结果裁定之日起3日内；（5）继承、赠与的，在法律事实发生之日起3日内；（6）认购上市公司发行新股的，在上市公司董事会作出向收购人发行新股的具体发行方案的决议之日起3日内。

收购人应当在要约收购报告书摘要中对本次收购是否以终止被收购公司股票上市为目的，是否已提出维持被收购公司上市地位的具体措施，是否尚需取得相关部门批准等情况作出特别提示。

根据《深圳证券交易所上市公司业务办理指南第10号——要约收购》规定，收购人应当在披露要约收购报告书摘要的同时，向交易所提交以下文件：

（1）收购人及其董事、监事和高级管理人员买卖被收购公司股份自查表；

（2）与本次要约收购有关的合同、协议和其他安排的文件；

（3）要约收购报告书；

（4）收购人（包括股份持有人、股份控制人和一致行动人）及其关联人名单、证券账户、证券余额及在要约收购提示性公告日前6个月买卖被收购公司股票情况；

（5）《公开发行证券的公司信息披露内容与格式准则第17号——要约

收购报告书》（2022 年修订）要求的其他备查文件；

（6）交易所要求提交的其他文件。

3. 履约保证

收购人应当在披露要约报告书摘要后的 2 个交易日内，向证券登记结算机构提供以下至少一项安排，以保证其具备履约能力：（1）以现金支付收购价款的，将不少于收购价款总额的 20% 作为履约保证金存入证券登记结算机构指定的银行；（2）收购人以在证券交易所上市交易的证券支付收购价款的，将用于支付的全部证券交由证券登记结算机构保管，但上市公司发行新股的除外；（3）银行对要约收购所需价款出具保函；（4）财务顾问出具承担连带保证责任的书面承诺，明确如要约期满收购人不支付收购价款，财务顾问进行支付。

2018—2021 年发生的 62 例要约收购案例中，其中 52 例采用履约保证方式，数量占比 83. 87%，另有 10 例采用银行保函保证方式，数量占比 16. 13%。具体实施不同保证方式的案例统计如表 5 – 6 所示。

表 5 – 6　　　　　　　实施不同保证方式的案例统计

序号	保证方式	近四年数量占比	详情
1	履约保证金	83. 87%	保证比例：需存入总支付对价的 20% 以上 案例数量：2018 年 21 例；2019 年 15 例；2020 年 8 例；2021 年 8 例
2	银行保函	16. 13%	保证比例：需 100% 覆盖总支付对价 案例数量；2018 年 2 例；2019 年 2 例；2020 年 2 例；2021 年 4 例
3	对价证券	0	保证比例：需 100% 覆盖支付对价 案例数量：近年来无案例
4	财务顾问保证	0	保证比例：财务顾问需就 100% 的支付对价承担连带保证责任 案例数量：截至制表时仅 1 例，为 2015 年九鼎投资全面要约收购中江地产（600053）

4. 披露要约报告书前的信息披露义务

根据《收购办法》第三十一条规定，收购人自作出要约收购提示性公告起60日内，未公告要约收购报告书的，收购人应当在期满后次一个工作日通知被收购公司，并予公告；此后每30日应当公告一次，直至公告要约收购报告书。

收购人披露要约收购报告书、作出要约收购提示性公告后，在公告要约收购报告书之前，拟自行取消收购计划或者未能取得有关部门批准的，应当在作出取消收购计划的决定或收到不获准的相关通知起2个工作日内，及时通知被收购公司，并公告收购计划取消及其原因。

收购人自行取消或者要约收购未获相关部门批准的，可以向证券登记结算机构申请返还其履约保证金或解除证券的临时保管，收购人应当在披露相关公告后向证券登记结算机构提出书面申请。

（二）披露要约收购报告书阶段

1. 提交相关材料并披露要约收购报告书

收购人应当在要约收购取得批准后公告要约收购报告书。收购人聘请的财务顾问应当对收购人支付收购价款的能力和资金来源进行充分的尽职调查，详细披露核查的过程和依据，说明收购人是否具备要约收购的能力。收购人应当在公告要约收购报告书前的3至5个交易日向交易所提交要约收购报告书及以下文件：

（1）证券登记结算机构出具的相关履约保证文件；

（2）有权部门对本次要约收购的批准文件（如适用）；

（3）收购人根据交易所要求报备的内幕信息知情人档案；

（4）《公开发行证券的公司信息披露内容与格式准则第17号——要约收购报告书》（2022年修订）要求的其他文件；

（5）交易所要求提交的其他文件。

收购人在按照要求公告要约收购报告书时，应当同时披露以下内容：

（1）可能导致要约收购期限内要约收购条件变更的情形；

（2）要约收购报告书摘要中已披露的事项是否发生重大变化（如

有）；

（3）交易所要求披露的其他内容。

2. 预受要约的申报

收购人应当安排在要约收购报告书公告后的次一交易日开始预受要约的申报。要约收购约定的收购期限不得少于30日，并不得超过60日，但出现竞争要约的除外。

根据对2018—2021年已交割完成的51例要约收购案例的统计，要约收购期限定为30日的共有36例，占比达70.59%；要约收购期限在40日以下的共有45例，占比达88.24%。选择较短的要约收购期限，能够避免炒作引起的二级市场波动加剧，有利于要约收购交易的执行，提升要约收购的成功率。

3. 董事会及中介机构发表意见

被收购公司董事会应当对收购人的主体资格、资信情况及收购意图进行调查，对要约条件进行分析，对股东是否接受要约提出建议，并聘请独立财务顾问提出专业意见。在收购人公告要约收购报告书后20日内，被收购公司董事会应当公告被收购公司董事会报告书与独立财务顾问的专业意见。

收购人对收购要约条件作出重大变更的，被收购公司董事会应当在3个工作日内公告董事会及独立财务顾问就要约条件的变更情况所出具的补充意见。

（三）要约阶段

1. 要约提示

要约收购期限内，收购人应当至少发布三次预受要约的提示性公告，公告内容包括要约收购的股份种类、预定收购股份数量及比例、收购方式、收购价格、收购期限等情况。

2. 要约变更

收购人在要约收购的期限内需要变更收购要约的，应当及时公告，载明具体变更事项，并通知被收购公司。公告内容包括：

（1）要约收购方案及进展情况简述；

（2）本次变更收购要约的具体情况及原因；

（3）应当履行的相应审议程序（如适用）；

（4）财务顾问关于本次收购要约变更的合规性、合理性的专门意见；

（5）交易所要求的其他内容。

收购要约期限届满前15日内，收购人不得变更收购要约。若因要约收购变更导致收购资金数额发生变化的，收购人还应当重新办理履约保证金等相关手续。

3. 要约的竞争

拟发出竞争要约的收购人最迟不得晚于初始要约收购期限届满前15日发出要约收购的提示性公告，并根据要约收购的相关规定履行公告义务、办理相关手续。出现竞争要约时，接受初始要约的预受股东，拟将全部或部分预受股份售予竞争要约人的，在预受竞争要约前应当先撤回相应股份的预受初始要约。

4. 要约的预受与撤回

同意接受收购要约的股东申报预受要约或撤回预受要约，应当通过其股份托管的证券公司办理。收购人应当委托证券公司向证券登记结算机构申请办理预受要约股票的临时保管。证券登记结算机构临时保管的预受要约的股票，在要约收购期间不得转让。

在要约收购期限届满前，预受股东可申报预受要约。在要约收购期限届满3个交易日前，预受股东可撤回已申报的预受要约；在要约收购期限届满前3个交易日内，预受股东可撤回当日申报的预受要约，但不得撤回已被证券登记结算机构临时保管的预受要约。

收购要约期限内，收购人变更收购要约的，原预受要约申报不再有效。被收购公司股东如接受变更后的收购要约，应当重新申报。

（四）要约收购结果

1. 办理转让、过户手续

要约收购期限届满后的第1个交易日，收购人可向证券登记结算机构申请查询预受要约结果。

收购人应当在要约收购期届满后的 2 个交易日内向证券交易所申请办理对预受股份的转让手续。证券交易所将在要约收购期届满后的 2 个交易日内完成对预受股份转让确认手续。

收购期限届满后 3 个交易日内，接受委托的证券公司应当向证券登记结算机构申请办理股份转让结算、过户登记手续，解除对超过预定收购比例的股票的临时保管；收购人应当公告本次要约收购的结果。

收购期限届满，被收购公司股权分布不符合证券交易所规定的上市交易要求的，该上市公司的股票由证券交易所依法终止上市交易。在收购行为完成前，其余仍持有被收购公司股票的股东，有权在收购报告书规定的合理期限内向收购人以收购要约的同等条件出售其股票，收购人应当收购。

2. 收购人书面报告收购情况

收购期限届满后 15 日内，收购人应当向证券交易所提交关于收购情况的书面报告，并披露上市公司要约收购情况报告及结果公告，包括：

（1）本次要约收购情况概述，说明收购目的、收购股份种类、收购股份数量及比例、收购价格、收购的支付方式、收购期限等；

（2）本次要约收购的实施情况，说明要约收购期限内收购人、被收购公司董事会等相关方的履行情况；

（3）本次要约收购的结果，说明预受要约股份数量，是否触发要约收购报告书约定的生效条件及生效结果等情况；

（4）证券交易所要求的其他内容。

要约收购期届满至公告上市公司要约收购结果期间，被收购公司股票及其衍生品种停牌。根据收购完成后被收购公司股权分布是否具备上市条件等收购结果情况，被收购公司股票及其衍生品种将于要约收购结果公告日开市起复牌或者继续停牌。

三、其他核心要素

（一）发出要约的原则

以要约方式进行上市公司收购的，收购人应当公平对待被收购公司的所有股东。持有同一种类股份的股东应当得到同等对待。收购要约提出的各项收购条件，适用于被收购公司的所有股东。上市公司发行不同种类股份的，收购人可以针对持有不同种类股份的股东提出不同的收购条件。

收购人以部分要约方式收购一个上市公司股份的，其预定收购的股份比例均不得低于该上市公司已发行股份的5%。

（二）价格与支付方式

1. 要约价格

法定要求：收购人按照规定进行要约收购的，对同一种类股票的要约价格，不得低于要约收购提示性公告日前6个月内收购人取得该种股票所支付的最高价格。

一般原则：要约价格低于提示性公告日前30个交易日该种股票的每日加权平均价格的算术平均值的，收购人聘请的财务顾问应当就该种股票前6个月的交易情况进行分析，说明是否存在股价被操纵、收购人是否有未披露的一致行动人、收购人前6个月取得公司股份是否存在其他支付安排、要约价格的合理性等。

实务中，对于因触发强制要约义务而发起的全面要约收购，收购人已经取得了足够的权益，因此通常情况下，通过要约收购再增持的意愿并不强。故在此类要约收购中，所设定的要约价格与提示性公告日前30个交易日加权平均价格相比，溢价幅度通常低于0.1%，多系因小数点后取整，除非不满足不低于前6个月最高收购价格的法定要求。相比之下，自愿发起的部分要约通常会有一定的溢价空间，以对上市公司股东有一定的吸引力，从而提高要约收购的成功概率。

特别地，亦存在要约价格低于提示性公告日前30个交易日该种股票每日加权平均价格算术平均值的案例，如2019年商社集团全面要约收购重庆百货（600729）设定的要约价格为27.16元/股，低于要约收购报告书摘要公告日前30个交易日重庆百货股票每日加权平均价格算术平均值29.77元/股。基于此，商社集团聘请的财务顾问出具了相关说明。

结合对2019—2021年发生的41起部分要约收购案例的统计分析，有2起案例的要约价格溢价幅度小于0，占比4.88%，财务顾问通常是以要约收购的前置事项引起价格涨幅剧烈为由，从而证明要约收购价格的合理性。除此之外，有10起案例的要约收购溢价低于10%，占比24.39%；有14起案例的要约收购溢价位于10%—20%区间，占比34.15%；有8起案例的要约收购溢价位于20%—30%区间，占比19.51%；超过30%溢价的有7例，占比17.07%。综合来看，部分要约收购有一定溢价空间，以便于要约收购的顺利完成。

2. 支付方式

收购人发出全面要约的，应当以现金支付收购价款；以依法可以转让的证券支付收购价款的，应当同时提供现金方式供被收购公司股东选择。

部分要约情形下，收购人可以采用现金、证券、现金与证券相结合等合法方式支付收购上市公司的价款。

（1）收购人以证券支付收购价款的，应当提供该证券发行人最近3年经审计的财务会计报告、证券估值报告，并配合被收购公司聘请的独立财务顾问的尽职调查工作；

（2）收购人以在证券交易所上市交易的证券支付收购价款的，需将用于支付的全部证券交由证券登记结算机构保管，但上市公司发行新股的除外；

（3）收购人以在证券交易所上市的债券支付收购价款的，该债券的可上市交易时间应当不少于1个月；

（4）收购人以未在证券交易所上市交易的证券支付收购价款的，必须同时提供现金方式供被收购公司的股东选择，并详细披露相关证券的保管、送达被收购公司股东的方式和程序安排。

值得注意的是，尽管《收购办法》明确允许收购人以现金、证券或者两者相结合的方式支付要约收购对价，但截至2023年2月采用证券支付方式的仅有2008年完成的东方锅炉（600786）私有化案例，该案例同样赋予了投资者行使现金选择权的权利。除此之外的要约收购案例均以现金支付作为要约收购对价。

3. 资金来源

收购人应当披露要约收购的资金来源。如果收购资金或者其他对价直接或者间接来源于借贷，应当简要说明借贷协议的主要内容，包括借贷方、借贷数额、利息、借贷期限、担保、其他重要条款。

另外，收购人的收购资金不得直接或者间接来源于被收购公司或者其关联方。

（三）要约收购期间

要约收购期间，是指披露要约收购报告书摘要及作出提示性公告起，至要约收购期满结束并完成清算交割的整个过程。从要约收购的交易周期来看，涉及要约信息披露文件的准备、与交易所的沟通、国资外资等政府前置审批的取得或反垄断申报事项，通常会持续2至3个月。

1. 要约收购的期限

指从开始预受要约的申报起，至要约收购的截止日。收购要约约定的收购期限不得少于30日，且不得超过60日，但是出现竞争要约的除外。

出现竞争要约时，发出初始要约的收购人变更收购要约距初始要约收购期限届满不足15日的，应当延长收购期限，延长后的要约期应当不少于15日，不得超过最后1个竞争要约的期满日，并按规定追加履约保证。发出竞争要约的收购人最迟不得晚于初始要约收购期限届满前15日发出要约收购的提示性公告，并应当根据要约收购的相关规定履行公告义务。

要约收购期限届满前15日内，收购人不得变更收购要约。

要约收购期限届满前3个交易日内，预受股东不得撤回其对要约的接受。

2. 收购期间被收购公司及其董事会的行为限制

收购人作出提示性公告后至要约收购完成前，被收购公司除继续从事正常的经营活动或者执行股东大会已经作出的决议外，未经股东大会批准，被收购公司董事会不得通过处置公司资产、对外投资、调整公司主要业务、担保、贷款等方式，对公司的资产、负债、权益或者经营成果造成重大影响。

在要约收购期间，被收购公司董事不得辞职。

另外，在公司章程中增加带有反收购性质的条款属于监管灰色地带。因此，交易所加大了“对公司章程增设反收购条款”的监管问询力度。常见的反收购条款包括：增加收购方额外的信息披露义务、增加股东大会决议通过的比例要求、提高召集股东大会和提出议案的持股门槛、设置董事和高管人员数倍于目前薪酬的离职补偿等。证券交易所往往以增加的反收购条款多存在不当限制股东权利、不当保护现任管理层利益等嫌疑，从信息披露的角度发出问询函，督促公司补充披露设置相关条款的原因和目的、是否符合法律规定、是否损害中小股东利益等关键信息，并将相关情况通报证监局。经过监管问询和证监局约谈，部分拟增设反收购条款的上市公司已经取消了明显不当的反收购条款。

3. 收购期间收购人的行为限制

采取要约收购方式的，收购人作出公告后至收购期限届满前，不得卖出被收购公司的股票，也不得采取要约规定以外的形式和超出要约的条件买入被收购公司的股票。

在收购要约约定的承诺期限内，收购人不得撤销其收购要约。

（四）特定股东协议预受（可选）

收购人在发起要约之前，可以与大股东或其他特定股东签署预受要约协议或意向协议，确保要约收购过程中的预受比例达到设定的最低要求。收购人与转让方签署的预受要约协议或意向协议，应按照与要约同等的条件进行预受，且不应提前写明收购价格。

以 2018—2021 年 62 例要约收购案例为样本，其中共有 6 例包含协议预受，占比 6.89%。从要约结果来看，通过协议预受的方式可以在低溢价的情形下增加要约收购的成功率并降低要约收购成本，同时能够给予其他中小股东信号，表明要约收购将引入新的收购方或者战略投资者。如果中小股东认可该收购方对上市公司未来发展前景的帮助，则后续不会通过要约方式出售股份，从而达到降低收购成本的目的。如 2018 年国城控股全面要约收购建新矿业（000688），买卖双方在签署《预先接受要约收购的协议》的条件下，收购人以溢价 0.09% 的要约价格向所有剩余股东发出全面要约，取得 32.99% 的预受股份，其中协议预受部分占全部预受股份比例达 99.97%。

第四节　要约收购信息披露

要约收购中与信息披露相关的规则主要来源于《公开发行证券的公司信息披露内容与格式准则第 17 号——要约收购报告书》（2022 年修订）。董事会则需依照《公开发行证券的公司信息披露内容与格式准则第 18 号——被收购公司董事会报告书》（2020 年修订）就要约收购出具董事会意见。上述部门规章对要约收购过程中信息披露的内容与节奏进行了详细、具体的要求。

一、要约收购报告书

以要约收购方式增持被收购上市公司股份的收购人，应当按照《公开发行证券的公司信息披露内容与格式准则第 17 号——要约收购报告书》（2022 年修订）的要求编制要约收购报告书。收购人应当自公告收购要约文件之日起 30 日内就本次要约收购在证券交易所网站和符合证监会规定条件的媒体上至少作出 3 次提示性公告。

（一）总体要求

1. 应披尽披

该准则内容是对要约收购报告书有关信息披露的最低要求。不论该准则是否有明确规定，凡对上市公司投资者作出投资决策有重大影响的信息，均应当予以披露。

2. 对未披露情形的说明

该准则某些具体要求对收购人确实不适用的，收购人可以针对实际情况，在不影响披露内容完整性的前提下作适当修改，但应在公告时作出说明。收购人认为无该准则要求披露的情况的，必须明确注明无此类情形的字样。

由于商业秘密（如核心技术的保密资料、商业合同的具体内容）等特殊原因，该准则规定的某些信息确实不便披露的，收购人可以免于披露，并在要约收购报告书中予以说明。但证监会认为需要披露的，收购人应当披露。

3. 中介机构的责任

收购人聘请的律师事务所或财务顾问受收购人委托编制要约收购报告书，应对要约收购报告书及相关文件进行核查和验证，并就其负有法律责任的部分承担相应责任。

收购人在要约收购报告书中援引律师、注册会计师、财务顾问及其他相关的专业机构出具的专业报告或意见的内容，应当说明相关专业机构已书面同意上述援引。

（二）要约报告书的内容

以要约方式收购上市公司股份的，收购人应当编制要约收购报告书，聘请财务顾问，通知被收购公司，同时对要约收购报告书摘要作出提示性公告。本次收购依法应当取得相关部门批准的，收购人应当在要约收购报告书摘要中作出特别提示，并在取得批准后公告要约收购报告书。

前条规定的要约收购报告书，应当载明下列事项：

（1）收购人的姓名、住所；收购人为法人的，其名称、注册地及法定代表人，与其控股股东、实际控制人之间的股权控制关系结构图；

（2）收购人关于收购的决定及收购目的，是否拟在未来 12 个月内继续增持；

（3）上市公司的名称、收购股份的种类；

（4）预定收购股份的数量和比例；

（5）收购价格；

（6）收购所需资金额、资金来源及资金保证，或者其他支付安排；

（7）收购要约约定的条件；

（8）收购期限；

（9）公告收购报告书时持有被收购公司的股份数量、比例；

（10）本次收购对上市公司的影响分析，包括收购人及其关联方所从事的业务与上市公司的业务是否存在同业竞争或者潜在的同业竞争，是否存在持续关联交易；存在同业竞争或者持续关联交易的，收购人是否已作出相应的安排，确保收购人及其关联方与上市公司之间避免同业竞争以及保持上市公司的独立性；

（11）未来 12 个月内对上市公司资产、业务、人员、组织结构、公司章程等进行调整的后续计划；

（12）前 24 个月内收购人及其关联方与上市公司之间的重大交易；

（13）前 6 个月内通过证券交易所的证券交易买卖被收购公司股票的情况；

（14）证监会要求披露的其他内容。

收购人发出全面要约的，应当在要约收购报告书中充分披露终止上市的风险、终止上市后收购行为完成的时间，以及仍持有上市公司股份的剩余股东出售其股票的其他后续安排；收购人发出以终止公司上市地位为目的的全面要约，无须披露前款第（10）项规定的内容。

二、被收购公司董事会报告书

（一）总体要求

被收购公司董事会应当在收购人要约收购上市公司或管理层收购本公司时，按照《公开发行证券的公司信息披露内容与格式准则第 18 号——被收购公司董事会报告书》（2020 年修订）的要求编制报告书。

准则的规定是对董事会报告书信息披露的最低要求。不论该准则是否有明确规定，凡对投资者作出投资决策有重大影响的信息，均应披露。该准则某些具体要求确实不适用的，董事会可针对实际情况，在不影响披露内容完整性的前提下作出适当修改，但应在报送时作书面说明。董事会认为无本准则要求披露的情况的，必须明确注明无此类情形的字样。

（二）报告书内容

被收购公司董事会应当对收购人的主体资格、资信情况及收购意图进行调查，对要约条件进行分析，对股东是否接受要约提出建议，并聘请独立财务顾问提出专业意见。在收购人公告要约收购报告书后 20 日内，被收购公司董事会应当公告被收购公司董事会报告书与独立财务顾问的专业意见。收购人对收购要约条件作出重大变更的，被收购公司董事会应当在 3 个工作日内公告董事会及独立财务顾问就要约条件的变更情况所出具的补充意见。

董事会报告书中，应当载明下列事项：

（1）被收购公司的基本情况，包括公司的基本信息、业务发展情况、财务状况、股本相关情况等；

（2）是否存在利益冲突的情形，包括被收购公司及其董监高是否与收购人存在关联方关系、是否持有或通过第三人持有收购人的股份、是否存在与收购相关的利益冲突及相关重要细节等；

（3）被收购公司董事会应当就收购人的要约提出建议或者发表声明，并就收购的资金来源、还款计划、管理层收购是否符合《收购办法》规定的条件和批准程序、收购条件是否公平合理、是否存在损害上市公司和其他股东利益的行为、对上市公司可能产生的影响等事项发表独立意见，以及被收购公司董事会或独立董事聘请的独立财务顾问对本次收购发表的结论性意见；

（4）对收购产生影响的重大合同和交易事项；

（5）其他为避免产生误解必须披露的信息、对被收购股东是否接受要约的决定有重大影响的信息以及证监会或证券交易所要求披露的其他信息。

第五节　审核关注要点

从要约收购类型看，相对于部分要约，交易所对于全面要约的问询内容更加翔实。从问询对象看，对于收购人的审核，交易所问询更加关注收购方案本身，包括收购人情况、资金来源、收购目的及未来计划、关联交易及同业竞争、内幕交易、风险提示的补充披露等。

对于被收购人的审核，交易所关注点主要为信息披露的合规性、中小股东权益保护、内幕交易、对主营业务影响等。除常规问题外，如上市公司存在股份转让限制，交易所会额外关注要约收购的可行性，如上市公司在公告中对本次要约收购人及收购方案提出质疑，交易所也会相应提出问询。

现结合2019年至今的要约收购案例，综合交易所下发的《问询函》《监管工作函》《关注函》等文件，就部分交易所审核要点进行阐述。

一、对收购人的审核关注问题

（一）收购人的基本情况

对收购人的审核关注问题中，收购人的基本情况往往会成为问询的重要方面。监管机构及交易所将会从股权结构、财务情况、收购要约资质及控制权稳定性等多个方面予以关注。

1. 对收购方股权结构的问询

如收购方的股权背景较为复杂，交易所会要求以方框图或其他有效形式全面披露收购方各股东的产权及控制关系，直至披露到自然人、国有资产管理部门或者股东之间达成某种协议或安排的其他机构。

特别地，如产权及控制关系中涉及信托或其他资产管理方式的，则需全面披露其权益结构、参与主体主要信息等，包括但不限于名称（委托人较为分散的集合或一对多资产管理产品可披露前十大委托人及其一致行动人名称，及其他委托人的数量）、所参与的业务类型、出资额及资金来源、享有的产品份额、享有的投资决策等权利、承担的义务。

如产权及控制关系中涉及合伙企业的，则需披露合伙企业各参与主体名称（参与主体较为分散时，委托人可披露前十大委托人及其一致行动人名称及其他委托人的数量）、出资额及其来源、投资决策权、承担的义务、合伙人权利归属、重大事项决策程序、利益分配、持有上市公司股份权益的表决权归属、认定合伙企业的控制人情况及其依据、合伙企业最近一年的历史沿革、合伙期限等。

2. 对收购方财务情况的问询

如收购方近 3 个会计年度的财务会计报告存在重大变动，或营业收入、净利润存在反向变动情形等，可能会要求收购方补充披露近年财务数据，并对可能存在的经营业绩异常波动的情况进行说明。

3. 对收购人是否具备要约收购资质的问询

如收购人及其一致行动人很可能存在《收购办法》规定不得收购上市公司的情形，则需根据上市公司就可能违反的具体条款，详细说明具体情况，并结合该具体情况说明要约收购人及其一致行动人是否具备收购人资质。

4. 对本次交易控制权转让稳定性的问询

如收购人公司实际控制人存在资金占用、违规担保等可能影响控制权转让的情形，则需收购人详细说明本次控制权变更是否符合《收购办法》的相关规定。

如要约收购完成后，收购人与原实际控制人持股比例较为接近，收购人则可能需补充披露其在未来 12 个月内有无通过直接或间接的方式继续增持或者处置已拥有上市公司股份的明确计划，公司原实际控制人及其一致行动人在未来 12 个月内是否拟继续减持上市公司股票以及减持计划安排，并就收购人能否实际取得公司控制权作出详细说明。

（二）收购资金来源及履约能力

根据要约收购的相关规定，收购人的收购资金不得直接或者间接来源于被收购公司或者其关联方。如果收购资金或者其他对价来源存疑，或者直接、间接来源于借贷，则会被重点关注，收购方需要对资金来源进行补充披露说明。相关的问询包括以下几类：

1. 对收购资金具体来源的问询

收购人需结合财务数据，全面披露本次股权受让及要约收购所需资金的具体来源，直至披露到来源于相关主体的自有资金（除股东投资入股款之外）、经营活动所获资金或银行贷款，并按不同资金来源途径分别列示资金融出方名称、金额、资金成本、期限、担保和其他重要条款，以及后续还款计划（如尚无计划的，应制定明确的还款计划）。

对于收购资金来源于自有资金或合法筹集资金的，财务顾问应当对其是否存在对外募集、代持、结构化安排或者直接间接使用上市公司及其关联方资金用于本次收购等情形进行核查并发表明确意见。

2. 对履约能力的问询

如要约收购涉及的金额较大，则收购人需补充披露公司目前持有现金的情况，并说明后续资金安排是否须通过融资安排解决。如是，则需具体说明融资方式和最终出资方、后续是否有将上市公司股份进行质押融资的安排以及未来 12 个月是否有相关减持计划等。

对于履约保证，可能会要求公司说明所准备办理履约保证金的金额、该金额的合理合规性、资金安排仍在洽谈中的原因，并进一步论证收购方是否具备收购能力。如否，则需说明是否存在信息披露不准确等行为。

（三）收购价格

要约价格的合理性属于要约收购环节中的关键要素，监管方面对此也会予以重视。如出现要约价格不符合一般原则，或者要约价格与市场价格、过往收购价格存在明显差异的情形，则需收购方对此进行详细说明。

1. 对收购价格不符合一般原则的问询

根据《收购办法》第三十五条第二款的规定，要约价格低于提示性公告日前 30 个交易日该种股票每日加权平均价格算术平均值的，收购人聘请的财务顾问应当就要约价格的合理性进行分析说明。公司董事会、独立董事亦需就该要约价格是否损害中小投资者利益发表明确意见。

2. 对收购价格定价依据的问询

如收购人之前出现直接或间接购买上市公司股份的，收购人可能需就两次交易价格是否存在重大差异及差异的原因进行说明。同时探讨本次收购价格是否存在上市公司控制权转让溢价、此次要约价格的定价依据及是否符合《收购办法》的规定。

（四）收购目的及未来计划

收购人通过要约收购获得上市公司股份后，是否会谋求公司控制权，是否会对上市公司经营形成重大影响，亦是监管关注的方向之一。该方向的具体问询内容如下所述。

1. 对收购目的的问询

如收购人实施要约收购不具备明显的商业目的，上市公司存在目前被立案调查、控股股东股份被冻结、近年来上市公司业绩出现大幅亏损以及被出具无法表示意见的审计报告和内控报告等情形，收购人依然拟要约收购上市公司时，收购方及其控股股东需就拟实施此次要约的收购目的进行详细说明，并补充披露收购人与上市公司实际控制人、控股股东和公司间是否存在一致行动或关联关系。

2. 对收购人是否谋求公司控制权的问询

如若收购完成后，收购人与上市公司原大股东持股比例相近，或就是否获取控制权事项尚未有确切结论时，收购人需详细说明本次要约收购是否以谋求控制权为目的以及对公司控制权的影响，后续是否仍有继续收购公司股份的计划，并提示相关不确定性及风险。

另外，如收购人及其关联方曾增持上市公司股权，并披露称不谋求公司控制权，而后又进行要约收购的，需收购人及财务顾问说明本次收购是否与前期公开声明前后矛盾，是否存在违反其前述公开声明的情形，以及是否存在相关解决措施。

3. 对上市公司经营影响的问询

在收购方出于战略意图收购上市公司，且拟对上市公司施加重大影响或实施控制时，收购人可能需说明在未来12个月内对上市公司资产、业务、人员、组织结构、公司章程等进行调整的计划，对公司经营、投资计划等可能产生的影响及可能提高上市公司经营业绩的措施，并披露是否充分提示相关风险。

（五）同业竞争及关联交易

收购人如与上市公司存在业务上的相关性，则可能需就同业竞争及关联交易问题进行说明，并确保不损害上市公司中小股东或其他相关方利益。

1. 对上市公司同业竞争的问询

如收购人、一致行动人及其控股股东、实际控制人及所控制的公司从事的业务与上市公司可能存在相关性，则收购方需说明上述主体与被收购公司的业务是否存在同业竞争或者潜在的同业竞争。如有，则需补充说明解决措施和期限。财务顾问则需就是否存在同业竞争及解决同业竞争方案的可行性发表明确意见。

2. 对上市公司关联交易的问询

在关联问题上，监管机构可能会要求收购方说明收购人及收购人控股股东与上市公司及其董监高、控股股东、实际控制人之间是否存在关联关系。在关联交易上，则需说明收购方及关联方所从事的业务与上市公司的业务之间是否存在关联交易；如存在，则需说明收购方已作出的确保收购方及关联方与上市公司之间避免同业竞争以及保持上市公司独立性的相应安排。同时需请财务顾问核查并发表明确意见。

（六）收购交易程序

在交易程序方面，对于存在需主管部门前置审批的要约收购事项的，监管机构将会对要约收购的进程状态进行问询，并重点关注相关手续是否办理齐全的问题。

1. 对要约收购主要进程的问询

要约收购过程中，收购方可能需就筹划本次股权受让的具体开始时间和主要进程进行详细说明。

2. 对是否取得审批的问询

因对于部分持牌公司股东变更及实际控制人变更存在相关监管要求，所以需收购人核实本次以取得控制权为目的的要约收购，是否需要取得行业主管部门的事前或事后批准，并说明具体依据。如前述事项需经行业主管部门批准，则需核实收购人及其一致行动人是否符合相关股东资格规定，取得相关批准是否存在实质障碍，并就此作出风险揭示，同时由财务顾问和律师对上述事项发表明确意见。

（七）风险提示

如在要约收购中发生预受要约的股份数量未达到本次要约收购生效条件要求的数量，或相关主管部门未能审批通过等情况发生，则要约收购很可能将以失败告终，此时收购人需就收购失败的风险进行披露。

1. 对要约收购失败可能性的风险提示

若要约收购尚需相关监管部门的审批和备案，或收购期限届满时，预受要约股份的数量未达到相应条件，则本次要约收购自始不生效，且收购人的一致行动人需就上述事项向投资者充分揭示“本次要约收购起始日期尚不确定、要约收购可能失败的风险及股东可能减持的风险”，单独作出风险提示。

2. 对要约收购失败结果的风险提示

如本次收购可能无法取得目标比例股份及控制权要约，或最终要约收购无法顺利实施，则收购人需充分评估本次要约收购失败的影响，并单独作出风险提示，充分提示开展相关业务可能存在的风险。

二、对被收购人的审核关注问题

（一）信息披露与内幕交易

若要约收购正式披露前出现股票价格异常波动，或涉及相关信息应披未披的情形，监管机构可能会要求上市公司就该事项进行详细说明。

1. 对信息披露的要求

若监管机构对“上市公司的信息披露是否履行到位”的情况存在疑问，则可能会要求上市公司说明收到收购方要约收购相关材料的最早时点，是否及时向交易所申请停牌，是否在相关事项公告前履行保密义务，并结合收到股东材料及信息披露的相关时点说明是否及时履行信息披露义务。

2. 要求提供内幕信息知情人名单

上市公司股票停牌前存在股价涨停等股票异常波动情形的，上市公司及有关方可能需向监管机构提供内幕信息知情人名单，以供交易核查。

3. 对是否存在信息泄露的问询

同样的，若出现可能涉及信息泄露的情形，如股价异常波动，则上市公司可能会被要求说明股权转让事项的筹划过程以及信息保密情况，说明公司及实际控制人是否涉及信息泄露，并自查公司董事、监事、高级管理人员、5% 以上股东及相关内幕知情人在前述事项披露前 1 个月以及披露后 2 个交易日内买卖公司股票的情况。

（二）同业竞争及关联交易

在同业竞争及关联交易的问题上，除收购人可能需进行详细说明外，上市公司亦有可能被要求就相关事项进行说明及作出保持上市公司独立性的措施。

1. 对同业竞争的问询

在同业竞争问题方面，上市公司需结合主要产品、客户群体、产品用途、技术特征等方面的情况，全面核查并披露收购方直接或间接控制的全部企业与上市公司现实及潜在的同业竞争情况。如否，则需说明本次收购完成后上市公司与收购方及其控制的企业不构成同业竞争的依据，以及是否充分、合理。收购完成后，若上市公司与收购方及其控制的企业存在同业竞争的，则需根据《上市公司监管指引第 4 号——上市公司实际控制人、股东、关联方、收购人以及上市公司承诺及履行》的有关要求，完善并补充披露相关承诺事项及其督促保障措施。

2. 对关联交易的问询

在关联交易问题方面，若本次收购完成后，收购方及其关联方与上市公司之间的业务将构成关联交易，导致上市公司新增关联交易，则上市公司需量化分析并披露本次收购完成后上市公司新增关联交易的情况，补充披露前述关联交易的必要性、公允性，并说明收购完成后减少关联交易和保障上市公司独立性的具体措施。同时财务顾问和律师需核查并发表明确意见。

（三）收购交易程序

监管规则对要约收购的交易程序及要约收购期间上市公司的行为规范作出了相关规定。基于此，监管机构可能会对整个交易进程及期间上市公司是否履行相关义务进行问询。

1. 对要约收购时间安排的问询

对于部分公告要约收购信息后进度缓慢的情形，监管机构可能会督促收购人尽快聘请财务顾问并披露要约收购报告书，并请上市公司核实、披露收购人完成要约收购的明确时间安排。

2. 对切实履行要约收购义务的警示

如收购人未完成公告要约收购报告书所需的内外部流程，未披露要约收购报告书，也未实施要约收购，则监管机构可能会就要约收购事项对上市公司及相关方提出工作要求：（1）收购人应及时完成公告要约收购报告书所需的内外部流程，启动要约收购实施工作。在后续进展公告中，应披露未完成的内外部流程的具体情况，及预计完成时间。如存在不能实施要约收购风险的，应充分披露原因，并及时提示相关风险。（2）公司全体董事、监事和高级管理人员应勤勉尽责，提醒督促收购人按照《收购办法》等规定，履行信息披露义务，及时实施要约收购，维护公司股东权益。（3）本次要约收购相关中介机构应积极履责，核查公告要约收购报告书所需的内外部流程的完成情况，督促收购人及时披露要约收购报告书，并就要约收购相关信息披露是否真实、准确、完整发表意见。

（四）要约收购的可行性

在实际要约收购的案例中，往往会出现上市公司主动设定收购障碍，或收购相关方可能违反承诺的情形。若此等情况出现，则监管机构将会重点关注，要求相关主体作出详细说明。

1. 对要约收购事项是否违反承诺的问询

如本次股权转让事项需公司董事会、股东大会批准豁免实际控制人在公司首发上市时作出的股份转让限制的承诺，则上市公司需结合相应承诺内容，详细说明该承诺是否属于按照法律法规、监管制度要求作出的法定承诺，是否属于现有规则明确不可变更的承诺以及相关股东已明确不可变更或撤销的承诺，豁免该承诺是否符合《上市公司监管指引第 4 号——上市公司实际控制人、股东、关联方、收购人以及上市公司承诺及履行》的规定，本次股权转让是否违反实际控制人作出的其他承诺，同时律师需就此情形进行核查并发表意见。

2. 对要约收购事项是否具备法律效力的问询

收购过程中，可能会存在上市公司执行反收购措施、上市公司董事会审议未通过《要约收购事宜致全体股东报告书》等事项。基于此，监管机构或要求上市公司结合相关法律法规，说明反收购行为是否具备有效性。

第六章　上市公司收购主要关注问题

上市公司收购方案的重点包括收购人一致行动人的认定、收购人锁定期、收购人资金来源等事项。上市公司收购如涉及国资、上市公司破产重整时，还需遵守相应的法规，收购资金来源也需要符合资管行业的相关规定。

第一节　一致行动人

一、定义

一致行动的概念，最早出现在英国《伦敦城市并购法典》（City Code on Takeover and Mergers），其定义为通过协议或其他的安排形式，只要通过其中任何一方获得目标公司的股份，以协同行动取得目标公司控制权的人即为一致行动人。我国目前对“一致行动”和“一致行动人”的规定散见于多部法律法规和规范性文件中，其中较明确的定义见于《收购办法》第八十三条，规定一致行动为投资者通过协议、其他安排，与其他投资者共同扩大其所能够支配的一个上市公司股份表决权数量的行为或者事实；在上市公司的收购及相关股份权益变动活动中有一致行动情形的投资者互为一致行动人，符合该条列举的 12 种情形的（具体情形将在后文介绍），如无相反证据则推定为一致行动人。

我国法规主要是从上市公司收购角度对一致行动关系作出规定，但从近年实践来看，一致行动关系的概念已突破收购领域，在股票发行、并购重组、二级市场交易等领域都有适用。比如，如果申报 IPO 的企业股权分散，有可能通过签订一致行动协议的方式巩固控制权，以避免被认定为无实际控制人或在控制权上产生争议，对此证监会《首发业务问题解答》专门作出规定，“法定或约定形成的一致行动关系并不必然导致多人共同拥有公司控制权”，“共同控制人签署一致行动协议的，应当在协议中明确发生意见分歧或纠纷时的解决机制”。

二、一致行动关系的分类

根据《收购办法》规定，一致行动关系可分为约定的一致行动关系和推定的一致行动关系。

（一）协议和其他安排约定的一致行动关系

协议约定的一致行动关系，指投资者通过签订协议的方式对涉及公司的事项决策保持一致行动关系。对于上市公司而言，比较典型的是以股东身份签署，通过行使股东权利的方式对公司重大事项作出意思表示相同的决策，包括在行使股东大会、董事会的召集权、提案权、提名权、表决权等权利，决定股权转让、质押及其他处置，以及提名董事、监事候选人等方面保持一致。

实践中，如果签署协议的股东同时担任或委派公司董事的，也可能约定在董事会中保持一致，包括在行使《公司法》第四十六条规定的董事会各项职权时一致行动。但也有观点认为，董事对公司负有忠实勤勉义务，如果协议约定董事在董事会决策中保持一致，将架空董事会并严重损害公司治理结构。实践中，相关方一般根据实际需要约定一致行动的范围，比如出于巩固控制权的需要，可能将尽可能多的决策权纳入一致行动范围。

一致行动协议的核心条款包括：事项范围、纠纷解决、期限和解除、违约责任等。其中，当出现意见分歧时如何保持决策一致，是一致行动协议的核心机制。典型的分歧决策机制一般是将一致行动人内部充分协商作为前置程序，当不能达成一致时，大体可能采取三种解决方式：核心方自行决定、少数服从多数、无法一致则不参与决策或者不提交议案。多数一致行动关系都是围绕一个或少数几个核心方签订的，因此约定以核心方意见为准的做法比较常见，尤其是实际控制人作为协议方的情况下，实际控制人就是协议团体的领导者，其他方在信息获取和决策能力上的劣势十分明显，决策动机也不强。由于核心方决定的方式相对简洁清晰，也有利于消除矛盾、维护稳定性，因此容易被监管机构认可。此外，在协议各方势均力敌或存在其他商业考量的情况下，可能采取少数服从多数的方式。而第三种解决方式，即出现分歧时一律不参与决策或者提交议案，类似于议事程序中的合议制，容易导致出现僵局或者削弱一致行动人的影响力，因此一般避免被采用。

一致行动协议作为合同的一种，当事各方可根据需要约定协议有效期。但如果是在 IPO 或上市公司收购过程中，为巩固控制权或取得监管机构的认可而签订的，则监管机构一般不认可签署有效期过短的一致行动协议（一般根据规则明确的锁定期等因素综合判定），以防产生控制权不稳定或者过分投机。一致行动协议带有固定期限还可能影响对会计处理上是否构成控制的判定，证监会在《监管规则适用指引——会计类第 1 号》中指出，一致行动协议带有期限，且期限结束后投资方不拥有对被投资方控制权的，很可能表明投资方无法对被投资方可变回报具有重大影响的事项（如重大资产的购建、处置、重大投融资等）进行决策。在这种情况下，投资方不具有主导对被投资方价值产生重大影响的活动的权利，不应因一致行动协议而认定对被投资方拥有控制。

（二）推定的一致行动关系

从股东的角度而言，确定一致行动关系可能产生正反两方面效果，积极效果包括巩固控制权、提高决策效率等，消极效果包括因合并计算股份而履行信息披露义务、履行要约收购义务等。如果面临消极效果，那么股东有规避被认定为一致行动人、隐瞒一致行动人关系的较强动机。我国《收购办法》第八十三条除规定一致行动协议外，也规定了一系列可以推定为具有一致行动关系的事实，体现了法律和事实视角的平衡，贯彻了实质判断原则。根据该条规定，除非有相反证据，否则符合以下 12 种情形的即认定为一致性行动人：

（1）投资者之间有股权控制关系；

（2）投资者受同一主体控制；

（3）投资者的董事、监事或者高级管理人员中的主要成员，同时在另一个投资者担任董事、监事或者高级管理人员；

（4）投资者参股另一投资者，可以对参股公司的重大决策产生重大影响；

（5）银行以外的其他法人、其他组织和自然人为投资者取得相关股份提供融资安排；

（6）投资者之间存在合伙、合作、联营等其他经济利益关系；

（7）持有投资者 30% 以上股份的自然人，与投资者持有同一上市公司股份；

（8）在投资者任职的董事、监事及高级管理人员，与投资者持有同一上市公司股份；

（9）持有投资者 30% 以上股份的自然人和在投资者任职的董事、监事及高级管理人员，其父母、配偶、子女及其配偶、配偶的父母、兄弟姐妹及其配偶、配偶的兄弟姐妹及其配偶等亲属，与投资者持有同一上市公司股份；

（10）在上市公司任职的董事、监事、高级管理人员及其前项所述亲属同时持有本公司股份的，或者与其自己或者其前项所述亲属直接或者间接控制的企业同时持有本公司股份；

（11）上市公司董事、监事、高级管理人员和员工与其所控制或者委托的法人或者其他组织持有本公司股份；

（12）投资者之间具有其他关联关系。

此处的“相反证据”并非证明不存在该 12 种情形，而是证明虽存在该等情形但不符合《收购办法》对于“一致行动人”的定义，即能够证明投资者对其他投资者的表决权不具有支配力，因而不是一致行动人。按规定，相关方应当向证监会提供“相反证据”并得到认可。实践中，投资者一般不会事前提出证据来排除一致行动人的推定，多数情况下证监会或交易所在审核过程中发现可疑情形并向相关方问询时，相关方才提交证据。从近年案例来看，监管机构多数情况下尊重当事方对一致行动关系的论证，但也要具体问题具体分析。比如，在某个国资收购上市公司项目中，某国资主体为收购人，其100%控股的私募基金管理人所管理的私募股权基金也是该上市公司股东，与该国资主体符合情形“(4) 投资者参股另一投资者，可以对参股公司的重大决策产生重大影响”，但该基金认为其投资、退出等重要决策均由投决会进行专业判断决策，从投决会构成来看该国资主体无法对其实现控制，双方出具了《关于不构成一致行动关系的声明》，但该声明并未得到监管机构认可，私募股权基金仍然被认定为一致行动人，与收购人一同履行信息披露和股份锁定义务。

三、一致行动人的制度效果

（一）在上市公司收购和权益变动中，一致行动人持有的权益合并计算

“一致行动人”概念最初出现在上市公司收购领域。一致行动人制度的“威力”所在，正是投资者及其一致行动人所持上市公司股份应合并计算，从而在信息披露、出具承诺、触发强制要约收购等方面对其设定义务。比如，信息披露方面，上市公司收购中股东及其一致行动人合计持股达到一定比例时，即应按规定履行披露义务，并执行“慢走规则”；股东如需披露《简式权益变动报告书》《详式权益变动报告书》《收购报告书》《要约收购报告书》等文件时，其一致行动人需要履行同等信息披露义务。再如，其他法定义务方面，股东根据法规要求出具有关股份锁定、避免同业竞争、规范关联交易、保持上市公司独立性等承诺函时，其一致行动人需要一并出具；即使投资者持股比例未达到30%，投资者及其一致行动人合计持股比例超过30%的，同样会触发要约收购义务。

尽管有上述规定，但在上市公司收购中严格落实一致行动人的规定仍

面临不少障碍，特别是收购人以其关联方在未充分及时披露信息的情况下购入上市公司股票，进行股权争夺战。这也导致监管机构倾向于按照“实质重于形式”的原则进行判定，同时加大对规避行为的追责力度。比如，现行《证券法》规定投资者增持股票未按法定要求进行信息披露的，36个月内不得行使表决权。该项规定提高了投资者违规增持成本，敌意收购也更加难以实现。

（二）在判定短线交易时将一致行动关系纳入考虑

根据《证券法》第四十四条规定，短线交易是指“公司持有百分之五以上股份的股东、董事、监事、高级管理人员，将其持有的该公司的股票或者其他具有股权性质的证券在买入后六个月内卖出，或者在卖出后六个月内又买入”。其中，董事、监事、高级管理人员、自然人股东持有的股票或者其他具有股权性质的证券，包括其配偶、父母、子女持有的及利用他人账户持有的股票或者其他具有股权性质的证券。目前，相关法规未对“大股东的一致行动人在6个月内相反方向买卖行为是否属于短线交易”作出明确规定。但是，从我国监管实践和司法判例来看，一般都将大股东一致行动人相关交易纳入短线交易的监管范畴。一方面，直接持股不足5%但与一致行动人合计计算超过5%的股东，也是短线交易规则的适用对象，如A持股4%，其一致行动人B持股2%，二者应当合并计算持股比例并受到短线交易规则的约束。另一方面，直接持股比例超过5%的股东和董监高的一致行动人不得配合其从事短线交易，如持股10%的A卖出一定数量股份，6个月内其一致行动人又增持一定数量股份。

（三）股份减持合并计算持股比例

《收购办法》对一致行动关系的定义仅限于共同扩大其所能够支配股份表决权数量，但实际上一致行动人分散减持的行为也同样受到规制。比如，《收购办法》规定，上市公司股东持股比例达到5%时，后续每增减5%应当公告并暂时停止交易。该规定涵盖增持和减持两个方向，大股东的一致行动人在两个方向上都应一体看待。

《上市公司股东、董监高减持股份的若干规定》及沪深交易所对应的实施细则均规定，采用集中竞价和大宗交易两种方式减持时，上市公司大股东与其一致行动人所持有的股份应当合并计算，共同“分享”减持比例。上市公司大股东及其一致行动人减持采取集中竞价交易方式的，在任意连续 90 日内，减持股份的总数不得超过公司股份总数的 1%；采取大宗交易方式的，在任意连续 90 日内，减持股份的总数不得超过公司股份总数的 2%。由于大股东与其一致行动人共享减持额度，沪深交易所对减持细则作出规定，“在减持时间区间内，大股东、董监高在减持数量过半或减持时间过半时，应当披露减持进展情况”。此处披露主体也应包括大股东一致行动人。

（四）质押和冻结

上市公司股东及其一致行动人质押或解除质押、冻结或拍卖等的股份数量、比例应当合并计算，并按照监管要求履行信息披露义务。

四、一致行动和表决权委托的异同

表决权委托协议一般是在不转移所持股票所有权的情形下，将表决权不可撤销地委托给他方独立行使。表决权委托是控制权交易中常见的配套安排，主要作用在于提高决策效率、降低收购成本，满足交易过渡期的需求。与一致行动关系相比较，二者存在相同点，但也存在诸多不同点，需要在实际应用中进行区分。

（一）相同点

1. 二者的适用效果类似

《收购办法》规定的一致行动协议和推定一致行动关系的 12 种情形中，不包括表决权委托的情形，但二者显然有很强的联系，如都是针对表决权作出的安排，都能产生不同股东表决权行使保持一致的效果，且许多一致行动协议明确嵌入了表决权委托条款。对于表决权委托与一致行动的关系，过往存在两个对立观点，一种观点认为二者在投票效果上类似，表决权委托即构成一致行动关系；另一种观点认为委托方在委托后不再享有表决权，即委托后已不能再“行动”，也就不可能再构成一致行动关系。2018 年沪深交易所发布的《上市公司收购及股份权益变动信息披露业务指引（征求意见稿)》规定，“如果出售方将其对上市公司的表决权委托给收购方，收购方和出售方之间形成一致行动关系，双方的表决权按照合并后的表决权由收购方行使”。按照该规定的思路，只要有表决权委托就构成一致行动关系，二者具有推定的关系。上述指引虽未正式发布，但自此“表决权委托按一致行动协议处理”的做法更多地被市场接受，监管机构也更加关注表决权委托是否构成一致行动关系。

2. 二者经常合并起来使用

表决权委托与一致行动协议类似，都能在巩固控制权方面发挥作用，比如，申报 IPO 或并购重组的企业如果股权相对分散，为避免产生无控制权或者控制权不稳定的质疑而签署一致行动协议或进行表决权委托。为最大限度地维护控制权，一致行动协议中经常嵌入表决权委托条款，并将表决权委托作为意见不统一时的解决路径。比如，一致行动协议约定，“在一致行动人出席股东大会时保持相同决策，其他一致行动人不出席时则适用表决权委托”。该条款设计的目的是，如果其他一致行动人不出席股东会，该条款能保证表决权充分行使，避免因部分一致行动人消极行使权利而削弱控制权稳定性；如果其他一致行动人出席股东会，虽然表决权委托条款未执行，但一旦发生纠纷，表决权委托条款将确保表决权行使与受托人（一致行动关系的核心方）意志不违背。

3. 二者都存在约束力较弱的问题

一致行动协议和表决权委托都是对股东权利的处置，由股东自由安排，本质上也应当尊重相关方的意思自治。但由于二者往往涉及上市公司控制权归属和经营稳定性，因此应当受到相当程度的规范，以防止被用来规避监管、牟取不当利益或损害中小投资者利益。从近年案例来看，虽然许多一致行动协议都设置了“不得任意解除协议”的条款，但由于情况变化或出于实现预谋，签署方主张解除一致行动协议、违反一致行动协议等行为屡见不鲜，有些一致行动协议约定的有效期过短，达不到监管机构对维持控制权稳定的时间要求。而表决权委托建立在合同之上，没有实质的物权变动，虽然一般约定委托不可撤销，但实际约束较少。比如，某上市公司控股股东短短数月内与另一股东反复成立和解除表决权委托关系，导致上市公司控制权不稳定，对日常经营和监管秩序产生一定破坏。

（二）不同点

1. 二者的法律性质不同

在一致行动协议下，各签约方独立作出决策，本着诚信原则自主接受协议的约束。只要一致行动协议中不含表决权委托条款，那么各方的决定都是独立对外作出的，没有委托代理关系。如果情况出现变化，签约方也可以选择不遵守一致行动协议，但需要承担由此产生的违约责任。

而表决权委托与之不同，一般认为是一方代理另一方对外作出行动，属于《民法典》规定的委托合同。实践中，表决权委托基本都会约定表决权委托不可撤销、由受托人根据自身意志行使表决权，或者设置了较长的、不固定的委托期限，因此被委托方拥有比一般委托合同更强的代理权，委托方违约的可能性较小。

2. 二者的适用场景存在差异

一致行动协议的适用场景比较广泛，既可能是用在股权分散的公司，以进一步明确控制关系，也可能用在股权相对集中的公司，以实现股权上的合纵连横；既可能通过一致行动协议巩固控制权，以满足监管要求，也可能是通过一致行动协议影响实际控制人认定，以规避重组等监管规则。虽然《收购办法》只规定了一致行动以扩大支配股份表决权的情形，但一致行动协议往往可以在不侵害第三方和公众利益的前提下，约定在许多方面保持一致，如提出议案、召集会议、董事会表决等。对于一致行动人持有股份权益合并计算的规定，最初只是为了防止以一致行动协议规避举牌义务、信息披露义务等，但实践中一致行动人的概念已应用于收购之外的多个领域。一致行动关系的这些扩大运用，很大程度上超出了现有成文规定。

表决权委托的适用场景也较多，但一般都是围绕转移控制权这一目的来展开，是无法或不便完成物权转移情况下的一种权宜之计。比较常见的有：（1）在部分标的股票存在被质押、冻结、限制转让以及收购方资金无法全部收购标的股票的情形，收购方在取得出让方部分的股份后，对其剩余的无法转让股份通过表决权委托方式予以提前锁定，并约定收购方享有优先购买权；（2）收购方收购上市公司股份超过30%，通过表决权委托或放弃等方式避免触发强制要约收购义务。

3. 二者的形式外观有所不同

一致行动协议可能采取书面协议或其他形式，部分情况下有隐蔽性。按《收购办法》等相关规定，上市公司股东签署一致行动协议应当披露并接受监管。但由于一致行动协议的重要后果是在权益变动和上市公司收购过程中权益合并计算，以及扩大短线交易规制对象的范围等，对当事人造成不利影响，因此这些情况下当事人有较强的动机去隐藏一致行动协议。如果股东以“抽屉协议”形式签署一致行动协议，或只是采取口头协议和君子协议的形式，监管机构如何去查明被隐藏的协议，以及怎样通过持股同进同出、一致表决、密切商业合作或往来等情形去判定一致行动关系，都是相当复杂的实践难题。但是，如果一致行动协议应披露而未披露，在一方违反协议的情况下，另一方就很难得到应有的行政和司法保障，这对隐藏协议的行为构成了一定压力。此外，《收购办法》规定推定一致行动关系的12种情形，也是为了贯彻实质判断原则、减少刻意规避的目的。实践中，一些股东时常抱有试探心态，先不按一致行动人的口径去披露或接受规制，待监管机构问询后再作解释或整改，这种情况也存在被监管机构追究责任的风险。

表决权委托情况下，由于受托方需代委托方在股东大会行使表决权，必须明示委托关系并出具有证明力的文件，因此隐藏表决权委托的情况相对较少。正是基于表决权委托具有显性和公开的特点，监管机构倾向于以表决权委托来倒推存在一致行动关系，上文提及的《上市公司收购及股份权益变动信息披露业务指引（征求意见稿）》即是贯彻了该种思路，此外，该指引还对表决权委托中委托权限、委托期限等条款的披露提出了要求。

第二节 收购人股份锁定期

一、规定概览

股票锁定期，是指投资者取得股票后暂时不能卖出的时期。对上市公司股东设置锁定期制度，一般是为了减少大股东减持对二级市场的影响、保护其他中小投资者公平权益。而在上市公司收购中，对收购人及其一致行动人设置锁定期，要求收购人在取得或者巩固上市公司控制权后在一定期间不能减持，主要是为了抑制收购人的“炒壳”动机，打击短期投机行为。

（一）一般规定

2019年修订后的《证券法》第七十五条规定：“在上市公司收购中，收购人持有的被收购的上市公司的股票，在收购行为完成后的十八个月内不得转让。”需要注意的是，这里的“收购”不仅包括取得上市公司控制权的行为（新取得上市公司控制权行为），还包括原上市公司实际控制人巩固上市公司控制权的行为。

《收购办法》第七十四条第一款对收购人股份锁定期作了相应修改，将收购人锁定期延长到18个月。该次修订旨在通过延长收购人股份锁定期，以维护上市公司控制权的稳定。第七十四条第二款规定了同一控制下转让作为除外情形，即收购人在被收购公司中拥有权益的股份在同一实际控制人控制的不同主体之间进行转让，不受前述锁定期限制。

（二）收购人老股和新股锁定期区别

1. 收购人以现金认购上市公司新增股份

投资者以现金认购上市公司非公开发行股份，按照上市公司再融资法规要求，投资者取得的新增股份锁定 6 个月，且不适用减持规则的相关限制。如果投资者认购新股的行为构成上市公司控制权的取得或巩固，按照《收购办法》规定，收购人需要披露《权益变动报告书》或者《收购报告书》，其“持有的被收购的上市公司的股票”需要锁定 18 个月，这里“持有的”股票理论上应既包括新增股份，也包括收购人持有的老股。

2. 收购人以资产认购上市公司新增股份

结合《重组办法》的规定，投资者以资产认购上市公司非公开发行股份，构成上市公司控制权的取得或巩固，无论收购后持股比例是否超过 30%，收购人持有的原有股份需锁定 18 个月，取得的新增股份需锁定 36 个月。

对比上述两种方式，投资者认购上市公司新增股票且构成收购的，以资产认购取得股份的锁定期要求高于以现金方式认购取得股份。

（三）上市公司重整中收购人的锁定期要求

近年来，上市公司破产重整等事项显著增多，部分案例受到市场广泛关注。为进一步规范破产重整等事项中的信息披露行为，切实提高上市公司质量，沪深交易所于 2022 年 3 月 31 日分别颁布了《上海证券交易所上市公司自律监管指引第 13 号——破产重整等事项》《深圳证券交易所上市公司自律监管指引第 14 号——破产重整等事项》。两部指引对重整投资人的股份锁定期作出了明确的规定，要求重整投资人重整后成为控股股东、实际控制人的，取得的股份锁定 36 个月，其他重整投资人锁定 12 个月，同一控制下转让作为除外情形。具体规定如下：

“重整投资人取得上市公司股份后成为控股股东、实际控制人的，应当承诺在取得股份之日起 36 个月内不转让或者委托他人管理其直接和间接持有的上市公司股份。

上市公司控股股东、实际控制人未发生变更的，其控股股东、实际控制人应当承诺所持上市公司股份在重整计划执行完毕后的 36 个月内不转让或者委托他人管理其直接和间接持有的上市公司股份。如控股股东、实际控制人在重整时取得股份的，参照前款规定执行。

重整计划执行完毕时，上市公司披露无控股股东、实际控制人的，其第一大股东及其最终控制人应当比照控股股东、实际控制人遵守本条前两款规定。

前述规定外的其他重整投资人应当承诺在取得股份之日起 12 个月内不转让或者委托他人管理其直接和间接持有的上市公司股份。

转让双方存在控制关系或者受同一实际控制人控制的，不受本条规定的限制。”

二、一致行动人是否要遵守锁定期的规定

根据《收购办法》第八十三条第三款，一致行动人所持有的上市公司股份应当合并计算。这是被认定为“一致行动人”后最为直接和核心的影响，即涉及上市公司收购或权益变动方面的信息披露及其他相关义务时，投资者及其一致行动人的权益应当合并计算。即投资者计算其持有的股份，既包括登记在其名下的股份，也包括登记在其一致行动人名下的股份。权益的合并计算意味着一致行动人的共同进退，因此一致行动人也需要遵守与收购人相同的锁定和信息披露义务。

第三节　收购人资金来源

一、资金来源及信息披露、财务顾问核查要求

（一）资金来源的分类

收购资金来源信息披露中一个较为重要的部分是对资金来源分类，我国在监管法规方面并没有对资金来源进行明确的分类。一般而言，收购人资金来源可以分为自有资金和外部资金，自有资金是收购人通过生产经营所积累的自有资金或者权益性融资，外部资金在实践中一般披露为“自筹资金”，来源包括债权型融资和股债混合型融资。

由于收购资金来源信息披露问题导致处罚的两个典型案例如下。

案例6－1　B集团举牌W上市公司资金来源争议

【案例概况】 B集团从2015年中开始对W上市公司频频举牌，在2016年7月6日以25%的持股比例稳居W公司第一大股东。B集团增持过程中信息披露情况参见表6－1。

表6－1　增持过程中的信息披露情况

披露时间	披露文件	B集团及其相关公司持股比例	资金来源披露情况
2015年7月11日	简式权益变动报告书	5%	否
2015年7月25日	简式权益变动报告书	10%	否
2015年8月27日	股东权益变动的提示性公告	15.04%	否
2015年12月7日	详式权益变动报告书	20.008%	资金来源为B集团旗下甲公司自有资金和金融机构的配资，资金来源合法
2015年12月16日	详式权益变动报告书（修订稿）	20.008%	本次权益变动通过资产管理计划实施，所有资管计划均采取分级的方式，信息披露义务人系相关资管计划的进取级/劣后级/普通级委托人
2015年12月25日	甲公司权益变动情况说明	24.26%	否
2016年4月9日	简式权益变动报告书、详式权益变动报告书	24.29%	甲公司旗下Q公司接受甲公司有关表决权的让渡，不涉及资金来源披露
2016年7月7日	详式权益变动报告书	25%	资金来源于本公司自有资金和金融机构的融资； 本次权益变动通过资产管理计划实施，所有资管计划均采取分级的方式，信息披露义务人系相关资管计划的进取级/劣后级/普通级委托人

【案例分析】运用保险资金举牌W上市公司不仅涉及信息披露违规，还涉及保险资金运用的投资比例、保险公司偿付能力等资金来源合规性问题。从B集团及其相关公司信息披露的权益变动报告和财务顾问核查意见来看，公众投资者既无法判断此次增持的出资人身份，也无法判断资金的合规性和其他风险。只有在深交所通过关注函要求B集团及其相关公司进一步披露资金来源和出资主体详细情况后，资管计划的存在以及资金杠杆比例才被披露出来。

2017年2月，中国保监会针对B集团旗下Q公司提供虚假材料、违规运用保险资金等问题，对公司及有关责任人员分别作出了警告、罚款、吊销任职资格及行业禁入等处分。

案例6－2　L公司收购W上市公司信息披露违规

【案例概况】2016年12月，W上市公司控股股东W集团与L公司签署股份转让协议，W集团拟将其持有的占公司股份总数29.135%的流通股股份转让给L公司。股份转让完成后，W公司控股股东将由W集团变更为L公司。本次收购作价超过30亿元，L公司分四笔向W集团支付股份转让价款。

针对本次转让，2016年12月底上市公司收到证券交易所问询函，交易所关注到L公司成立于2016年11月初，注册资本为200万元，就收购资金来源问题要求其结合自身财务状况，说明本次收购自有资金和自筹资金的比例、自筹资金的筹资对象类型、筹资方式和筹资成本。L公司在回复中披露，本次收购所需资金全部为自筹资金，其中股东自有资金借款6,000万元，未收取利息等资金成本；第三方自有资金借款15亿元，筹资成本为年化利率10%；拟向金融机构股票质押融资近15亿元，目前正在金融机构审批流程中，融资年利率遵守市场化原则，预计6%左右。

2017年1月，L公司接到银行通知，该项目融资方案最终未获批准。2017年2月，W集团与L公司签署《关于股份转让协议之补充协议》，对交易方案作出调整，将转让给L公司的股份总数大幅缩减，调整后的股份转让方案将不再导致上市公司的控制权变更。2017 年 3 月底，经双方协商，交易双方签署解除协议，决定终止本次股份转让事项。

【案例分析】监管机构认为，L 公司于成立后一个多月即拟收购市值达 100 亿元上市公司（控股权转让谈判时）29.135%的股份，收购方案中自有资金6,000 万元，其余均为借入资金，杠杆比例高达51 倍。在本次控股权转让过程中，L 公司未进行资金的充分筹备，在境内可支付资金有限的情况下，运用高杠杆收购境内上市公司，在股权转让协议签署后才着手寻求金融机构融资。上述行为造成 W 公司股价大幅波动，引起市场和媒体高度关注，严重影响了市场秩序，损害了中小投资者的信心，影响了市场的公平、公正、公开。L 公司公告的信息存在虚假记载、误导性陈述、重大遗漏及披露不及时，证监会依据《证券法》第一百九十三条第一款的规定对相关责任人进行了处罚。

（二）信息披露要求

2019 年《证券法》修订前并未规定权益变动时应披露增持股份的资金来源，对投资者持股未达到 20% 时的权益变动行为未作资金来源的披露要求，除非在投资者成为第一大股东或者实际控制人或在管理层收购情形下，才需要按照《详式权益变动报告书》的要求披露资金来源。

2019 年《证券法》修订后，对权益变动的信息披露内容新增规定，收购人在持股达到 5% 时，以及在持股 5% 后每增加 1%、5%，在相应的信息披露文件中均需要披露增持股份的资金来源、拥有有表决权的股份变动的时间及方式（见表 6 - 2）。2020 年《收购办法》进行了相应修订，规定《简式权益变动报告书》中也需要披露增持股份的资金来源、在上市公司中拥有权益的股份变动的时间及方式。上述修订对收购方支付能力及资金来源的关注，背后的政策导向是防止收购方过度使用杠杆，帮助投资者判断增持上市公司股份所用资金的合法性，同时也对高杠杆收购、敌意收购、违规收购等现象起到明显的遏制作用。

表 6－2　　收购人持股达到 5% 后权益变动的披露要求

收购方持股比例	简式权益报告书/详式权益变动报告书/收购报告书/其他权益变动公告	收购方财务顾问核查意见	法律意见书
5%—20%（不含）	√	×（注）	×
20%—30%（不含）	√	×（注）	×
30% 及以上	√	√	√

注：如果投资者及其一致行动人为上市公司第一大股东或者实际控制人，其拥有权益的股份达到或者超过一个上市公司已发行股份的5%，但未达到30%的，也需要编制《详式权益变动报告书》，并聘请财务顾问对权益变动报告书所披露的内容出具核查意见。

除权益变动的一般情形外，还需注意管理层收购和要约收购情形下对收购人资金来源的额外披露和核查要求：

（1）管理层收购——董事会报告书、独立财务顾问报告。管理层收购上市公司时，被收购公司董事会应当编制《被收购公司董事会报告书》。被收购上市公司独立董事应当聘请独立财务顾问就本次收购出具专业意见，独立财务顾问应当就本次收购的定价依据、支付方式、收购资金来源、融资安排、还款计划及其可行性等内容发表明确意见。

（2）要约收购——董事会报告书、独立财务顾问意见。收购人要约收购上市公司时，被收购公司董事会应当编制《被收购公司董事会报告书》，对收购人的主体资格、资信情况及收购意图进行调查，对要约条件进行分析，对股东是否接受要约提出建议，并聘请独立财务顾问提出专业意见。在收购人公告要约收购报告书后 20 日内，被收购公司董事会应当公告《被收购公司董事会报告书》与独立财务顾问的专业意见。

（三）中介机构核查要点

收购方财务顾问及法律顾问对收购人资金来源信息披露和核查重点在于：

（1）收购资金来源及其合法性；

（2）收购资金是否直接或者间接来源于上市公司及其关联方，如通过与上市公司进行资产置换或者其他交易取得资金；

（3）收购资金或者其他对价是否直接或者间接来源于借贷。如是，应当核查借贷协议的主要内容，包括借贷方、借贷数额、利息、借贷期限、担保、其他重要条款；

（4）是否利用本次收购的股份向银行等金融机构质押取得融资。

上述几个方面要点并非“禁止性规定”，如涉及相关事项，信息披露义务人要就相关事实进行充分披露，目的是通过充分的信息披露保障公众投资者的知情权，帮助投资者判断收购人的履约能力和投资风险。

二、并购贷款和并购基金

并购贷款和并购基金是上市公司收购中常见的融资工具，关于其资金来源“合法性”的判断，受到相关资管行业法律法规的限制。

（一）并购贷款

根据《商业银行并购贷款风险管理指引》（以下简称《指引》）规定，并购贷款是指商业银行向并购方或其子公司发放的，用于支付并购交易价款和费用的贷款。

1. 信息披露要求

上市公司收购中，如果收购方资金或者其他对价直接或者间接来源于借贷，应简要说明借贷协议的主要内容，包括借贷方、借贷数额、利息、借贷期限、担保及其他重要条款。如在信息披露时点并购贷款协议已签署完毕，收购人需要披露协议主要内容。

以Z投资合伙企业（有限合伙）收购G上市公司的《详式权益变动报告书》为例，当中对并购贷款协议的主要内容披露参见表6－3。

表6－3　Z投资合伙企业收购G上市公司对并购贷款协议的主要披露内容

项目	主要内容
金额	Z投资合计使用的银行贷款金额为20830972104.72元（占收购交易价款总额的50%）
贷款用途	支付受让G公司15%股份的部分交易对价及相关税费和交易费用

续表

项目	主要内容
贷款期限	首个提款日后60个月，经全体贷款人同意后可延至84个月。其中，前36个月为宽限期，宽限期内无须还本
担保及还款计划	Z投资的全体合伙人需要于首个提款日前签署合伙份额质押协议，将其持有的Z投资的全部合伙份额质押给贷款银团；Z投资需要于首个提款日后90日内签署G公司股票质押协议，将其受让的G公司全部股票质押给贷款银行 Z投资本次债务融资的融资结构不存在不利于股权稳定性的协议或条款安排，所有贷款均不存在与市值涨跌挂钩的补仓或平仓机制
关于债权人保护	Z投资承诺在上市公司涉及分红的股东大会中积极行使股东投票权并促使其提名的董事在上市公司每年净利润分红比例不低于50%的董事会决议中投赞成票

实践中，如果在信息披露时点并购贷款协议尚未签署完毕，将导致无法披露前述内容，如广州国资收购润邦股份（002483）、九洲集团收购依顿电子（603328）的《详式权益变动报告书》中披露，收购方自筹资金拟通过向银行申请并购贷款取得，贷款金额不超过本次交易价款的60%，具体贷款情况以届时双方签订的并购贷款协议为准。

2. 相关法规解析

2008年《指引》出台，允许符合条件的商业银行开办并购贷款业务，标志着冰封12年的并购贷款业务解冻，此后商业银行并购贷款业务获得了较快发展。为贯彻落实《国务院关于进一步优化企业兼并重组市场环境的意见》（国发〔2014〕14号），完善企业兼并重组金融服务，2015年银监会对《指引》进行了修订，为银行开展并购贷款业务提供了更多空间，在一定程度上助推了并购贷款业务的发展。

为规范商业银行并购贷款经营行为，提高商业银行并购贷款风险管理能力，《指引》围绕并购贷款的风险管理和控制，对商业银行并购贷款管理提出了原则性要求和明确的量化监管标准。

（1）并购贷款比例。《指引》第二十一条规定，并购交易价款中并购贷款所占比例不应高于60%。

（2）贷款期限。《指引》第二十二条规定，并购贷款期限一般不超过7年。

（3）担保。《指引》第二十九条规定，商业银行原则上应要求借款人提供充足的能够覆盖并购贷款风险的担保，包括但不限于资产抵押、股权质押、第三方保证，以及符合法律规定的其他形式的担保。以目标企业股权质押时，商业银行应采用更为审慎的方法评估其股权价值和确定质押率。

在实际案例中，很多项目由于国有企业背景带来的资信优势等原因，能够获得充足的银行授信，从而在取得并购贷款时未提供抵押、保证等增信担保措施。

（4）债权人利益保护条款。商业银行应在借款合同中约定保护贷款人利益的关键条款，包括但不限于：

①对借款人或并购后企业重要财务指标的约束性条款；

②对借款人特定情形下获得的额外现金流用于提前还款的强制性条款；

③对借款人或并购后企业的主要或专用账户的监控条款；

④确保贷款人对重大事项知情权或认可权的借款人承诺条款。

（二）并购基金

1. 并购基金的常见形式

并购基金是并购贷款以外最重要的并购融资工具。作为一种股权融资方式，收购方通常在自有资金不够充裕、债务融资和偿债能力较弱，但同时具备较强的行业资源或者募资能力的情况下，通过少部分自有资金撬动其他财务投资者或者战略投资者的资金，实现对目标上市公司的收购。

并购基金最常见的形式是合伙企业形式，其中有限合伙型并购基金大部分属于私募基金。收购方通过设立合伙企业收购上市公司控制权，可以借助财务投资者的资金优势和战略投资者的资源整合优势，在决策、经营方面更加灵活。

2. 资管新规的影响

2018年4月，人民银行、银保监会、证监会以及外管局联合发布了《关于规范金融机构资产管理业务的指导意见》（以下简称“资管新规”）。资管新规覆盖银行和信托、券商等所有金融机构，对金融机构运用理财资金投资作出了基本规定，对合格投资者准入、打破刚性兑付、禁止资金池、多层嵌套等方面进行了规范。虽然私募基金并不属于金融机构发行的资管产品，但根据资管新规第二条规定也被纳入监管范围。资管新规的出台对并购基金的募、投产生了深远的影响。

（1）募资方面。对于投资并购基金的理财资金而言，打破刚兑、禁止资金池以及限制理财资金期限错配，增加了理财资金募资的难度，从而提高了并购基金的募资难度和资金成本。比如，银行理财产品期限大多在1年以内，原来银行可以通过滚动发行3个月或6个月的短期理财产品来对接并购基金，资管新规以后理财产品要投资并购基金，需要资金期限相匹配，大幅提高了募资难度。

（2）投资方面。资管新规的影响主要包括影响交易结构、降低投资规模等。

一是不得多层嵌套。资管新规要求，资产管理产品可以再投资一层资产管理产品，但所投资的资产管理产品不得再投资公募基金以外的资产管理产品[①]。我国并购基金大多采用有限合伙企业制，资管新规前银行理财资金本身作为一层资管产品，通常通过资管计划或信托计划成为有限合伙企业的优先级有限合伙人，形成多层嵌套架构；资管新规下银行理财产品只能直接投资并购基金LP份额，并购基金应直接投资底层资产，不能再投资其他资产管理产品。资管新规通过限制资管产品多层嵌套，抑制通道业务，确保投向底层资产的资金来源的合规性。

二是降低投资规模。资管新规限制杠杆率、产品分级，对基金募集规

① 2019年10月25日，国家发展改革委、中国人民银行等六部委联合发布《关于进一步明确规范金融机构资产管理产品投资创业投资基金和政府出资产业投资基金有关事项的通知》，放开创投基金和政府出资产业投资基金的嵌套限制，符合要求的两类基金接受资管产品及其他私募投资基金投资时，该两类基金不视为一层资产管理产品，避免对基金运作产生影响。

模产生较大影响。资管新规要求资产管理产品应设定负债比例（总资产/净资产）上限，每只私募产品的总资产不得超过其净资产的200%，分级私募产品的总资产不得超过该产品净资产的140%，权益类产品的分级比例不得超过1:1。上述负债比例和分级比例限制了并购基金放大的杠杆倍数，减少了收购方自有资金以并购基金形式能聚合的资金规模。

三、特殊支付形式——承债式收购

（一）承债式收购的含义

承债式收购在我国法律体系当中并没有明确定义，一般指收购方通过承接标的公司债务，作为其购买股权对价的部分或者全部，从而获得标的公司股权并实现对标的公司的控制。“承债”是支付交易对价的一种方式。承债式收购广泛应用在债权重组、企业破产重整项目中。

由于上市公司原实际控制人往往担任上市公司董事或者高管，在减持上市公司股份上可能存在诸多限制。上市公司承债式收购多通过原实际控制人转让上市公司控股股东的股权，实现上市公司控制权的间接转让。这类转让方式在实际操作中可能存在一定风险，即上市公司控股股东作为非公众公司，在股权发生转让时可能存在尚未暴露的其他债务。虽然交易双方在承债式收购签署的协议中一般已明确了债务承担的上限或框定具体的承债范围，即约定承担范围之外的其他债务由转让方继续承担。但是，如果转让方完全丧失偿债能力或故意逃避偿债责任，上市公司控股股东作为独立的法人主体仍有可能被债权人要求偿还债务。即使转让方具备偿债能力，如果承债式收购时双方未约定详细的偿债清单、债务金额的共同确认机制或者未约定偿债期限、偿债程序，后续都可能引起纠纷。

（二）承债式收购的分类

按照支付债务的具体形式，承债式收购可以分为债务承担型、实际支付型。债务承担型是并购方以转移协议、担保协议等方式承担标的债务，满足一定条件后，并购方向标的债权人清偿。采用债务承担型，并购时并购方无须支付大额资金，而是逐年偿还，缓解了并购方的资金压力，有利于控制权的平稳过渡，但是不能在短期内改善标的资产负债率。

第四节　涉及国资的有关要求

一、国资股东参与上市公司控制权交易的主要方式

（一）国资股东的界定

我国的国资监管立法尚未对“国资股东”和“国有企业”进行明确定义，涉及规范国资股东参与上市公司股权交易的核心法规为国资 32 号令和国资 36 号令。其中，国资 32 号令首次较为清晰地界定了“国有企业”的概念，国资 36 号令对“国资股东”的界定涵盖了国资 32 号令的规定。

一般来说，直接或间接参与上市公司股权交易的国资股东包括两类：一是政府部门、机构、事业单位；二是国有企业。其中的国有企业可分为三类：国有独资和全资企业、国有控股企业、国有实际控制企业。

1. 国资 32 号令对国有资产交易主体的界定

国资 32 号令规定，国有资产的交易主体包括“履行出资人职责的机构、国有及国有控股企业、国有实际控制企业”，第四条对“国有及国有控股企业、国有实际控制企业”进行了定义：“本办法所称国有及国有控股企业、国有实际控制企业包括：（1）政府部门、机构、事业单位出资设立的国有独资企业（公司），以及上述单位、企业直接或间接合计持股为 100% 的国有全资企业；（2）本条第（1）款所列单位、企业单独或共同出资，合计拥有产（股）权比例超过 50%，且其中之一为最大股东的企业；（3）本条第（1）、（2）款所列企业对外出资，拥有股权比例超过 50% 的各级子企业；（4）政府部门、机构、事业单位、单一国有及国有控股企业直接或间接持股比例未超过 50%，但为第一大股东，并且通过股东协议、

公司章程、董事会决议或者其他协议安排能够对其实际支配的企业。”国有及国有控股企业、国有实际控制企业具体情况如图 6－1 所示。

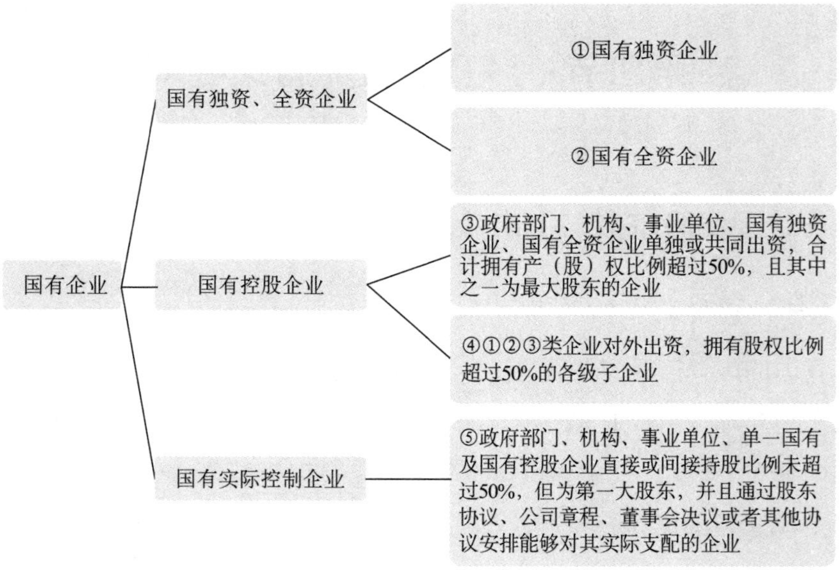

图 6－1　国有资产交易主体的界定

2. 国资 36 号令对国资股东的界定

国资 36 号令规定，上市公司股权的国资交易主体主要是“国有股东”（证券账户标注“SS”）和其他国有实际控制企业（证券账户标注“CS”），涵盖了国资 32 号令规定的国有资产的交易主体，同时扩大了适用范围。国资 36 号令第三条对“国有股东”作出定义：“本办法所称国有股东是指符合以下情形之一的企业和单位，其证券账户标注‘SS’：（1）政府部门、机构、事业单位、境内国有独资或全资企业；（2）第一款中所述单位或企业独家持股比例超过 50%，或合计持股比例超过 50%，且其中之一为第一大股东的境内企业；（3）第二款中所述企业直接或间接持股的各级境内独资或全资企业。”

国资 36 号令第七十四条补充规定如下：“不符合本办法规定的国有股东标准，但政府部门、机构、事业单位和国有独资或全资企业通过投资关系、协议或者其他安排，能够实际支配其行为的境内外企业，证券账户标注为‘CS’，所持上市公司股权变动行为参照本办法管理。”国资 36 号令第七十四条和国资 32 号令的第四条第（四）项相似，但不再要求第一大股东的地位，甚至不再要求有直接或间接持股关系，这就将 VIE 架构下的企业中的国资股东纳入监管范畴。

此外，对于国有股东为 LP 的有限合伙企业对外转让所持企业股权，是否要作为国有股东管理的问题，实践中存在诸多争议。国资 36 号令规定，国有出资的有限合伙企业不作国有股东认定，其所持上市公司股份的监督管理另行规定。

（二）关于上市公司国有股权变动审批权限的设定

对上市公司国有股权变动的审批，是实施国资监管、行使出资人权利的重要体现。国资 36 号令按照简政放权的精神，对企业内部审批和国资监管部门审批的范围作了清晰划定。

国资 36 号令第七条规定，国家出资企业负责审批的事项包括五种情形：“（1）国有股东通过证券交易系统转让所持上市公司股份，未达到本办法第十二条[①]规定的比例或数量的事项；（2）国有股东所持上市公司股份在本企业集团内部进行的无偿划转、非公开协议转让事项；（3）国有控股股东所持上市公司股份公开征集转让、发行可交换公司债券及所控股上市公司发行证券，未导致其持股比例低于合理持股比例的事项；国有参股股东所持上市公司股份公开征集转让、发行可交换公司债券事项；（4）国有股东通过证券交易系统增持、协议受让、认购上市公司发行股票等未导致上市公司控股权转移的事项；（5）国有股东与所控股上市公司进行资产重组，不属于中国证监会规定的重大资产重组范围的事项。”

---

① 国资 36 号令第十二条规定：“在涉及通过证券交易系统转让这一交易方式时，按照国家出资企业内部决策程序决定，有以下三种情形之一的，也应报国有资产监督管理机构审核批准：（一）国有控股股东转让上市公司股份可能导致持股比例低于合理持股比例的；（二）总股本不超过 10 亿股的上市公司，国有控股股东拟于一个会计年度内累计净转让（累计转让股份扣除累计增持股份后的余额，下同）达到总股本 5% 及以上的；总股本超过 10 亿股的上市公司，国有控股股东拟于一个会计年度内累计净转让数量达到 5,000 万股及以上的；（三）国有参股股东拟于一个会计年度内累计净转让达到上市公司总股本 5% 及以上的。”

针对第七条规定中的“合理持股比例”，国资36号令第八条作出规定：“国有控股股东的合理持股比例（与国有控股股东属于同一控制人的，其所持股份的比例应合并计算）由国家出资企业研究确定，并报国有资产监督管理机构备案。确定合理持股比例的具体办法由省级以上国有资产监督管理机构另行制定。”

除第七条规定的情形外，上市公司国有股权变动应由国资监管部门实行分级审批，即中央出资企业由国务院国资委审批，地方出资企业由地方政府国资委审批。根据国资36号令第六条规定，省级国有资产监督管理机构报经省级人民政府同意，可以将地市级以下有关上市公司国有股权变动的监督管理交由地市级国有资产监督管理机构负责。

（三）国资股东参与上市公司控制权交易的主要方式

根据国资36号令第二条规定：“上市公司国有股权变动行为，是指上市公司国有股权持股主体、数量或比例等发生变化的行为，具体包括：国有股东所持上市公司股份通过证券交易系统转让、公开征集转让、非公开协议转让、无偿划转、间接转让、国有股东发行可交换公司债券；国有股东通过证券交易系统增持、协议受让、间接受让、要约收购上市公司股份和认购上市公司发行股票；国有股东所控股上市公司吸收合并、发行证券；国有股东与上市公司进行资产重组等行为。”

除国资36号令明确规定的上述情形外，上市公司股权司法拍卖、股东签署/解除一致行动协议或表决权委托协议也可能导致上市公司的控制权发生变化。总之，国资股东可通过一种或者多种方式的组合实现上市公司控制权变更（见表6－4）。

1. 国资作为转让方

（1）通过证券交易系统的交易。该交易指大宗交易和集中竞价交易。控股股东和持股5%以上股东（以下统称“大股东”）以大宗交易或者集中竞价方式减持股份在信息披露、减持时间、减持数量方面受到较多限制。首先，在信息披露方面，上市公司大股东通过集中竞价交易减持股份，应当在首次卖出的15个交易日前向证券交易所报告并预先披露减持

表 6-4　　国资股东转让及受让上市公司控制权的主要方式

股份类型	国资作为转让方	国资作为受让方
存量股	通过证券交易系统转让 公开征集转让 非公开协议转让 无偿划转 间接转让 一致行动协议或表决权委托协议 国有股东发行可交换公司债券	通过证券交易系统增持 要约收购 协议受让 间接受让 一致行动协议或表决权委托协议 可交换公司债券交换成上市公司股票 通过司法机关强制执行手续
新增股份	国有股东所控股上市公司吸收合并 国有股东所控股上市公司发行证券 国有股东与上市公司进行资产重组	可转换公司债券转换成上市公司股权 认购上市公司发行股票 国有股东与上市公司进行资产重组

计划。其次，在减持数量和比例方面，大股东减持采取集中竞价交易方式的，在任意连续 90 日内，减持股份的总数不得超过公司股份总数的 1%；采取大宗交易方式的，在任意连续 90 日内，减持股份的总数不得超过公司股份总数的 2%。最后，在交易价格方面，根据国资 36 号令第十三条和第五十五条，国有股东通过证券交易系统转让上市公司股份，由国家出资企业或国有资产监督管理机构提前决定或批准转让底价，和二级市场价格的复杂多变存在一定冲突。因此，实践中国资股东一般难以单独通过大宗交易和集中竞价转让控制权，往往通过其他方式转让大部分股份丧失控制权后，剩余股权采取该种方式进行减持。

（2）公开征集转让和非公开协议转让。国有资产的转让以公开征集转让为原则、非公开协议转让为例外。国资 36 号令第二十九条规定了七种情形下国有股东可以非公开协议转让上市公司股份，除此之外均需通过公开征集方式对外转让。七种情形分别为：①上市公司连续两年亏损并存在退市风险或严重财务危机，受让方提出重大资产重组计划及具体时间表的；②企业主业处于关系国家安全、国民经济命脉的重要行业和关键领域，主要承担重大专项任务，对受让方有特殊要求的；③为实施国有资源整合或资产重组，在国有股东、潜在国有股东（经本次国有资源整合或资产重组后成为上市公司国有股东的，以下统称国有股东）之间转让的；④上市公司回购股份涉及国有股东所持股份的；⑤国有股东因接受要约收购方式转让其所持上市公司股份的；⑥国有股东因解散、破产、减资、被依法责令关闭等原因转让其所持上市公司股份的；⑦国有股东以所持上市公司股份出资的。

以上七种情形中，比较常见的是情形⑥和⑦。以下分别举一例：

情形⑥：2021 年 12 月，在间接控股股东天津物产集团有限公司破产重整背景下，天津市浩物机电汽车贸易有限公司将直接或间接持有的浩物股份（000757）29.99%的股权协议转让给天津融诚物产集团有限公司，浩物股份（000757）实际控制人由天津市国资委变为张某。

情形⑦：2020 年 4 月，福建省永安林业（集团）总公司以其所持永安林业（000663）全部股权出资与中林集团控股有限公司（简称“中林控股”）共同成立合资公司，由中林控股作为合资公司的控股股东，永安林业（000663）实际控制人由永安市国资委变更为国务院国资委。

（3）无偿划转。国资 36 号令第三十七条规定，政府部门、机构、事业单位、国有独资或全资企业之间可以依法无偿划转。由于无偿划转具有无对价、非市场化等区别于“有偿转让”的显著特点，国资 36 号令将其与公开征集转让、非公开协议转让并列，在审批主体、审核文件等方面作了专门制度安排。

近年无偿划转的典型案例如：中国五矿股份有限公司将其直接持有的五矿稀土（000831）16.1%股份，以及五矿有色金属控股有限公司将其持有的五矿稀土集团有限公司（持有五矿稀土 23.98%的股份）100%股权，无偿划转至中国稀土集团有限公司，权益变动完成后中国稀土集团有限公司直接和间接持有五矿稀土 40.08%的股份。

（4）间接转让。间接转让是指因国有产权转让或增资扩股等原因导致国有股东不再符合国资 36 号令第三条有关国有股东范围规定的行为。国资 36 号令明确了间接转让的信息披露和停牌义务，即履行内部决策程序后，应书面通知上市公司进行信息披露，涉及国有控股股东的，应当一并通知上市公司申请停牌。

同时，国资 36 号令从国有资产保值增值的角度，对转让价格进行制度约束，规定间接转让的价格确定应适用与公开征集转让相同的规定，即“国有股东公开征集转让上市公司股份的价格不得低于下列两者之中的较高者：（1）提示性公告日前 30 个交易日的每日加权平均价格的算术平均值；（2）最近一个会计年度上市公司经审计的每股净资产值”。同时，上市公司股份价值确定的基准日应与国有股东资产评估的基准日一致，且与国有股东产权直接持有单位对该产权变动决策的日期相差不得超过一个月。间接转让也应当按公开征集转让的相关规定聘请财务顾问，对国有产权拟受让方或投资人进行尽职调查，并出具尽职调查报告。

国资 36 号令还对间接转让需履行的报批程序作了规定。尤其应注意的是报批的时间节点，即国有股东应在产权转让或增资扩股协议签订后，产权交易机构出具交易凭证前报国资监管机构审核批准。

（5）国有股东发行可交换公司债券。国有股东发行可交换公司债券，是指上市公司国有股东依法发行、在一定期限内依据约定条件可以交换成该股东所持特定上市公司股份的公司债券的行为。国资 36 号令对国有股东发行可交换公司债券的规制，主要是价格和审批两方面。从价格方面来说，国有股东发行的可交债交换为上市公司每股股份的价格，应不低于债券募集说明书公告日前 1 个交易日、前 20 个交易日、前 30 个交易日该上市公司股票均价中的最高者。同时，国有股东发行的可交换公司债券，其利率应当在参照同期银行贷款利率、银行票据利率、同行业其他企业发行的债券利率，以及标的公司股票每股交换价格、上市公司未来发展前景等因素的前提下，通过市场询价合理确定。

除上述情形外，国资作为转让方的交易，还有签订一致行动协议或表决权委托协议、国有股东所控股上市公司吸收合并、国有股东所控股上市公司发行证券、国有股东与上市公司进行资产重组等。

2. 国资作为受让方

（1）通过证券交易系统增持。通过证券交易系统受让股权，需要国家出资企业或国有资产监督管理机构提前批准价格上限。实践中，这种方式主要是与其他交易方式相结合来实现控制权变更。例如，2021 年 6 月，武汉国创资本投资有限公司通过“大宗交易 + 表决权委托”的方式取得当代文体（600136）的控制权，其实际控制人为武汉市国资委。

实践中，采取大宗交易等方式受到国资监管部门较强的关注和制约。例如，2020 年 7 月，上市公司博天环境（603603）公告称，中山市国资下属中汇集团有意向通过大宗交易方式收购公司部分股份、参与公司非公开发行股票，并接受汇金聚合所持有公司部分股票的表决权委托及汇金聚合后续放弃部分股票表决权的方式，取得公司的控制权。2020 年 9 月，博天环境收到中山中汇《关于相关协议所附生效条件未能成就的函》，根据中山市国资委作出的《关于终止中汇集团并购博天环境的决定》，经国资主管部门研究，决定终止此次并购行为。

（2）协议受让。国资协议受让上市公司股份是最主要的控制权交易方式。从协议收购的步骤看，一般分为签订意向性协议、开展尽职调查、签订附条件生效协议、国资监管审批、交易所审核和股权交割五个步骤。

实践中，受让协议中可能会设置分期付款条款，如将签订协议之日、收到交易所确认意见之日、办理过户登记之日设定为付款日。同时，为防止上市公司大股东股份质押风险或转让方债务问题对收购造成影响，国资付款时可能会考虑设立共管账户并向其支付，该账户仅限于收购相关目的，完成交割后予以销户。此外，还可能设置业绩承诺条款，但如果国资收购方在对标的企业的行业和业务不熟悉的情况下，单纯通过业绩承诺条款控制风险的效果较差。

（3）要约收购。过往实践中，国资要约收购上市公司股权的情形相对较少。但是近年来，出于国企混改、巩固控制权、助力上市公司发展等目的，国资进行要约收购的情形有所增多，其中不乏主动要约。例如，2022 年 5 月 30 日，东风集团与上市公司东风汽车（600006）控股股东东风汽车有限公司签署《股份转让协议》，拟受让东风汽车 5.98 亿股股份（占上市公司已发行股份总数的29.9%），并约定在股份转让完成后，东风集团将向东风汽车其他全体股东发出部分要约收购，收购数量为5.02亿股（占上市公司已发行股份总数的25.1%），以取得对东风汽车的控制权。再如，2022年7月26日，上市公司碧水源（300070）的控股股东中国城乡向除收购人及其一致行动人以外的碧水源全体股东发出的部分要约收购，要约价格为6元/股，要约收购股份数量为4.07亿股（占上市公司已发行股份总数的11.24%），拟通过本次要约收购增加上市公司持股比例、发挥混合所有制优势、实现国有资本放大效应。

（4）通过司法机关强制执行手续。近年来，司法拍卖取得上市公司控制权的情形屡屡出现，其中尤以地方国资出手居多。比如，2021年6月，浙江省东阳市东科数字科技有限公司通过阿里拍卖平台参与司法拍卖拍得浙江广厦（600052）25.83%股份并取得其控制权，浙江省东阳市国资办成为上市公司的实际控制人。再如，2022年4月，江苏省盐城市建湖县国有资产投资管理有限公司通过网上司法拍卖成功拍得神开股份（002278）第一大股东业祥投资持有的4757.75万股股份，竞拍价格为2.67亿元，成交后建湖国资成为神开股份第一大股东，神开股份也成为建湖县首家上市公司。

除上述情形外，国资作为受让方的上市公司控制权交易，还包括间接受让、一致行动协议或表决权委托协议、可交换公司债券交换成上市公司股票等。

二、发展现状

（一）国资收购趋于谨慎

2018年以来，A股国资买方成为控制权转让市场的重要力量。2019年国资收购上市公司达到顶峰，国资作为收购方的控制权变动交易占比达到41%。2020年以后，由于受前期收购上市公司暴露风险、股价下跌以及原有资产运营不达预期等多方面原因的影响，国资对收购上市公司的态度转向谨慎，不仅数量占比整体有所下降，而且出现多个案例披露后终止的情况（见图6－2）。例如，浙江省农村发展集团有限公司收购金鹰股份（600232）、浙江省医疗健康集团有限公司收购佐力药业（300181）、山东高速集团认购定增收购金智科技（002090）、陕西省水务集团有限公司收购乾景园林（603778）均公告因国资审批未获通过导致收购终止。

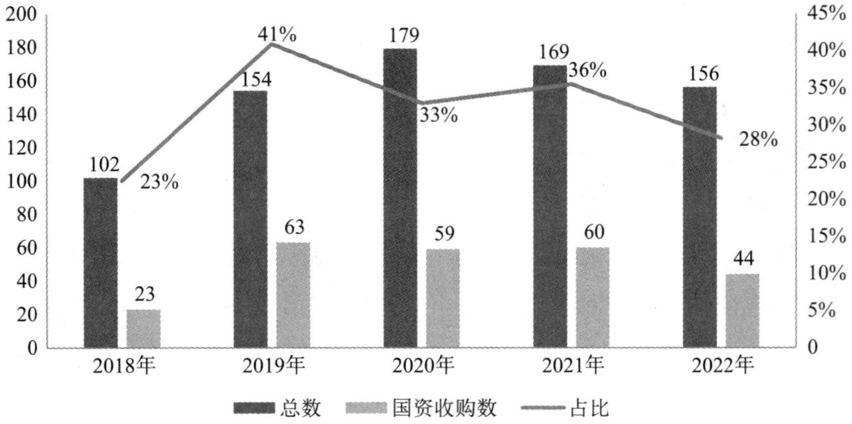

图6－2　2018年以来A股上市公司控制权变更（国资作为收购方）

（二）收购方案注重后续并购整合

国资收购还通过交易方案设置业绩对赌、通过定增取得控制权、分步收购等方式，实现与转让方利益绑定，提高收购后整合成功的概率。具体方式如下：

（1）设置业绩对赌，防范收购后业绩下滑风险。例如，南昌水天投资集团有限公司收购富春环保（002479）案例中，交易双方在“收购后上市公司三年经审计扣除拆迁补偿产生的非经常性损益后归属于母公司股东的净利润”上作出了对赌安排；梧州市东泰国有资产经营有限公司收购华瑞股份（300626）案例中，交易双方在“收购后上市公司三年的净利润”和“经营活动产生的现金流量净额”两方面进行了对赌安排。

（2）国资通过认购定增取得控制权，资金流向上市公司而非原有股东，帮助上市公司长期业务发展。例如，四川发展矿业集团有限公司以19.76亿元认购三泰控股（002312，现已更名为“川发龙蟒”）锁价发行股份，占上市公司非公开发行后股份比例 21.87%，成为新的控股股东。

（3）国资通过分步收购，实现原控股股东逐步退出，化解收购风险，期间利用表决权委托作为过渡安排。例如，四川省旅游投资集团有限责任公司收购思美传媒（002712）分为三步：第一步收购 10.39% 股权并取得原实控人 19.6% 股份对应的表决权委托，第二步收购 7.22% 股权，第三步收购剩余 12.38%。

（三）地方国资出手纾困助力地方企业发展

2018 年，资本市场出现了股权质押“爆雷”与大规模债务违约的双重流动性困境，其中大部分发生在民营上市公司。主要原因是这些上市公司存在关联方资金占用、激进对外扩张、财务真实性存疑等内部问题，在二级市场下跌和国家出台去杠杆政策的背景下出现了资金流断裂的情况。2018 年下半年开始，从中央到地方政府出台了一系列“稳经济、稳预期、稳价格”政策，对民营企业进行纾困。纾困一般体现出属地特色，如北京国资纾困三聚环保（300072）、陕西国资纾困通源石油（300164）等。国企为民营上市公司纾困的具体方式包括：国有资本受让上市公司大股东持有的股份、国有资本认购上市公司非公开发行的股份、国有资本为上市公司大股东股权质押行为提供支持，以及国有资本授信担保、牵头组织债务重组、牵头金融机构提供融资贷款等。

自 2018 年以来国企纾困民营上市公司，一般既要完成国家和地方政府赋予的纾困任务，又要充分考虑降低成本、国有资产保值增值等因素，在收购中控制收购成本，将股权协议转让、表决权委托/放弃、一致行动协议等方式进行组合。其中，“股权转让 + 表决权委托”模式比较典型。如 2019 年 7 月，北京市朝阳区国资平台北京朝汇鑫企业管理有限公司受让东方园林（002310）实际控制人 5% 股权，并通过受托表决权方式成为东方园林控股股东。

第五节　投资者参与破产重整程序收购上市公司的特别要求

一、上市公司破产重整中资本公积金转增股份

（一）实践情况

资本公积金转增后的股份是上市公司破产重整的重要偿债资源，以转增股份直接清偿债务，或通过出让以出让后对价清偿债务，已成为上市公司破产重整中常用的偿债手段。同时，上市公司在既有总股本上进行资本公积金转增，将使公司改变原股东持股比例、持股数量，属于上市公司重整计划中“出资人权益调整方案”项下内容。2021 年我国共有 19 家上市公司的重整计划被法院裁定批准，其资本公积金转增股份情况参见表 6－5。

表 6－5　资本公积金转增股份案例

证券简称	资本公积金转增股份的内容	资本公积金转增股份的用途
*ST 赫美（002356）	10 股转增约 14.84 股	转增股票不向原股东分配；转增股份中的 598,843,962 股股票以 1 元每股的价格引入重整投资人，股票转让款用于支付破产费用、偿债及补充流动资金；转增股份中的 184,604,011 股股票以股抵债等方式用于清偿债务
*ST 索菱（002766）	10 股转增 10 股	转增股票不向原股东分配；其中 180,000,000 股用于引入投资人；其余 241,754,014 股转增股份用于抵偿债务
*ST 实达（600734）	10 股转增 25 股	转增股份不向原股东分配，全部由重整投资人有条件受让
*ST 华英（002321）	10 股转增约 29.92 股	转增股票不向原股东分配；转增股票中约 1,066,635,013 股将由重整投资人有条件受让；约 531,963,958 股将用于按照重整计划规定的债权受偿方案清偿债权

续表

证券简称	资本公积金转增股份的内容	资本公积金转增股份的用途
*ST 华昌（300278）	10 股转增约 15 股	转增股票不向原股东进行分配；转增股票中的 623,000,000 股用于有条件引入重整投资人；转增股票中 230,000,096 股用于抵偿华昌达及核心子公司的债务
*ST 嘉信（300071）	10 股转增 3.8 股	未注销的转增股份不向原股东进行分配，其中，145,000,000 股由重整投资人有条件受让；剩余转增 105,961,316 股用于清偿债务
*ST 凯瑞（002072）	10 股转增约 10.8909 股	转增股票不向原股东分配，其中 95,580,000 股由重整投资人有条件受让；50,000,000 股用于清偿债务；46,100,000 股由管理人参考二级市场价格予以变现，变现所得用于发展公司业务
*ST 众泰（000980）	10 股转增 15 股	转增股票不向原股东分配；其中 1,013,835,644 股用于抵偿债务；2,027,671,288 股由重整投资人及/或其指定的关联方和财务投资人有条件受让，且重整投资人或财务投资人任一方持有众泰汽车的股权比例均不超过 29.99%，重整投资人及/或其指定的关联方和财务投资人合计支付的重整投资款为人民币 20 亿元
*ST 东网（002175）	100 股转增 69.384138 股	转增股票不向原股东进行分配；部分股票按照 5.2 元/股的价格采用以股抵债的方式用于清偿东方网络的债务；以股抵债后剩余部分股票在不超过 261,501,257 股（含本数）的部分由重整投资人以 0.6 元/股的对价受让；其余以股抵债后剩余股票超过 261,501,257 股（不含本数）的部分由东方网络选择注销或者在二级市场上出售变现
*ST 康美（600518）	10 股转增 18 股	转增股票中，1,265,822,785 股用于解决资金占用问题；1,113,309,515 股向中小股东进行分配；2,879,473,356 股由重整投资人有条件受让，重整投资人作为受让股票条件之一所支付的现金对价，专项用于根据本重整计划支付重整费用、清偿债务、补充公司流动资金；3,631,399,359 股将通过以股抵债的形式用于清偿康美药业的债务

续表

证券简称	资本公积金转增股份的内容	资本公积金转增股份的用途
* ST 松江（600225）	10 股转增约 26 股	转增股票不向原股东分配；转增股票中的 1, 400, 000, 000 股用于有条件引入战略投资者；转增股票中的 1, 075, 901, 748 股用于向松江股份债权人抵偿债务
* ST 浪奇（000523）	10 股转增 15. 69 股	转增股份不向原股东分配；其中 944, 236, 602 股转增股份用于向广州浪奇的债权人抵偿债务，偿债股票价格为 6. 61 元/股；剩余 40, 650, 407 股由重整投资人按照确定重整投资人之日广州浪奇的收盘价 3. 69 元/股的价格认购
* ST 基础（600515）	每 10 股转增 20 股	转增股票中，约 330, 000 万股以一定的价格引入战略投资者；约 158, 324. 80 万股以一定的价格抵偿给 21 家公司部分债权人；控股股东及其支配的股东取得约 29, 746. 78 万股注销以履行业绩承诺补偿义务；约 149, 229. 52 万股回填上市公司用于抵偿债务；中小股东获得约 114, 217. 40 万股自行保留
* ST 海航（600221）	10 股转增 10 股	转增股票不向原股东分配；其中不少于 440, 000 万股以一定价格引入战略投资者；约 1, 203, 667. 39 万股以一定的价格抵偿给 11 家公司部分债权人
* ST 大集（000564）	10 股转增 34. 9 股	约 372, 399. 49 万股为中小股东持有；约 531, 776. 87 万股用于未来引进重整投资人；约 286, 666. 67 万股向债权人分配抵偿债务；约 127, 334. 3 万股在相关方履行完毕业绩承诺补偿前暂不分配
* ST 雅博（002323）	10 股转增 18. 44 股	1, 051, 940, 073 股用于引进重整投资人、以股抵债；323, 185, 413 股向前十名股东之外的全体股东按比例分配
* ST 中孚（600595）	10 股转增 10 股	转增股票不向原股东分配，其中约 11. 63 亿股分配给中孚实业及中孚实业 5 家子公司的债权人用于清偿债务，剩余部分股票由管理人进行附条件公开处置，股票处置所得用于支付破产费用、偿还共益债务、清偿债务及补充流动资金等

续表

证券简称	资本公积金转增股份的内容	资本公积金转增股份的用途
ST 贵人（603555）	10 股转增 15 股	539,863,989 股用于有条件引进重整投资人；403,039,226 股通过以股抵债的方式，清偿公司负债
天翔退（300362）	10 股转增约 25.5 股	转增股票不向出资人分配；转增股票中约 6.51 亿股用于清偿债务，剩余约 4.64 亿股以不低于 1.49 元/股的价格引入重整投资人

注：具体内容详见上市公司公告。

由上述案例可见，上市公司通过资本公积金转增获得了重要的重整资源。资本公积金转增后的新股主要用于：（1）引入重整投资人，重整投资人支付的对价将用于支付重整费用、清偿债务、补充公司流动资金等；（2）由公司债权人受让，以股抵债。因此，资本公积金转增不仅有利于解决公司的债务问题，而且能够为公司未来的经营与发展引入新的投资人，增加上市公司重整成功的可能性。而且，相比股权让渡和缩股，以转增股票让渡而非让渡原股东持有的股票，表面上不会剥夺原股东的权益，能够提升重整计划的通过与执行效率。

（二）需关注的重要问题

1. 资本公积金转增后的除权问题

由于上市公司公积金转增股本通常不会导致所有者权益发生变化，但股票数量增加、每股所代表的企业实际价值发生变化，因此需通过除权反映股票价值的变化，以供投资者交易参考。

但上市公司破产重整中的资本公积金转增股份存在特殊性。该转增后的股份一般会向重整投资人和公司债权人分配，用于引入外部资金偿债或以转增后的股份抵偿公司债务，导致上市公司的债务规模减少，实质增厚了股东权益，因此需要依据实际情况决定是否对股票进行除权。

证券交易所对上市公司破产重整中的股票除权事宜也作出了相应规定。例如，《深圳证券交易所上市公司自律监管指引第 14 号——破产重整等事项》第三十九条第一款规定："上市公司破产重整程序中涉及权益调整方案的，应当按照本所《交易规则》的相关规定，对其股票作除权（息）处理。"同时，该规则第二款明确规定："上市公司拟调整除权（息）参考价格计算公式的，应当结合重整投资人支付对价、转增股份、债务清偿等情况，明确说明调整理由和规则依据，并聘请财务顾问就调整的合规性、合理性及除权（息）参考价格计算结果的适当性发表明确意见。如权益调整方案约定的转增股份价格高于上市公司股票价格的，可以不对上市公司股票作除权（息）处理。"由此可见，是否需要对破产重整中资本公积金转增后的上市公司股票进行除权调整，需结合上市公司转增股份后对股份内在价值、股东权益稀释程度的影响进行个案判断。

实践中，上市公司破产重整在实施资本公积金转增股票之后，一般会对转增后是否实施除权发布公告。

2. 资本公积金转增对原股票质押有无影响的问题

鉴于资本公积金转增股份一般会对原公司股东之外的特定主体进行分配，因此一般不会影响原股东持股数量，也不会改变原股票质押。质权人权利保障的核心在于被质押股票的总体价值，因此需要结合资本公积金转增股份的具体内容进行判断。例如，若上市公司破产重整中引入资金，使得企业的所有者权益得到增加，也未对转增后的股份进行除权，此时，虽然资本公积金转增后的股票未对原股东进行分配，但原股东的持股数量不变，质押物的总体价值较重整前可能未有较大波动。

二、上市公司破产重整中重整投资人受让转增股份

（一）实践情况

上市公司破产重整中重整投资人受让转增股份，是资本公积金转增股份的处理方式之一，即将资本公积金转增后的股份分配给重整投资人。依据产业背景、资金实力等不同，通常可以将重整投资人区分为产业投资人和财务投资人。2021 年法院裁定破产重整的 19 家上市公司中除*ST 大集、*ST 中孚以外的 17 家在"出资人权益调整方案"中披露了转增股份向

重整投资人分配的条件，具体情况参见表6－6。

表6－6　　重整投资人受让转增股份

证券简称	重整投资人受让转增股份的条件
* ST赫美（002356）	1. 对价：1元/股，合计598,843,962元 2. 锁定期：18个月（时代榕光）；12个月（王雨霏、富源金来）
* ST索菱（002766）	1. 对价：按照深圳中院做出预重整决定之日前二十个交易日股票成交均价3.06元/股的八折，即2.45元/股的价格有条件受让，合计提供441,000,000.00元资金 2. 锁定期：36个月 3. 业绩承诺：汤和控股负责索菱股份重整后的生产经营和管理，保证自2022年1月1日至2024年12月31日期间索菱股份实现的年平均净利润不低于1.4亿元。若因汤和控股原因导致上述承诺未实现的，应当在索菱股份2024年年度报告披露后三个月内以现金方式补足
* ST实达（600734）	1. 对价：合计89,999.8158万元 2. 锁定期：36个月（大数据公司）；12个月（衢州东昆等11名财务投资人） 3. 优质资产注入等其他条件
* ST华英（002321）	1. 对价：重整投资人总投资75,531.06万元，其中8,983.37万元用于偿还资金占用，剩余66,547.69万元用于受让转增股份，受让股票的现金对价为0.6239元/股 2. 锁定期：36个月
* ST华昌（300278）	1. 对价：1.2元/股 2. 锁定期：36个月（产业投资人）；12个月（财务投资人）
* ST嘉信（300071）	1. 对价：向华谊嘉信支付1.6亿元现金作为华谊嘉信股份受让对价款，受让价格约1.1元/股 2. 锁定期：36个月（福石资产）；12个月（其他主体） 3. 业绩补偿：福石资产承诺华谊嘉信2022年、2023年、2024年3年扣除非经常性损益后的净利润合计不低于3.6亿元；如有实际未达到部分由福石资产在2024年会计年度审计报告公布后3个月内向华谊嘉信现金补足 4. 其他流动性资金、优质资产注入等条件
* ST凯瑞（002072）	1. 重整投资人有条件受让股份，解决违规担保问题、解决主业发展问题，采取多种措施支持凯瑞德发展主业 2. 锁定期：36个月

续表

证券简称	重整投资人受让转增股份的条件
*ST 众泰（000980）	1. 对价：重整投资人约 0.65 元/股；财务投资人为 1.5 元/股 2. 锁定期：36 个月（重整投资人）；12 个月（财务投资人） 3. 重整投资人提供优质产业资源等支持；财务投资人利用自身优势，支持众泰汽车发展
*ST 东网（002175）	1. 对价：以股抵债后剩余部分股票在不超过 261,501,257 股（含本数）的部分由重整投资人以 0.6 元/股的对价受让 2. 锁定期：36 个月 3. 业绩承诺：重整投资人承诺在重整计划执行完毕后 3 个会计年度，经审计的净利润合计不低于 2.5 亿元。如果未能实现该业绩承诺，则重整投资人需以货币方式补足差额部分
*ST 康美（600518）	1. 对价：重整投资人整体受让转增股份导入的金额为 65 亿元 2. 锁定期：36 个月（神农氏）；12 个月（财务投资人）
*ST 松江（600225）	1. 对价：1 元/股 2. 锁定期：36 个月（津诚金石）；24 个月（张坤宇及其指定方） 3. 张坤宇承担业绩承诺义务；津诚资本及津诚金石为松江股份对接各类优质资源，为公司业务发展提供支持
*ST 浪奇（000523）	1. 对价：确定重整投资人之日（2021 年 6 月 8 日）以广州浪奇收盘价 3.69 元/股的价格认购 2. 锁定期：3 年
*ST 基础（600515）	1. 对价：转增股份中 33 亿股用于引入重整投资人，认购对价约为 2.59 元/股 2. 锁定期：36 个月
*ST 海航（600221）	1. 对价：44 亿股用于引入战略投资者，认购对价约 2.8 元/股 2. 锁定期：36 个月
*ST 雅博（002323）	1. 对价：1 元/股 2. 锁定期：36 个月（产业投资人）；12 个月（财务投资人）
ST 贵人（603555）	1. 对价：539,863,989 股按 1.304 元/股向重整投资人转让 2. 锁定期：36 个月（黑龙江泰富金谷网络科技有限公司）；12 个月（高瑞、张丽丽、殷丽丽、邹卫忠）
天翔退（300362）	1. 对价：不低于 1.49 元/股 2. 锁定期：36 个月

注：具体内容详见上市公司公告。

从上述案例及其重整投资协议的约定来看，财务投资人获得的股份数量较少，一般只需要支付对价，股票锁定期的时长较短。相比之下，产业投资人通常会受让较大比例的上市公司股份，除支付对价之外，产业投资人同时承担着上市公司的经营管理职责，往往需要在加入上市公司之后为公司注入优质资产，或者承担业绩补偿义务，而且，产业投资人也受到较长的锁定期限制。一方面，由于上市公司陷入破产重整往往是因为经营管理存在显著问题，重整投资人对上市公司重整后的业绩进行承诺，有利于促使投资人切实参与公司治理，提升上市公司的治理水平；另一方面，也对重整投资人的综合实力提出了更高要求，需要管理人在选定投资人时，对投资人的经营、管理能力予以关注和评估。

（二）需关注的重要问题

1. 妥善引入重整投资人，防范重整失败风险

重整投资人在上市公司破产重整中扮演着重要角色。由于上市公司往往负债规模较大，仅依靠公司债权人和股东的力量，难以实现上市公司重生，因此需要重整投资人具有一定的资金实力。此外，也有上市公司在出资人权益调整方案中，约定重整投资人的业绩补偿义务等内容，对重整投资人的综合实力提出了更高的要求。如*ST索菱（002766）公布的重整计划。目前对于引入重整投资人的现行规则较少，对于上市公司及破产管理人来说，如何妥善选择重整投资人对于重整计划的顺利推进至关重要，管理人需要对重整投资人的资金实力、履约能力等方面进行充分的尽调和了解，以免因其履行重整计划的能力不足而引发重整失败风险。此外，也需考虑在重整投资协议中明确约定重整投资人的违约责任。

2. 重整投资人受让股份价格的限制

在上市公司破产重整中，重整投资人受让转增股份的价格缺乏明确的定价机制与监管规则，实践中个案的差别较大（见表6－7）。重整投资人往往会以较低的价格获得上市公司股票，可能不利于保护中小股东的权益，从而引发交易所对重整投资人受让股份对价合理性的关注。

表 6－7　　重整投资人受让转增股份的价格

证券简称	平均对价（元/股）	重整受理日收盘价（元/股）	折扣率（%）	重整期间最高价（元/股）	折扣率（%）
力帆科技（601777）	1. 33	4. 37	30. 43	6. 45	20. 62
安通控股（600179）	2. 94	5. 69	43. 06	6. 66	36. 79
*ST 利源（002501）	0. 85	1. 52	55. 92	2. 67	31. 84
金贵银业（002716）	1. 27	2. 56	49. 61	2. 88	44. 10
ST 贵人（603555）	1. 30	2. 48	52. 42	3. 23	40. 25
*ST 基础（600515）	2. 59	7. 15	36. 22	13. 60	19. 04
*ST 松江（600225）	1. 00	1. 64	60. 98	3. 35	29. 85
*ST 雅博（002323）	1. 07	3. 69	29. 00	4. 91	21. 79
*ST 众泰（000980）	0. 99	5. 37	18. 44	9. 94	9. 96
*ST 东网（002175）	0. 60	2. 96	20. 27	3. 05	19. 67
*ST 实达（600734）	0. 58	2. 71	21. 40	4. 13	14. 04

数据来源：上市公司公告。

2022 年 3 月，上交所、深交所分别在《上海证券交易所上市公司自律监管指引第 13 号——破产重整等事项》《深圳证券交易所上市公司自律监管指引第 14 号——破产重整等事项》（以下合称《上市公司自律监管指引》）中对重整投资人受让上市公司资本公积金转增股份的价格要求进行明确，将上市公司股票在投资协议签署当日（遇到非交易日的，则以签署日前 1 个交易日为基准日）收盘价的 80% 作为受让价格的参考，体现了监管机构对重整投资人受让转增股份价格公允性和合理性的关注。

3. 引入重整投资人的信息披露规则

依据证券交易所的《上市公司自律监管指引》等规则，上市公司破产重整中通过公开招募方式、管理人寻找和洽谈等其他方式引入重整投资人，应对重整投资人的产生机制、投资人基本信息等进行相应的信息披露。若上市公司、管理人与重整投资人签署投资协议，应当及时对重整投资人基本情况、投资协议主要内容、重整投资人取得相关股份的对价、定价依据、锁定期及权益变动等内容进行公告披露。

三、上市公司破产重整中债权人接受转增股份抵债

（一）实践情况

《企业破产法》等现行规则中并没有关于上市公司破产重整中“以股抵债”的明确规定，对于股票抵债价格也缺乏明确、清晰的规定。2014年，国家工商行政管理总局发布《公司注册资本登记管理规定》（该规定现已失效），其中第七条规定债权人可以将其依法享有的对在中国境内设立的公司的债权转为公司股权，可转换的债权包含“公司破产重整或和解期间，列入经人民法院批准的重整计划或者裁定认可的和解协议”。

上市公司破产重整中关于债权人接受转增股份抵债的具体内容，通常出现在重整计划的“债权调整与受偿方案”中。方案通常会根据不同的债权性质，区分为有财产担保债权、职工债权、税款债权与普通债权等类型，并分别制定清偿方案。对于公司普通债权的清偿，将资本公积金转增后的股票抵债是较为常见的一类清偿方式。2021 年裁定破产重整的 19 家上市公司中，除*ST 实达（600734）以现金形式清偿普通债权外，其余公司大多采用现金清偿、以股抵债等多种方式清偿普通债权。以股抵债的具体内容参见表 6－8。

表 6－8　　债权人接受转增股份抵债（普通债权清偿案例）

证券简称	以股抵债安排
*ST 赫美（002356）	超过 50 万元债权的部分以股抵债：普通债权人按照每 100 元普通债权分得 10 股股票，以分得的股票抵偿债务，股票的抵债价格为 10 元/股，该部分债权的清偿比例为 100%
*ST 索菱（002766）	超过 20 万元的部分，每 100 元受偿转增股票 8.5 股，抵债股票抵债价格为 11.76 元/股
*ST 华英（002321）	超过 50 万元的债权部分，按照 7.55 元/股的抵债价格获得相应数量的转增股票；每 100 元普通债权分得约 13 股华英农业股票，该部分债权视为 100% 清偿
*ST 华昌（300278）	超过 20 万元的部分，每 100 元受偿转增股票 13.6 股，股票的抵债价格为 7.35 元/股，该部分债权的清偿比例为 100%

续表

证券简称	以股抵债安排
*ST 嘉信（300071）	每家债权人超过 16 万元的部分可在如下方案中择一选择清偿：（1）通过资本公积转增形成的华谊嘉信股票进行以股抵债，每 100 元分得约 7.2727 股，以股抵债价格为 13.75 元/股，以股抵债部分的清偿率为 100%；（2）按 10% 的清偿率在重整计划执行期间现金清偿，剩余部分华谊嘉信豁免清偿
*ST 凯瑞（002072）	5000 万股以股抵债；普通债权人每 10,000 元债权可分得约 287.91 股凯瑞德股票
*ST 众泰（000980）	每家普通债权人超过 10 万元以上的债权部分，以股票方式清偿，每 100 元普通债权分得约 7.7 股众泰汽车 A 股股票，该部分普通债权的清偿比例为 100%
*ST 东网（002175）	超过 500 万元的债权按照 5.2 元/股的价格以股抵债，每 100 元债权额获得约 19.23 股转增股票。该部分大额普通债权受偿比例为 100%，预计用于抵债的转增股票总数约 306,342,584 股
*ST 康美（600518）	超过 50 万元的债权部分，以股抵债股票的抵债价格为 10 元/股，每家普通债权人按照每 100 元普通债权分得约 8.829 股股票；每 100 元普通债权分得约 7.29 元现金；每 100 元债权分得 4.42 份信托受益权份额
*ST 松江（600225）	超过 50 万元以上部分以转增股票抵偿，每 100 元普通债权分得约 10.53 股松江股份 A 股股票，股票的抵债价格为 9.5 元/股，该部分债权的清偿比例为 100%
*ST 浪奇（000523）	10 万元以上的普通债权以股抵债，偿债股票价格为 6.61 元/股
*ST 基础（600515）	超过 10 万元的其他普通债权以股抵债，抵债价格为 15.56 元/股，每 100 元可获得约 6.43 股海航基础 A 股股票
*ST 海航（600221）	超过 10 万元的债权中，其他普通债权将同时按以下方式受偿：（1）关联方清偿。即由海航集团、航空集团清偿负债。每家债权人的其他普通债权中，64.38% 的债权由关联方清偿；（2）股票抵债。以海航控股 A 股股票抵债。每家债权人的其他普通债权中，35.61% 的债权以股票抵偿，抵债价格为 3.18 元/股，每 100 元可获得约 11.2 股海航控股 A 股股票
*ST 大集（000564）	超过 1 万元的普通债权以股抵债，预计每 100 元可获得 25 股供销大集股票，抵债价格为 4 元/股
*ST 雅博（002323）	超过 50 万元以上的债权部分以股抵债，抵债价格 5.8 元/股，即每 100 元普通债权分得约 17.24 股，该部分债权的清偿比例为 100%

续表

证券简称	以股抵债安排
*ST 中孚（600595）	（1）超过 20 万元以上的金融类债权部分，以转增股票抵偿。每 100 元普通债权分得约 7.78 股中孚实业 A 股股票，抵债价格为 12.86 元/股； （2）超过 20 万元以上的非金融类有息债权本金按照金融类债权以股抵债，本金以外的利息、违约金部分留债分期清偿；非金融类无息债权可以选择 60% 现金一次性清偿，或全部以现金方式留债分期清偿
ST 贵人（603555）	普通债权人每 100 元分得约 16.67 股上市公司股票，抵债价格 6 元/股，该部分债权的清偿比例为 100%
天翔退（300362）	超过 30 万元以上的债权，一部分以转增股票清偿，按每 100 元普通债权分得 141 股转增股票的方式获得清偿

注：具体内容详见上市公司公告。

由上述案例可见，对于普通债权的清偿，通常以金额为标准制定不同的清偿方式：对一定金额内采用现金清偿，超出部分进行转增股票抵债。由于普通债权通常处于较后的清偿顺位，且不同债权人的抗风险能力不同，因此对同一分组的债权作出不同的清偿安排。以金额大小作为清偿方式的分类依据，也能够体现对于小额债权人的保护。一方面使其获得更有保障的现金清偿，另一方面也有利于提升重整计划的制定、通过和执行效率。

（二）需关注的重要问题

1. 债权人受让转增股份的价格如何确定

由于目前现行规则中对于转增股票抵债价格的确定缺乏统一、明确的规则，因此，债权人接受转增股份抵债的价格一般需要经过各方协商谈判确定，并交由债权人会议表决通过。

实践中，大部分上市公司未在重整计划中披露和说明抵债股份的定价依据。目前在重整计划中披露的定价方式主要有三种：第一种方式是停牌前一段时间的平均价，如 * ST 科健（中国天楹 000035）重整计划中明确抵债股价为中科健停牌前 20 个交易日均价；第二种方式是停牌价，例如长航凤凰（000520）重整计划中明确抵债股票按照2013年12月27日停牌价2.53元/股计算；第三种方式是由评估机构进行估价，如ST中基（000972）重整计划（草案）中明确根据评估机构出具的《股权价值分析报告》，资本公积转增股本按每股2.5元计算进行变现和分配。

2. 重整计划中以股抵债是否视为全部清偿

这一问题在司法实践中存在争议。有案例认为，应当以债权人的实际受偿情况为准，就未受偿的部分债权，债权人还可以向连带责任人继续主张。例如，在（2021）最高法民申3929号民事裁定书中，最高人民法院认为："因《合作重整计划》中以股权抵偿债权的方式系在综合各种因素考量下，经管理人和债权人通过团体协商所作出的安排，并不必然反映债权人就该笔债权的实际获偿金额，本案中的《合作重整计划》对此已作出明确说明，并载明了以股权抵偿债权的清偿率计算公式……进出口银行据此计算实际受偿金额并就其未实际受偿部分金额向日林建设公司进行追偿依据充分。"[①]

也有案例如在（2020）京04执异32号民事裁定书中，信达宁夏分公司作为债权人向法院主张，"《重整计划》中确定的每股抵债价格（5.87元）明显偏高，抵债股票的实际价值根本无法覆盖信达宁夏分公司的债权价值，如按照《重整计划》的以股抵债方案，实质上信达宁夏分公司的债权未实际全部受偿，极大地损害了信达宁夏的债权权益"。但法院认为，按照《重整计划》的规定对"每家普通债权人超过50万元以上的债权部分，以资本公积金转增的部分股票抵偿，每股抵债价格为5.87元，每100元债权可分得约17股股票，该部分普通债权的清偿比例约为100%"，从而认定，该案中破产管理人已按照《重整计划》中的上述规定，向信达宁夏分公司偿还部分现金，也已将用于抵偿债务的部分股票提存至破产管理人指定的证券账户，目前《重整计划》已执行完毕，进而认定信达宁夏分公司的债权在重整程序中根据《重整计划》已获得全

① 日林建设集团有限公司、中国进出口银行保证合同纠纷案，最高人民法院（2021）最高法民申3929号民事裁定书。

部清偿[①]。

第六节　税务处理

根据我国现行税法规定，投资者转让中国境内上市公司股权涉及所得税、增值税及证券交易印花税三大税种，其中所得税占整个收购交易的税务成本比例最大。由于上市公司收购属于股东层面的交易行为，因此本节内容将按投资者（转让方）身份和所涉税种两个维度介绍上市公司收购交易的相关税务处理。

一、企业投资者所得税处理

根据《中华人民共和国企业所得税法》（以下简称《企业所得税法》），企业投资者（包括境内法人机构投资者和境外机构投资者）转让中国境内公司股权应按其取得的股权转让收入减去投资成本确认股权转让所得，并按规定向主管税务机关申报缴纳企业所得税。按照《企业所得税法》对纳税人身份的分类，企业投资者分为居民企业和非居民企业，两者在税务处理上有所差异，以下将按照居民企业和非居民企业分别介绍税务处理原则。

（一）居民企业所得税处理

1. 居民企业的定义

《企业所得税法》第二条规定，居民企业是指依照中国法律、行政法规在中国境内成立的企业、事业单位、社会团体以及其他取得收入的组织。或者，依照外国（地区）法律成立但实际管理机构在中国境内的企业，包括依照外国（地区）法律成立的企业和其他取得收入的组织。

在我国境内注册的法人机构投资者属于居民企业，应就其来源于境

① 张永春等民事执行裁定书，北京市第四中级人民法院（2020）京04执异32号执行裁定书。

内、境外的所得在中国境内缴纳企业所得税。

2. 股权转让所得的计算

《国家税务总局关于贯彻落实企业所得税法若干税收问题的通知》（国税函〔2010〕79号，以下简称“79号文”）第三条规定，居民企业股权转让所得的计算公式如下：

股权转让所得 = 股权转让收入 - 股权成本

3. 适用税率

一般情况下，居民企业适用的企业所得税税率为25%，如该居民企业适用其他优惠税率（如高新技术企业15%优惠税率），则按其优惠税率执行。

4. 应纳税额的计算

居民企业以自然年度为纳税期限计算企业所得税，纳税年度自公历1月1日起至12月31日。企业在年度中间开业或终止经营的，以实际经营期作为一个纳税年度。居民企业取得的股权转让所得应并入当年经营所得，计算当年的应纳税额。计算公式如下：

应纳税额 = （股权转让所得 + 其他经营所得 - 各项扣除 - 允许弥补的以前年度亏损）×适用税率

（二）非居民企业所得税处理

1. 非居民企业的定义

根据《企业所得税法》第二条规定，非居民企业是指依照外国（地区）法律成立且实际管理机构不在中国境内的企业或组织，但在中国境内设立机构、场所的，或者在中国境内未设立机构、场所，但有来源于中国境内所得的企业。

境外机构投资者属于非居民企业，应当根据非居民企业的相关规定在中国境内缴纳企业所得税。

2. 股权转让所得的计算

《国家税务总局关于非居民企业所得税源泉扣缴有关问题的公告》（国家税务总局公告2017年第37号）规定，非居民企业股权转让所得的计算公式如下：

股权转让所得 = 股权转让收入 − 股权净值

注：股权净值是指股权转让人投资入股时向居民企业实际支付的出资成本，或购买该项股权时向转让人实际支付的股权受让成本。多次投资或收购的同项股权被部分转让的，从该股权的全部成本中按转让比例计算被转让股权对应的成本。

3. 适用税率

非居民企业股权转让所得，减按 10% 征收企业所得税。

4. 应纳税额的计算

非居民企业取得来源于中国境内的股权转让所得应按次计算缴纳企业所得税。计算公式：应纳税额 = 股权转让所得 × 10%

5. 税收优惠

（1）国际税收协定。为避免跨境投资中国与国之间的双重征税问题，各国通常会签订税收协定，约定缔约国一方居民在缔约国另一方取得符合条件的所得，免于在缔约国另一方缴纳企业所得税。如果已经缴纳了企业所得税，可以申请在其缔约国另一方的应纳税额中抵免，具体抵免方法应遵照所在国（地区）的税务政策执行。

就股权转让而言，如果该非居民企业所属国家（地区）与中国签订了避免双重征税和防止偷漏税的协定或安排，则非居民企业可根据税收协定或安排的相关规定享受豁免或减免政策。

（2）国内相关税收优惠政策。除税收协定外，针对境外投资者通过 QFII \ RQFII \ 沪（深）港通买卖我国境内上市公司股权可以享受一系列的所得税优惠政策，具体参见表 6 − 9。

二、个人投资者所得税处理

在近几年的上市公司收购案例中，近一半的收购交易案例为个人股东转让上市公司股权。目前我国针对个人转让流通股暂免征收个人所得税，

表 6－9　　境外投资者可享受的所得税优惠政策

交易机制	政策内容	政策依据
QFII、RQFII	从 2014 年 11 月 17 日起，对合格境外机构投资者（简称 QFII）、人民币合格境外机构投资者（简称 RQFII）取得来源于中国境内的股票等权益性投资资产转让所得，暂免征收企业所得税	财税〔2014〕79 号
沪港通	自 2014 年 11 月 17 日起，对香港市场投资者（包括企业和个人）投资上交所上市 A 股取得的转让差价所得，暂免征收所得税	财税〔2014〕81 号
深港通	自 2016 年 12 月 5 日起，对香港市场投资者（包括企业和个人）投资深交所上市 A 股取得的转让差价所得，暂免征收所得税	财税〔2016〕127 号

对个人转让限售股则按“财产转让所得”征收个人所得税。

（一）个人转让流通股

流通股，是指通过上市公司公开发行和转让市场取得的上市公司股票，以及由前述股票孳生的送、转股。根据我国现行税法规定，个人转让流通股股票免于缴纳个人所得税（见表 6－10）。

表 6－10　　个人转让流通股免于缴纳个人所得税相关政策

交易所	内容	政策依据
上交所、深交所	对个人在上交所、深交所转让从上市公司公开发行和转让市场取得的上市公司股票所得继续免征个人所得税	《财政部 国家税务总局 中国证券监督管理委员会关于个人转让上市公司限售股所得征收个人所得税有关问题的通知》（财税〔2009〕167 号）
北交所	新三板精选层公司转为北交所上市公司，以及创新层挂牌公司通过公开发行股票进入北交所上市后，投资北交所上市公司涉及的个人所得税、印花税相关政策，暂按照现行新三板适用的税收规定执行①	《财政部 税务总局关于北京证券交易所税收政策适用问题的公告》（财政部税务总局公告 2021 年第 33 号）

① 《财政部 税务总局 证监会关于个人转让全国中小企业股份转让系统挂牌公司股票有关个人所得税政策的通知》（财税〔2018〕137 号）规定，自 2018 年 11 月 1 日（含）起，对个人转让新三板挂牌公司非原始股取得的所得，暂免征收个人所得税。本通知所称非原始股是指个人在新三板挂牌公司挂牌后取得的股票，以及由上述股票孳生的送、转股。

（二）个人转让限售股

为进一步加强个人转让上市公司限售股的个人所得税征收管理工作，促进资本市场长期稳定健康发展，财政部、国家税务总局先后出台了《财政部 国家税务总局 中国证券监督管理委员会关于个人转让上市公司限售股所得征收个人所得税有关问题的通知》（财税〔2009〕167号，以下简称“167号文”）等一系列文件，对个人转让限售股取得的所得如何征税予以规范。

1. 限售股的范围

个人转让限售股的税务处理依据如表6－11所示。

表6－11　　　　个人转让限售股的税务处理依据

交易所	限售股的范围	政策依据
上交所、深交所	1. 上市公司股权分置改革完成后股票复牌日之前股东所持原非流通股股份，以及股票复牌日至解禁日期间由上述股份孳生的送、转股（以下统称“股改限售股”） 2. 2006年股权分置改革新老划断后，首次公开发行股票并上市的公司形成的限售股，以及上市首日至解禁日期间由上述股份孳生的送、转股 3. 财政部、国家税务总局、国务院法制办和证监会共同确定的其他限售股①	《财政部 国家税务总局 中国证券监督管理委员会关于个人转让上市公司限售股所得征收个人所得税有关问题的通知》（财税〔2009〕167号）
北交所（适用新三板税收政策）	对个人转让新三板挂牌公司原始股取得的所得，按照“财产转让所得”，适用20%的比例税率征收个人所得税 本通知所称原始股是指个人在新三板挂牌公司挂牌前取得的股票，以及在该公司挂牌前和挂牌后由上述股票孳生的送、转股	《财政部税务总局证监会关于个人转让全国中小企业股份转让系统挂牌公司股票有关个人所得税政策的通知》（财税〔2018〕137号）

① 《关于个人转让上市公司限售股所得征收个人所得税有关问题的补充通知》（财税〔2010〕70号）第一条对限售股的范围进行了补充，具体包括以下方面：（1）财税〔2009〕167号文件规定的限售股；（2）个人从机构或其他个人受让的未解禁限售股；（3）个人因依法继承或家庭财产依法分割取得的限售股；（4）个人持有的从代办股份转让系统转到主板市场（或中小板、创业板市场）的限售股；（5）上市公司吸收合并中，个人持有的原被合并方公司限售股所转换的合并方公司股份；（6）上市公司分立中，个人持有的被分立方公司限售股所转换的分立后公司股份；（7）其他限售股。

从表6－11可以看出，个人转让上市公司限售股适用的税收政策在上交所、深交所和北交所之间存在差异，主要在于上市后基于限售股孳生的送、转股是否属于限售股的范围。北交所上市公司限售股（原始股）在上市后孳生的送、转股，包括解禁后孳生的送、转股，均属于限售股（原始股）范围，个人转让时按照20%税率征收个人所得税；而上交所、深交所上市公司限售股在限售期内孳生的送、转股视为限售股缴纳个税，解禁后孳生的送、转股则不属于限售股的范围，无须缴纳个人所得税。

2. 限售股的转让所得计算

根据财税〔2009〕167号文的规定，对个人转让限售股取得的所得，应按“财产转让所得”项目征税，即以每次限售股转让收入，减除股票原值和合理税费后的余额，为应纳税所得额。具体计算公式如下：

应纳税所得额＝限售股转让收入－（限售股原值＋合理税费）

3. 适用税率

个人转让限售股按照财产转让所得，适用20%的比例税率。

4. 应纳税额的计算

应纳税额＝应纳税所得额×20%

5. 税收优惠

非居民个人转让上市公司股权所得，可根据税收协定或安排的相关规定享受所得税豁免或减免政策。

三、其他类型投资者所得税处理

（一）合伙企业所得税处理

合伙企业不属于所得税纳税义务人，相关的生产经营所得及其他所得由合伙人分别缴纳所得税。财政部、国家税务总局先后出台了一系列政策文件，明确了合伙企业采取“先分后税”的原则，即以每一个合伙人为纳税义务人。合伙人是自然人的，缴纳个人所得税；合伙人是法人和其他组织的，缴纳企业所得税。

1. 一般规定

一般情况下，对个人合伙人从合伙企业取得股权转让所得分配收益将比照“生产经营所得”，适用5%—35%的五级超额累进税率，计算征收个人所得税；法人合伙人从合伙企业取得股权转让所得分配收益，将并入其当期经营所得，一并计算缴纳企业所得税。

2. 股权转让所得的计算

股权转让所得 = 股权转让收入 - 股权成本

3. 适用税率

个人合伙人适用5%—35%的五级超额累进税率，计算征收个人所得税。法人合伙人根据其适用的企业所得税税率，缴纳企业所得税。

4. 应纳税额的计算

个人合伙人应纳税额：合伙企业取得股权转让所得应并入当年生产经营所得，再按照所得分配比例和适用税率计算个人所得税。计算公式如下：

个人合伙人应纳税额 =（股权转让所得 + 其他生产经营所得 - 各项扣除 - 允许弥补的以前年度亏损）×所得分配比例×适用税率

法人合伙人应纳税额：法人合伙人从合伙企业取得股权转让所得分配收益，将并入其当期经营所得，一并计算缴纳企业所得税。

5. 优惠政策

《财政部 国家发展和改革委员会 国家税务总局 中国证券监督管理委员会关于创业投资企业个人合伙人所得税政策问题的通知》（财税〔2019〕8号，以下简称“财税〔2019〕8号文”）规定，自2019年1月1日起至2023年12月31日对个人合伙人来源于创投企业的股权转让所得可以选择按单一投资基金核算适用20%税率计算应纳税额，或者按年度所得整体核算适用5%—35%五级超额累进税率计算应纳税额。根据财税〔2019〕8号文规定，创投企业是指符合《创业投资企业管理暂行办法》（国家发改委等10部门令第39号）或者《私募投资基金监督管理暂行办法》（证监会令第105号）关于创业投资企业（基金）的有关规定，并按照上述规定完成备案且规范运作的合伙制创业投资企业（基金）。

（二）资管产品所得税处理

资产管理产品（以下简称“资管产品”），包括但不限于人民币或外币形式的银行非保本理财产品，如资金信托，证券公司、证券公司子公司、基金管理公司、基金管理子公司、期货公司、期货公司子公司、保险资产管理机构、金融资产投资公司发行的资管产品等。

根据现行所得税政策规定，资管产品不属于所得税的纳税主体。因此，资管产品并不针对取得的股权转让所得缴纳所得税。相关股权转让收益应于分配至其投资者时，由各投资者按照相关规定计算缴纳所得税。

四、投资者增值税处理

（一）基本规定

作为有价证券，上市公司股票属于金融商品的范畴，《财政部 国家税务总局关于全面推开营业税改征增值税试点的通知》（财税〔2016〕36号，以下简称“36号文”）附件1所附《销售服务、无形资产、不动产注释》第一条第五项第四款规定，转让上市公司股权属于增值税应税行为，取得的转让收益应按“金融商品转让”计算缴纳增值税。

以下为不同类型股东转让上市公司股票的增值税征免情况表（见表6－12）。

表6－12　　不同类型股东转让上市公司股票的增值税征免情况

股东类型	征/免	申报方式
境内单位	征	自行申报
境外单位	QFII、RQFII、深港通、沪港通四种情形免，其他方式征	通过二级市场转让的，目前未明确征管方式，理论上应由境外单位自行申报 协议转让下，由购买方作为扣缴义务人代扣代缴增值税
资管产品	证券投资基金免，其他征	以资管产品管理人为纳税人，自行申报
个人	免	—

注：个人包括个体工商户和自然人，不包括个人独资企业和合伙企业。

1. 销售额的确定

金融商品转让，按照卖出价扣除买入价后的余额为销售额。

转让金融商品出现的正负差，按盈亏相抵后的余额为销售额。若相抵后出现负差，可结转下一纳税期与下期转让金融商品销售额相抵，但年末时仍出现负差的，不得转入下一个会计年度。

金融商品转让增值税销售额的计算公式为：

含税销售额 = ∑(当期卖出价 - 买入价) - 当年未抵扣的负差

不含税销售额 = 含税销售额 ÷ (1 + 税率或征收率)

2. 适用税率

一般纳税人转让上市公司股票适用的增值税税率为6%，小规模纳税人适用3%征收率，资管产品运营环节转让上市公司股票按照3%的征收率计算增值税，境外单位转让境内上市公司股票，由境内购买方（支付方）作为扣缴义务人按照6%的适用税率代扣代缴增值税（见表6 - 13）。

表6 - 13　　不同类型股东适用增值税税率

股东类型	适用税率/征收率
境内单位	一般纳税人6%，小规模纳税人3%
境外单位	6%
资管产品	3%
个人	免

3. 应纳税额的计算

转让上市公司股票应纳增值税 = 不含税销售额 × 适用税率/征收率

4. 税收优惠

以下是现有增值税政策中规定转让上市公司股票可以适用免征的情形：

①合格境外投资者（QFII）委托境内公司在我国从事证券买卖业务。

②香港市场投资者（包括单位和个人）通过沪港通买卖上交所上市A股。

③香港市场投资者（包括单位和个人）通过深港通买卖深交所上市

A 股。

④香港市场投资者（包括单位和个人）通过基金互认买卖内地基金份额。

⑤证券投资基金（封闭式证券投资基金、开放式证券投资基金）管理人运用基金买卖股票、债券。

⑥个人从事金融商品转让业务。

⑦全国社会保障基金理事会、全国社会保障基金投资管理人运用全国社会保障基金买卖证券投资基金、股票、债券取得的金融商品转让收入。

⑧人民币合格境外投资者（RQFII）委托境内公司在我国从事证券买卖业务。

⑨经人民银行认可的境外机构投资银行间本币市场取得的收入。

（二）关于转让限售股买入价的确定

上市公司的限售股形成原因较为复杂，常见的如 IPO 限售股、重大资产重组限售股等，在按照“金融商品转让”项目计算增值税时，如何确定买入价，是决定应纳税额的关键因素。国家税务总局先后出台了多个规范性文件明确了限售股的买入价，具体分为如下六种情形（见表 6-14）。

表 6-14　限售股买入价的确定

限售股形成原因	买入价的确定	文件依据
上市公司实施股权分置改革时，在股票复牌之前形成的原非流通股股份以及股票复牌首日至解禁日期间由上述股份孳生的送、转股	以该上市公司完成股权分置改革后股票复牌首日的开盘价为买入价	国家税务总局公告 2016 年第 53 号
公司首次公开发行股票并上市形成的限售股，以及上市首日至解禁日期间由上述股份孳生的送、转股	以该上市公司股票首次公开发行（IPO）的发行价为买入价	国家税务总局公告 2016 年第 53 号
因上市公司实施重大资产重组形成的限售股，以及股票复牌首日至解禁日期间由上述股份孳生的送、转股，因重大资产重组停牌的	以该上市公司因重大资产重组股票停牌前一交易日的收盘价为买入价	国家税务总局公告 2016 年第 53 号、国家税务总局公告 2018 年第 42 号

续表

限售股形成原因	买入价的确定	文件依据
因上市公司实施重大资产重组形成的限售股，以及股票复牌首日至解禁日期间由上述股份孳生的送、转股，在重大资产重组前已经暂停上市的	以上市公司完成资产重组后股票恢复上市首日的开盘价为买入价	国家税务总局公告2018年第42号
因同时实施股权分置改革和重大资产重组而首次公开发行股票并上市形成的限售股，以及上市首日至解禁日期间由上述股份孳生的送、转股	以该上市公司股票上市首日开盘价为买入价	国家税务总局公告2019年31号
按照税务总局公告2016年第53号第五条规定确定的买入价，低于该单位取得限售股的实际成本价的	以实际成本价为买入价，计算缴纳增值税	国家税务总局公告2020年第9号

（三）无偿划转上市公司股票的增值税处理

《财政部 税务总局关于明确无偿转让股票等增值税政策的公告》（财政部税务总局公告2020年第40号）第一条规定，纳税人无偿转让股票时，转出方以该股票的买入价为卖出价，按照“金融商品转让”计算缴纳增值税；在转入方将上述股票再转让时，以原转出方的卖出价为买入价，按照“金融商品转让”计算缴纳增值税。该项规定明确了无偿划转上市公司股票，划出方无须按划出时点的股票市价确认卖出价，因此不涉及缴纳增值税。

五、投资者证券交易印花税处理

（一）基本规定

证券交易是指证券持有人依照交易规则，将证券转让给其他投资者的行为。《中华人民共和国印花税法》规定，证券交易印花税对证券交易的出让方征收，不对受让方征收。

证券交易印花税的计税依据为成交金额，税率1‰，即转让上市公司

股权应缴纳印花税 = 成交金额 ×0.1%。

若证券交易无转让价格的，则按照办理过户登记手续时该证券前 1 个交易日收盘价计算确定计税依据；无收盘价的，按照证券面值计算确定计税依据。

（二）豁免情形

1. 无偿划转国有上市公司股权

《国家税务总局关于办理上市公司国有股权无偿转让暂不征收证券（股票）交易印花税有关审批事项的通知》（国税函〔2004〕941 号）对经国务院和省级人民政府决定或批准进行的国有（含国有控股）企业改组改制而发生的上市公司国有股权无偿转让行为，暂不征收证券（股票）交易印花税。

2. 以上市公司股权出资

《财政部国家税务总局关于以上市公司股权出资有关证券（股票）交易印花税政策问题的通知》（财税〔2010〕7 号）规定，投资人以其持有的上市公司股权进行出资而发生的股权转让行为，不属于证券（股票）交易印花税的征税范围，不征收证券（股票）交易印花税。

3. 回拨国有创业投资机构及引导基金已转持的国有股

《关于全国社会保障基金理事会回拨已转持国有股有关证券（股票）交易印花税问题的通知》（财税〔2011〕65 号）对全国社会保障基金理事会按照规定①，回拨国有创业投资机构和国有创业投资引导基金已转持的国有股，不征收过户环节的证券（股票）交易印花税。

4. 划转部分国有资本充实社保基金

《关于全面推开划转部分国有资本充实社保基金工作的通知》（财资〔2019〕49 号）规定，在国有股权划转和接收过程中，划转上市公司股份和全国中小企业股份转让系统挂牌公司股份的，免征证券交易印花税。本

① 《财政部 国资委 证监会 社保基金会关于豁免国有创业投资机构和国有创业投资引导基金国有股转持义务有关问题的通知》（财企〔2010〕278 号）。

办法印发前，划转双方已缴纳的上述税费由征收单位予以退还。

六、案例解析

案例6－3　转让上市公司股份应缴税费计算示例

【案例概述】 甲公司与乙公司于2021年11月16日签署了《股份转让协议》，乙公司拟受让甲公司持有的上市A公司270,360,000股无限售流通股股份（占本报告书披露日上市公司总股本的29.48%），每股转让价格为8.10元，乙公司应支付的标的股份转让价款总额为2,189,916,000元。本次股份转让的每股转让价格不低于《股份转让协议》签署日前1个交易日A公司股票收盘价的90%，符合《深圳证券交易所上市公司股份协议转让业务办理指引》《深圳证券交易所交易规则》的有关规定。

截至本交易发生当期，甲公司为增值税一般纳税人且无留抵税额；企业所得税适用税率为25%，不存在待弥补税务亏损。

上述股份转让完成交割后，上市公司将成为乙公司的控股子公司（见表6－15）。

表6－15　股份转让后权益变动情况

股东名称	权益变动前		权益变动后	
	股份数量（股）	持股比例（%）	股份数量（股）	持股比例（%）
甲公司	270,360,000	29.48	0	0
乙公司	0	0	270,360,000	29.48
合计	270,360,000	29.48	270,360,000	29.48

背景资料：甲公司和乙公司均为注册地在中国境内的居民企业，2015年甲公司以人民币500,000,000元收购A公司100%股权，A公司于2018年在我国中小板公开发行上市，发行价为每股3元。

【税务分析】 基于上述交易资料，甲公司就股权转让交易需要缴纳的税费明细如下：

（1）增值税

含税销售额 =（卖出价 8.10 元 - 买入价 3 元）× 270,360,000 股 = 1,378,836,000 元

应纳增值税 = 含税销售额 1,378,836,000 元/（1 + 6%）× 税率 6% = 78,047,320.75 元

（2）城建税及教育费附加（城建税税率为 7%，教育费附加费率为 5%）

应纳城建税 = 78,047,320.75 元 × 7% = 5,463,312.45 元

教育费附加 = 78,047,320.75 元 × 5% = 3,902,366.04 元

（3）证券交易印花税

应纳税额 = 成交额 2,189,916,000 元 × 税率 0.1% = 2,189,916 元

（4）企业所得税

假设不考虑甲公司其他影响因素，就本次交易所得，甲公司的企业所得税税负影响如下：

股权转让所得 = 股权转让收入 2,189,916,000 元 - 股权成本 500,000,000 元 - 应纳增值税 78,047,320.75 元 - 城建税 5,463,312.45 元 - 教育费附加 3,902,366.04 元 - 印花税 2,189,916 元 = 1,600,313,084.75 元

应纳企业所得税 = 1,600,313,084.75 元 × 税率 25% = 400,078,271.19 元

第七章　上市公司收购所聘中介机构职责

第一节　所聘中介机构概述

一、上市公司控制权收购主要流程

上市公司控制权收购的形式包括二级市场交易、协议转让、间接收购、要约收购、定向增发、司法拍卖、表决权委托等。无论采取何种收购形式，上市公司控制权收购方一旦与转让方达成初步交易意向后，上市公司控制权收购运作即告开始。上市公司控制权收购的流程主要分为以下几个阶段：聘用中介及保密阶段、尽职调查阶段、出具报告及审查阶段、股份交割阶段、信息披露与持续督导阶段。

（一）聘用中介及保密阶段

收购方和被收购方需根据相关规定，强制或自愿聘请中介机构。收购方一般需聘请财务顾问、律师、会计师等。收购方如为国有资本，还会涉及按国资采购要求选择中介机构，此时需要收购方结合国资的采购要求和交易的保密要求，审慎考虑采购中介机构服务的具体方式。

在确定本次交易涉及的财务顾问机构、律师事务所、评估师机构、会计师事务所等中介机构之后，为避免收购过程本身及收购过程中获取的商业秘密被不当使用和泄露，参与交易的双方及相关中介机构需签署《保密协议》。

（二）尽职调查阶段

上市公司控制权收购离不开专业中介机构的协助。针对上市公司的控制权收购，中介机构不仅需对上市公司进行核查，还需要对交易对方、收购方自身进行核查。签订《保密协议》后，各中介机构需明确各方职责，需要出具的文件以及工作进度，结合尽职调查关注重点，择机进场对上市公司、收购方开展尽职调查工作。具体尽调内容需要根据上市公司的实际情况以及国资委对尽调工作的具体要求等进行调整。

（三）出具报告及审查阶段

一般情况下，上市公司收购需财务顾问出具尽职调查报告、估值报告，作为收购方内部决策依据的重要参考。如本次收购须经国资委审批，则中介机构还需完成拟提交给省国资委（或其授权机构）的申请材料，等待国资委的核准批复。

若收购方根据尽职调查结果决定继续收购，则需拟定相关交易文件，并与转让方谈判和最终签署相关交易文件。根据收购方式的不同，交易文件可能涉及股份转让协议、表决权委托协议、股份认购协议等主要交易文件，其他附属文件根据项目具体情况包括特殊事项的承诺函、备忘录等。

正式签署交易协议后的3个交易日内，收购方完成信息披露文件。如收到交易所问询函，则中介机构需配合完成对交易所的问询回复。

（四）股份交割阶段

证券交易所会在股份交割前对交易进行合法性审查。作为收购方，应注意在中介机构帮助下对股权结构是否清晰、出让股份是否存在权利瑕疵、交易是否存在实施障碍、收购方内部的审批流程是否完备、是否已完成税务申报等问题进行核查，避免在前述合法性审查中遇到障碍。在股份交割的设计上，交割与付款时间节点的选择、资金监管措施及违约条款的合理安排，均是股份交割顺利进行的重要保障。根据协议安排完成价款支付、股份登记和过户手续。

（五）信息披露与持续督导阶段

上市公司控制权变动将对经营管理决策和投资者利益造成影响，因此相关法律法规规定了相应阶段的信息披露义务。对于协议收购、要约收购、间接收购等不同方式，有不同的信息披露要求。总体而言，首次持股达5%、增减持幅度达5%、持股达20%、持股达30%是收购上市公司进程中需要进行信息披露的几个重要节点（详细内容参见第三章）。前述投资者及其一致行动人为上市公司第一大股东或者实际控制人的，财务顾问还需对上述权益变动报告书所披露的内容出具核查意见，但国有股行政划转或者变更、股份转让在同一实际控制人控制的不同主体之间进行、因继承取得股份的除外。

另外，自收购人公告上市公司收购报告书至收购完成后12个月内，收购方财务顾问应当通过日常沟通、定期回访等方式，关注上市公司的经营情况，结合被收购公司定期报告和临时公告的披露事宜，对收购人及被收购公司履行持续督导职责。

二、涉及的中介机构

上市公司收购过程中涉及的中介机构主要有以下几类：

（一）收购人财务顾问

财务顾问，指除上市公司或其独立董事以外的其他主体聘请的专业机构。在一般的上市公司收购中，财务顾问属于《收购办法》中强制要求收购人聘请的证券服务机构。收购人未按照规定聘请财务顾问的，不得收购上市公司。

（二）上市公司独立财务顾问

独立财务顾问，专指上市公司或上市公司独立董事聘请的专业机构。当上市公司收购构成要约收购、管理层收购时，除强制要求收购方聘请财务顾问外，为保证中小股东的利益，亦强制要求作为被收购方的上市公司或其独立董事聘请专业机构，并在《收购办法》中将之定义为“独立财务顾问”。在这种情况下，明确要求独立财务顾问与财务顾问不得为同一家且不得存在关联关系。因此，在要约收购和管理层收购中，将同时出现财务顾问（收购人聘请）与独立财务顾问（上市公司或其独董聘请）两家机构。

而对于非强制要求被收购方聘请财务顾问的情形，被收购方亦可根据自身需要，自愿聘请独立财务顾问。

（三）律师事务所

律师在收购活动开展过程中发挥着不可或缺的作用。律师以其专业知识和经验为收购公司提供战略方案和选择、收购法律结构设计、尽职调查、价格确定以及支付方式的安排等法律服务；同时，参与并统一协调收购工作的会计、税务、专业咨询人员，最终形成收购公司的法律意见书及一套完整的收购合同和相关协议，以保障整个收购活动合法且有序地进行。

《收购办法》中规定了一项强制聘请律师事务所的情形，即收购人按照规定的情形免于发出要约的，应当聘请符合《证券法》规定的律师事务所等专业机构出具专业意见。特别地，若涉及国资背景的收购方或转让方受让或出售上市公司相应股份时，还需根据国资36号令，聘请律师事务所出具法律意见书。除此之外，收购双方及财务顾问可根据自身需求，自愿聘请律师事务所。

（四）审计机构

通过审计机构的帮助，对上市公司全部生产经营活动的合法性、有效性、真实性进行审查，是上市公司控制权收购过程中的基础保障。审计能够对目标企业进行详细综合审计，评价收购行为给收购方带来的商业风险和商业机遇，以决定是否收购，以及核定资产和利润的真实情况，评价资产评估确定的成交价是否合理，并为双方确定合理的收购价格。

目前审计机构在上市公司收购过程中暂无强制要求聘请的情形，但部分情况需披露收购人或其非现金资产的经审计的财务会计报告，具体包括以下三种情形：

一是对于涉及收购人以非现金资产认购上市公司发行的新股的收购，需披露非现金资产最近两年经符合《证券法》规定的会计师事务所审计的财务会计报告（或经符合《证券法》规定的评估机构出具的有效期内的资产评估报告）。

二是对于涉及披露上市公司收购报告书的收购，收购人应当披露最近3年财务会计报表，并提供最近一个会计年度经符合《证券法》规定的会计师事务所审计的财务会计报告。

三是对于收购人以证券支付收购价款的，应当提供该证券的发行人最近3年经审计的财务会计报告、证券估值报告。

（五）评估机构

资产评估是收购行为中的核心环节，利用资产评估的作用，可以提高交易定价的公允性。并购重组的核心是价值发现与价值再造，资产评估机构作为独立的第三方专业机构，能够为投资者提供独立、客观的价值信息和公允的价值尺度，并帮助其实现价值。

《收购办法》规定，上市公司董事、监事、高级管理人员、员工或其控制或委托的法人或者其他组织，拟对公司进行收购或者间接收购的方式取得公司控制权的，公司应当聘请符合《证券法》规定的资产评估机构提供公司资产评估报告。特别地，对于国有股东所持上市公司股份间接转让，也应聘请评估机构进行资产评估。其他情形下，收购人或上市公司可根据内部控制要求，自行聘请评估机构。

第二节　收购人聘请的财务顾问

一、需要聘请财务顾问的法定情形

财务顾问是上市公司收购中必须聘请的中介机构。根据《收购办法》第九条规定，收购人进行上市公司的收购，应当聘请符合《证券法》规定的专业机构担任财务顾问。收购人未按照《收购办法》规定聘请财务顾问的，不得收购上市公司。

上市公司收购中的财务顾问并非限定为证券公司。2008 年 6 月 3 日，证监会发布《上市公司并购重组财务顾问业务管理办法》，经证监会核准具有上市公司并购重组财务顾问业务资格的证券公司、证券投资咨询机构或者其他符合条件的财务顾问机构，可以从事上市公司收购、重大资产重组、合并、分立、股份回购等五个方面的专业服务。

为落实《证券法》关于财务顾问等证券服务机构由审批改为备案的新要求，证监会于 2020 年 7 月 24 日发布《证券服务机构从事证券服务业务备案管理规定》，并于 2020 年 10 月 23 日发布配套规则《〈证券服务机构从事证券服务业务备案管理规定〉第九条的适用意见——证券期货法律适用意见第 16 号》及《监管规则适用指引——科技监管类第 1 号》。

证监会为保障财务顾问服务质量和保护投资者权益，现阶段总体考虑暂由有相关展业经验的证券公司、证券投资咨询机构开展上市公司财务顾问业务，其他类型机构提出财务顾问机构意向的，交易所、证券业协会将会对其是否具有职业能力进行充分评估。截至 2022 年 6 月，证监会公布的《证券投资咨询机构名录》中共有 80 家证券投资咨询机构，包括各类投资咨询公司、投资顾问公司等。

二、财务顾问的职责

（一）收购过程中的职责

1. 一般情形下需履行的义务

在收购过程中，财务顾问应当站在收购人角度，针对收购事项进行风险研判，协助收购人制定包括收购方式、支付安排等在内的收购方案，同时为保证收购人满足收购能力、管理能力等方面的要求，还需对收购人开展尽职调查、进行证券市场规范运作辅导，核查收购目的的正当性、收购资金来源的合法性、收购计划的可行性等，即保证收购人收购上市公司后能胜任自身角色，有利于上市公司长远发展，不损害上市公司及其他股东利益，不存在非正当的利益安排。

根据《收购办法》第六十五条规定，收购人聘请的财务顾问应当履行以下职责：

（1）对收购人的相关情况进行尽职调查；

（2）应收购人的要求向收购人提供专业化服务，全面评估被收购公司的财务和经营状况，帮助收购人分析收购所涉及的法律、财务、经营风险，就收购方案所涉及的收购价格、收购方式、支付安排等事项提出对策建议，并指导收购人按照规定的内容与格式制作公告文件；

（3）对收购人进行证券市场规范化运作的辅导，使收购人的董事、监事和高级管理人员熟悉有关法律、行政法规和证监会的规定，充分了解其应当承担的义务和责任，督促其依法履行报告、公告和其他法定义务；

（4）对收购人是否符合《收购办法》的规定及公告文件内容的真实性、准确性、完整性进行充分核查和验证，对收购事项客观、公正地发表专业意见；

（5）与收购人签订协议，在收购完成后12个月内，持续督导收购人遵守法律、行政法规、证监会的规定、证券交易所规则、上市公司章程，依法行使股东权利，切实履行承诺或者相关约定。

除前述职责外，针对不同比例的收购，财务顾问还应对详式权益变动报告书所披露的内容出具核查意见或是出具财务顾问报告（见表7－1）。

表7－1　　财务顾问需出具的文件

需出具文件	适用情形	关注事项
详式权益变动报告书之财务顾问核查意见	投资者及其一致行动人拥有权益的股份达到或者超过上市公司已发行股份的20%但未超过30%	仅前述投资者及其一致行动人为上市公司第一大股东或者实际控制人时需出具（国有股行政划转或者变更、股份转让在同一实际控制人控制的不同主体之间进行、因继承取得股份的除外） 财务顾问核查意见针对收购人详式权益变动报告书中的事项进行核查，包括收购人基本情况、收购目的及计划、权益变动方式、资金来源、后续计划、对上市公司影响分析等

续表

需出具文件	适用情形	关注事项
财务顾问报告	投资者及其一致行动人通过协议收购、间接收购和其他合法方式，在上市公司中拥有权益的股份超过该上市公司已发行股份的30%	在财务顾问报告中对收购人资信情况、收购目的、收购资金来源及合法性、股权控制结构、审批程序、后续计划等各类事项进行说明和分析，并逐项发表明确意见 在收购人公告上市公司收购报告书时，应当提交的备查文件还包括财务顾问关于收购人最近3年的诚信记录、收购资金来源合法性、收购人具备履行相关承诺的能力以及相关信息披露内容真实性、准确性、完整性的核查意见；收购人成立未满3年的，财务顾问还应当提供其控股股东或者实际控制人最近3年诚信记录的核查意见

2. 财务顾问报告的内容

收购人聘请的财务顾问就本次收购出具的财务顾问报告，应当对以下事项进行说明和分析，并逐项发表明确意见：

（1）收购人编制的上市公司收购报告书或者要约收购报告书所披露的内容是否真实、准确、完整；

（2）本次收购的目的；

（3）收购人是否提供所有必备证明文件，根据对收购人及其控股股东、实际控制人的实力、从事的主要业务、持续经营状况、财务状况和诚信情况的核查，说明收购人是否具备主体资格，是否具备收购的经济实力，是否具备规范运作上市公司的管理能力，是否需要承担其他附加义务及是否具备履行相关义务的能力，是否存在不良诚信记录；

（4）对收购人进行证券市场规范化运作辅导的情况，其董事、监事和高级管理人员是否已经熟悉有关法律、行政法规和证监会的规定，充分了解应承担的义务和责任，督促其依法履行报告、公告和其他法定义务的情况；

（5）收购人的股权控制结构及其控股股东、实际控制人支配收购人的方式；

（6）收购人的收购资金来源及其合法性，是否存在利用本次收购的股份向银行等金融机构质押取得融资的情形；

（7）涉及收购人以证券支付收购价款的，应当说明有关该证券发行人的信息披露是否真实、准确、完整以及该证券交易的便捷性等情况；

（8）收购人是否已经履行了必要的授权和批准程序；

（9）是否已对收购过渡期间保持上市公司稳定经营作出安排，该安排是否符合有关规定；

（10）对收购人提出的后续计划进行分析，收购人所从事的业务与上市公司从事的业务存在同业竞争、关联交易的，对收购人解决与上市公司同业竞争等利益冲突及保持上市公司经营独立性的方案进行分析，说明本次收购对上市公司经营独立性和持续发展可能产生的影响；

（11）在收购标的上是否设定其他权利，是否在收购价款之外还作出其他补偿安排；

（12）收购人及其关联方与被收购公司之间是否存在业务往来，收购人与被收购公司的董事、监事、高级管理人员是否就其未来任职安排达成某种协议或者默契；

（13）上市公司原控股股东、实际控制人及其关联方是否存在未清偿对公司的负债、未解除公司为其负债提供的担保或者损害公司利益的其他情形；存在该等情形的，是否已提出切实可行的解决方案；

（14）涉及收购人拟免于发出要约的，应当说明本次收购是否属于《收购办法》第六章规定的情形，收购人是否作出承诺及是否具备履行相关承诺的实力。

3. 国有股东受让或转让上市公司股份的特定情形

特别地，对于国有股东受让或转让上市公司股份的以下特定情形，还需财务顾问出具尽职调查报告（见表7－2）。该财务顾问尽调报告是提交当地国资委审批的必备文件之一，证监会、交易所对此没有披露、备查要求。

表 7－2　　财务顾问需出具尽职调查报告的情形

需出具尽职调查报告的情形	《上市公司国有股权监督管理办法》具体规定
国有股东受让上市公司股份且取得控股权	国有股东通过证券交易系统增持、协议受让、间接受让、要约收购上市公司股份和认购上市公司发行股票等取得上市公司控股权的，国家出资企业、国有资产监督管理机构批准该事项时应当审核财务顾问出具的尽职调查报告
国有股东所持上市公司股份公开征集转让，可能导致上市公司控股权转移	财务顾问对上市公司股份的转让方式、转让价格、股份转让对国有股东和上市公司的影响等方面出具专业意见；并对拟受让方进行尽职调查，出具尽职调查报告
国有股东所持上市公司股份非公开协议转让，涉及上市公司控股权转移	国有股东与受让方签订股份转让协议前，聘请财务顾问，对拟受让方进行尽职调查，出具尽职调查报告
国有股东所持上市公司股份间接转让	国有控股股东所持上市公司股份间接转让，应当聘请财务顾问，对国有产权拟受让方或投资人进行尽职调查，并出具尽职调查报告

（二）持续督导期间的职责

1. 持续督导的一般性要求

财务顾问的持续督导期为上市公司收购行为完成后 12 个月，在此期间需按季度将上市公司主营业务调整、董监高更换等重大事项以及收购人承诺履行情况向证监会派出机构（即上市公司所在辖区证监局，下同）汇报。根据《收购办法》第七十二条规定，在上市公司收购行为完成后 12 个月内，收购人聘请的财务顾问应当在每季度前 3 日内就上一季度对上市公司影响较大的投资、购买或者出售资产、关联交易、主营业务调整以及董事、监事、高级管理人员的更换、职工安置、收购人履行承诺等情况向派出机构报告。收购人注册地与上市公司注册地不同的，还应当将前述情况的报告同时抄报收购人所在地的派出机构。

派出机构发现实际情况与收购人披露的内容存在重大差异的，对收购人及上市公司予以重点关注，可以责令收购人延长财务顾问的持续督导期，并依法进行查处。

在持续督导期间，财务顾问与收购人解除合同的，收购人应当另行聘请其他财务顾问机构履行持续督导职责。

2. 对于已公告上市公司收购报告书的收购的特殊要求

对于已公告上市公司收购报告书的收购，持续督导要求更为严格，除前述一般要求外，在持续督导期间，财务顾问还应当结合上市公司披露的季度报告、半年度报告和年度报告出具持续督导意见，并在前述定期报告披露后的 15 日内向派出机构报告。

在此期间，财务顾问发现收购人在上市公司收购报告书中披露的信息与事实不符的，应当督促收购人如实披露相关信息，并及时向证监会、派出机构、证券交易所报告。财务顾问解除委托合同的，应当及时向证监会、派出机构作出书面报告，说明无法继续履行持续督导职责的理由，并予公告。

根据《收购办法》第七十一条规定，自收购人公告上市公司收购报告书至收购完成后 12 个月内，财务顾问应当通过日常沟通、定期回访等方式，关注上市公司的经营情况，结合被收购公司定期报告和临时公告的披露事宜，对收购人及被收购公司履行持续督导职责，具体事项包括：

（1）督促收购人及时办理股权过户手续，并依法履行报告和公告义务；

（2）督促和检查收购人及被收购公司依法规范运作；

（3）督促和检查收购人履行公开承诺的情况；

（4）结合被收购公司定期报告，核查收购人落实后续计划的情况，是否达到预期目标，实施效果是否与此前的披露内容存在较大差异，是否实现相关盈利预测或者管理层预计达到的目标；

（5）涉及管理层收购的，核查被收购公司定期报告中披露的相关还款计划的落实情况与事实是否一致；

（6）督促和检查履行收购中约定的其他义务的情况。

根据《收购办法》第六十九条规定，财务顾问在收购过程中和持续督导期间，应当关注被收购公司是否存在为收购人及其关联方提供担保或者借款等损害上市公司利益的情形，发现有违法或者不当行为的，应当及时向证监会、派出机构和证券交易所报告。

第三节　上市公司独立财务顾问

一、需要聘请独立财务顾问的法定情形

当上市公司收购构成要约收购、管理层收购时，除强制要求收购方聘请财务顾问外，为保证中小股东的利益，作为被收购方的上市公司董事会或独立董事也被要求聘请专业机构，即“独立财务顾问”。现对相关情形阐述如下：

（一）要约收购

当上市公司收购构成要约收购时，上市公司作为被收购方需要聘请独立财务顾问对收购人的收购动机、收购能力等进行核查，以保障广大投资者利益。根据《收购办法》第三十二条规定，被收购公司董事会应当对收购人的主体资格、资信情况及收购意图进行调查，对要约条件进行分析，对股东是否接受要约提出建议，并聘请独立财务顾问提出专业意见。在收购人公告要约收购报告书后 20 日内，被收购公司董事会应当公告被收购公司董事会报告书与独立财务顾问的专业意见。

收购人对收购要约条件作出重大变更的，被收购公司董事会应当在 3 个工作日内公告董事会及独立财务顾问就要约条件的变更情况所出具的补充意见。

（二）管理层收购

当上市公司收购构成管理层收购时，在独立董事对收购事项发表意见前，应当聘请独立财务顾问就本次收购出具专业意见。根据《收购办法》

第五十一条规定，上市公司董事、监事、高级管理人员、员工或者其所控制或者委托的法人或者其他组织，拟对本公司进行收购或者通过《收购办法》第五章规定的方式取得本公司控制权（即“管理层收购”）的，该上市公司应当具备健全且运行良好的组织机构以及有效的内部控制制度，公司董事会成员中独立董事的比例应当达到或者超过1/2。

本次收购应当经董事会非关联董事作出决议，且取得2/3以上的独立董事同意后，提交公司股东大会审议，经出席股东大会的非关联股东所持表决权过半数通过。独立董事发表意见前，应当聘请独立财务顾问就本次收购出具专业意见，独立董事及独立财务顾问的意见应当一并予以公告。

二、独立财务顾问的职责

与收购人聘请的财务顾问不同，上市公司董事会或者独立董事聘请的财务顾问的职责是为上市公司服务，客观公正地评估上市公司的价值，评估收购人的要约价格是否合理、支付方式是否有吸引力，上市公司股东是否应当接受要约等。

根据《收购办法》第六十七条、第三十六条规定，独立财务顾问应当根据委托进行尽职调查，对本次收购的公正性和合法性发表专业意见。独立财务顾问报告应当对以下问题进行说明和分析，发表明确意见：

（1）收购人是否具备主体资格；

（2）收购人的实力及本次收购对被收购公司经营独立性和持续发展可能产生的影响分析；

（3）收购人是否存在利用被收购公司的资产或者由被收购公司为本次收购提供财务资助的情形；

（4）涉及要约收购的，分析被收购公司的财务状况，说明收购价格是否充分反映被收购公司价值，收购要约是否公平、合理，对被收购公司社会公众股股东是否接受要约提出建议；此外，根据《收购办法》第三十六条规定，收购人以证券支付收购价款的，应当配合被收购公司聘请的独立财务顾问的尽职调查工作。收购人聘请的财务顾问应当对收购人支付收购价款的能力和资金来源进行充分的尽职调查，详细披露核查的过程和依据，说明收购人是否具备要约收购的能力。

（5）涉及收购人以证券支付收购价款的，还应当根据该证券发行人的资产、业务和盈利预测，对相关证券进行估值分析，就收购条件对被收购公司的社会公众股股东是否公平合理、是否接受收购人提出的收购条件提出专业意见；

（6）涉及管理层收购的，应当对上市公司进行估值分析，就本次收购的定价依据、支付方式、收购资金来源、融资安排、还款计划及其可行性、上市公司内部控制制度的执行情况及其有效性、上述人员及其直系亲属在最近24个月内与上市公司业务往来情况、收购报告书披露的其他内容等进行全面核查，并发表明确意见。

第四节　其他中介机构

一、需要聘请其他中介机构的法定情形

（一）律师事务所

对于申请免于要约收购的情形，需聘请律师出具法律意见书。根据《收购办法》第四十八条规定，以协议方式收购上市公司股份超过30%，收购人拟依据《收购办法》第六十二条，第六十三条第一款第（一）项、第（二）项、第（十）项的规定免于发出要约的，应当在与上市公司股东达成收购协议之日起3日内编制上市公司收购报告书，通知被收购公司，并公告上市公司收购报告书摘要。收购人应当在收购报告书摘要公告后5日内，公告其收购报告书、财务顾问专业意见和律师出具的法律意见书。

特别地，对于国有股东受让或转让上市公司股份的以下特定情形，还需聘请律师事务所出具法律意见书（见表7－3）。

表 7－3　　国有股东受让或转让上市公司股份的特定情形

需出具法律意见书的情形	《上市公司国有股权监督管理办法》具体规定
国有股东受让上市公司股份且取得控股权	国有股东通过证券交易系统增持、协议受让、间接受让、要约收购上市公司股份和认购上市公司发行股票等，国家出资企业、国有资产监督管理机构批准该事项时应当审核律师事务所出具的法律意见书
国有股东非公开协议转让所持上市公司股份	国家出资企业、国有资产监督管理机构批准国有股东非公开协议转让上市公司股份时，应当审核律师事务所出具的法律意见书。这里的非公开协议转让是指不公开征集受让方，通过直接签订协议转让上市公司股份的行为
国有股东无偿划转所持上市公司股份	国家出资企业、国有资产监督管理机构批准国有股东所持上市公司股份无偿划转时，应当审核律师事务所出具的法律意见书
国有股东间接转让所持上市公司股份	国有资产监督管理机构批准国有股东所持上市公司股份间接转让时，应当审核律师事务所出具的法律意见书
国有股东所控股上市公司吸收合并	国有控股上市公司之间或国有控股上市公司与非国有控股上市公司之间的吸收合并，国有资产监督管理机构批准国有股东所控股上市公司吸收合并时，应当审核律师事务所出具的法律意见书

（二）评估机构

对于管理层收购，公司应当聘请符合《证券法》规定的资产评估机构提供公司资产评估报告，对上市公司股东全部权益在评估基准日的市场价值进行评估，为收购提供客观公正的定价依据。根据《收购办法》第五十一条规定，上市公司应当聘请符合《证券法》规定的资产评估机构提供公司资产评估报告。此外，当涉及简式或详式权益变动报告书披露时，根据《公开发行证券的公司信息披露内容与格式准则第 15 号——权益变动报告书》（2020 年修订）第二十八条规定，信息披露义务人以其非现金资产认购上市公司发行的新股的，还应当披露经符合《证券法》规定的评估机构出具的有效期内的资产评估报告（或非现金资产最近两年经符合《证券法》规定的会计师事务所审计的财务会计报告）。

特别地，对于国有股东所持上市公司股份间接转让，也应聘请评估机构进行资产评估。根据国资 36 号令第六章规定，国有资产监督管理机构批准国有股东所持上市公司股份间接转让时，应当审核产权转让或增资扩股的资产评估结果核准、备案文件。国有股东产权转让或增资扩股未构成间接转让的，其资产评估涉及上市公司股份作价按照国资 36 号令第四十三条规定确定。

（三）审计机构、估值机构

对于涉及披露简式或详式权益变动报告书且收购人以非现金资产认购上市公司发行的新股的收购，根据前述《公开发行证券的公司信息披露内容与格式准则第 15 号——权益变动报告书》（2020 年修订）第二十八条规定，应当披露非现金资产最近两年经符合《证券法》规定的会计师事务所审计的财务会计报告（或经符合《证券法》规定的评估机构出具的有效期内的资产评估报告）。

对于涉及披露上市公司收购报告书的收购的，根据《公开发行证券的公司信息披露内容与格式准则第 16 号——上市公司收购报告书》（2020 年修订）第四十六条规定，收购人为法人或者其他组织的，收购人应当披露最近 3 年财务会计报表，并提供最近一个会计年度经符合《证券法》规定的会计师事务所审计的财务会计报告。

对于收购人以证券支付收购价款的，根据《收购办法》第三十六条规定，应当提供该证券的发行人最近 3 年经审计的财务会计报告、证券估值报告。

二、需要聘请其他中介机构的其他情形

（一）财务顾问聘请

财务顾问除自身需对收购人进行核查外，可根据实际需要聘请律师等专业机构协助其核查。根据《收购办法》第七十条规定，财务顾问为履行职责，可以聘请其他专业机构协助其对收购人进行核查，但应当对收购人

提供的资料和披露的信息进行独立判断。

由于市场上大多数上市公司收购的财务顾问由证券公司担任，若聘请其他专业机构，需特别关注证监会于 2018 年 6 月 27 日发布的《关于加强证券公司在投资银行类业务中聘请第三方等廉洁从业风险防控的意见》相关规定，证券公司应恪守独立履责、勤勉尽责义务，根据法规规定和客观需要合理使用第三方服务，不得将法定职责予以外包。证券公司依法应当承担的责任不因聘请第三方而减轻或免除。

（二）收购人、上市公司自愿聘请

收购人、上市公司可基于自身意愿和实际需要，自愿聘请律师、评估等专业机构，如协议收购未超过 30% 时，收购人亦可聘请律师对拟收购的上市公司开展法律尽调、协助草拟协议等工作；即使不属于必须聘请评估的法定情形，收购人亦可聘请评估机构为交易提供价值参考依据和定价依据。此外，在部分上市公司收购案例中，也有因监管机构的要求而另行聘请律师的情形。如部分案例中，交易所在关注函、问询函中要求律师对具体事项发表意见。

三、其他中介机构职责

其他中介机构的职责主要为勤勉尽责，保证出具文件的真实、准确、完整。根据《收购办法》第九条规定，为上市公司收购出具资产评估报告、审计报告、法律意见书的证券服务机构及其从业人员，应当遵守法律、行政法规、证监会的有关规定，以及证券交易所的相关规则，遵循本行业公认的业务标准和道德规范，诚实守信，勤勉尽责，对其所制作、出具文件的真实性、准确性和完整性承担责任。

第五节　中介机构监管及处罚

一、处罚措施

证监会及其派出机构依法对提供并购重组服务的专业机构进行监管。证监会对于上市公司收购中的中介机构监管处罚大致可分为两类：

一类是针对较为轻微的违规行为，处罚以责令改正为主。根据《收购办法》第八十一条规定，为上市公司收购出具资产评估报告、审计报告、法律意见书和财务顾问报告的证券服务机构或者证券公司及其专业人员，未依法履行职责的，或者违反证监会有关规定或者行业规范、业务规则的，证监会责令改正，采取监管谈话、出具警示函、责令公开说明、责令定期报告等监管措施。前款规定的证券服务机构及其从业人员被责令改正的，在改正前不得接受新的上市公司并购重组业务。

另一类是针对违法行为，处罚更为严重，包括记入诚信档案、追究法律责任。根据《收购办法》第八十二条规定，证监会将上市公司的收购及相关股份权益变动活动中的当事人的违法行为和整改情况记入诚信档案。违反本办法的规定构成证券违法行为的，依法追究法律责任。

二、案例解析

财务顾问、独立财务顾问，以及其他为上市公司收购事项出具资产评估报告、审计报告、法律意见书的证券服务机构及其从业人员，如出现未能勤勉尽责、未审慎发布意见等违法违规情形，将面临监管处罚。

案例7－1　C上市公司控股权转让中，财务顾问主办人因未勤勉尽责，未能全面评估相关风险并审慎发表专业意见，被上交所监管关注

【案例介绍】 2017年12月，C上市公司间接控股股东Z公司在某产权交易所将其所持有的公司控股股东C集团50.98%的国有产权公开挂牌转让，C集团持有C公司46.25%股份。2018年10月，J投资公司摘牌成为受让方。摘牌10日后，Z公司与收购人签订了《产权交易合同》，并经国务院国有资产监督管理委员会批准后生效。

2018年11月，C公司披露《详式权益变动报告书》。收购人J投资公司称，拟在协议生效后30日内完成减持或发出全面要约，并提出拟通过对C集团进行分立的方式，使其持有的公司权益降至30%以下。同时，收购人明确拟在本次交易协议生效后30日内完成上述分立方案。

2019年1月，C公司披露上述股权转让获得国务院国资委批复的公告，《产权交易合同》生效。

2019年3月，收购人在C公司回复交易所监管函的公告中称，交易协议生效已超过30日，收购人因对本次交易的复杂性和特殊性认识不够充分，导致原先披露的方案无法按照时间安排顺利推进，未按照《详式权益变动报告书》的时间安排完成减持，同时拟将“协议生效后30日内完成减持或发出全面要约”变更为“在标的公司股权完成工商变更后30日内完成减持或发出全面要约”。

2019年9月，收购人通过上市公司发布《关于控股股东C集团50.98%股权转让终止的公告》，明确了“鉴于无法在承诺期限内完成本次交易，收购人拟终止本次交易”。

2020年1月，交易所发布《关于对C公司控股股东股权转让事项财务顾问项目主办人予以监管关注的决定》。交易所表示，涉及公司控制权变更的收购事项对公司及投资者影响重大，收购人理应审慎评估设计交易方案及时间，并做好相关信息披露工作，保证信息披露的准确性。

【要点】收购人J投资公司前期在《详式权益变动报告书》披露将在“协议生效后30日内完成减持或发出全面要约”，项目财务顾问及主办人在为公司《详式权益变动报告书》出具的《财务顾问核查意见》中声明：“有充分理由确信收购方案所披露的信息真实、准确、完整，不存在虚假记载、误导性陈述和重大遗漏。”但后续并未按期落实，提出的替代实施方案与前期披露的时间安排差异较大，对市场和投资者造成误导。

【案例分析】财务顾问项目主办人在对收购人收购方案及相关披露文件发表意见时，理应全面考虑相关方案时间安排的可行性，充分评估相关方案是否与交易的现实情况相匹配，并审慎出具核查意见，充分提示相关风险。财务顾问项目主办人未勤勉尽责，未能全面评估相关风险并审慎发表专业意见，其行为违反了《上市公司并购重组财务顾问业务管理办法》、交易所《股票上市规则》相关规定。

案例7－2 K上市公司控股权转让，财务顾问及主办人因忽略股权转让协议补充协议而被处罚

【案例介绍】2015年11月，K上市公司第一大股东S集团与Z股权投资公司正式签署《股份转让协议》，S集团拟将持有的K公司25.08%股份全部转让给Z股权投资公司，转让完成后Z股权投资公司将成为K公司第一大股东。该协议比2015年10月的版本增加了以下条款，“协议的解除8.1本协议签署之日起3个月内，依照4.1条所列的生效条件不能全部获得满足的，则本协议自动解除，双方互不承担违约责任。甲方应在本协议自动解除后5个工作日内，返还3.2条所列受让保证金”，以及“生效条件4.1.4甲方（S集团）获得Y省有关政府部门支持乙方（Z股权投资公司）成为K公司第一大股东的书面文件，Y省工业投资控股集团有限责任公司出具书面文件支持并配合完成本协议项下股权转让事宜”。

2015年11月，Z股权投资公司通过K公司披露了《详式权益变动报告书》，但该报告书未披露《股份转让协议》中前述“3个月自动解除”条款在内的全部生效条件。同日，项目财务顾问出具《财务顾问声明》随《详式权益变动报告书》一并公告，确认“已履行勤勉尽责义务，对本报告书的内容进行了核查和验证，未发现虚假记载、误导性陈述或者重大遗漏，并对此承担相应的责任”，并出具了《详式权益变动报告书之财务顾问核查意见》。财务顾问在出具上述核查意见和声明时，未取得S集团和Z股权投资公司正式签署的《股份转让协议》，未通过核查发现该协议文本中的新增条款。

2016 年 2 月，K 公司发布《重大事项进展情况公告》，提示协议中存在“3 个月自动解除”条款，股权转让协议将在 2 月 8 日自动解除，转让双方正在协商是否延期。2016 年春节后，K 公司即发布《股权转让等重大事项终止暨股票复牌提示性公告》，由于股权转让协议生效条件未达成，项目终止。最终，股权转让因未在 3 个月内完成相关手续而终止。随后股价出现大幅下跌，5 个月内上市公司股价波动幅度接近 100%，市场投资者遭受巨大损失。

【要点】2016 年 2 月，证监局在日常监管中发现辖区上市公司 K 公司及其第一大股东 S 集团、股份拟受让方 Z 股权投资公司涉嫌信息披露重大遗漏。经查，K 公司、S 集团未披露“3 个月自动解除”等协议生效条件和特殊条款，Z 股权投资公司未完整披露协议的生效条件；S 集团、Z 股权投资公司未按照规定披露 S 集团回购 K 公司资产的股份转让补充协议。Z 股权投资公司聘请的财务顾问未勤勉尽责，未发现 Z 股权投资公司信息披露存在重大遗漏。

2016 年 9 月，证监会发布行政处罚决定书，公布了对财务顾问以及签字人员的处罚决定：责令财务顾问改正，没收业务收入 300 万元，并处以 300 万元罚款；对两名财务顾问主办人给予警告，并分别处以 5 万元罚款。

【案例分析】财务顾问未取得并核查 S 集团和 Z 股权投资公司正式签署的《股份转让协议》，未发现 Z 股权投资公司披露的《详式权益变动报告书》信息披露存在重大遗漏，其出具的财务顾问核查意见存在重大遗漏，遭到证监会处罚。

重组篇

第八章　上市公司重大资产重组概论

第一节　重大资产重组的内涵、界定标准及原则

一、重大资产重组的内涵

上市公司重大资产重组，是一个较为宽泛的概念，包括上市公司重大资产购买、出售、置换及与他人新设企业等行为。我国资本市场建立之初，对“重大资产重组”没有明确定义。最早对上市公司重大资产重组进行界定的制度文件是证监会于2000年6月发布的规范性文件《关于规范上市公司重大购买或出售资产行为的通知》（证监公司字〔2000〕75号，以下简称“75号文”）。2008年4月，《重组办法》首次出台，这是监管上市公司重大资产重组最核心的部门规章。《重组办法》完善和优化了重大资产重组的适用范围，并经几次修订，已基本确立上市公司重大资产重组的定义，并形成现行重大资产重组的监管框架。

对于上市公司重大资产重组的定义，现行《重组办法》第二条规定，“本办法适用于上市公司及其控股或者控制的公司在日常经营活动之外购买、出售资产或者通过其他方式进行资产交易达到规定的标准，导致上市公司的主营业务、资产、收入发生重大变化的资产交易行为”。

对于重大资产重组适用的范围，可从以下几个方面进行理解和适用：

《重组办法》适用的主体，既包括上市公司，也包括上市公司控股或者控制的公司。

《重组办法》适用的交易行为有以下几个特点：

1. 适用上市公司及其控股或者控制的公司在日常经营活动之外的活动

如果是上市公司基于日常经营所需进行资产购买、出售等活动，比如购买生产资料、出售机器设备等，则不构成《重组办法》规定的重大资产重组。

2. 适用资产交易，包括购买、出售资产或者通过其他方式进行的资产交易

这里的资产交易，既包括股权资产交易，也包括非股权资产交易。《重组办法》第十五条对“通过其他方式”进行了规定：“包括：（一）与他人新设企业、对已设立的企业增资或者减资；（二）受托经营、租赁其他企业资产或者将经营性资产委托他人经营、租赁；（三）接受附义务的资产赠与或者对外捐赠资产；（四）证监会根据审慎监管原则认定的其他情形。上述资产交易实质上构成购买、出售资产，且达到本办法第十二条、第十三条规定的标准的，应当按照本办法的规定履行相关义务和程序。”

这一条规定列举了其他资产交易方式，同时还强调了“实质上构成购买、出售资产的资产交易，且按规定达到一定标准的，适用该办法”。目前并没有关于“实质上”的权威解释，一般需要结合“是否导致上市公司的主营业务、资产、收入发生重大变化”来进行判断。

3. 该行为相关指标需达到一定标准

《重组办法》第十二条对此规定，当交易资产的资产总额、资产净额、营业收入中任一指标占上市公司相关指标50%以上的（营业收入、资产净额还需满足“且超过5,000万元人民币”的标准），即构成重大资产重组。上述计算涉及主体、时点及指标口径等的选取，是重大资产重组实务中常见的一大问题，本节“二、重大资产重组的界定标准”将对此进行专门介绍。

《重组办法》第十三条规定，上市公司控制权变更之日起36个月内，向收购人及关联人购买资产，购买的资产总额、资产净额、营业收入、发

行股份按规定进行计算的相关指标，只要其中任一达到100%，或导致上市公司主营业务发生根本变化，均构成重大资产重组的一种特殊类型，一般被称为重组上市，本书将在“第十章 上市公司重组上市”进行详细介绍。

4. 该行为会导致上市公司的主营业务、资产、收入发生重大变化

对于理解是否“发生重大变化”，结合《重组办法》第十二条对相应指标的规定，上市公司的资产总额、净资产、收入中的任何一项发生了与以前相比过半的变化，那么一般认为该项指标“发生了重大变化”。

实务中，可能会遇到上市公司的某一指标为负，或者交易多个资产时，有的资产指标为负，有的资产指标为正的情形，这就给“相关指标计算”和“重大资产重组行为判断”造成一定困扰。在这种情形下，一方面需要根据《重组办法》及相关规则指引进行严谨的计算，另一方面就需要结合“是否导致上市公司的主营业务、资产、收入发生重大变化”这一实质进行审慎判断。根据这条规定，上市公司与上市公司控股或者控制的公司之间进行的交易，属于上市公司体系内的运作，不会导致上市公司的主营业务、资产、收入发生重大变化，因此不适用《重组办法》的规定。

二、重大资产重组的界定标准

《重组办法》第十二条对重大资产重组的界定明确了量化指标，并在第十四条对定义中相关比例的计算作出了明确规定，这一界定标准是判断上市公司的资产交易是否构成重大资产重组的重要量化标准。

（一）界定标准的历史演变

最早对重大资产重组进行界定的监管性文件是2000年6月证监会发布的75号文，其规定的“三个判断是否构成重大资产重组的指标”为资产总额、资产净额和利润，即“上市公司重大购买或出售资产的行为，是指上市公司购买、出售或置换资产达到下列标准之一的情形：（一）收购或出售的资产总额占上市公司最近经审计后总资产的50%以上；（二）收购或出售的资产净额占上市公司最近经审计后净资产的50%以上；（三）收购或出售资产相关的利润占上市公司最近经审计后利润的50%以上”。

在实践中，这一规定使得很多“资产规模很大、利润很小”的上市公司进行一般性的资产交易时很容易就触发重大资产重组标准。因此，证监会于2001年12月发布105号文，在构成“重大”的标准当中，删除利润指标，补充收入指标。

在此基础上，2008年4月，证监会颁布了《重组办法》（证监会令〔2008〕第53号），优化了财务计算指标。105号文规定，上市公司所购买、出售、置换入的资产净额占上市公司最近一个会计年度经审计的合并报表净资产的比例达50%以上的，即构成重大资产重组。但实践中，有些上市公司因资产净额较小，其金额不高的交易也会触发重大资产重组标准而需经申报审批，因此，《重组办法》规定，购买、出售的资产净额占上市公司最近一个会计年度经审计的合并财务会计报告期末净资产额的比例达到50%以上，且超过5,000万元人民币的，才构成重大资产重组。此标准一直沿用至今。

（二）现行标准解析

目前，我国主板、科创板、创业板、北交所对重大资产重组的界定标准已基本统一。2023年2月17日，证监会发布全面实行股票发行注册制相关制度规则，《重组办法》也进行了相应修订，将科创板和创业板现行规定推广至主板，进一步完善了重组认定标准，在“购买、出售的资产在最近一个会计年度所产生的营业收入占上市公司同期经审计的合并财务会计报告营业收入的比例达到50%以上”指标中，增加了“且超过5,000万元人民币”的要求。针对上述规定的总结详见表8-1，只要达到下列指标之一，即构成重大资产重组。

表8-1　　重大资产重组的界定标准

交易资产的指标	主板、科创板、创业板、北交所
资产总额	占上市公司期末资产总额比例50%以上
营业收入	占上市公司同期营业收入比例50%以上，且超过5,000万元
资产净额	占上市公司期末净资产额比例50%以上，且超过5,000万元

需要注意的是，计算相应指标时，上市公司的资产总额、营业收入、资产净额应为最近一个会计年度经审计的合并财务会计报告期末的相应数据，交易资产的营业收入应为最近一个会计年度所产生的营业收入，而资产总额、资产净额在《重组办法》中并未作明确规定。实务中，通常选取最近一期期末的资产总额、资产净额进行计算，以体现资产的最新状况。

《重组办法》第十四条对上述界定标准进行了细化，将交易资产区分为股权资产/非股权资产、购买/出售、控股权/参股权交易等，并针对不同情形进行规定。针对该规定的理解可以总结如表8－2和表8－3所示。

表8－2　股权资产交易的计算规则

交易资产的指标	控股权		参股权	
	购买	出售	购买	出售
资产总额	Max（资产总额，成交金额）	资产总额	Max（资产总额×股权比例，成交金额）	资产总额×股权比例
营业收入	营业收入	营业收入	营业收入×股权比例	营业收入×股权比例
资产净额	Max（净资产额，成交金额）	资产净额	Max（净资产额×股权比例，成交金额）	资产净额×股权比例

表8－3　非股权资产交易的计算规则

交易资产的指标	非股权资产	
	购买	出售
资产总额	Max（资产账面价值，成交金额）	资产账面价值
资产净额（如有负债）	Max（资产与负债的账面值差额，成交金额）	资产与负债的账面值差额

计算上述指标时，还需注意以下几点：

（1）非股权资产的资产净额计算方法适用于有负债的情形，非股权资产不涉及负债的，不适用第十二条规定的资产净额标准。

（2）上市公司同时购买、出售资产的，应当分别计算购买、出售资产的相关比例，并以二者中比例较高者为准。

（3）根据证监会于2020年7月发布的《监管规则适用指引——上市类第1号》关于资产净额的认定，资产净额的计算不应包括少数股东权益。

（4）“12个月内同一或者相关资产累计计算原则”的规定，有助于防止将重大交易化整为零、用时间来规避重大资产重组的行为。针对这一条的理解和适用涉及几个问题：①如何认定多笔交易是否在12个月内，是以董事会决议时间或者股东大会决议时间为准，还是以资产交割时间为准？②多笔交易时上市公司相应指标的时点如何选取？③如何理解什么是“同一或者相关资产”？

《〈上市公司重大资产重组管理办法〉第十四条、第四十四条的适用意见——证券期货法律适用意见第12号》（2022年修订）（证监会公告〔2022〕6号，以下简称《证券期货法律适用意见第12号》）对前两个问题给出了解答：“在上市公司股东大会作出购买或者出售资产的决议后十二个月内，股东大会再次或者多次作出购买、出售同一或者相关资产的决议的，应当适用《重组办法》第十四条第一款第（四）项的规定。在计算相应指标时，应当以第一次交易时最近一个会计年度上市公司经审计的合并财务会计报告期末资产总额、期末净资产额、当期营业收入作为分母。”

《重组办法》第十四条第二款对第三个问题进行了规定：“交易标的资产属于同一交易方所有或者控制，或者属于相同或者相近的业务范围，或者中国证监会认定的其他情形下，可以认定为同一或者相关资产。”该条规定体现了“同一或者相关资产”的两个标准，即资产属于同一交易方所有或者控制，或业务相同或者相近，同时赋予了证监会一定的自由裁量权。而业务是否相同或者相近，在实务中需要上市公司和中介机构结合实际情况进行判断。比如，某制造业上市公司12个月内收购的资产均为与主营业务相关的资产，则从定义上来说应当属于“同一或者相关资产”，如果其又跨界收购了医疗行业相关的资产，这两类资产不相关，则可以分别累计计算。

此外，根据第十四条规定，在 12 个月内连续发生多笔交易，如果前次交易已按照《重组办法》规定编制并披露重大资产重组报告书，则无须纳入累计计算的范围。

（5）《重组办法》第十二条第二款还规定：“购买、出售资产未达到前款规定标准，但中国证监会发现涉嫌违反国家产业政策、违反法律和行政法规、违反中国证监会的规定、可能损害上市公司或者投资者合法权益等重大问题的，可以根据审慎监管原则，责令上市公司暂停交易，按照本办法规定补充披露相关信息，并聘请符合《证券法》规定的独立财务顾问或者其他证券服务机构补充核查并披露专业意见。”

（三）其他特殊规定及适用范围

1. 对发行股份购买资产的规定

在全面注册制正式实施后，主板、科创板、创业板、北交所均规定：由证券交易所对上市公司发行股份购买资产进行审核，审核通过后报送证监会履行注册程序。

因此，即使发行股份购买资产交易不构成重大资产重组，也需遵守关于重大资产重组的相关规定。重大资产重组制度中还涉及较多关于发行股份购买资产的另行规定，本书将在“第九章 上市公司发行股份购买资产”进行详细介绍。

2. 对募集资金购买资产的规定

《重组办法》规定，“上市公司按照经中国证监会注册的证券发行申请所披露的募集资金用途，使用募集资金购买资产、对外投资的行为，不适用本办法”。按照《监管规则适用指引——上市类第 1 号》的规定，募集资金购买资产的监管方式为：如果上市公司发行预案披露的募投项目，在证监会注册之后实施，或者该项目的实施与发行以获得证监会注册互为前提，可以不适用《重组办法》的相关规定。如果募投项目不以发行获得证监会注册为前提，且在证监会注册之前即单独实施，则应当视为单独的购买资产行为。如达到重大资产重组标准，应当按照《公开发行证券的公司信息披露内容与格式准则第 26 号——上市公司重大资产重组》（以下简称

《26号准则》）编制、披露相关文件。

同时，《重组办法》规定："特定对象以现金或者资产认购上市公司发行的股份后，上市公司用同一次发行所募集的资金向该特定对象购买资产的，视同上市公司发行股份购买资产。"该规定将上市公司先非公开发行股份募集资金后再向同一对象现金购买资产的行为纳入发行股份购买资产的监管范围，以防上市公司通过此类操作规避并购重组委审核程序。

3. 对重组上市的规定

《重组办法》第十三条规定的重大资产重组行为，一般被称为重组上市，该形式是重大资产重组中的一种特殊类型。根据《重组办法》的规定，因重组上市会导致上市公司发生根本变化，需要符合更严格的标准。

因此，重组上市除需遵守关于重大资产重组的相关规定外，还需遵守其他相关规定。鉴于重组上市规定的复杂性和特殊性，本书将在"第十章 上市公司重组上市"进行详细介绍。

三、重大资产重组的原则

《重组办法》第十一条对重大资产重组的原则进行了规定，上市公司实施重大资产重组，应当："（一）符合国家产业政策和有关环境保护、土地管理、反垄断、外商投资、对外投资等法律和行政法规的规定；（二）不会导致上市公司不符合股票上市条件；（三）重大资产重组所涉及的资产定价公允，不存在损害上市公司和股东合法权益的情形；（四）重大资产重组所涉及的资产权属清晰，资产过户或者转移不存在法律障碍，相关债权债务处理合法；（五）有利于上市公司增强持续经营能力，不存在可能导致上市公司重组后主要资产为现金或者无具体经营业务的情形；（六）有利于上市公司在业务、资产、财务、人员、机构等方面与实际控制人及其关联人保持独立，符合中国证监会关于上市公司独立性的相关规定；（七）有利于上市公司形成或者保持健全有效的法人治理结构。"

需要说明的是，根据各证券交易所的股票上市规则，上市公司重大资产重组完成后，应满足如下股票上市条件（见表8－4）。

表 8－4 重大资产重组完成后需满足的股票上市条件

条件	主板	科创板、创业板、北交所
股本总额	不少于人民币 5,000 万元	不低于人民币 3,000 万元
股权分布	社会公众股东持有的股份不低于公司总股本的 25%，上市公司股本总额超过人民币 4 亿元的，社会公众股东持有的股份不低于公司总股本的 10%	

第二节 重大资产重组的类型

一、按重组目的分类

目前，关于重大资产重组分类，监管层面和市场层面均未形成统一的表述。按照重组目的，通常主要分为产业并购、重组上市、整体上市三类。尽管这种分类方式并非绝对严谨和科学，但接受程度相对较高。

（一）产业并购

产业并购，通常指以上市公司为主体，以追求并购完成后的协同效应为目的，对外进行同行业或上下游产业的资产收购、重组行为。根据并购双方所处行业或产业不同，产业并购方式包括横向并购、纵向并购以及混合并购。

产业并购主要有如下特点：首先，产业并购通常是向独立的第三方进行的市场化并购，一般为非关联交易；其次，产业并购具备一定的产业逻辑，横向并购能够快速提升市场占有率，纵向并购能够增强产业链上下游公司抗风险能力，混合并购能够实现企业多元化发展战略等。

案例 8－1 M 上市公司发行股份及支付现金收购 C 公司（横向并购）

2017 年，民营体检行业龙头 M 上市公司以发行股份及支付现金的方式，向C公司相关股东收购其持有的C公司72.22%股权，并向其他特定投资者发行股份募集配套资金。面对国内健康体检市场集中度低、区域发展不平衡、服务品质参差不齐的现状，本次重组完成后，上市公司通过横向并购迅速扩大国内市场份额，巩固行业竞争壁垒，打造网络渠道优势，同时向更深入的健康管理、增值服务等领域全方位发展。

案例8－2　H上市公司发行股份收购O公司（纵向并购）

2020年，平板显示及集成电路检测设备提供商H上市公司以发行股份及支付现金的方式，向O公司股东收购其持有的O公司100%股权，并向其他特定投资者发行股份募集配套资金。本次重组完成后，上市公司在原有的平板显示检测设备、集成电路测试设备产品线外，深入拓展应用于可穿戴设备等消费电子终端整机的组装、测试设备，设备应用领域得以从平板、芯片等消费终端模组、零部件，延伸至消费电子终端整机产品，发挥产业上下游协同效应。

（二）重组上市

重组上市，也称借壳上市，主要指非上市公司反向收购上市公司，一般通过取得上市公司控制权并注入自身资产而实现间接上市，其核心要素是上市公司控制权变更，并伴随控制权变更的资产业务调整。根据《重组办法》，上市公司控制权变更之日起36个月内，向收购人及关联人购买资产，购买的资产总额、资产净额、营业收入、发行股份按规定进行计算的相关指标，只要其中任一达到100%，或导致上市公司主营业务发生根本变化，均构成重组上市。

重组上市的主要特点有：首先，重组上市以交易资产获取上市资格为主要目的，较少关注上市公司原有业务与交易资产业务是否协同。实务中，大部分重组上市交易会置出上市公司原有业务。其次，交易资产的控股股东会获得上市公司控制权，成为上市公司关联方，从而导致重组上市属于关联交易。

案例8-3　S控股借壳D上市公司

2017年，S控股借壳D上市公司实现重组上市，交易方案包括重大资产重组和发行股份购买资产。D上市公司以截至拟置出资产评估基准日全部资产及负债，与S控股全体股东持有的S控股100%股权的等值部分进行置换，置入资产与置出资产的差额部分由上市公司以发行股份的方式自S控股全体股东处购买。通过上述安排，S控股在实现重组上市的同时，也置出了上市公司原有业务。

案例8-4　S公司借壳J上市公司

2018年，S公司借壳J上市公司实现重组上市，交易方案包括重大资产出售、重大资产重组和发行股份购买资产。J公司将截至拟置出资产评估基准日90.29%的股权以现金方式向原实际控制人出售，将剩余9.71%股权与S公司全体股东拥有的S公司100%股权的等值部分进行置换，置入资产与置出资产的差额部分由上市公司以发行股份的方式自S公司全体股东处购买。通过上述安排，S公司实现重组上市的同时，也置出了上市公司原有业务。

（三）整体上市

整体上市，主要指集团公司利用控股的上市公司平台，通过换股合并、定向增发、收购资产等形式，将控股公司主要资产和业务注入上市公司，实现集团内同类或相关业务资产的整体上市。

整体上市，一般是股东驱动的关联交易行为，可提升股东在上市公司的资产量和权益比例。不同于重组上市，整体上市交易中，上市公司的控制权不会因重组而发生变化。整体上市通常较多发生在国有企业，有些国有上市公司股东旗下有较多资产未实现上市，有的出于产业整合需要，有的出于解决同业竞争需要，有的出于注入上市公司体内需求，都可被划分为整体上市类型。

案例8－5　S上市公司发行股份购买G公司部分股权

2022年，S上市公司向控股股东S集团发行股份，购买其持有的G公司49%股权。本次交易完成后，S上市公司作为S集团在中国境内的钢铁及上游铁矿资源产业发展与整合的唯一平台，最终实现S集团在中国境内的钢铁、上游铁矿资源业务整体上市，上市公司与控股股东的潜在同业竞争和关联交易问题得以大幅消除。

案例8－6　X上市公司换股合并X有限公司全部股权

2022年，X上市公司向X有限公司全体股东发行股份，吸收合并其持有的X有限公司100%股权。X上市公司作为存续公司，承继和承接X有限公司的全部资产、负债、业务、人员及其他一切权利与义务。X有限公司作为X集团的主体核心企业，聚焦工程机械及核心零部件主业。本次交易完成后，X有限公司实现整体上市，上市公司实现工程机械全产品覆盖。

二、按重组形式分类

按照重组形式，重大资产重组可分为重大资产购买、重大资产出售、重大资产置换、吸收合并以及多种方式结合的重大资产重组。

（一）重大资产购买

重大资产购买，主要指上市公司通过支付现金或者对价的方式，购买交易对方所持的标的资产所有权，从而实现对相关标的资产的收购，是最常见的重大资产重组形式。上市公司可选择的支付手段多种多样，包括支付现金、发行股份、发行可转换债券以及多种方式相结合。

（二）重大资产出售

重大资产出售，主要指上市公司将下属资产进行出售的重组形式。上市公司通常将盈利能力较差、缺乏竞争力的资产进行剥离，以实现对自身业务的优化和重组。

（三）重大资产置换

重大资产置换，主要指上市公司剥离下属资产或全部资产，并置换进新资产的重组形式。在这种情况下，资产出售和购买同时操作，通常是由上市公司控股股东以优质资产置换上市公司的原有资产，或是以主营业务资产置换非主营业务资产，以达到优化上市公司产业结构、资产状况和财务状况的目的。重大资产置换通常伴随着出售或购买等行为。

（四）吸收合并

与以上传统的重大资产重组模式不同，最近两年越来越多地涌现出上市公司之间以吸收合并方式进行重组的模式。上市公司之间的吸收合并，本质上也构成重大资产购买的一种，但其特殊之处在于两家上市公司通过换股方式成为一家公司，吸收合并完成后，被吸收合并的上市公司终止上市并注销法人资格，典型案例包括王府井（600859）与首商股份的吸收合并、大连港（601880）与营口港的吸收合并。

（五）多种方式结合

为更好地实现自身重组目的，上市公司也可以采用多种方式相结合的形式实施重大资产重组。如重组上市交易中，上市公司发行股份购买拟重组上市标的资产的同时，也可以通过重大资产出售或重大资产置换方式置出自身原有业务和资产，以实现上市公司的彻底转型。

三、许可类与非许可类

注册制全面实施后，按照证券交易所审核、证监会注册与否，上市公司重大资产重组还可以分为行政许可类和非行政许可类。行政许可类重大资产重组，是指需要注册的项目，包括发行股份购买资产项目（不论是否构成重大）。非行政许可类重大资产重组，是指不涉及发行新股的上市公司的重大资产购买、出售、置换行为。

重大资产重组的审核制度在最初制定时实施严格审批制，但当时重大资产重组的含义与现在有所区别。随着并购市场的发展，重大资产重组的审核制度在实践中不断优化完善，在实施审批制后经历了事后备案制、事中审核制。近年来，证监会持续深化并购重组市场化改革，连续推出一系列市场化政策安排。2014 年 3 月，国务院发布《国务院关于进一步优化企业兼并重组市场环境的意见》（国发〔2014〕14 号），要求对不构成重组上市的上市公司的重大资产购买、出售、置换行为，全部取消审批。2014 年 10 月，证监会对《重组办法》进行了相应的修订。因此，不构成重组上市的上市公司的重大资产购买、出售、置换行为，被划分为非行政许可类项目。重组上市、发行股份购买资产项目（不论是否构成重大）被划分为行政许可类项目，需提交并购重组委审核。在全面注册制正式实施后，只有发行股份购买资产的项目，需履行证监会注册程序。不涉及发行新股的重组上市也已无须履行证券交易所审核、证监会注册程序。对于行政许可类重大资产重组程序，请见本章“第五节　重大资产重组的程序”。

与许可类重大资产重组项目相比，非许可类重大资产重组有以下主要特点：一是不需履行行政审批程序，主要履行上市公司董事会、股东大会审议程序即可；二是因其不需行政审批，所需时间一般较短，也不会面临监管审核所带来的不确定性。但同时，非许可类重大资产重组项目因取消行政审批，也给监管机构事中、事后监管带来了新的问题和挑战。有些上市公司及其控股股东、实际控制人利用制度便利实施“高估值、高业绩承诺、高商誉”并购、盲目跨界并购。目前，监管机构不断完善监管规则，强化重组的事中事后监管，强化证券交易所“一线监管”职责。除对涉及发行股份的重组申请依法审核外，证券交易所还可以通过问询、现场检查、现场督导、要求独立财务顾问和其他证券服务机构补充核查并披露专业意见等方式，针对“现金重组”项目进行自律管理，并就严重违反《重组办法》等情形上报中国证监会采取相关措施，防范和查处违规交易，切实维护上市公司和股东权益。

第三节　重大资产重组的监管及规则体系

一、制度演变

随着我国资本市场改革与发展，上市公司重大资产重组制度不断完善与演变，主要经历了以下几个阶段：

（一）1998 年诞生首部上市公司重组法规，并购重组进入严格审批阶段

我国资本市场建立初期，相关法规体系仅将重大重组行为列为重大事件，要求公司履行报告、公告义务即可。同时，大批企业处于上市初期，面临退市风险的企业相对有限，并且因环境和制度等因素，重组数量很少。这一时期，上市公司的重组行为尚未成为监管重点。

1997 年以来，在十五大精神的鼓舞下，资本市场涌现出“买壳上市”“借壳上市”等并购重组活动[①]。证监会于 1998 年 2 月发布了我国资本市场上首个重大资产重组监管文件《关于上市公司置换资产、变更主营业务若干问题的通知》（证监上字〔1998〕26 号，以下简称“26 号文”），开启了上市公司重大资产重组的监管序幕。26 号文规定，一般不允许上市公司置换资产变更主营业务，如进行变更主营业务的重组需向证监会报批，并按 IPO 发行程序进行严格审批。

（二）2000 年发布 75 号文，并购重组进入放松管制阶段

26 号文发布后，借壳上市的行为得到了规范和限制，但这种限制性的规范政策并不能从根本上解决日益市场化的并购重组诉求。2000 年 6 月，证监会发布了 75 号文，首次对上市公司重大购买或出售资产的行为进行了界定，规定了资产总额、资产净额和利润三个判断标准，并规定了

① 马骁：《上市公司并购重组监管制度解析》，法律出版社 2009 年版，第 138 页。

“50%”的分界线。75号文放松了对重组行为的监管，规定“上市公司在重大购买、出售、置换资产行为完成后六个月内，应当按照中国证监会《关于对拟发行上市企业改制情况进行调查的通知》（证监发〔1999〕4号）的有关要求，向上市公司所在地的中国证监会派出机构报送规范运作情况的报告”，实施事后备案制度。同时，75号文规定，对于购买或出售的资产总额达到70%以上的交易行为，应当提请发审委审核。此后，资本市场并购重组交易进入了高潮。

（三）2001年发布105号文，并购重组进入鼓励与规范并举阶段

75号文的发布，一方面极大地活跃了并购重组市场，另一方面也暴露出关联交易操纵利润、大股东重组套现、内幕交易及操纵市场、信息披露不实或滞后等问题[①]。2001年12月，证监会发布了105号文。

105号文在以下方面进行了修订或完善：

（1）修订了“上市公司重大购买、出售、置换资产的行为”的概念，删除了利润指标，补充了收入指标。

（2）明确了重大资产重组的原则，包括应当遵循有利于上市公司可持续发展和全体股东利益的原则，与实际控制人及其关联人之间不存在同业竞争等。

（3）明确了重大资产重组的流程，将事后备案制改为事中审核制。董事会在形成决议后2个工作日内，应当向证监会及上市公司所在地的证监会派出机构报送决议文本、《重大购买、出售、置换资产报告书（草案）》及其附件等相关文件，同时向证券交易所报告并公告。独立董事的意见应当与董事会决议一并公告。证监会在收到上市公司报送的全部材料后，审核工作时间不超过20个工作日。

（4）明确了特别重大资产重组需要发审委（现重组委）审核。需提请发审委审核的行为包括：①同时既有重大购买资产行为，又有重大出售资产行为，且购买和出售的资产总额同时达到或超过上市公司最近一个会

---

① 马骁：《上市公司并购重组监管制度解析》，法律出版社2009年版，第142－143页。

计年度经审计的总资产 70% 的交易行为；②置入上市公司的资产总额达到或超过上市公司最近一个会计年度经审计的合并报表总资产 70% 的交易行为；③上市公司出售或置换出全部资产和负债，同时收购或置换入其他资产的交易行为；④中国证监会审核中认为存在重大问题的其他重大购买、出售、置换资产的交易行为。

（四）2008 年《重组办法》首次出台，形成现行重组管理办法的框架

2005 年修订后的《公司法》《证券法》正式实施，证监会启动股权分置改革试点工作，资本市场迎来全流通时代。2006 年，证监会启动已股改公司发行股份购买资产的试点工作。此后，上市公司并购重组的支付手段发生重大变化，除传统的现金购买和实物资产置换外，市场上开始大量出现以发行股份作为支付方式向特定对象购买资产的重组案例。

105 号文对重大资产重组的条件、程序、信息披露要求等作了较为具体的规定，对于遏制上市公司虚假重组、推动实质性重组发挥了积极作用。但随着并购重组外部环境的逐渐变化，105 号文在执行中也面临不少新问题，需要作出必要的调整和完善。而且，105 号文为规范性文件，在执行效力上与《公司法》《证券法》等法律之间层级跨度过大，也需要尽快修改完善为部门行政规章①。2007 年 9 月，证监会发布首个《重组办法》征求意见稿，2008 年 3 月正式发布《重组办法》（证监会令第 53 号），同时废止 105 号文。

（五）2011 年至今，《重组办法》历经多次修订

2011 年至今，在总结资本市场实践经验的基础上，《重组办法》顺应证券市场改革、监管政策发展的要求，历经多次修订，为提升上市公司质量和推动资本市场发展起到了积极作用。例如，2014 年的修订，完善了发行股份购买资产的市场化定价机制，对发行股份的定价增加了定价弹性和调价机制规定。2019 年的修订，有条件地放开了创业板重组上市，允许

① 马骁：《上市公司并购重组监管制度解析》，法律出版社 2009 年版，第 149 页。

“符合国家战略的高新技术产业和战略性新兴产业相关资产”通过创业板重组上市，为优质的科创企业增加了上市路径，也为创业板上市公司转型升级开放了空间。

案例8－7　R公司借壳P上市公司

2019年修订的《重组办法》发布后，R公司借壳创业板上市公司P，于2021年6月向深交所提交重组上市申请材料，2022年6月获证监会注册批复。

P上市公司原主营业务为液态视频包装机械和纸铝复合无菌包装材料的研发、生产与销售。近年来受到整体经济形势和市场环境变化影响，上市公司盈利能力不断下降；R公司作为一家全国领先的大型第三方数据服务商，主营业务为数据中心建设与运营维护，本次重组上市后，R公司成功对接A股市场，技术壁垒和产业整合能力有望得到提升。

2023年2月，为贯彻落实《证券法》，在上市公司重大资产重组环节全面实行股票发行注册制，《重组办法》吸收科创板和创业板重组试点注册制的经验，从完善监管制度、优化交易机制、压实各方责任等方面作了全面修订。

二、现行的监管框架及规则体系

我国上市公司重大资产重组实施行政监管和自律监管相结合的监管框架。证监会依照法律、法规和国务院授权，对证券期货市场实行集中统一监管。各证券交易所在证监会监督和管理下，对上市公司、中介机构等实行自律管理。

上市公司重大资产重组现行的法规体系，与上市公司收购的法规体系一脉相承，均由法律、行政法规、部门规章以及证券交易所制定的自律性规则四个层次构成。上市公司重大资产重组时常伴随着上市公司收购行为的发生，因此两者的制度规则体系之间存在交叉，部分交易往往受到两个规则体系的规范。

针对上市公司重大资产重组的主要规则体系，梳理如表 8－5 所示。

表 8－5　　重大资产重组的主要规则体系

效力层级	规则名称
法律	《中华人民共和国公司法》（2018 年修订）
	《中华人民共和国证券法》（2019 年修订）
行政法规	《股票发行与交易管理暂行条例》（1993 年）
	《关于促进企业兼并重组的意见》（2010 年）
	《关于进一步优化企业兼并重组市场环境的意见》（2014 年）
	《上市公司监督管理条例（征求意见稿）》（2014 年）
部门规章及规范性文件	《上市公司重大资产重组管理办法》（2023 年修订）
	《上市公司分拆规则（试行）》（2022 年）
	《上市公司股票停复牌规则》（2022 年）
	《公开发行证券的公司信息披露内容与格式准则第 26 号——上市公司重大资产重组》（2023 年修订）
	《公开发行证券的公司信息披露内容与格式准则第 56 号——北京证券交易所上市公司重大资产重组》（2023 年修订）
	《监管规则适用指引——上市类第 1 号》（2020 年）
	《监管规则适用指引——评估类第 1 号》（2021 年）
	《上市公司监管指引第 4 号——上市公司及其相关方承诺》（2022 年）
	《上市公司监管指引第 5 号——上市公司内幕信息知情人登记管理制度》（2022 年）
	《上市公司监管指引第 7 号——上市公司重大资产重组相关股票异常交易监管》（2023 年修订）
	《上市公司监管指引第 9 号——上市公司筹划和实施重大资产重组的监管要求》（2023 年）
	《〈上市公司重大资产重组管理办法〉第四十六条有关限制股份转让的适用意见——证券期货法律适用意见第 4 号》（2023 年修订）
	《〈上市公司重大资产重组管理办法〉第十四条、第四十四条的适用意见——证券期货法律适用意见第 12 号》（2023 年修订）
	《〈上市公司重大资产重组管理办法〉第十二条上市公司在 12 个月内连续购买、出售同一或者相关资产的有关比例计算的适用意见——证券期货法律适用意见第 11 号》（2011 年）
	《〈上市公司重大资产重组管理办法〉第二十八条、第四十五条的适用意见——证券期货法律适用意见第 15 号》（2023 年修订）

续表

效力层级	规则名称
交易所业务规则	《上海证券交易所股票上市规则》（2023 年修订）
	《上海证券交易所科创板股票上市规则》（2020 年修订）
	《上海证券交易所科创板上市公司重大资产重组审核规则》（2023 年修订）
	《上海证券交易所上市公司自律监管指引第 1 号——规范运作》（2022 年）
	《上海证券交易所科创板上市公司自律监管指引第 1 号——规范运作》（2022 年）
	《上海证券交易所上市公司自律监管指引第 6 号——重大资产重组》（2023 年修订）
	《上海证券交易所交易规则》（2023 年修订）
	《深圳证券交易所股票上市规则》（2023 年修订）
	《深圳证券交易所创业板股票上市规则》（2023 年修订）
	《深圳证券交易所创业板上市公司重大资产重组审核规则》（2023 年修订）
	《深圳证券交易所创业板发行上市审核业务指南第 6 号——创业板上市公司重大资产重组审核关注要点》（2021 年）
	《深圳证券交易所上市公司自律监管指引第 1 号——主板上市公司规范运作》（2022 年）
	《深圳证券交易所上市公司自律监管指引第 2 号——创业板上市公司规范运作》（2022 年）
	《深圳证券交易所上市公司自律监管指引第 8 号——重大资产重组》（2022 年）
	《深圳证券交易所交易规则》（2023 年修订）
	《北京证券交易所上市公司重大资产重组审核规则（试行）》（2021 年）
	《北京证券交易所上市公司重大资产重组业务指引》（2021 年）
	《北京证券交易所交易规则（试行）》（2021 年）

三、监管措施及主要内容

（一）行政监管

《重组办法》对实施重大资产重组行为的行政监管主要涉及以下方面：

（1）对于上市公司，如擅自实施重大资产重组，或上市公司重大资产重组因定价显失公允、不正当利益输送等问题损害上市公司、投资者合法权益的，证监会将采取责令改正、监管谈话、出具警示函、责令暂停或者终止重组活动，处以警告、罚款等监管措施，并可以对有关责任人员采取市场禁入措施。如擅自实施的重大资产重组构成重组上市，涉嫌犯罪的，证监会将依法移送司法机关追究刑事责任。

（2）对于信息披露义务人，如未按规定报送有关报告或者履行信息披露义务、信息披露存在虚假记载、误导性陈述或者重大遗漏，证监会将责令改正，并依照《证券法》第一百九十七条予以处罚；情节严重的，可以责令暂停或者终止重组活动，并可以对有关责任人员采取市场禁入措施；涉嫌犯罪的，依法移送司法机关追究刑事责任。重大资产重组的交易对方未及时向上市公司或者其他信息披露义务人提供信息，或者提供的信息有虚假记载、误导性陈述或者重大遗漏，证监会也将对其采取前述监管措施。

这里的信息披露义务人，除上市公司外，还有重组中按法规要求需要进行权益变动信息披露的义务人。

（3）对于上市公司控股股东、实际控制人，如组织、指使违法违规行为，或隐瞒相关事项导致违法违规行为发生的，将依照《证券法》第一百九十七条予以处罚；情节严重的，可以责令暂停或者终止重组活动，并可以对有关责任人员采取市场禁入措施；涉嫌犯罪的，依法移送司法机关追究刑事责任。

（4）对于上市公司董事、监事和高级管理人员，上市公司股东、实际控制人及其有关负责人员，如未按规定履行相关义务，导致重组方案损害上市公司利益的，证监会将采取责令改正、监管谈话、出具警示函、处以警告、罚款等监管措施，并可以对有关人员采取认定为不适当人选、市场禁入措施；涉嫌犯罪的，依法移送司法机关追究刑事责任。

（5）对于中介机构及其从业人员，如未履行诚实守信、勤勉尽责义务，违反相关规定的，证监会的监管措施有责令改正、监管谈话、出具警示函、责令公开说明、责令定期报告等；情节严重的，依法追究法律责任，并可以对有关责任人采取证券市场禁入措施。如制作、出具的文件存在虚假记载、误导性陈述或者重大遗漏的，由证监会责令改正，依照《证券法》第二百一十三条予以处罚；情节严重的，可以采取市场禁入措施；涉嫌犯罪的，依法移送司法机关追究刑事责任。

此外，对上市公司重大资产重组的监管还包括内幕信息监管和实施完毕后承诺履行监管。

对于内幕信息监管，任何知悉重大资产重组信息的人员在相关信息依法公开前，泄露该信息、买卖或者建议他人买卖相关上市公司证券、利用重大资产重组散布虚假信息、操纵证券市场或者进行欺诈活动，证监会依照《证券法》第一百九十一条、第一百九十二条、第一百九十三条予以处罚；涉嫌犯罪的，依法移送司法机关追究刑事责任。

对于重大资产重组实施完毕后的监管，因不属于上市公司管理层事前无法获知且事后无法控制的原因，导致收购资产实现的利润未达到一定金额的，将采取以下监管措施（见表8－6）。

表8－6　　重大资产重组实施后收购资产利润未达标的监管措施

未达标情况	购买资产利润未达盈利预测80%，或实际运营与报告书分析差距较大；上市公司利润未达盈利预测80%	购买资产利润未达盈利预测50%
监管措施	董事长、总经理及会计师事务所、独立财务顾问、资产评估机构、估值机构及其从业人员解释并道歉	对上市公司、相关机构及其责任人员采取监管谈话、出具警示函、责令定期报告

（二）自律性监管

证券交易所依法对重大资产重组进行自律监管，对违规行为采取监管措施或者纪律处分。

以《上海证券交易所科创板上市公司重大资产重组审核规则》（2023年修订）为例，自律监管主要监管的行为包括以下方面：

（1）未按照相关法律法规实施重大资产重组，或者因定价显失公允、违反业绩承诺、不正当利益输送等问题损害上市公司、投资者合法权益。

（2）存在以下情形：①未按照相关法律法规报送申请文件、有关报告或者披露重大资产重组信息；②申请文件、报送的报告或者披露的信息存在虚假记载、误导性陈述或者重大遗漏；③拒绝、阻碍、逃避现场检查或者现场督导，谎报、隐匿、销毁相关证据材料；④以不正当手段严重干扰审核工作；⑤其他违反相关法律法规的行为。

（3）上市公司董事、监事和高级管理人员未履行诚实守信、勤勉尽责义务，或者上市公司控股股东、实际控制人及其有关负责人员未按照规则的规定履行相关义务，导致重大资产重组损害上市公司利益，或者组织、指使、直接从事（2）规定的违规行为。

（4）为重大资产重组提供服务的独立财务顾问、证券服务机构及其相关人员未履行诚实守信、勤勉尽责义务，违反行业规范、业务规则，或者未依法履行尽职调查、报告和披露以及持续督导职责。

（5）股东违反规则减持的行为。

证券交易所的自律监管措施或纪律处罚主要有口头警示、书面警示、监管谈话、通报批评、公开谴责、三个月至三年内不接受独立财务顾问/证券服务机构提交的申请文件或者信息披露文件、一年至三年内不接受独立财务顾问/证券服务机构相关人员签字的申请文件或者信息披露文件。

第四节　重大资产重组的信息披露及管理

一、规则体系

重大资产重组会对上市公司股票产生重大影响，因此针对上市公司重大资产重组的信息披露有其特殊要求。现行的重大资产重组信息披露主要规则体系自上而下包括证监会制定的部门规章及规范性文件，各证券交易所制定的股票上市规则、重大资产重组相关的自律监管指引、业务指引等。

针对重大资产重组信息披露的主要规则体系梳理详见表 8－7。

表 8－7　　　　重大资产重组信息披露的主要规则体系

效力层级	规则名称
部门规章	《上市公司重大资产重组管理办法》（2023 年修订）
	《上市公司信息披露管理办法》（2021 年）
规范性文件	《公开发行证券的公司信息披露内容与格式准则第 26 号——上市公司重大资产重组》（2023 年修订）
	《公开发行证券的公司信息披露内容与格式准则第 56 号——北京证券交易所上市公司重大资产重组》（2023 年修订）
	《上市公司股票停复牌规则》（2022 年）
	《上市公司监管指引第 5 号——上市公司内幕信息知情人登记管理制度》（2022 年）
	《上市公司监管指引第 7 号——上市公司重大资产重组相关股票异常交易监管》（2023 年修订）
交易所业务规则	《上海证券交易所股票上市规则》（2023 年修订）
	《上海证券交易所科创板股票上市规则》（2020 年修订）
	《上海证券交易所交易规则》（2023 年修订）
	《上海证券交易所科创板上市公司重大资产重组审核规则》（2023 年修订）
	《上海证券交易所上市公司自律监管指引第 4 号——停复牌》（2022 年）
	《上海证券交易所上市公司自律监管指引第 6 号——重大资产重组》（2023 年修订）
	《深圳证券交易所股票上市规则》（2023 年修订）
	《深圳证券交易所创业板股票上市规则》（2023 年修订）
	《深圳证券交易所交易规则》（2023 年修订）
	《深圳证券交易所创业板上市公司重大资产重组审核规则》（2023 年修订）
	《深圳证券交易所上市公司自律监管指引第 6 号——停复牌》（2022 年）
	《深圳证券交易所上市公司自律监管指引第 8 号——重大资产重组》（2023 年修订）
	《北京证券交易所交易规则（试行）》（2021 年）
	《北京证券交易所上市公司重大资产重组审核规则（试行）》（2021 年）
	《北京证券交易所上市公司重大资产重组业务指引》（2021 年）

二、信息披露要求

（一）原则性要求

上市公司重大资产重组信息披露的基本原则，与上市公司信息披露的总体原则一致，应当充分披露投资者作出价值判断和投资决策所必需的信息，遵循真实性原则、准确性原则、完整性原则、及时性原则、公平披露原则，所描述的事实应当有充分、客观、公正的依据，所引用的数据应当注明资料来源，不得有虚假记载、误导性陈述或者重大遗漏。同时应当便于投资者阅读，在充分披露的基础上，做到逻辑清晰、简明扼要，且具有可读性和可理解性。

（二）责任主体

《重组办法》对信息披露义务人及其信息披露的基本要求作出了明确规定（见表8-8）。

表8-8　重大资产重组的信息披露义务人及基本披露要求

主体	基本披露要求
上市公司	上市公司作为信息披露的第一责任人，所披露信息必须真实、准确、完整，不得有虚假记载、误导性陈述或者重大遗漏
上市公司全体董事、监事、高级管理人员	上市公司全体董事、监事、高级管理人员应当公开承诺，保证重大资产重组的信息披露和申请文件不存在虚假记载、误导性陈述或者重大遗漏
重大资产重组的交易对方	重大资产重组的交易对方应当公开承诺，及时向上市公司提供本次重组相关信息，并保证所提供的信息真实、准确、完整，如因提供的信息存在虚假记载、误导性陈述或者重大遗漏，给上市公司或者投资者造成损失的，将依法承担赔偿责任
相关证券服务机构及其人员	相关证券服务机构及其人员应当按要求在所披露或提供的有关文件上发表声明，确保所披露或提供文件的真实性、准确性和完整性
上市公司的股东、实际控制人	上市公司的股东、实际控制人以及参与重大资产重组筹划、论证、决策等环节的其他相关机构和人员，应当及时向上市公司通报有关信息，并配合上市公司及时、准确、完整地进行信息披露

（三）信息披露主要内容

上市公司进行重大资产重组，应当分阶段披露有关事项的具体情况。筹划阶段，相关重大事项存在重大不确定性，可能对股票及其衍生品种交易价格产生较大影响的，可以按交易所业务指引申请停牌，同时应当分阶段披露进展公告。在董事会作出重大资产重组决议后的次一工作日，至少应披露董事会决议及独立董事意见、上市公司重大资产重组预案。本次重组的重大资产重组报告书、独立财务顾问报告、法律意见书以及重组涉及的审计报告、资产评估报告或者估值报告，至迟应当与召开股东大会的通知同时公告。盈利预测报告为自愿披露，但应与重大资产重组报告书同时公告。

证券交易所对申请停牌的重大资产重组停牌公告的信息披露内容作了具体要求，包括重组标的名称、交易对手方、交易方式、本次重组的意向性文件等基本信息，也规定了例外情况。例如，如重组交易涉及通过竞拍方式进行，或重组标的涉及境外上市公司，披露可能不利于上市公司本次交易的，可以暂缓披露。2022 年修订的《26 号准则》对上市公司重大资产重组预案、重大资产重组报告书的格式和信息披露要求进行了详细的规定，包括上市公司基本情况、交易对方的基本情况、交易标的的情况等。

三、重大资产重组的信息管理

（一）总体要求

《重组办法》专设第四章对重大资产重组的信息管理进行规范，具体规定了上市公司在重大资产重组筹划、论证、决策等环节的信息披露要求、内幕信息知情人的范围、信息管理和保密的要求、申请停牌的要求等，主要有如下内容：

（1）上市公司筹划、实施重大资产重组，相关信息披露义务人应当公平地向所有投资者披露可能对上市公司股票交易价格产生较大影响的相关信息（以下简称“股价敏感信息”），不得提前泄露。

（2）上市公司的股东、实际控制人以及参与重大资产重组筹划、论证、决策等环节的其他相关机构和人员，应当做好保密工作。对于依法应当披露的信息，应当及时通知上市公司，并配合上市公司及时、准确、完整地进行披露。相关信息发生泄露的，应当立即通知上市公司，并督促上市公司依法披露。

（3）上市公司及其董事、监事、高级管理人员，重大资产重组的交易对方及其关联方，交易对方及其关联方的董事、监事、高级管理人员或者主要负责人，交易各方聘请的证券服务机构及其从业人员，参与重大资产重组筹划、论证、决策、审批等环节的相关机构和人员，以及因直系亲属关系、提供服务和业务往来等知悉或者可能知悉股价敏感信息的其他相关机构和人员，在重大资产重组的股价敏感信息依法披露前负有保密义务，禁止利用该信息进行内幕交易。

（4）上市公司筹划重大资产重组事项，应当详细记载筹划过程中每一具体环节的进展情况，包括商议相关方案、形成相关意向、签署相关协议或者意向书的具体时间、地点、参与机构和人员、商议和决议内容等，制作书面的交易进程备忘录并予以妥当保存。参与每一具体环节的所有人员应当及时在备忘录上签名确认。上市公司股票交易价格因重大资产重组的市场传闻发生异常波动时，上市公司应当及时核实有无影响上市公司股票交易价格的重组事项并予以澄清，不得以相关事项存在不确定性为由不履行信息披露义务。

（二）上市公司停复牌制度

上市公司股票停复牌制度，是重大资产重组信息管理中很重要的一项基础制度。上市公司停复牌，主要是保证信息披露的及时、公平，提示重大风险等。在上市公司筹划重大资产重组时，为防范内幕交易、股价异常波动等问题，通常会进行停牌。我国资本市场在以往实践中存在着停牌事由偏多、重大资产重组停牌期限较长等问题。为最大限度地保障交易机会、稳定市场预期、激发市场活力，证监会于 2018 年 11 月发布《关于完善上市公司股票停复牌制度的指导意见》（以下简称《指导意见》），确立上市公司股票停复牌基本原则，压缩股票停牌期限，增强了市场流动性。2022 年 1 月，证监会制定了《上市公司股票停复牌规则》，要求继续遵循《指导意见》所明确的上市公司股票停复牌基本原则，并要求交易所完善停复牌自律规则，做好对上市公司停复牌的监管工作。根据该项规定，上市公司应当审慎停牌，以不停牌为原则、停牌为例外，短期停牌为原则、长期停牌为例外，间断性停牌为原则、连续性停牌为例外，不得随意停牌或者无故拖延复牌时间。发生重大事项时，上市公司应当按照及时披露的原则，分阶段披露有关事项进展的具体情况。

针对上市公司停复牌，各证券交易所分别制定具体的自律规则。相关规定具体总结如表 8－9 所示。

表 8－9　　各交易所上市公司重大事项停复牌规定

<table>
<tr><th>类别</th><th>停复牌事由</th><th>上交所规定</th><th>深交所规定</th><th>北交所规定</th></tr>
<tr><td rowspan="7">重大资产重组</td><td>筹划重大资产重组</td><td colspan="2">筹划发行股份、可转换公司债券购买资产时，可申请不超过 10 个交易日的短期停牌，且应在首次提交披露有关事项时申请停牌</td><td>筹划重大资产重组或发行股份购买资产时，可申请不超过 10 个交易日的停牌</td></tr>
<tr><td>筹划其他类型重组</td><td>—</td><td>应分阶段披露情况，不得申请停牌</td><td>—</td></tr>
<tr><td>停牌期间更换重组标的</td><td colspan="2">累计停牌不得超过 10 个交易日</td><td>—</td></tr>
<tr><td>未能按时披露经董事会审议通过的预案或报告书</td><td colspan="3">停牌期满前应披露预案或报告书并立即申请复牌，未能按期披露的，应终止筹划并申请复牌</td></tr>
<tr><td>停牌期满前无法披露预案但国家有关部门另有停牌时间要求</td><td colspan="2">可以在充分披露筹划事项的进展、继续停牌原因和预计复牌时间后，申请继续停牌，但连续停牌时间原则上不得超过 25 个交易日。涉及国家重大战略项目、国家军工秘密等事项，对停复牌时间另有要求的，从其要求</td><td>申请延期复牌，但连续停牌时间原则上不得超过 25 个交易日。涉及国家重大战略项目、国家军工秘密等事项，对停复牌时间另有要求的，从其要求；延期复牌生效前披露延期复牌公告，包括筹划事项进展、延期复牌原因及延期后预计复牌时间等</td></tr>
<tr><td>重大调整预案</td><td colspan="3">可申请停牌，停牌时间不超过 5 个交易日，并在披露具体调整情况后申请复牌</td></tr>
<tr><td>不停牌筹划重大重组后，相关信息泄露</td><td>及时披露相关筹划情况和既有事实</td><td>及时申请停牌或在第一时间披露重组预案或者报告书</td><td>及时申请停牌</td></tr>
</table>

续表

类别	停复牌事由	上交所规定	深交所规定	北交所规定
重大资产重组	披露重组预案后问询期间	股票及其衍生品种原则上不停牌		
重大资产重组	并购重组审议会议	会议召开前1个交易日申请在会议期间至结果披露前停牌，收到结果披露后次个交易日复牌		
重大资产重组	并购重组审议会议	科创板在并购重组委工作会议召开当日原则上无须申请停牌	创业板在并购重组委工作会议召开当日原则上无须申请停牌	—
重大资产重组	停牌期间涉嫌司法机关或证监会立案调查	公司及其董监高、股东、实际控制人或其相关主体涉嫌司法机关或证监会立案调查，不能继续本次重组的，及时申请复牌		公司及其董监高涉嫌司法机关或证监会立案调查，不能继续本次重组的，及时申请复牌
重大资产重组	更换财务顾问或证券机构	不得申请停牌或延期复牌		
筹划控制权变更		原则上应分阶段披露筹划进展；确需可申请不超过2个交易日的停牌，确有必要可延长至5个交易日		原则上应分阶段披露筹划进展，确需可申请不超过5个交易日的停牌
要约收购	筹划要约收购	原则上应分阶段披露筹划进展；确需可申请不超过2个交易日的停牌，确有必要可延长至5个交易日		原则上应分阶段披露筹划进展，确需可申请不超过5个交易日的停牌
要约收购	履行要约收购义务或以终止上市公司地位为目的的全面要约	要约收购期满至要约收购结果公告前应停牌		要约收购期满后次个交易日至披露要约收购结果查询期间应停牌
要约收购	根据收购结果股本总额、股权分布具备上市条件	于结果公告日复牌		
要约收购	根据收购结果股本总额、股权分布不具备上市条件	以终止上市为目的的，于要约结果公告日继续停牌，直至终止上市；不以终止上市为目的的，于要约结果公告日继续停牌，重新符合上市条件公告后复牌；停牌1个月后仍不具备上市条件的，参考强制退市相关规则	以终止上市为目的的，于要约结果公告日继续停牌后，参考主动终止上市相关规则；不以终止上市为目的的，于要约结果公告日继续停牌，实施退市风险警示	继续停牌，并参考主动终止上市的相关规定办理手续

续表

类别	停复牌事由	上交所规定	深交所规定	北交所规定
	破产重整（预重整、和解、破产清算）	原则上不停牌，应分阶段披露重整进展；确需可申请停牌，停牌时间原则上不超过 2 个交易日；确有必要可延长至 5 个交易日		分阶段披露筹划进展，确需可申请停牌，原则上停牌时间不超过 5 个交易日

此外，证监会制定《上市公司监管指引第 7 号——上市公司重大资产重组相关股票异常交易监管》，对重大资产重组的信息管理、防控和打击内幕交易等进一步进行了规定。上市公司因发行股份购买资产事项首次披露后，证券交易所立即启动二级市场股票交易核查程序，并在后续各阶段对二级市场股票交易情况进行持续监管。上市公司披露重大资产重组预案或者草案后主动终止的，需承诺至少一个月内不再筹划重大资产重组。如因上市公司控股股东及其实际控制人存在内幕交易被终止审核或者终止注册的，需承诺至少 12 个月内不再筹划重大资产重组。如重大资产重组事项涉嫌内幕交易被证监会立案调查或者被司法机关立案侦查的，将不予受理或暂停审核、注册，如有以下三类例外情况的，可恢复审核、注册：

（1）证监会或司法机关经调查核实未发现上市公司、占本次重组总交易金额比例在 20% 以上的交易对方（如涉及多个交易对方违规的，交易金额合并计算），及上市主体控股股东、实际控制人及其控制的机构存在内幕交易；

（2）证监会或司法机关经调查核实未发现上市公司董事、监事、高级管理人员，上市公司控股股东、实际控制人的董事、监事、高级管理人员，交易对方的董事、监事、高级管理人员，占本次重组总交易金额比例在 20% 以下的交易对方及其控股股东、实际控制人及上述主体控制的机构，为本次重大资产重组提供服务的证券公司、证券服务机构及其经办人员，参与本次重大资产重组的其他主体等存在内幕交易的，或者上述主体虽涉嫌内幕交易，但已被撤换或者退出本次重大资产重组交易的；

（3）被立案调查或立案侦查的事项未涉及前述两款所列主体的。

（三）内幕交易信息管理

《上市公司监管指引第 5 号——上市公司内幕信息知情人登记管理制度》《监管规则适用指引——上市类第 1 号》（2020 年）对并购重组的内幕信息管理进行了具体规定。

在内幕信息披露前，上市公司应当按照规定填写上市公司内幕信息知情人档案。交易中涉及的上市公司股东、实际控制人、证券公司、证券服务机构、收购人、重大资产重组交易对方等主体应履行相应责任，填写各自的内幕信息知情人档案。

上市公司应当于首次披露重组事项时，向证券交易所提交内幕信息知情人名单。前述首次披露重组事项之时，是指首次披露筹划重组、披露重组预案或披露重组报告书孰早时点。在上市公司首次披露重组事项至披露重组报告书期间，如重组方案发生重大调整或终止重组，或首次披露重组事项未披露标的资产主要财务指标、预估值、拟定价等重要要素的，应于披露重组方案重大变化或披露重要要素时补充提交内幕信息知情人名单。在上市公司首次披露重组事项后，如股票交易发生异常波动，证券交易所可视情况要求上市公司更新内幕信息知情人名单。

上市公司首次披露重组报告书时，独立财务顾问和律师应对内幕信息知情人登记制度的制定和执行情况发表核查意见；在相关交易方案提交股东大会审议之前，上市公司完成内幕信息知情人股票交易自查报告，独立财务顾问和律师进行核查并发表明确意见。股票交易自查期间为：首次披露重组事项或就本次重组申请股票停牌前 6 个月（孰早）至披露重组报告书。在上市公司披露重组报告书后，如重组方案发生重大调整或终止重组，则应在相关交易方案提交股东大会审议之前补充披露股票交易自查报告，独立财务顾问和律师应核查并发表明确意见；股票交易自查期间为：披露重组报告书至披露重组方案重大调整或终止重组。

上市公司披露股票交易自查报告，暂无法及时提供证券登记结算机构就相关单位及自然人二级市场交易情况出具的文件的，可在后续取得相关文件时补充提交。

上市公司向证券交易所提交内幕信息知情人名单时，应一并向所在派出机构报告名单。各派出机构可根据需要对辖区上市公司重组过程中的内幕知情人登记管理制度执行情况等防控工作，实施专项现场检查。

除按规定填写内幕信息知情人档案外，上市公司还应当制作重大事项进程备忘录，包括但不限于筹划决策过程中各个关键时点的时间、参与筹划决策人员名单、筹划决策方式等内容。上市公司还应当督促重大事项进程备忘录涉及的相关人员在重大事项进程备忘录上签名确认。

第五节　重大资产重组的程序

上市公司的重大资产重组程序主要包括以下环节：交易的筹划与决策；聘请证券服务机构；上市公司履行审议程序，包括董事会、股东大会等；监管审核；重组实施及持续监管。

一、交易的筹划与决策

（一）交易标的选择

上市公司在筹划并购时，首先要以公司长期发展战略为出发点，明确收购战略和财务目标，并以战略目标为基准，对公司有限资源进行优化配置，进而确定并购对象的筛选标准，制定并购计划。

上市公司选择并购目标，并没有固定的标准，通常根据自身实际情况和备选公司特点进行筛选。上市公司应考虑的因素往往包括：目标公司是否符合收购方自身发展战略、并购双方财务状况和盈利状况、并购目标公司规模等。

（二）组建团队

上市公司通常会组建强有力的内部并购团队，用于推动并购的实施。

内部团队通常由投资发展、生产运营、财务、审计、法律、证券事务等方面具有丰富业务经验的人员组成。

在制定、执行并购战略过程中，上市公司可聘请中介机构提供并购战略咨询服务。当拟达成的交易可能构成重大资产重组时，上市公司应当按照相关规定适时聘请符合要求的证券服务机构。

（三）尽职调查

尽职调查的目的是帮助投资者在作出投资决定前，获取有关该投资决定的重要信息，协助投资者作出相对正确的商业决定。上市公司作为收购方对目标公司进行尽职调查，可以及早发现交易风险，因此通常在初步确定目标公司或几个备选目标公司时，就应该立即启动尽职调查工作。而且，尽职调查工作应贯穿整个交易过程，包括从目标公司的筛选、交易谈判、交易结构设计、并购协议、并购实施到并购整合、整合后运营等阶段。尽职调查的工作范围通常包括业务、财务、法律和税务等方面，从不同角度帮助收购方顺利推进并购交易。

（四）交易谈判及方案设计

在初步尽职调查的基础上，上市公司与交易对方进行磋商谈判，对交易方案、结构进行设计，并初步确定框架协议的核心交易条款，为后续推进交易打下坚实基础。

交易结构设计应考虑法律法规、行业监管、证券监管、交易各方利益诉求、合并方式、估值与作价、对价支付、股份锁定期安排、业绩补偿与超额利润分配安排、标的债务债权处置、治理结构安排、同业竞争及关联交易安排、资产权属瑕疵处理方案、过渡期安排及损益归属等。

（五）信息管理和股票及其衍生品种停牌

上市公司与交易对方就重大资产重组事宜进行初步磋商时，应当立即采取必要且充分的保密措施，制定严格有效的保密制度，限定相关敏感信息的知悉范围。上市公司及交易对方聘请证券服务机构的，应当立即与所聘请的证券服务机构签署保密协议。

上市公司筹划发行股份购买资产，可以按照证券交易所的有关规定申请停牌。上市公司不申请停牌的，应当做好保密工作，在发行股份购买资产预案、发行股份购买资产报告书披露前，不得披露所筹划交易的相关信息。信息已经泄露的，上市公司应当立即披露发行股份购买资产预案、发行股份购买资产报告书，或者申请停牌。

上市公司筹划不涉及发行股份的重大资产重组，应当分阶段披露相关情况，不得申请停牌。

二、聘请证券服务机构

构成重大资产重组的交易，上市公司应当聘请符合《证券法》规定的独立财务顾问、律师事务所以及会计师事务所等证券服务机构，就重大资产重组出具意见。资产交易定价以资产评估结果为依据的，上市公司应当聘请符合《证券法》规定的资产评估机构出具资产评估报告。相关资产不以资产评估结果作为定价依据的，上市公司应当聘请估值机构出具估值报告。此外，如构成复杂的并购交易，上市公司还可能要聘请专门的税务咨询机构。上市公司跨境并购事项还会涉及境外中介机构。

上市公司最早可在交易筹划与决策阶段，聘请证券服务机构为交易的筹划提供专业意见，至迟不得晚于《证券法》《重组办法》等规定中要求的就重大资产重组出具意见的时点。

三、上市公司履行审议程序

上市公司应根据《证券法》《重组办法》及各交易所股票上市规则等法律法规履行审议程序。上市公司需履行的审议程序可参考简图 8 - 1。需说明的是，如沪深交易所上市公司实施重大资产重组不涉及发行股份的，按规定履行董事会、股东大会审议程序后即可实施，无须履行审核、注册程序。北交所上市公司实施发行股份购买资产或者重组上市的，均需履行审核、注册（如有）程序。

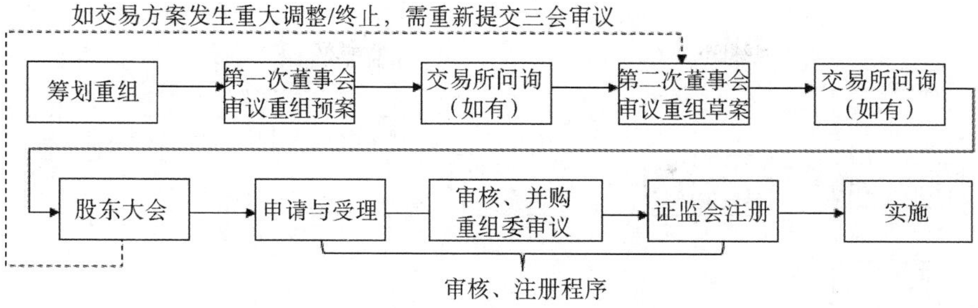

图8-1　上市公司并购重组审议程序简图①

四、监管审核

在注册制全面实施后，主板、科创板、创业板、北交所上市公司并购重组的审核流程总体进行了统一。沪深交易所上市公司只有涉及发行股份购买资产的重组需要报送交易所审核、证监会注册。北交所上市公司发行股份购买资产或重组上市交易，均需报送交易所审核。上市公司实施发行股份购买资产交易，需委托独立财务顾问在股东大会作出重大资产重组决议后3个工作日内向交易所报送申请文件，由交易所审核；审核通过的，报送中国证监会履行注册程序，审核不通过的，作出终止审核的决定。

（一）一般审核程序

上市公司发行股份购买资产的一般审核程序可参考图8-2。

注册制下，交易所、证监会对上市公司并购重组的审核、注册时限都作了明确的规定，因此审核周期可预期性更强、信息披露要求更高。具体规定总结如表8-10所示。

① 《重组办法》、证券交易所上市公司自律监管指引规定：“上市公司披露重组预案或重组报告书后、股东大会召开前，上市公司或交易对方拟终止重大资产重组的，上市公司应当及时召开董事会审议终止重大资产重组事项。上市公司股东大会审议通过重组方案后，在股东大会决议有效期内董事会决议终止本次重大资产重组的，上市公司还应当根据股东大会的授权情况，决定是否召开股东大会审议终止重组事项。证券交易所审核或者中国证监会注册期间，上市公司董事会决议撤回申请的，应当说明原因，向证券交易所提出申请，予以公告；上市公司董事会决议终止本次交易的，还应当按照公司章程的规定提交股东大会审议，股东大会就重大资产重组事项作出决议时已具体授权董事会可以决议终止本次交易的除外。”

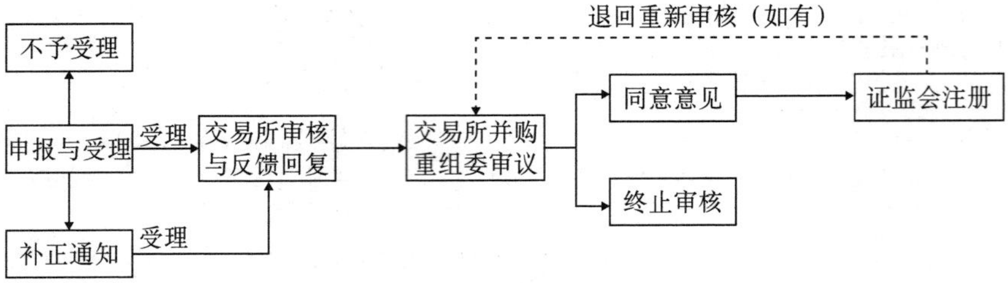

图 8－2　上市公司发行股份购买资产监管审核程序简图

表 8－10　　　　发行股份购买资产的审核程序

事项	要求
申请与受理	1. 上市公司在股东大会作出重大资产重组决议后 3 个工作日报送申请文件 2. 交易所收到申请文件后 5 个工作日内，对文件进行核对，作出是否受理的决定 3. 上市公司补正时限最长不超过 30 个工作日 4. 独立财务顾问应当在受理申请文件后 10 个工作日内以电子文档形式报送工作底稿，供监管备查
审核机构审核	1. 一般发行股份购买资产（非重组上市）：重组审核机构自受理申请文件之日起 10 个工作日内，提出首轮审核问询；上市公司回复时间总计不得超过 1 个月，延期不得超过 1 个月；交易所审核时间（自受理至出具审核意见）2 个月，交易所审核＋证监会注册时间不超过 3 个月（北交所仅规定审核时间 2 个月，未规定审核＋注册时间） 2. 重组上市：重组审核机构自受理申请文件之日起 20 个工作日内，提出首轮审核问询；上市公司回复时间总计不得超过 3 个月，延期不得超过 1 个月；交易所审核＋证监会注册时间不超过 3 个月（北交所规定交易所涉及发股的重组上市，审核时间 2 个月，不涉及发股的重组上市，审核时间 3 个月）
并购重组委员会审议	形成审议意见。可以暂缓审议，暂缓审议时间不超过 2 个月
向中国证监会报送审核意见	证监会可要求交易所进一步问询、退回补充审核
证监会注册	证监会在 15 个工作日内对上市公司的注册申请作出予以注册或者不予注册的决定

案例 8-8　科创板上市公司 H 重大资产重组

科创板上市公司 H 以发行股份及支付现金方式购买 O 公司 100% 股权，于 2019 年 12 月公告重大资产重组预案，2020 年 3 月 9 日首次公告重大资产重组草案，3 月 27 日获上交所受理，5 月 25 日获上交所审核通过，6 月 12 日获证监会注册批复。2020 年 6 月 18 日，上市公司公告完成资产过户。

（二）特别规定

1. 关于优化审核内容、提高审核效率的规定

对于符合一定情形的发行股份购买资产，沪深交易所均规定，重组审核机构可以减少问询轮次和问题数量，优化审核内容，提高审核效率，具体须符合的情形如下：

（1）交易所及上市公司所属证监局对上市公司信息披露和规范运作的评价以及中国证券业协会对独立财务顾问执业质量的评价结果均为 A 类；

（2）本次交易符合国家产业政策；

（3）交易类型属于同行业或者上下游并购，不构成重组上市。

2. 关于简化审核程序的规定

注册制全面实施后，原证监会层面的“小额快速”审核机制延续至交易所。沪深交易所规定，上市公司发行股份购买资产，符合一定情形的，申请文件受理后，交易所重组审核机构经审核，不再进行审核问询，直接出具审核报告，并提交并购重组委员会审议。各板块需符合的情形如表 8-11 所示。

表 8-11　　重大资产重组的界定标准

<table>
<tr><th>规定</th><th>主板</th><th>科创板、创业板</th></tr>
<tr><td>需符合的情形</td><td colspan="2">1. 最近十二个月内累计交易金额不超过 5 亿元
2. 最近十二个月内累计发行的股份不超过本次交易前上市公司股份总数的 5%，且最近十二个月内累计交易金额不超过 10 亿元</td></tr>
<tr><td>例外情形</td><td>—</td><td>1. 实施发行股份购买资产构成重组上市，标的资产对应的经营实体尚未盈利的，不适用
2. 标的资产涉及红筹企业的，不适用</td></tr>
</table>

五、重组实施及持续监管

上市公司发行股份购买资产取得证监会注册通过后，应当及时实施。向特定对象购买的相关资产过户至上市公司后，上市公司聘请的独立财务顾问和律师事务所应当对资产过户事宜和相关后续事项的合规性及风险进行核查，并发表明确意见。上市公司应当在相关资产过户完成后3个工作日内就过户情况作出公告，公告中应当包括独立财务顾问和律师事务所的结论性意见。上市公司完成前述规定的公告、报告后，可到证券交易所、证券登记结算公司为认购股份的特定对象申请办理证券登记手续。

重大资产重组实施完毕后，凡因不属于上市公司管理层事前无法获知且事后无法控制的原因，上市公司所购买资产实现的利润未达到资产评估报告或者估值报告预测金额的80%的，或者实际运营情况与重大资产重组报告书中管理层讨论与分析部分存在较大差距的，以及上市公司实现的利润未达到盈利预测报告预测金额80%的，上市公司的董事长、总经理以及对此承担相应责任的会计师事务所、财务顾问、资产评估机构、估值机构及其从业人员，应当在上市公司披露年度报告的同时，在同一媒体上作出解释，并向投资者公开道歉；实现利润未达到预测金额50%的，证监会可以对上市公司、相关机构及其责任人员采取监管谈话、出具警示函、责令定期报告等监管措施。交易对方超期未履行或者违反业绩补偿协议、承诺的，由证监会责令改正，并可以采取监管谈话、出具警示函、责令公开说明等监管措施，并将相关情况记入诚信档案；情节严重的，可以对有关责任人员采取证券市场禁入措施。

为上市公司实施重大资产重组提供服务的独立财务顾问，需履行持续督导责任。持续督导的期限自重大资产重组实施完毕之日起，不少于1个会计年度。构成重组上市的，持续督导的期限自重大资产重组实施完毕之日起，不少于3个会计年度。持续督导期限届满后，仍存在尚未完结的督导事项的，独立财务顾问应当就相关事项继续履行持续督导职责。

案例 8－9　J 上市公司发行股份收购 T 公司（业绩未完成预测金额 50%）

2015 年，J 上市公司以发行股份方式收购 T 公司 100% 股权，交易对手方承诺标的公司 2015 年、2016 年、2017 年扣除非经常性损益后归属于母公司股东的净利润分别不低于 2,550 万元、3,400 万元、4,150 万元。承诺期内，T 公司累计实现净利润 2,097.01 万元，不足预测金额的 50%。2018 年 7 月，J 公司收到证监局下发的《关于对 J 公司采取出具警示函措施的决定》。

第九章　上市公司发行股份购买资产

第一节　发行股份购买资产概述

一、定义及作用

上市公司发行股份购买资产，是指上市公司以股份作为支付对价的方式来购买资产。发行股份购买资产本质上属于一种向特定对象发行股票性质的证券发行方式，这种方式是定向增发的一种特殊形式。同时，根据《重组办法》规定，特定对象以现金或者资产认购上市公司发行的股份后，上市公司用同一次发行所募集的资金向该特定对象购买资产的，视同上市公司发行股份购买资产。

上市公司以股份作为支付方式向特定对象购买资产，是为实现股权/业务整合、整体上市、引入战略投资者、挽救财务危机、增强控股权等目的。同时，与现金认购形成互补，有利于上市公司做强做大。《重组办法》在总结和吸纳相关经验的基础上，专门设立“发行股份购买资产”章节予以制度化规范，并通过陆续发布相关监管指引和适用意见予以完善。

上市公司发行股票购买资产的目的及作用如下：

（1）提高企业内在价值和规范市场机制。上市公司可以通过向控股股东发行股票的方式，收购大股东旗下相关经营性资产。这种做法可以减少关联交易和横向竞争，也能够增强公司透明度，完善产业链，提升公司内在价值。

（2）吸引战略投资者。此举是上市公司提高质量的重要途径之一。上市公司可以利用战略投资者的行业地位、市场影响力、合作潜力和行业资源，推动公司持续发展。通过发行股份购买资产，上市公司在调整股权比例的同时，也与战略投资者共享资源，吸收先进的管理经验和技术，进而提高企业经营效率。

（3）挽救有财务危机的公司。提高上市公司质量最现实的途径是注入盈利资产。对于资产质量较差、缺少现金流的上市公司，可以通过发行股票购买优质盈利资产的方式，缓解财务困境。

（4）增强控股权。相对稳定的股权控制是上市公司稳定经营的重要因素之一。对于股权结构较为分散的上市公司，通过大股东资产注入方式，能够为上市公司带来优质资产，同时起到巩固控制权的目的。

二、实施条件

《重组办法》（2023 年修订）要求上市公司发行股份购买资产，应当符合下列条件：

（1）充分说明并披露本次交易有利于提高上市公司资产质量、改善财务状况和增强持续盈利能力，有利于上市公司减少关联交易、避免同业竞争、增强独立性；

（2）上市公司最近一年及一期财务会计报告被注册会计师出具无保留意见审计报告；被出具保留意见、否定意见或者无法表示意见的审计报告的，须经注册会计师专项核查确认，该保留意见、否定意见或者无法表示意见所涉及事项的重大影响已经消除或者将通过本次交易予以消除；

（3）上市公司及其现任董事、高级管理人员不存在因涉嫌犯罪正被司法机关立案侦查或涉嫌违法违规正被证监会立案调查的情形。但是，涉嫌犯罪或违法违规的行为已经终止满 3 年，交易方案有助于消除该行为可能造成的不良后果，且不影响对相关行为人追究责任的除外；

（4）充分说明并披露上市公司发行股份所购买的资产为权属清晰的经营性资产，并能在约定期限内办理完毕权属转移手续；

（5）证监会规定的其他条件。

上市公司为促进行业整合、转型升级，在其控制权不发生变更的情况下，可以向控股股东、实际控制人或者其控制的关联人之外的特定对象发行股份购买资产。所购买资产与现有主营业务没有显著协同效应的，应当充分说明并披露本次交易后的经营发展战略和业务管理模式，以及业务转型升级可能面临的风险和应对措施。

上市公司发行股份购买资产属于上市公司向特定对象发行股票的行为。《上市公司证券发行注册管理办法》规定，若上市公司存在下列情形之一的，不得向特定对象发行股票：

（1）擅自改变前次募集资金用途未作纠正，或者未经股东大会认可；

（2）最近一年财务报表的编制和披露在重大方面不符合企业会计准则或者相关信息披露规则的规定；最近一年财务会计报告被出具否定意见或者无法表示意见的审计报告；最近一年财务会计报告被出具保留意见的审计报告，且保留意见所涉及事项对上市公司的重大不利影响尚未消除。本次发行涉及重大资产重组的除外；

（3）现任董事、监事和高级管理人员最近三年受到中国证监会行政处罚，或者最近一年受到证券交易所公开谴责；

（4）上市公司或者其现任董事、监事和高级管理人员因涉嫌犯罪正在被司法机关立案侦查或者涉嫌违法违规正在被中国证监会立案调查；

（5）控股股东、实际控制人最近三年存在严重损害上市公司利益或者投资者合法权益的重大违法行为；

（6）最近三年存在严重损害投资者合法权益或者社会公共利益的重大违法行为。

随着法律法规不断完善，资本市场监管力度持续强化。近年来，很多上市公司因资金占用、环保、信息披露等问题受到监管部门处罚。实务中，如涉及上市公司现任董事、高级管理人员处罚的，一般更换董事、高级管理人员后即可进行；如涉及上市公司处罚的，则主要关注上市公司是否存在正在被立案的情形，如已出具处罚结果，则需判断是否严重损害投资者合法权益和社会公共利益。还需关注上市公司是否受到交易所公开谴责，是否存在重大失信行为。

三、重组支付工具的创新——发行定向可转换债券购买资产

（一）可转换债券的概念

可转换债券（以下简称“可转债”），是债券持有人可按照发行时约定的价格将债券转换成公司普通股票的债券。可转换债券具有债权和股权的双重特性：一方面，如普通债券，可转换债券有规定的利率和期限，投资者可以选择持有债券到期收取本息；另一方面，可转换债券在转换成股票之前是纯粹的债券，但转换成股票之后，原债券持有人就转变为公司股东，可参与企业经营决策和红利分配，影响公司的股本结构。

（二）可转换债券可作为重组的支付工具

上市公司进行并购交易的常见支付手段为现金和股份。2018 年 11 月，证监会发布《证监会试点定向可转债并购支持上市公司发展》，积极推进以定向可转债作为并购重组交易支付工具的试点，支持包括民营控股上市公司在内的各类企业通过并购重组做优做强。定向可转债的平稳推进，再次为上市公司并购重组和再融资需求提供便利工具，从而推动提高上市公司质量。

定向可转债是普通可转债的进一步延伸，但因定向范围的圈定，定向可转债被认定是私募可转债的一类。从条款类别来看，定向可转债与公募可转债并无太大差异，但在具体条款设置上则有明显区别。定向可转债的具体条款，是在公募可转债条款之上的进一步开发，因目标更为复杂，其条款设置更具有特殊性和灵活性。由于可转债的本质属性，定向可转债同样兼具债券与股票的双重身份，既可以按照约定利率计算利息，也有转换成公司股票的权利。此外，由于并购环节与配套融资环节的监管与目标不同，定向可转债在规模占比、初始转股价、利率等条款上存在明显差异。

2014年以来，随着《关于进一步优化企业兼并重组市场环境的意见》（2014年）、《重组办法》（2014年修订）、《上海证券交易所科创板上市公司重大资产重组审核规则》、《深圳证券交易所创业板上市公司重大资产重组审核规则》等相关政策制度陆续推出，监管机构鼓励上市公司以定向可转债作为支付方式之一。定向可转债在A股市场的试点工作开始全面开花，2018年赛腾股份（603283）成为市场首次尝试定向可转债的公司，此后新劲刚（300629）、长春高新（000661）等多家公司接连公告定向可转债方案。2020年证监会发布《可转换公司债券管理办法》，对于定向可转债的交易、转让、信息披露、转股、赎回与回售等相关活动进行了进一步规定：上市公司向特定对象发行可转债转股的，所转换股票自可转债发行结束之日起18个月内不得转让，上市公司向特定对象发行可转债的转股价格不得向下修正等。

截至目前，已有多家上市公司定向可转债完成发行登记，上市公司并购重组和再融资获得有力支持。

（三）重组中可转换债券的特点

定向可转债作为重组支付工具的重大创新，丰富了交易对价的支付手段，更好地满足了交易双方的多样化需求，有利于缓解上市公司现金压力及大股东股权稀释风险。而且，简单灵活的发行程序和审核流程，也受到上市公司青睐。

具体来看，定向可转债能较好地解决现金收购与发股收购的弊端。对于并购方来说，若股价上涨意味着其以更少的股权完成了并购；若股价下跌需要支付现金，转债的利息远低于纯债，相当于用较低的融资成本完成了并购。对于被并购方来说，可根据自身利益设置个性化条款，保障利益，突破部分可转债发行的限制性要求，这也提高了并购交易的成功率。而且，定向可转债的债性使其在弱势环境下可以保障资产方在股价大幅下跌时获得的对价免受损失，同时还增加了持有到期变现的退出方式，可大幅提升资产方在弱市环境中的并购积极性。

四、案例解析

在发行股份购买资产过程中，可以综合运用组建买方团、引入具有产业背景的战略投资者、现金支付、配套募集资金、银团贷款等方案设计及融资手段推进交易，同时最大限度提升和标的资产之间的协同性，以促进交易完成后的整合。

案例9－1　W上市公司“两步走”收购A公司控制权

W上市公司通过发行股份及支付现金等综合方式成功获得了A公司的控制权。这是上市公司把握产业投资机遇的战略举措，也是截至2023年2月国内半导体行业史上最大的并购交易。

W公司为全球主流品牌提供智能手机、平板电脑、笔记本电脑、智能硬件、IoT模块等产品研发设计和生产制造服务，实现了国际化布局。A公司是全球最大的IDM标准器件半导体供应商，在行业中长期处于领先地位。W公司与A公司分别处于产业链上下游，在客户、技术和产品等多方面都具有很强的协同效应。

W公司的“两步走”方案：首先通过组建买方团参与A公司上层最大基金股东LP份额的公开竞拍，取得交易先机；随后引入优质战略投资者，通过发行股份购买资产、配套融资、境外银团贷款等方式，最终成功收购A公司约80%股权。

第二节　发行定价

按照《重组办法》规定，上市公司发行股份购买资产的发行价格不得低于市场参考价的80%。而市场参考价为本次发行股份购买资产的董事会决议公告日前20个交易日、60个交易日或者120个交易日的公司股票交易均价之一。

上市公司发行股份购买资产的发行定价与向特定对象发行股票的发行定价存在一定差异：向特定对象发行股票的发行价格不低于定价基准日前20个交易日公司股票均价的80%。其中对于董事会决议提前确定全部发行对象，且发行对象为上市公司控股股东、实际控制人或其控制的关联人，或通过认购本次发行的股份取得上市公司实际控制权的投资者，或董事会拟引入的境内外战略投资者，则定价基准日可以为关于本次向特定对象发行股票的董事会决议公告日、股东大会决议公告日或者发行期首日；除前述情况外，定价基准日为本次向特定对象发行股票的发行期首日。

同时，为应对资本市场波动及行业因素导致的上市公司股价波动对发行股份及支付现金购买资产可能产生的不利影响，上市公司可根据《重组办法》相关规定，引入发行价格调整方案。即在证监会注册前，上市公司的股票价格相比最初确定的发行价格发生重大变化的，董事会可以按照已经设定的调整方案对发行价格进行一次调整。发行价格调整方案应当明确、具体、可操作，详细说明是否相应调整拟购买资产的定价、发行股份数量及其理由，在首次董事会决议公告时充分披露，并按照规定提交股东大会审议。股东大会作出决议后，董事会可以按照已经设定的方案调整发行价格。

此外，《〈上市公司重大资产重组管理办法〉第二十九条、第四十五条的适用意见——证券期货法律适用意见第15号》（以下简称《证券期货法律适用意见第15号》）对于发行价格调整方案的设定予以进一步明确，要求上市公司对发行价格调整的设置需持审慎态度，并进行充分评估论证。同时，独立财务顾问和律师需进行核查并发表明确意见（见表9－1）。

表9－1　《证券期货法律适用意见第15号》相关规则

序号	规则
1	发行价格调整方案应当建立在市场和同行业指数变动基础上，且上市公司的股票价格相比最初确定的发行价格须同时发生重大变化
2	发行价格调整方案应当有利于保护股东权益，设置双向调整机制。若仅单向调整，应当说明理由，是否有利于中小股东保护

续表

序号	规则
3	调价基准日应当明确、具体。股东大会授权董事会对发行价格调整进行决策的，在调价条件触发后，董事会应当审慎、及时履职
4	董事会决定在重组方案中设置发行价格调整机制时，应对发行价格调整方案可能产生的影响以及是否有利于股东保护进行充分评估论证并作信息披露
5	董事会在调价条件触发后根据股东大会授权对是否调整发行价格进行决议。决定对发行价格进行调整的，应对发行价格调整可能产生的影响、价格调整的合理性、是否有利于股东保护等进行充分评估论证并作信息披露，并应同时披露董事会就此决策的勤勉尽责情况。决定不对发行价格进行调整的，应当披露原因、可能产生的影响以及是否有利于股东保护等，并应同时披露董事会就此决策的勤勉尽责情况
6	独立财务顾问和律师应当对以上情况进行核查并发表明确意见

第三节　股份锁定期

发行股份购买资产是上市公司重要的并购重组方式之一。根据相关规定，在发行股份购买资产交易中，相关方持有的上市公司股份的锁定期可以大致分为12个月、18个月、24个月、36个月。实践中，交易双方约定的股份锁定期往往会长于法定锁定期，这通常与交易相对方的业绩承诺密切相关。此外，锁定主体和对象范围也更广，在主体上可能会穿透锁定至实际权益人；在锁定对象上，可能会延伸至交易前交易相对方已持有的上市公司股份。

一、现行规定

（一）《上市公司重大资产重组管理办法》（2023年修订）

1. 锁定期安排

根据《重组办法》第四十六条规定，特定对象以资产认购而取得的上市公司股份，自股份发行结束之日起12个月内不得转让；属于下列情形之一的，36个月内不得转让：（1）特定对象为上市公司控股股东、实际控制人或者其控制的关联人；（2）特定对象通过认购本次发行的股份取得上市公司的实际控制权；（3）特定对象取得本次发行的股份时，对其用于认购股份的资产持续拥有权益的时间不足12个月。

属于本办法第十三条第一款规定的交易情形的[①]，上市公司原控股股东、原实际控制人及其控制的关联人，以及在交易过程中从该等主体直接或间接受让该上市公司股份的特定对象，应当公开承诺，在本次交易完成后36个月内不转让其在该上市公司中拥有权益的股份；除收购人及其关联人以外的特定对象应当公开承诺，其以资产认购而取得的上市公司股份自股份发行结束之日起24个月内不得转让。

第四十七条第二款规定，上市公司向控股股东、实际控制人或者其控制的关联人发行股份购买资产，或者发行股份购买资产将导致上市公司实际控制权发生变更的，认购股份的特定对象应当在发行股份购买资产报告书中公开承诺：本次交易完成后6个月内如上市公司股票连续20个交易日的收盘价低于发行价，或者交易完成后6个月期末收盘价低于发行价的，其持有公司股票的锁定期自动延长至少6个月。

2. 标的资产持续拥有权益的起算时点

根据《监管规则适用指引——上市类第1号》的规定，“持续拥有权益的时间”自公司登记机关就特定对象持股办理完毕相关登记手续之日起算。特定对象足额缴纳出资晚于相关登记手续办理完毕之日的，自其足额缴纳出资之日起算。

该项规定表明，标的资产持续拥有权益的起算点为实质条件和形式条件都得到满足之时。实际足额缴纳出资是公司股东取得股权的实质要件，而公司登记手续的变更是形式要件，同时产生对外公示的效力。在发行股份购买资产中，特定对象的标的资产自实际足额缴纳出资或者自公司变更

① 即购买的资产总额占上市公司控制权发生变更的前一个会计年度经审计的合并财务会计报告期末资产总额的比例达到100%以上。

登记手续不足 12 个月的，该特定对象以此标的资产取得的股份需要锁定 36 个月。

（二）关于上市公司收购锁定期的规定

在上市公司发行股份购买资产交易中，如发行股份购买资产导致上市公司实际控制权发生变更的，也应适用《证券法》和《收购办法》规定的锁定期。

根据《证券法》第七十五条规定，在上市公司收购中，收购人持有的被收购的上市公司的股票，在收购行为完成后的 18 个月内不得转让。

根据《收购办法》第七十四条规定，在上市公司收购中，收购人持有的被收购公司的股份，在收购完成后 18 个月内不得转让。收购人在被收购公司中拥有权益的股份在同一实际控制人控制的不同主体之间进行转让，不受前述 18 个月的限制，但应当遵守本办法第六章的规定。

（三）未尽事项

法律规定锁定期旨在保护中小投资者利益，维护资本市场秩序。所谓"规则限制自由"，交易双方可能会寻找规则的漏洞以规避锁定期带来的不利影响，比如法律并未规定穿透锁定，即并未禁止或限制直接或间接持有交易对方权益的投资者在锁定期内通过转让交易对方的权益份额的方式，以达成间接转让上市公司股份的目的，存在一定的监管盲区。如交易对方为合伙企业，该合伙企业的合伙人即可通过转让合伙企业财产份额以规避锁定期的限制。因此实践中，在审核发行股份购买资产项目时，监管机构亦可能关注上市公司对交易对方是否存在穿透锁定的安排。近期项目审核中，要求进行穿透锁定的标准通常为：对本次重组交易对方中专为本次交易设立的合伙企业进行穿透，锁定至自然人或非专为本次交易设立的主体（包括法人及合伙企业）。

对于交易对方通过其持有的资产取得的上市公司新发行股份，相关锁定期情况总结如表 9－2 所示。

表 9－2　锁定期概览

锁定期	情形
12 个月	除下述24 个月和36 个月锁定期外的境内投资者，以其持有时长超过12 个月的资产取得的上市公司股权所取得的上市公司股份
24 个月	构成重组上市的，除交易完成后上市公司新实际控制人/控股股东及其控制主体外的交易对方
36 个月	上市公司控股股东、实际控制人或其关联人，或者通过本次发行取得上市公司控制权（如果财务投资者被认定为实控人，则要锁定 36 个月）
	取得股份时，其用于认购股份的资产持续拥有权益的时间不足 12 个月（目前监管部门把握的标准是：新增股份登记时，投资者持有用于认购股份的标的资产不足 12 个月）

二、实务分析

（一）锁定期限

为保证上市公司股权结构和经营稳定性，促进资本市场良好发展，交易相关方通过发行股份购买资产而取得的上市公司股份，需要遵守锁定期相关要求。在最近的案例中，反馈意见中有明确关于“锁定期限”的反馈问题，表明交易对方取得股份的锁定期限（在法律规定的 36 个月基础之上）与其作出的业绩补偿承诺相关。

案例 9－2　Z 上市公司重组

【案例概述】2020 年，Z 上市公司以发行股份及支付现金相结合的方式购买 J 集团、X 投资公司、H 集团共 41 名交易对方持有的 J 公司 100%股权，证监会反馈意见中对于锁定期予以关注。

【反馈问题】J 集团与 H 集团共同作出累积三年业绩承诺的情况，补充披露 J 集团及其一致行动人通过本次交易取得的上市公司股份未锁定 36 个月的合理性。

【回复】J 集团本次交易所取得的上市公司股份，需在三年业绩承诺实现才能解除锁定，即最早解除锁定时间为 J 公司 2022 年度经审计的财务数据确认后。业绩补偿协议中未明确锁定 36 个月，一方面，业绩承诺是基于三年累积利润的实现，另一方面，三年业绩实现需以上市公司年度审计为准，具体审计报告出具日期无法准确预测。因此，在业绩补偿协议中约定为“J集团因本次交易取得的上市公司股份的锁定期将顺延至其补偿义务履行完毕之日”，该约定符合本次重组以业绩实现为核心目标的商业本质。

（二）穿透锁定

穿透锁定，是指除对于发行股份购买资产中交易对方取得的股份进行锁定外，对于交易对方上层出资人（多数情况为合伙企业）所持交易对方的股权/份额进行额外的锁定。

《重组办法》仅规定了交易对方直接持有的上市公司股份的锁定期，并未禁止或限制间接转让。通过分析现有案例发现，在交易对方为合伙企业时，反馈意见/问询中重点关注合伙企业是否专为本次交易而设立，是否属于以持有标的资产为目的，如合伙企业是专为本次交易而设立，或者以持有标的资产为目的，则锁定的主体将穿透至该合伙的最终出资法人或者自然人。上市公司在反馈意见的回复中，一般以合伙企业的设立时间与该项交易开始的时间先后来判断是否专为本次交易而设立，以合伙企业的其他对外投资来判断是否以持有标的资产为目的。如合伙企业的设立时间晚于该项交易开始筹备的时间，或者除持有上市公司标的资产以外并无其他对外投资，则该合伙最终出资人需承诺在锁定期届满之日前，不得通过转让财产份额、新增合伙人等方式导致出资人直接或间接减持其持有的合伙份额。部分案例展示如表9－3所示。

（三）老股锁定

除发行股份购买资产中取得的上市公司股份外，对于交易对方原持有的上市公司股份，亦可能被要求进行锁定。

通过分析现有案例发现，在发行股份购买资产交易中，如交易对方为上市公司控股股东或者实际控制人，还需对其在交易前持有的上市公司股份进行锁定，而审核中关注的主体不仅包括上市公司控股股东、实际控制人，还包括前述主体的一致行动人。上市公司关于反馈意见/问询的回复

表9－3　　穿透锁定相关案例展示

案例	反馈问题	反馈答复	是否通过
四川振静股份有限公司	对交易对方的有限合伙逐层进行穿透披露，如交易对方的有限合伙专为本次交易设立，还应补充披露交易完成后其最终出资的法人或自然人持有合伙企业或基金份额的锁定安排	成都德商设立时本次交易尚未筹划，并非专为本次交易设立，且其存在其他股权投资，不是以持有标的资产为目的；深圳慧智、深圳慧明、凯比特尔设立时本次交易尚未筹划，并非专为本次交易设立，但其均不存在其他股权投资，以持有标的资产为目的。深圳慧智、深圳慧明、凯比特尔全体合伙人承诺重组完成后12个月内不转让合伙财产份额	是
松德智慧装备股份有限公司	补充披露上述合伙企业是否专为本次交易设立，是否以持有标的资产为目的，是否存在其他未披露投资。如上述有限合伙专为本次交易设立，请补充披露交易完成后最终出资的法人或自然人持有合伙企业份额的锁定安排	绍绪投资、镒航投资、昭元投资和镒源投资的设立时间虽显著早于本次交易开始筹备的时间，但因其除持有标的资产外，并无其他对外投资，属于以持有标的资产为目的。全体合伙人均承诺，锁定期届满之日前不转让财产份额、不退伙、不新增新合伙人等	是

中，需对相关交易方是否为一致行动人进行解释，如系一致行动人的，则依据《证券法》第七十五条和《收购办法》第七十四条，一致行动人也需承诺对交易前所持的上市公司股份锁定18个月。由此可知，上市公司收购中收购人的股份锁定，既包括新增股份，也包括在交易前已持有的上市公司股份。此外，相关方在对股份锁定作出承诺时，因上市公司送股、转增股本等事项增加的锁定，股份亦需遵守上述锁定承诺。部分案例展示如表9－4所示。

表9-4　　老股锁定相关案例展示

案例	反馈问题	反馈答复	是否通过
上海兰生股份有限公司	本次交易前，上市公司控股股东兰生集团持有上市公司52.46%股份。本次交易后，兰生集团及母公司东浩兰生集团合计持有上市公司63.11%股份。补充披露本次交易前控股股东、实际控制人及其一致行动人持有上市公司股份的锁定期安排	兰生集团承诺交易前所持上市公司股份在本次交易完成后18个月内不转让	是
山东鲁北化工股份有限公司	补充披露本次交易对方就本次交易前所持上市公司股份的锁定安排，是否符合《证券法》《收购办法》相关规定	控股股东鲁北集团承诺本次交易完成之日起18个月内不以任何方式转让在本次交易前所持有的上市公司股票	是
中国航发动力股份有限公司	发行股份的交易对方中国航发系上市公司实际控制人，国发基金为中国航发控制的公司。请补充披露本次交易前控股股东、实际控制人及其一致行动人持有上市公司股份的锁定期安排	中国航发承诺，本公司及其下属企业在本次交易前已经持有的上市公司股份，自上市公司本次交易新增股份发行完成之日起18个月内不得转让	是

第四节　募集配套资金

根据《重组办法》第四十四条规定，上市公司发行股份购买资产的，可以同时募集配套资金。规则中对于发行股份购买资产与募集配套资金提出了不同的要求。

上市公司发行股份购买资产同时募集配套资金，一方面能够使用配套资金支付交易对价从而缓解资金压力，另一方面能够进一步加强控制权（实际控制人认购）或者进行市场化融资，支持重组后上市公司和标的公司的经营发展。

一、适用规则

随着《重组办法》的多次修订，募集配套资金的相关规则也在不断变化。现行有效的部门规则及规范性文件中，规范并购重组配套融资的条文主要分为三类：第一类是《重组办法》及其适用意见；第二类是证监会与配套融资直接相关的指导意见，主要以问题与解答形式体现；第三类是与上市公司向特定对象发行相关的规范性文件。具体详见表9－5。

表9－5　　涉及发行股份购买资产同时募集配套资金的主要文件

序号	主要文件
1	《上市公司重大资产重组管理办法》（2023年修订）
2	《深圳证券交易所上市公司重大资产重组审核规则》
3	《上海证券交易所上市公司重大资产重组审核规则》
4	《上市公司证券发行注册管理办法》
5	《〈上市公司证券发行注册管理办法〉第九条、第十条、第十一条、第十三条、第四十条、第五十七条、第六十条有关规定的适用意见——证券期货法律适用意见第18号》
6	《〈上市公司重大资产重组管理办法〉第十四条、第四十五条的适用意见——证券期货法律适用意见第12号》
7	《监管规则适用指引——上市类第1号》
8	《深圳证券交易所上市公司自律监管指引第8号——重大资产重组》（2023年修订）
9	《上海证券交易所上市公司自律监管指引第6号——重大资产重组》（2023年修订）
10	《北京证券交易所上市公司重大资产重组业务指引》
11	《公开发行证券的公司信息披露内容与格式准则第26号——上市公司重大资产重组（2023年修订）》

二、具体要求

上市公司发行股份购买资产同时募集配套资金方案中，发行股份购买资产部分与募集配套资金部分是两个独立行为，视为两次发行，分别定价，适用不同的法规。

（一）相关业务规则

上市公司并购重组总体按照《重组办法》等并购重组法规执行，但涉及配套融资部分需按照《上市公司证券发行注册管理办法》等规定执行。具体而言，上市公司发行股份购买资产募集配套资金部分适用以下规则：

1. 定价方式

《上市公司证券发行注册管理办法》规定，“定价基准日”是指计算发行底价的基准日，定价基准日为本次向特定对象发行股票的发行期首日。上市公司应当以不低于发行底价的价格发行股票。

上市公司董事会决议提前确定全部发行对象，且属于下列情形之一的，定价基准日可以为关于本次向特定对象发行股票的董事会决议公告日、股东大会决议公告日或者发行期首日，认购的股份自发行结束之日起18个月内不得转让：（1）上市公司的控股股东、实际控制人或其控制的关联人；（2）通过认购本次发行的股份取得上市公司实际控制权的投资者；（3）董事会拟引入的境内外战略投资者。

综上，募集配套资金的发行底价为定价基准日前20个交易日股票交易均价的80%。其中，锁价发行的定价基准日可以为本次向特定对象发行股票的董事会决议公告日、股东大会决议公告日或者发行期首日；询价发行的定价基准日为发行期首日。

2. 募集规模

配套融资规模需符合《〈上市公司证券发行注册管理办法〉第九条、第十条、第十一条、第十三条、第四十条、第五十七条、第六十条有关规定的适用意见——证券期货法律适用意见第18号》（以下简称《证券期货法律适用意见第18号》）。根据《证券期货法律适用意见第18号》，上市公司申请向特定对象发行股票的，拟发行的股份数量原则上不得超过本次发行前总股本的30%。

3. 期限间隔

配套融资期限间隔执行《监管规则适用指引——发行类第7号》等相关规则的规定。根据规定，实施重大资产重组后申请向不特定对象发行证券的公司，申报时其报告期法定报表须符合发行条件。实施重大资产重组前，如果发行人符合向不特定对象发行证券条件且重组未导致公司实际控制人发生变化的，申请向不特定对象发行证券时不需要运行一个完整的会计年度。重组时点，是指标的资产完成过户的时点，并不涉及新增股份登记及配套融资完成与否。

4. 审核机构

根据《证券期货法律适用意见第 12 号》规定：上市公司发行股份购买资产同时募集配套资金，所配套资金比例不超过拟购买资产交易价格 100% 的，一并适用发行股份购买资产的审核、注册程序；超过 100% 的，一并适用上市公司发行股份融资（即再融资）的审核、注册程序。不属于发行股份购买资产项目配套融资的再融资，按照中国证监会相关规定办理。

根据《监管规则适用指引——上市类第 1 号》，前述“拟购买资产交易价格”指本次交易中以发行股份方式购买资产的交易价格，不包括交易对方在本次交易停牌前 6 个月内及停牌期间以现金增资入股标的资产部分对应的交易价格，但上市公司董事会首次就重大资产重组作出决议前该等现金增资部分已设定明确、合理资金用途的除外。

5. “小额快速”审核

《上海证券交易所上市公司重大资产重组审核规则》《深圳证券交易所上市公司重大资产重组审核规则》等规则，明确主板上市公司发行股份购买资产，满足下列情形之一的，申请文件受理后，交易所重组审核机构经审核，不再进行审核问询，直接出具审核报告，提交重组委审议：（1）最近 12 个月内累计交易金额不超过人民币 5 亿元；（2）最近 12 个月内累计发行的股份不超过本次交易前上市公司股份总数的 5%，且最近 12 个月内累计交易金额不超过人民币 10 亿元。

科创板、创业板上市公司发行股份购买资产，不属于《重组办法》第十二条（即构成重大资产重组）和第十三条规定（即构成重组上市）的资产交易行为，但符合前款规定情形之一的，适用前款规定的审核程序。

此外，存在如下情形之一的，不得适用“小额快速”审核：（1）科创板、创业板上市公司发行股份购买资产同时募集配套资金用于支付本次交易现金对价的，或者募集配套资金金额超过人民币5,000万元；（2）独立财务顾问、证券服务机构或者其相关人员最近12个月内受到证监会行政处罚或者交易所纪律处分；（3）上市公司或者其控股股东、实际控制人最近12个月内受到证监会行政处罚或者证券交易所、国务院批准的其他全国性证券交易场所公开谴责，或者存在其他重大失信行为。

截至2022年12月，北交所尚未就并购重组小额快速审核进行规定。

6. 决策程序

根据《上海证券交易所上市公司自律监管指引第6号——重大资产重组》《深圳证券交易所上市公司自律监管指引第8号——重大资产重组》《北京证券交易所上市公司重大资产重组业务指引》相关规定，上市公司发行股份购买资产同时募集配套资金的，如购买资产不以配套融资为前提，购买资产与配套融资的交易方案可以分拆为两项议案分别表决；如购买资产与配套融资互为前提，购买资产与配套融资议案均获审议通过后，交易方案方可继续推进。

7. 募集资金用途

根据《监管规则适用指引——上市类第1号》规定，考虑到募集资金的配套性，所募资金可以用于支付本次并购交易中的现金对价，支付本次并购交易税费、人员安置费用等并购整合费用和投入标的资产在建项目建设，也可以用于补充上市公司和标的资产流动资金、偿还债务等。

募集配套资金用于补充公司流动资金、偿还债务的比例不应超过交易作价的25%；或者不超过募集配套资金总额的50%。

8. 信息披露

根据《26号准则》第七条、第六十四条规定，上市公司发行股份购买资产同时募集部分配套资金的，重组预案应当简要披露募集配套资金的预计金额及占交易总金额的比例、股份发行情况、用途等相关信息。重组报告书“本次交易主要合同”部分应当披露《募集配套资金股份认购协议》；“发行股份情况”部分应当披露募集配套资金的金额及相当于发行证券购买资产交易价格的比例、募集配套资金的股份发行情况、募集配套资金的用途及募集配套资金的必要性。

关于募集配套资金的必要性，应当结合行业特点、资金用途、前次募集资金使用效率、上市公司及交易标的现有生产经营规模、财务状况等方面，说明募集配套资金的必要性及配套金额是否与之相匹配。

9. 通过认购募集配套资金或取得标的资产权益巩固上市公司控制权

根据《监管规则适用指引——上市类第 1 号》规定，在认定是否构成《重组办法》第十三条规定的交易情形时，上市公司控股股东、实际控制人及其一致行动人拟认购募集配套资金的，相应股份在认定控制权是否变更时剔除计算，但已就认购股份所需资金和所得股份锁定作出切实、可行安排，能够确保按期、足额认购且取得股份后不会出现变相转让等情形的除外。

上市公司控股股东、实际控制人及其一致行动人在本次交易停牌前 6 个月内及停牌期间取得标的资产权益的，以该部分权益认购的上市公司股份，相应股份在认定控制权是否变更时剔除计算，但上市公司董事会首次就重大资产重组作出决议前，前述主体已通过足额缴纳出资、足额支付对价获得标的资产权益的除外。

独立财务顾问应就前述主体是否按期、足额认购配套募集资金相应股份，取得股份后是否变相转让，取得标的资产权益后有无抽逃出资等开展专项核查。

10. 财务性投资的认定

根据《监管规则适用指引——上市类第 1 号》规定，对于上市公司募集资金投资产业基金以及其他类似基金或产品的，如同时属于以下情形的，应当认定为财务性投资：

（1）上市公司为有限合伙人或其投资身份类似于有限合伙人，不具有该基金（产品）的实际管理权或控制权；

（2）上市公司以获取该基金（产品）或其投资项目的投资收益为主要目的。

（二）配套募集资金与发行股份购买资产对比

配套募集资金与发行股份购买资产主要适用《上市公司证券发行注册管理办法》《证券期货法律适用意见第18号》等再融资规则，发行股份购买资产适用于《重组办法》《收购办法》等规则，在规则适用、定价规则上均有不同，以下通过表9－6进行横向对比。

表9－6　　发行股份购买资产部分和募集配套资金部分的使用规则

<table>
<tr><th>项目</th><th>发行股份购买资产</th><th>募集配套资金</th></tr>
<tr><td>使用规则</td><td>《重组办法》《收购办法》等</td><td>《上市公司证券发行注册管理办法》《证券期货法律适用意见第18号》《证券发行上市保荐业务管理办法》等</td></tr>
<tr><td rowspan="2">审核程序</td><td rowspan="2">适用发行股份购买资产的审核、注册程序</td><td>不超过拟购买资产交易价格100%的，一并适用发行股份购买资产的审核、注册程序</td></tr>
<tr><td>超过拟购买资产交易价格100%的，一并适用上市公司发行股份融资（即再融资）的审核、注册程序</td></tr>
<tr><td rowspan="2">定价方式</td><td>市场参考价为本次发行股份购买资产的董事会决议公告日前20个交易日、60个交易日或者前120个交易日的公司股票交易均价之一</td><td rowspan="2">发行价格不低于定价基准日前20个交易日公司股票均价的80%。其中：锁价发行的定价基准日可为本次向特定对象发行股票的董事会决议公告日、股东大会决议公告日或者发行期首日；询价发行的定价基准日为发行期首日</td></tr>
<tr><td>价格折扣：为市场参考价的80%</td></tr>
<tr><td>调价机制</td><td>发行股份购买资产的董事会决议可以明确，在证监会注册前，上市公司的股票价格相比最初确定的发行价格发生重大变化的，董事会可以按照已经设定的调整方案对发行价格进行一次调整。发行价格调整方案应当明确、具体、可操作，详细说明是否相应调整拟购买资产的定价、发行股份数量及其理由，在首次董事会决议公告时充分披露，并按照规定提交股东大会审议。股东大会作出决议后，董事会按照已经设定的方案调整发行价格的，上市公司无须按照《重组办法》第二十八条的规定向证监会重新提出申请</td><td>定价基准日为本次向特定对象发行股票的董事会决议公告日或股东大会决议公告日的，向特定对象发行股票的董事会决议公告后，出现以下情况的，应当由董事会重新确定本次发行的定价基准日：（1）本次发行股票股东大会决议的有效期已过；（2）本次发行方案发生变化；（3）其他对本次发行定价具有重大影响的事项</td></tr>
</table>

续表

项目	发行股份购买资产	募集配套资金
锁定期	以资产认购而取得的上市公司股份，自股份发行结束之日起12个月内不得转让；属于下列情形之一的，36个月内不得转让：（1）特定对象为上市公司控股股东、实际控制人或者其控制的关联人；（2）特定对象通过认购本次发行的股份取得上市公司的实际控制权；（3）特定对象取得本次发行的股份时，对其用于认购股份的资产持续拥有权益的时间不足12个月	发行对象认购向特定对象发行的股份自发行结束之日起6个月内不得转让；发行对象属于下列情形之一的，认购的股份18个月内不得转让：（1）上市公司的控股股东，实际控制人或者其控制的关联人；（2）通过认购本次发行的股份取得上市公司实际控制权的投资者；（3）董事会拟引入的境内外战略投资者
特定对象	不超过200名	不超过35名
禁止行为	上市公司或其现任董事、高级管理人员不存在因涉嫌犯罪正被司法机关立案侦查或涉嫌违法违规正被证监会立案调查的情形；但是，涉嫌犯罪或者违法违规的行为已经终止满3年，交易方案有助于消除该行为可能造成的不良后果，且不影响对相关行为人追责的除外	上市公司或其现任董事、高级管理人员因涉嫌犯罪正被司法机关立案侦查或涉嫌违法违规正被证监会立案调查
审计意见	上市公司最近一年及一期财务会计报告被注册会计师出具无保留意见审计报告；被出具保留意见、否定意见或者无法表示意见的审计报告的，须经注册会计师专项核查确认，该保留意见、否定意见或者无法表示意见所涉及事项的重大影响已经消除或者将通过本次交易予以消除	上市公司最近一年及一期财务报表被注册会计师出具保留意见，否定意见或无法表示意见的审计报告的，不得向特定对象发行股票。保留意见、否定意见或无法表示意见所涉及事项的重大影响已经消除或者本次发行涉及重大重组的除外

注：董事会决议公告日前若干个交易日公司股票交易均价 = 决议公告日前若干个交易日公司股票交易总额/决议公告日前若干个交易日公司股票交易总量。

（三）定增募集资金用于购买资产与发行股份购买资产对比

定增募集资金用于购买资产与发行股份购买资产的核心区别在于，上市公司募集资金的对象和购买资产的对象是否为同一方。

一般情况下，上市公司向特定对象发行募集资金购买资产、对外投资的行为不属于发行股份购买资产，不适用《重组办法》相关规定。当存在特定对象以现金或者资产认购上市公司向特定对象发行的股份后，上市公司用同一次向特定对象发行股票所募集的资金向该特定对象购买资产的情形，视同上市公司发行股份购买资产。

此外，根据《监管规则适用指引——上市类1号》，如果上市公司发行定增预案披露的募投项目，在证监会注册之后实施，或者该项目的实施与发行获得证监会注册互为前提，可以不再适用《重组办法》的相关规定。

如果募投项目不以发行获得证监会注册为前提，且在证监会注册之前即单独实施，则应当视为单独的购买资产行为。如达到重大资产重组标准，应当按照《26号准则》的规定编制、披露相关文件。

三、案例解析

案例9－3　P上市公司重大资产置换、发行股份购买资产

【案例概述】 P上市公司2022年重大资产置换、发行股份购买资产案例的交易方案包括：重大资产置换、发行股份购买资产、募集配套资金。前述重大资产置换、发行股份购买资产互为条件、同时进行，共同构成本次重大资产重组不可分割的组成部分，其中任何一项未获得批准，则本次重大资产重组自始不生效；募集配套资金项目以重大资产置换、发行股份购买资产交易为前提条件，但其成功与否并不影响重大资产置换、发行股份购买资产交易的实施。

（1）重大资产置换。P上市公司拟将截至评估基准日的除C公司100%股权外的全部资产及负债作为拟置出资产，与J公司持有的R公司

中的等值部分进行置换，置出资产由J公司指定的第三方承接，并最终由X公司指定的主体承接。同时，P上市公司拟将C公司100%股权转让给X公司指定的主体。

本次交易以评估值为基础，拟置出资产的交易价格为60,161.96万元，标的资产的交易价格为1,426,800万元。

（2）发行股份购买资产。本次交易拟置入R公司100%股权。拟置入资产和拟置出资产之间的差额1,366,638.04万元，由上市公司向J公司等14名交易对方发行股份购买。本次交易完成后，R公司成为上市公司的子公司。

本次发行股份购买资产定价基准日为上市公司第三届董事会第二十九次会议决议公告日，本次发行股份购买资产的股份发行价格为18.97元/股。

（3）募集配套资金。上市公司拟采用询价方式向不超过35名特定投资者发行股份募集配套资金。本次配套融资总额不超过470,000万元，不超过本次发行股份购买资产交易价格的100%；且发行股份数量不超过发行股份购买资产完成后上市公司总股本的30%。本次募集配套资金拟用于投入标的公司项目建设、偿还标的公司银行借款、支付中介机构费用等。本次募集配套资金发行股份的定价基准日为本次发行股份的发行期首日，发行价格不低于定价基准日前20个交易日上市公司股票均价的80%。

P上市公司本次募集配套资金中“总股本”包含了本次购买资产新发行的股份。对此，P上市公司的解释如下：

《发行监管问答——关于引导规范上市公司融资行为的监管要求（修订版）》[①] 规定：“上市公司申请非公开发行股票的，拟发行的股份数量原则上不得超过本次发行前总股本的30%。”根据P上市公司第三届董事会第二十九次会议、第三十五次会议和2021年第一次临时股东大会审议通过的《关于本次重大资产置换、发行股份购买资产并募集配套资金暨关联

① 《发行监管问答——关于引导规范上市公司融资行为的监管要求（修订版）》现已废止，新颁布的《证券期货法律适用意见第18号》明确“发行的股份数量原则上不得超过本次发行前总股本的30%”。

交易具体方案的议案》、交易双方签署的《重组协议》《盈利预测补偿协议》以及相关补充协议，本次交易方案包括重大资产置换、发行股份购买资产、募集配套资金。其中，重大资产置换、购买资产互为条件、同时进行，共同构成本次交易不可分割的组成部分；募集配套资金以重大资产置换和购买资产交易完成为前提条件，其成功与否并不影响重大资产置换和购买资产交易的实施。

【案例分析】根据《重组办法》第四十四条规定："上市公司发行股份购买资产的，可以同时募集部分配套资金，其定价方式按照现行相关规定办理。"对于采用询价方式募集资金的重组项目，募集资金部分与购买资产部分应当分别定价，视为两次发行。因此，上市公司本次发行股份购买资产暨募集配套资金，实质上属于一次重组、两次发行，本次重组项下的发行股份购买资产实施完成后，上市公司方可实施募集配套资金。上市公司为募集配套资金而实施向特定对象发行股票前，上市公司总股本已因发行股份购买资产实施完成而发生了变化。

本次重组现有交易方案中所设定的募集配套资金发行股份数量不超过发行股份购买资产完成后上市公司总股本的30%，未违反《发行监管问答——关于引导规范上市公司融资行为的监管要求（修订版）》中关于"上市公司申请非公开发行股票的，拟发行的股份数量原则上不得超过本次发行前总股本的30%"的规定。

监管审核中对于部分已明确认购募集配套资金的主体亦会予以关注，要求披露相关主体的股份认购合同、认购的股份数量或者数量区间等。

第十章　上市公司重组上市

第一节　重组上市概述

一、概念及作用

重组上市，是上市公司并购重组的重要交易类型之一，会对上市公司控制权、主营业务等方面带来根本性改变，从而备受市场关注。根据上市公司公开披露信息统计显示：2019 年证监会上会的重组项目有 118 单，其中重组上市数量为 9 单，占全年上会重组总数的 8.87%；2020 年证监会上会的重组项目有 79 单，其中重组上市数量为 4 单，占全年上会重组总数的 5.06%；2021 年证监会上会的重组项目有 42 单，其中重组上市数量为 1 单，占全年上会重组总数的 2.38%；2022 年证监会及交易所上会的重组项目有 49 单，其中重组上市数量为 4 单，占全年上会重组总数的 8.16%。

重组上市，作为一项复杂的并购重组交易形式，涉及资产交换、控制权交换等安排，需要平衡上市公司控股股东诉求、借壳方诉求、保护中小股东利益安排、市场监管要求等诸多因素。

从规则层面来看，重组上市指上市公司自控制权发生变更之日起 36 个月内，向收购人及其关联人购买资产，导致上市公司发生根本变化，应按照《重组办法》规定报经证监会注册的资产交易行为。据此可见，重组上市行为包括三个构成要件，缺一不可：（1）收购人取得上市公司控制权；（2）上市公司在控制权变更的同时或其后 36 个月内向收购人及其关联人购买资产；（3）上市公司向收购人及其关联人购买资产的相关财务比例/发股比例达到100%以上或上市公司主营业务发生根本变化。沪深北证券交易所均适用重组上市相关规定，但新三板挂牌公司并购重组尚无类似上市公司重组上市的相关规定。

从实务层面来看，重组上市是收购方通过收购、资产置换、资产注入等方式取得上市公司控股权并将自身资产注入上市公司，以实现自身资产证券化的交易行为。

与一般企业相比，上市公司最大的优势是能在证券市场上大规模筹集资金，以此促进公司规模的快速增长。由于有些上市公司经营管理不善、内控不严、利益遭到关联方侵害等，业绩表现不尽如人意，从而丧失在证券市场进一步筹集资金的能力，亟须通过重组等方式重获新生。虽然上市公司的上市资格在过往是一种“稀有资源”，但随着注册制及严格退市制度的逐步推进，这种“稀缺性”被进一步稀释，以炒壳为代表的投机性行为大大受限。因此，重组上市对原上市公司的要求越来越严格。

二、实施条件

上市公司重大资产重组达到重组上市标准的，应当符合下列规定：

（一）上市公司方面

（1）符合国家产业政策和有关环境保护、土地管理、反垄断等法律法规的规定；

（2）不会导致上市公司不符合股票上市条件；

（3）上市公司及其最近3年内的控股股东、实际控制人不存在因涉嫌犯罪正被司法机关立案侦查或涉嫌违法违规正被证监会立案调查的情形。但是，涉嫌犯罪或违法违规的行为已经终止满3年，交易方案能够消除该行为可能造成的不良后果，且不影响对相关行为人追究责任的除外；

（4）上市公司及其控股股东、实际控制人最近12个月内未受到证券交易所公开谴责，不存在其他重大失信行为；

（5）有利于上市公司增强持续经营能力，不存在可能导致上市公司重组后主要资产为现金或者无具体经营业务的情形；

（6）有利于上市公司在业务、资产、财务、人员、机构等方面与实际控制人及其关联人保持独立，符合证监会关于上市公司独立性的相关规定；

（7）有利于上市公司形成或者保持健全有效的法人治理结构；

（8）充分说明并披露本次交易有利于提高上市公司资产质量、改善财务状况和增强持续盈利能力，有利于上市公司减少关联交易、避免同业竞争、增强独立性；

（9）上市公司最近一年及一期财务会计报告被注册会计师出具无保留意见审计报告；被出具保留意见、否定意见或者无法表示意见的审计报告的，须经注册会计师专项核查确认，该保留意见、否定意见或者无法表示意见所涉及事项的重大影响已经消除或者将通过本次交易予以消除；

（10）上市公司及其现任董事、高级管理人员不存在因涉嫌犯罪正被司法机关立案侦查或涉嫌违法违规正被证监会立案调查的情形。但是，涉嫌犯罪或违法违规的行为已经终止满 3 年，交易方案有助于消除该行为可能造成的不良后果，且不影响对相关行为人追究责任的除外；

（11）充分说明并披露上市公司发行股份所购买的资产为权属清晰的经营性资产，并能在约定期限内办理完毕权属转移手续。

（二）标的资产方面

各个板块的上市公司实施重组上市时，标的资产需满足：（1）涉及的资产定价公允，不存在损害上市公司和股东合法权益的情形；（2）权属清晰，资产过户或者转移不存在法律障碍，相关债权债务处理合法；（3）对应的经营实体应当是股份有限公司或者有限责任公司，且符合《首次公开发行股票注册管理办法》规定的其他发行条件、相关板块定位以及证券交易所规定的具体条件。

此外，各个板块对于重组上市标的资产的财务指标要求各有不同，具体如下：

1. 主板

主板上市公司实施重组上市时，标的资产须全部满足以下财务指标要求：最近三年净利润均为正，且最近三年净利润累计不低于人民币 1.5 亿元，最近一年净利润不低于人民币 6,000 万元，最近三年经营活动产生的现金流量净额累计不低于人民币 1 亿元或者营业收入累计不低于人民币 10 亿元。

标的资产对应的经营实体存在表决权差异安排的，应当符合下列条件：最近一年营业收入不低于人民币 10 亿元，最近三年净利润均为正且累计不低于人民币 1.5 亿元，最近一年净利润不低于人民币 6,000 万元。

2. 科创板

科创板上市公司实施重组上市时，标的资产应当符合下列条件之一：

（1）最近两年净利润均为正且累计不低于 5,000 万元；

（2）最近一年营业收入不低于 3 亿元，且最近三年经营活动产生的现金流量净额累计不低于 1 亿元。

3. 创业板

创业板上市公司实施重组上市时，标的资产应当符合下列条件之一：

（1）最近两年净利润均为正，且累计净利润不低于人民币 5,000 万元；

（2）最近一年净利润为正且营业收入不低于人民币 1 亿元；

（3）最近一年营业收入不低于人民币 3 亿元，且最近三年经营活动产生的现金流量净额累计不低于人民币 1 亿元。

创业板上市公司重组上市标的资产对应的经营实体存在表决权差异安排的，应当符合下列条件之一：

（1）最近一年营业收入不低于人民币 5 亿元，且最近两年净利润均为正且累计不低于人民币 5,000 万元；

（2）最近一年营业收入不低于人民币 5 亿元，且最近三年经营活动产生的现金流量净额累计不低于人民币 1 亿元。

以上所称净利润以扣除非经常性损益前后的孰低者为准，所称净利润、营业收入、经营活动产生的现金流量净额均为经审计的数值。

三、重组上市的特征

重组上市交易是一种特殊的交易行为，通常既涉及收购上市公司，又涉及上市公司资产重组，还涉及上市公司股权融资；既出现控制权的变化，又发生体内资产的变化。

重组上市是一种特殊的上市公司收购，其最终目的并不完全是取得上市公司控制权，而是在取得控制权的同时或其后，向上市公司注入资产，并取得融资的渠道。

重组上市是一种特殊的资产重组，其伴随着上市公司控制权的变更，而一般资产重组并不涉及；重组上市通常还伴随着原有资产的置出，而一般资产重组通常为相同或类似产业的整合。重组上市除交易行为的特征外，还有审核标准的特征，即标的资产需符合 IPO 条件。

（一）实际控制权发生变更

股份转让方式，是收购方与壳公司原股东协议转让股份，或者在二级市场收购股份取得控制权。如中公教育（002607）借壳亚夏汽车，上市公司原实际控制人将上市公司部分股份转让给新实际控制人，并同步实施资产置换、发行股份购买资产，最终实现实际控制人变更。

增发新股方式，是壳公司向借壳方定向增发新股，并达到一定比例，使收购方取得控制权。如顺丰控股（002352）借壳鼎泰新材、三六零（601360）借壳江南嘉捷等案例均为通过向借壳方发行股份购买资产的方式，使借壳方成为上市公司新的实际控制人。

（二）上市公司的经营业务发生变化

1. 壳公司原有资产负债置出

资产置出是指上市公司出售部分或全部资产和负债。上市公司如将全部资产进行置出安排，上市公司即成为“净壳”。

重组上市不一定需要资产置出。从重组上市实务来看，很多重组上市将原有上市公司的资产负债通过出售或置换的方式进行剥离，但也有部分案例不进行资产置出。分析 2019 年至 2021 年上会的借壳案例，大量借壳案例进行了资产置换或资产置出。将原有资产通过直接出售或资产置换方式全部置出，主要取决于交易各方利益的博弈。若选择置出原有资产，可能涉及拟置出资产后公司的盈利能力、与新注入资产业务相关性、估值、员工安置、交易方式选择现金还是资产置换等问题，因此需要各方达成一致后方可进行资产置出。

根据企业会计准则，如果上市公司存在经营性业务，一般会通过资产置出让上市公司自身不构成业务，以此避免形成大额商誉。就反向收购而言，大致有如下参考制度：

（1）财政部《关于做好执行会计准则企业 2008 年年报工作的通知》（财会函〔2008〕60 号）指出，“企业购买上市公司，被购买的上市公司不构成业务的，购买企业应按照权益性交易的原则进行处理，不得确认商誉或确认计入当期损益”。

（2）财政部《关于执行会计准则的上市公司和非上市企业做好 2009 年年报工作的通知》（财会〔2009〕16 号）规定，“企业合并应当关注是否构成业务。业务是指企业内部某些生产经营活动或资产、负债的组合，该组合具有投入、加工处理过程和产出能力，能够独立计算其成本费用或所产生的收入等，可以为投资者等提供股利、更低的成本或其他经济利益等形式的回报。有关资产或资产、负债的组合具备了投入和加工处理过程两个要素即可认为构成一项业务”。

（3）财政部《关于非上市公司购买上市公司股权实现间接上市会计处理的复函》（财会便〔2009〕17 号）规定，“非上市公司借壳上市的交易，应该区分两种情况处理：上市公司持有的资产构成业务的，按照一般的反向购买处理原则，合并成本与取得的上市公司可辨认净资产公允价值份额的差额应当确认为商誉或是计入当期损益；上市公司持有资产不构成业务的，按照权益性交易的原则进行会计处理”。《国际会计准则第 27 号——合并财务报表和单独财务报表》对权益性交易给出如下定义：权益性交易是与所有者以其所有者身份进行的交易。

在实践中，为避免形成大额商誉，重组上市中被“借壳”的上市公司通常会将其全部资产进行置出，形成没有实际业务的“净壳”，这一操作在借壳案例中被广泛使用。如2022年4月28日过会的普丽盛定增收购润泽科技（300442）100%股权项目中，上市公司将截至评估基准日的除COMAN公司100%股权外，全部资产及负债作为拟置出资产，与京津冀润泽持有的润泽科技股权中的等值部分进行置换，同时拟将COMAN公司100%股权转让给新疆大容指定的主体。在置出上述资产后，上市公司未持有任何资产负债或仅持有现金、交易性金融资产等不构成业务的资产或负债，置入资产交易按照权益性交易的原则进行处理，因此在置入标的资产时并未产生大额商誉。

2. 借壳企业的资产负债置入

重组上市的最终目的是注入资产并取得融资渠道。借壳方一般将全部（或部分）资产、负债及相应的业务、人员置入借壳对象中，从而使得存续企业即为借壳企业。

3. 内部整合

借壳方通过收购借壳对象股份取得其控股地位后，往往遴选并改组借壳对象董事会成员、更改公司名称甚至住所。依照《公司法》，上述行为均是公司登记事项变更行为，公司的市场主体资格仍然存在。因此，壳公司被收购后虽然已经“面目全非”，但壳公司本身并未消失。对借壳对象进行内部整合是借壳后要面对的一个首要命题，包括组织架构整合、业务整合、人员整合等，内部整合的好坏直接影响着重组上市交易之后的公司表现。

（三）标的资产需符合IPO条件

与多数境外市场实践一样，在较长一段时间内，我国并购重组相关规则并没有对重组上市进行单独监管，而是要求其符合一般的并购重组规则即可。2011年重组上市规则首次写入《重组办法》，其后监管部门不断细化重组上市的认定标准，提高重组上市的监管要求，从“趋同于IPO”逐步提升到“等同于IPO”，需要从主体资格、规范运行、财务与会计等方面满足《首发办法》对于IPO发行条件的要求。

1. 主体资格

上市公司重组上市在主体资格方面需满足如下要求：

（1）标的资产自股份有限公司成立后，持续经营时间应当在3年以上；

（2）标的资产的注册资本已足额缴纳，发起人或者股东用作出资资产的财产权转移手续已办理完毕，标的资产的主要资产不存在重大权属纠纷；

（3）标的资产的生产经营符合法律、行政法规和公司章程的规定，符合国家产业政策；

（4）标的资产最近3年内主营业务和董事、高级管理人员没有发生重大变化，实际控制人没有发生变更；

（5）标的资产的股权清晰，控股股东和受控股股东、实际控制人支配的股东持有的标的资产股份不存在重大权属纠纷。

2. 规范运行

上市公司重组上市在规范运行方面需满足如下要求：

（1）标的资产已经依法建立健全股东大会、董事会、监事会、独立董事、董事会秘书制度，相关机构和人员能够依法履行职责；

（2）标的资产的董事、监事和高级管理人员已经了解与股票发行上市有关的法律法规，知悉上市公司及其董事、监事和高级管理人员的法定义务和责任；

（3）标的资产的董事、监事和高级管理人员符合法律、行政法规和规章规定的任职资格，且不得有下列情形：①被证监会采取证券市场禁入措施尚在禁入期；②最近36个月内受到证监会行政处罚，或者最近12个月内受到证券交易所公开谴责；③因涉嫌犯罪被司法机关立案侦查或者涉嫌违法违规被证监会立案调查，尚未有明确结论意见；

（4）标的资产的内部控制制度健全且被有效执行，能够合理保证财务报告的可靠性、生产经营的合法性、营运的效率与效果；

（5）标的资产不得有下列情形：①最近36个月内未经法定机关核准，擅自公开或者变相公开发行过证券，或者有关违法行为虽然发生在36个月前，但目前仍处于持续状态；②最近36个月内违反工商、税收、土地、环保、海关以及其他法律、行政法规，受到行政处罚，且情节严重；③最近36个月内曾向证监会提出发行申请，但报送的发行申请文件有虚假记载、误导性陈述或重大遗漏，或者不符合发行条件以欺骗手段骗取发行核准，或者以不正当手段干扰证监会及其发行审核委员会审核工作，或者伪造、变造标的资产或其董事、监事、高级管理人员的签字、盖章；④本次报送的发行申请文件有虚假记载、误导性陈述或者重大遗漏；⑤涉嫌犯罪被司法机关立案侦查，尚未有明确结论意见；⑥严重损害投资者合法权益和社会公共利益的其他情形；

（6）标的资产的公司章程中已明确对外担保的审批权限和审议程序，不存在为控股股东、实际控制人及其控制的其他企业进行违规担保的情形；

（7）标的资产有严格的资金管理制度，不得有资金被控股股东、实际控制人及其控制的其他企业以借款、代偿债务、代垫款项或者其他方式占用的情形。

3. 财务与会计

上市公司重组上市在财务与会计方面需满足如下要求：

（1）标的资产质量良好，资产负债结构合理，盈利能力较强，现金流量正常；

（2）标的资产的内部控制在所有重大方面是有效的，并由注册会计师出具了无保留结论的内部控制鉴证报告；

（3）标的资产会计基础工作规范，财务报表的编制符合企业会计准则和相关会计制度的规定，在所有重大方面公允地反映了标的资产的财务状况、经营成果和现金流量，并由注册会计师出具了无保留意见的审计报告；

（4）标的资产编制财务报表应以实际发生的交易或者事项为依据；在

进行会计确认、计量和报告时应当保持应有的谨慎；对相同或者相似的经济业务，应选用一致的会计政策，不得随意变更；

（5）标的资产应完整披露关联方关系，并按重要性原则恰当披露关联交易。关联交易价格公允，不存在通过关联交易操纵利润的情形；

（6）标的资产应当符合下列条件：①最近 3 个会计年度净利润均为正数且累计超过人民币 3,000 万元，净利润以扣除非经常性损益前后较低者为计算依据；②最近 3 个会计年度经营活动产生的现金流量净额累计超过人民币 5,000 万元；或者最近 3 个会计年度营业收入累计超过人民币 3 亿元；③发行前股本总额不少于人民币 3,000 万元；④最近一期末无形资产（扣除土地使用权、水面养殖权和采矿权等）占净资产的比例不高于 20%；⑤最近一期末不存在未弥补亏损。证监会根据《关于开展创新企业境内发行股票或存托凭证试点的若干意见》等规定认定的试点企业，可不适用前款第①项、第⑤项规定。

《首发办法》第二十七条规定：标的资产依法纳税，各项税收优惠符合相关法律法规的规定。标的资产的经营成果对税收优惠不存在严重依赖。

第二十八条规定：标的资产不存在重大偿债风险，不存在影响持续经营的担保、诉讼以及仲裁等重大或有事项。

第二十九条规定：标的资产申报文件中不得有下列情形：①故意遗漏或虚构交易、事项或者其他重要信息；②滥用会计政策或者会计估计；③操纵、伪造或篡改编制财务报表所依据的会计记录或者相关凭证；

（7）标的资产不得有下列影响持续盈利能力的情形：①标的资产的经营模式、产品或服务的品种结构已经或者将发生重大变化，并对标的资产的持续盈利能力构成重大不利影响；②标的资产的行业地位或标的资产所处行业的经营环境已经或者将发生重大变化，并对标的资产的持续盈利能力构成重大不利影响；③标的资产最近 1 个会计年度的营业收入或净利润对关联方或者存在重大不确定性的客户存在重大依赖；④标的资产最近 1 个会计年度的净利润主要来自合并财务报表范围以外的投资收益；⑤标的资产在用的商标、专利、专有技术以及特许经营权等重要资产或技术的取得或者使用存在重大不利变化的风险；⑥其他可能对标的资产持续盈利能力构成重大不利影响的情形。

第二节　重组上市的认定标准

一、计算标准

《重组办法》对重组上市的定义，借鉴了香港联交所《上市规则》100% 的计算比例。上市公司自控制权发生变更之日起 36 个月内，向收购人及其关联人购买资产，导致上市公司发生以下根本变化情形之一的，则属于重组上市。

（一）总资产标准

购买的资产总额占上市公司控制权发生变更前一个会计年度经审计的合并财务会计报告期末资产总额的比例达到 100% 以上，具体计算公式如下：

$$\frac{\text{购买的资产总额}}{\text{上市公司控制权发生变更前一个会计年度经审计的合并财务会计报告期末资产总额}} \geqslant 100\%$$

若购买的资产为股权的，其资产总额以被投资企业的资产总额与该项投资所占股权比例的乘积和成交金额二者中的较高者为准；购买股权导致上市公司取得被投资企业控股权的，其资产总额以被投资企业的资产总额和成交金额二者中的较高者为准。

若购买的资产为非股权资产的，其资产总额以该资产的账面值和成交金额二者中的较高者为准。

（二）净资产标准

购买的资产净额占上市公司控制权发生变更前一个会计年度经审计的合并财务会计报告期末净资产额的比例达到 100% 以上，具体计算公式如下：

$$\frac{\text{购买的资产净额}}{\text{上市公司控制权发生变更前一个会计年度经审计的合并财务会计报告期末资产净额}} \geqslant 100\%$$

若购买的资产为股权的，其资产净额以被投资企业的净资产额与该项投资所占股权比例的乘积和成交金额二者中的较高者为准；购买股权导致上市公司取得被投资企业控股权的，其资产净额以被投资企业的净资产额和成交金额二者中的较高者为准。

若购买的资产为非股权资产的，其资产净额以相关资产与负债的账面值差额和成交金额二者中的较高者为准。

（三）营业收入标准

购买的资产（包括股权资产/非股权资产）在最近一个会计年度所产生的营业收入占上市公司控制权发生变更前一个会计年度经审计的合并财务会计报告营业收入的比例达到100%以上，具体计算公式如下：

$$\frac{\text{购买的资产在最近一个会计年度所产生的营业收入}}{\text{上市公司控制权发生变更前一个会计年度经审计的合并财务会计报告营业收入}} \geqslant 100\%$$

若购买的资产为股权的，其营业收入以被投资企业的营业收入与该项投资所占股权比例的乘积为准；购买股权导致上市公司取得被投资企业控股权的，其营业收入以被投资企业的营业收入为准。

（四）发行股份数量标准

为购买资产发行的股份占上市公司首次向收购人及其关联人购买资产的董事会决议前一个交易日的股份的比例达到100%以上，具体计算公式如下：

$$\frac{\text{为购买资产发行的股份数量}}{\text{上市公司首次向收购人及其关联人购买资产的董事会决议前一个交易日的股份数量}} \geqslant 100\%$$

（五）主营业务标准

上市公司向收购人及其关联人购买资产虽未达到前述第（一）至第（四）项标准，以及证监会认定的可能导致上市公司发生根本变化的其他情形，但可能导致上市公司主营业务发生根本变化的，也属于重组上市。

二、认定执行原则

（一）累计首次原则

上市公司控制权发生变更之日起36个月内（含上市公司控制权发生变更的同时）向收购人及其关联人购买的资产所对应的资产总额、资产净额、营业收入，占上市公司控制权发生变更的前一个会计年度经审计的合并财务会计报告的相应指标的比例累计首次达到100%以上的，或者所对应的发行股份的数量，占上市公司首次向收购人及其关联人购买资产的董事会决议前一个交易日的股份比例累计首次达到100%以上的，合并视为一次重大资产重组，应当按规定申报核准；前述36个月内分次购买资产的，每次购买资产所对应的资产总额、资产净额、营业收入，以该购买事项首次公告日的前一个会计年度经审计的相应指标为准。例如鹏欣资源（600490）借壳案例，按照累计首次原则构成借壳上市。

（二）预期合并原则

上市公司按累计首次原则申报重大资产重组方案时，如存在同业竞争或非正常关联交易等问题，则对于收购人及其关联人为解决该等问题所制定的承诺方案，涉及上市公司控制权发生变更之日起36个月内向上市公司注入资产的，也需合并计算。

第三节　重组上市的程序

一、申报前准备阶段

（一）重组预案披露（或有）

1. 拟定收购的上市公司（壳公司）

在选取上市公司（壳公司）过程中，需重点关注：上市公司设立情况；最近36个月的控制权变动情况；最近3年的重大资产重组情况；主营业务发展情况和主要财务指标；控股股东、实际控制人概况；上市公司及其最近3年内的控股股东、实际控制人是否存在因涉嫌犯罪正被司法机关立案侦查或涉嫌违法违规被证监会立案调查的情形，上市公司最近3年是否受到行政处罚或者刑事处罚；上市公司及其控股股东、实际控制人最近12个月内是否受到证券交易所公开谴责，是否存在其他重大失信行为等。

2. 聘请财务顾问等中介机构

重大资产重组预案期间不强制聘请中介机构，如已聘请财务顾问、律师等证券服务机构，则证券服务机构可以对重组预案已披露内容发表核查意见。

在重组预案披露时，证券服务机构未完成审计、评估或估值、盈利预测审核（如涉及）的，上市公司应当作出“相关资产经审计的财务数据、评估或估值结果，以及经审核的盈利预测数据（如涉及）将在重大资产重组报告书中予以披露”的特别提示，以及“相关资产经审计的财务数据、评估或估值最终结果可能与预案披露情况存在较大差异”的风险揭示。

一般而言，中介机构针对重大资产重组交易的尽职调查工作自重组预案前就已持续进行，对标的资产、本次交易是否符合《重组办法》《首发办法》相关规定开展相关核查程序、持续开展尽职调查工作。如交易涉及配套募集资金，还需对交易是否符合《首发办法》进行相关尽职调查与专业判断。

3. 经洽谈达成原则性意向并签署保密协议

重组预案期间，股权转让双方就壳公司股权收购、资产置出及职工安置方案进行洽谈，并达成原则性意向、签署保密协议。期间交易双方一般会签署交易框架协议，就交易标的、交易方式、对价支付方式、股份锁定安排（如有）、过渡期损益安排等事项进行约定，如审计、评估工作尚未完成，则相关业绩承诺和补偿安排会在重组草案中进行协议约定。

4. 对壳公司及收购人的尽职调查

在重组预案阶段，需对壳公司及收购人（标的公司）进行初步尽职调查，并体现在重组预案中，具体要点如下：

（1）对重组交易涉及的相关重大事项、风险事项进行梳理，并在对外披露文件中进行提示；

（2）从行业发展、上下游、公司自身等情况出发，对重组交易的背景和目的进行相关分析；

（3）对上市公司最近36个月的控制权变动情况、最近3年的主营业务发展情况以及因本次交易导致的股权控制结构的预计变化情况，进行尽职调查并梳理；

（4）对主要交易对方基本情况进行调查、梳理。交易对方如为法人，应当对其名称、注册地、法定代表人，与其控股股东、实际控制人之间的产权控制关系进行初步调查；交易对方如为自然人，应当对其姓名（包括曾用名）、性别、国籍、是否取得其他国家或者地区的居留权等情况进行初步调查；交易对方如为其他主体，应当对其名称、性质，合伙企业及其相关的产权及控制关系、主要合伙人等情况进行初步调查；

（5）对交易标的基本情况进行初步调查、梳理、分析，包括报告期（最近三年及一期）主营业务（主要产品或服务、盈利模式、核心竞争力等概要情况）、主要财务指标（可为未审计数）、预估值及拟定价（如有）等；

（6）上市公司通过发行股份、发行优先股、向特定对象发行可转换为股票的公司债券、定向权证等购买资产的，应当对发行股份/债券/权证的定价及依据、董事会决议明确的发行价格调整方案等相关信息进行调查、披露。交易方案涉及吸收合并的，应当对换股价格及确定方法、董事会决议明确的换股价格调整方案、异议股东权利保护安排、债权人权利保护安排等进行调查、披露。交易方案涉及募集配套资金的，应当对募集配套资金的预计金额及占交易总金额的比例、股份发行情况、用途等进行调查并披露；

（7）上市公司及中介机构还需对本次交易尚需取得有关主管部门的批准等情况、控股股东及其一致行动人对本次重组的原则性意见、控股股东及其一致行动人、董事、监事、高级管理人员自本次重组复牌之日起至实施完毕期间的股份减持计划进行相关调查并相应披露。

5. 召开第一次董事会并披露预案

鉴于重组交易在重组预案期间一般处于筹划阶段，存在不确定性，为保证公平信息披露并维护投资者利益，避免造成上市公司股价异常波动，根据相关停复牌规定，上市公司一般需向交易所申请停牌，停牌时间不超过10个交易日。

《重组办法》规定，上市公司应当在董事会作出重大资产重组决议后的次一工作日至少披露董事会决议及独立董事意见、上市公司重大资产重组预案。停牌期间，上市公司需根据沪深交易所《上市公司筹划重大事项停复牌业务指引》相关规定，积极推进各项工作，及时履行信息披露义务，在停牌期限届满前披露符合《26号准则》《上海证券交易所上市公司自律监管规则适用指引第1号——重大资产重组》要求的经董事会审议通过的重组预案，并申请公司股票复牌。

实务中，存在部分不停牌而直接披露重组预案的案例，但重组上市涉及上市公司控制权变更、资产置入、资产置出、发行股份等事项，涉及面较广，方案更为复杂，大部分重组上市案例在披露预案前进行停牌操作。

（1）第一次董事会一般拟表决议案情况：①审议交易是否符合《公司法》《证券法》《重组办法》《关于规范上市公司重大资产重组若干问题的规定》《上市公司证券发行管理办法》《上市公司非公开发行股票实施细则》等法律法规、部门规章及规范性文件等规定；②审议交易的具体方案；③如构成关联交易，需对本次重组交易构成关联交易进行审议；④审议交易涉及的相关协议；⑤审议交易涉及的重组预案及其他信息披露文件。

（2）重组预案披露及后续披露情况：在披露重组预案时，需同步披露重组预案摘要。重组预案中需包括重大事项提示、重大风险提示、交易情况、上市公司基本情况、交易对方基本情况、标的公司基本情况、预估值及拟定价情况、其他重要事项等。

上市公司首次披露重组方案至发出审议重组方案的股东大会通知前，上市公司应当与交易各方保持沟通联系，并至少每30日发布一次进展公告，说明重组事项的具体进展情况。

（3）重组预案需对应提交的备查文件：①上市公司与交易对方签订的附生效条件的交易合同或协议；②交易对方按照证监会《关于规范上市公司重大资产重组若干问题的规定》第一条的要求出具的承诺；③国家相关有权主管部门出具的原则性批复（如适用）；④上市公司拟购买资产的，在本次交易的首次董事会决议公告前，交易对方原则上应当提供已经合法拥有交易标的完整权利的证明文件，及不存在限制或者禁止转让情形的说明材料；⑤上市公司拟采用发行股份购买资产，且最近一年及一期财务会计报告被注册会计师出具保留意见、否定意见或者无法表示意见的审计报告的，注册会计师就相关非标审计意见涉及事项的重大影响是否已经消除或者将通过本次交易予以消除出具的专项核查意见；⑥被立案调查上市公司符合发行股份购买资产条件的说明（如适用）；⑦交易进程备忘录等。

（二）重组报告书披露

1. 相关方应在确定重组上市最终方案时履行内部决议

（1）交易对方履行内部决议。交易对方需针对交易方案、交易对价、支付方式、是否涉及锁定安排、业绩承诺安排等事项进行内部决议，并随重组报告书予以披露；

（2）标的资产履行内部决议。标的资产需针对交易方案、交易对价、支付方式、过渡期损益安排等事项进行董事会、股东会等内部决议，并随重组报告书予以披露；

（3）上市公司履行内部决议。上市公司董事会、股东大会应当针对《重组办法》所需表决事项逐项进行表决，除重组预案阶段董事会表决前四事项外，还需包括如下事项：①审议交易涉及相关的协议最终签署版；②审议交易涉及的重组报告书及其他信息披露文件；③审议交易履行法定程序完备性、合规性及提交法律文件有效性；④审议同意收购人及其一致行动人免于以要约方式增持公司股份；⑤审议有关审计、评估报告；⑥审议评估机构的独立性、评估假设前提的合理性、评估方法与评估目的相关性以及评估定价的公允性、交易定价的依据及公平合理性；⑦审议聘请中介机构为本次交易提供服务；⑧审议本次重组摊薄上市公司即期回报情况及填补措施等。

2. 相关协议及文件签署

（1）收购方与出让方签订《股份转让协议》，就股权转让对价、定价依据、支付安排、担保措施等进行约定；

（2）收购方及相关方与上市公司签订《资产重组协议》等协议，就标的资产范围、交易定价及支付方式、担保措施、资产交付或过户的时间安排、定价基准日至交割日期间损益的归属、交易实施的先决条件、相关费用、违约责任、变更与解除条件等事项进行约定；

（3）收购方签署《收购报告书》并于2个工作日内报送证券主管部门并摘要公告。《收购报告书》主要就收购人及其一致行动人介绍、收购决定及收购目的、收购方式等事项进行披露；

（4）如存在原有股东的股权转让，则出让方需签署《权益变动报告书》并于3个工作日内公告。

3. 上市公司披露重组报告书

（1）重组报告书披露内容：上市公司应当按照《26号准则》（2022年修订）相关规定，在重组报告书中对本次交易背景和目的、决策过程和批准情况、具体方案、是否构成重大资产重组、重组上市、关联交易、重组交易对上市公司的影响进行明确并披露；同时对上市公司基本情况、交易对方基本情况、标的资产基本情况、业务与技术情况、估值情况、交易涉及发行股份情况、交易涉及协议、同业竞争与关联交易、交易涉及风险、交易对中小股东利益影响等事项进行详细披露；并对标的资产财务状况、盈利能力、业务发展目标、交易对上市公司的持续经营能力影响等事项进行详细分析并披露；

（2）重组报告书阶段应披露和备查的文件：上市公司披露重组报告书的，经董事会审议通过后，应当及时披露董事会决议公告、股东大会召开通知（如适用）、权益变动报告书或者收购报告书摘要（如适用）、重大资产重组报告书（草案）摘要及全文、独立财务顾问报告、独立核查意见和其他证券服务机构出具的报告和意见，并提交下列备查文件：①交易对方按照证监会《关于规范上市公司重大资产重组若干问题的规定》第一条的要求出具的承诺；②重组方案调整说明，包括与预案相比，交易对方、重组方式、交易标的范围及估值、发行股份价格是否发生变化；③盈利补偿具体协议（如适用）；④有关部门对重大资产重组的审批、核准或备案文件（如适用）；⑤上市公司与交易对方签订的附生效条件的交易合同或协议等。

（三）媒体说明会

上市公司重大资产重组构成重组上市的，应当召开媒体说明会，同时应当聘请律师见证媒体说明会召开过程，并披露律师对媒体说明会的通知、召开程序、参会人员及信息披露等是否符合相关规定的专项意见。

上市公司拟召开媒体说明会的，应当在披露重组预案或报告书的同时，或收到召开媒体说明会要求的 2 个交易日内，公告召开媒体说明会的具体安排。上市公司原则上应当在上述公告披露之日起 5 个交易日内召开媒体说明会。媒体说明会应该在非交易时间召开。

上市公司应当在不晚于媒体说明会召开后次一交易日披露媒体说明会的召开情况，包括媒体在会上提出的问题、公司现场答复情况及未答复理由（如有）、公司会后补充说明内容。上市公司在媒体说明会上发布的信息未在重组方案中披露的，应当相应修改重组方案并及时披露。

独立财务顾问、会计师事务所、律师事务所及评估机构等证券服务机构应当对重组方案补充披露的内容与媒体说明会发布的信息是否一致发表意见，并予以披露。

（四）申报材料报送

在召开重组上市交易的股东大会并披露重组报告书后，即可向证券交易所报送申报材料。《重组办法》规定，涉及发行股份购买资产的，上市公司应当按照中国证监会的规定委托独立财务顾问，在作出决议后 3 个工作日内向证券交易所提出申请。一般需要报送的重组申报材料清单，请见附录部分“附表 1 重组上市申报材料清单”。

二、交易所审核阶段

（一）交易所受理申报材料

1. 上市公司委托独立财务顾问在股东大会作出重大资产重组决议后 3 个工作日内，通过交易所并购重组审核业务系统报送下列申请文件：

（1）重大资产重组报告书及相关文件；

（2）独立财务顾问报告及相关文件；

（3）法律意见书、审计报告及资产评估报告或者估值报告等证券服务机构出具的文件；

（4）中国证监会或者证券交易所要求的其他文件。

申请文件的内容与格式应当符合中国证监会和证券交易所的相关规定。

2. 交易所收到申请文件后 5 个工作日内，对文件进行核对，作出是否受理的决定，并告知上市公司及其独立财务顾问。

3. 申请文件与中国证监会及证券交易所规定的文件目录不相符、文档名称与文档内容不相符、文档格式不符合要求、签章不完整或者不清晰、文档无法打开或者存在证券交易所认定的其他不齐备情形的，上市公司应当予以补正，补正时限最长不超过 30 个工作日。上市公司在 30 个工作日内提交补正申请文件确有困难的，可以提交延期补正的书面申请，并说明理由；经证券交易所认可的，可适当延期。上市公司补正申请文件的，证券交易所收到申请文件的时间以上市公司最终提交补正文件的时间为准。证券交易所按照收到上市公司申请文件的先后顺序予以受理。

4. 存在下列情形之一的，交易所不予受理申请文件：

（1）重大资产重组报告书、独立财务顾问报告、法律意见书、财务报告、审计报告及资产评估报告或者估值报告等申请文件不齐备且未按要求补正；

（2）上市公司及其控股股东、实际控制人、董事、监事、高级管理人员，独立财务顾问、证券服务机构及其相关人员因证券违法违规被中国证监会采取认定为不适当人选、限制业务活动、证券市场禁入，被证券交易所、国务院批准的其他全国性证券交易场所采取一定期限内不接受其出具的相关文件、公开认定不适合担任上市公司董事、监事、高级管理人员，或者被证券业协会采取认定不适合从事相关业务等相关措施，尚未解除；

（3）交易涉嫌内幕交易被中国证监会立案调查或者被司法机关立案侦查，尚未结案，但中国证监会另有规定的除外；

（4）法律、行政法规及中国证监会规定的其他情形。

5. 申请文件一经申报，上市公司、交易对方及有关各方，以及为本次交易提供服务的独立财务顾问、证券服务机构及其相关人员即须承担相应的法律责任。证券交易所受理申请文件后10个工作日内，独立财务顾问应当以电子文档形式报送工作底稿，供监管备查。

（二）交易所问询阶段

1. 证券交易所重组审核机构自受理申请文件之日起20个工作日内，提出首轮审核问询。

在首轮审核问询发出前，上市公司、交易对方及有关各方，独立财务顾问、证券服务机构及其相关人员不得就审核事项与审核人员接触，不得以任何形式干扰审核工作。

2. 在首轮审核问询发出后，上市公司、交易对方、独立财务顾问、证券服务机构对证券交易所审核问询存在疑问的，可以通过证券交易所并购重组审核业务系统等方式进行沟通；确需当面沟通的，可以通过证券交易所并购重组审核业务系统预约。

证券交易所重组审核机构可以根据审核需要，就审核相关事项与上市公司、交易对方及有关各方、独立财务顾问、证券服务机构及其相关人员进行沟通。

3. 证券交易所重组审核机构收到上市公司对首轮审核问询的回复后，存在下列情形之一的，可以继续提出审核问询：

（1）首轮审核问询后，发现新的需要问询事项；

（2）上市公司、交易对方、独立财务顾问、证券服务机构的回复未能有针对性地回答证券交易所重组审核机构提出的审核问询，或者证券交易所就其回复需要继续审核问询；

（3）上市公司、交易对方、独立财务顾问、证券服务机构的信息披露仍未满足中国证监会和证券交易所规定的要求；

（4）证券交易所认为需要继续审核问询的其他情形。

4. 上市公司、交易对方、独立财务顾问、证券服务机构应当按照证券交易所重组审核机构审核问询要求进行必要的补充调查、核查，及时、逐项回复审核问询，相应补充或者修改申请文件并披露。独立财务顾问应当于并购重组委员会审议结束后 10 个工作日内，汇总补充报送与审核问询回复相关的工作底稿。

5. 证券交易所重组审核机构收到上市公司、交易对方、独立财务顾问、证券服务机构对交易所审核问询的回复后，认为不需要进一步审核问询的，将出具审核报告，并提交并购重组委员会审议，同时通知上市公司及其独立财务顾问。

6. 重组上市项目，证券交易所自受理申请文件之日起的审核和中国证监会注册的时间总计不超过 3 个月。

7. 重组上市项目，回复证券交易所审核问询的时间总计不得超过 3 个月。逾期未回复的，上市公司应当在到期日的次日，披露本次交易的进展情况及未能及时回复的具体原因等事项。上市公司难以在规定时限内回复的，可以向证券交易所申请延期一次，时间不得超过 1 个月。中止审核、向科技创新咨询委员会咨询、就必要事项向相关主管部门征求意见、实施现场检查或者现场督导、落实并购重组委员会意见、暂缓审议、处理会后事项、要求进行专项核查，并要求上市公司补充或者修改申请文件等情形的时间，不计算在时限内。

（三）并购重组委审核

1. 并购重组委员会召开审议会议，对证券交易所重组审核机构出具的审核报告及上市公司发行股份购买资产申请进行审议，形成交易是否符合重组条件和信息披露要求的审议意见。

2. 并购重组委员会进行审议时，认为需要对上市公司、交易对方、独立财务顾问、证券服务机构等主体进行现场问询的，由证券交易所重组审核机构通知相关主体。相关主体代表应当到会接受问询，回答并购重组委员会提出的问题。

3. 审议会议过程中，发现上市公司存在重组条件或者信息披露方面的重大事项有待进一步核实，无法形成审议意见的，经会议合议，并购重组委员会可以对该公司的发行股份购买资产申请暂缓审议，暂缓审议时间不超过 2 个月。对上市公司的同一次申请，只能暂缓审议一次。

4. 证券交易所结合并购重组委员会审议意见，出具本次交易符合重组条件和信息披露要求的审核意见，或者作出终止审核的决定。

5. 并购重组委员会审议意见认为本次交易符合重组条件和信息披露要求，但要求补充披露有关信息的，证券交易所重组审核机构告知独立财务顾问组织落实；重组审核机构对上市公司及其独立财务顾问、证券服务机构的落实情况予以核对，并向参会委员通报落实情况。上市公司对相关事项补充披露后，证券交易所出具本次交易符合重组条件和信息披露要求的审核意见。

三、注册及发行阶段

（一）获得批复文件

证券交易所审核意见为交易符合重组条件和信息披露要求的，向中国证监会报送审核意见、相关审核资料及上市公司申请文件。中国证监会在注册程序中，发现存在影响重组条件的新增事项并要求证券交易所进一步问询的，证券交易所向上市公司、交易对方、独立财务顾问、证券服务机构提出问询问题。证券交易所结合问询回复，就新增事项形成审核意见并报送中国证监会。证监会认为证券交易所对新增事项的审核意见依据明显不充分，退回证券交易所补充审核的，证券交易所对补充审核事项重新审核。证券交易所审核意见为本次交易符合重组条件和信息披露要求的，重新向中国证监会报送审核意见及相关资料；证券交易所审核意见为本次交易不符合重组条件或者信息披露要求的，作出终止审核的决定。在获得证监会的注册核准批文后，才能进一步实施重组。

（二）标的资产交割

在重组上市标的资产交割阶段，需完成本次交易的资产交割及过户、聘请会计师事务所对上市公司新增股份进行验资、前往中国结算对新增股份进行登记，并最终披露《实施情况报告书》。

（三）配套募集资金发行（如有）

交易所并购重组委就重组上市进行审核，所获批文为一次审批包括两个部分，分别为重组上市交易部分与配套募集资金部分。其中，配套募集资金发行期限为自获得证监会注册批文后12个月内。

四、持续督导

独立财务顾问应当根据《重组办法》《上市公司并购重组财务顾问业务管理办法》《上海证券交易所上市公司自律监管指引第11号——持续督导》《上海证券交易所科创板上市公司重大资产重组审核规则》等相关要求，勤勉尽责，出具持续督导意见，切实履行持续督导义务。

持续督导期内，独立财务顾问应当督促交易对方切实履行相关业绩补偿承诺和保障措施。独立财务顾问应当对公司的整合计划及实施效果发表意见。

独立财务顾问应当通过日常沟通、定期回访等方式，结合上市公司披露的定期报告，做好持续督导工作，如发现交易标的存在重大财务造假嫌疑、重大风险事项，可能损害上市公司利益情况的，应当及时向所在交易所报告，并督促上市公司及有关各方提供解决措施。

第四节　特别规定

一、交易对方锁定期规定

《重组办法》第四十六条规定，特定对象以资产认购而取得的上市公司股份，自股份发行结束之日起12个月内不得转让；属于下列情形之一的，36个月内不得转让：

（1）特定对象为上市公司控股股东、实际控制人或者其控制的关联人；

（2）特定对象通过认购本次发行的股份取得上市公司的实际控制权；

（3）特定对象取得本次发行的股份时，对其用于认购股份的资产持续拥有权益的时间不足12个月。

属于《重组办法》第十三条第一款规定的交易情形的，上市公司原控股股东、原实际控制人及其控制的关联人，以及在交易过程中从该等主体直接或间接受让该上市公司股份的特定对象应当公开承诺，在本次交易完成后36个月内不转让其在该上市公司中拥有权益的股份；除收购人及其关联人以外的特定对象应当公开承诺，其以资产认购而取得的上市公司股份自股份发行结束之日起24个月内不得转让。

《重组办法》第四十八条规定，上市公司发行股份购买资产导致特定对象持有或者控制的股份达到法定比例的，应当按照《收购办法》的规定履行相关义务。

上市公司向控股股东、实际控制人或者其控制的关联人发行股份购买资产，或者发行股份购买资产将导致上市公司实际控制权发生变更的，认购股份的特定对象应当在发行股份购买资产报告书中公开承诺：本次交易完成后6个月内如上市公司股票连续20个交易日的收盘价低于发行价，或者交易完成后6个月期末收盘价低于发行价的，其持有公司股票的锁定期自动延长至少 6 个月。

前款规定的特定对象还应当在发行股份购买资产报告书中公开承诺：如本次交易因涉嫌所提供或披露的信息存在虚假记载、误导性陈述或者重大遗漏，被司法机关立案侦查或者被证监会立案调查的，在案件调查结论明确以前，不转让其在该上市公司拥有权益的股份。

二、配套融资发行对象锁定期规定

《收购办法》（2020 年修订）第三十八条规定：“（二）本次发行的股份自发行结束之日起，六个月内不得转让；控股股东、实际控制人及其控制的企业认购的股份，十八个月内不得转让。”

《上市公司非公开发行股票实施细则》（2020 年修订）第七条规定，上市公司董事会决议提前确定全部发行对象，且属于下列情形之一的，认购的股份自发行结束之日起 18 个月内不得转让：

（1）上市公司的控股股东、实际控制人或其控制的关联人；

（2）通过认购本次发行的股份取得上市公司实际控制权的投资者；

（3）董事会拟引入的境内外战略投资者。

第十一章　换股吸收合并

第一节　换股吸收合并概述

一、含义

根据《公司法》第一百七十二条规定，“公司合并可以采取吸收合并或者新设合并。一个公司吸收其他公司为吸收合并，被吸收的公司解散。两个以上公司合并设立一个新的公司为新设合并，合并各方解散”。公司合并、吸收合并、换股吸收合并，其含义是由广泛到具体、层层递进的。

吸收合并，是指一个公司吸收别的公司，而被吸收的公司解散的法律行为。吸收合并是公司行为，两个公司在合并之后成为一个公司，吸收公司存续，而被吸收公司丧失法人地位，其权利与义务由吸收公司概括承受。合并主体中至少有一方为上市公司的吸收合并，则为上市公司吸收合并。吸收合并的方式比较多，从支付方式的角度，吸收合并可分为现金合并、股份交换合并以及混合合并（兼有现金、股票、可转换债券等支付方式）。

吸收合并的最常见形式为换股吸收合并。换股吸收合并，是指支付方式为股份或含股份的混合方式的吸收合并。吸收公司以定向增发的新股为对价，换取被吸收公司股东持有的股票，吸收公司成为被吸收公司的控股股东，甚至是唯一股东，最终吸收公司存续而被吸收公司灭失。换股之后，吸收公司的目标不是使被吸收公司成为全资子公司，而是兼并被吸收公司的资产。

二、主要类型

（一）A 股上市公司换股吸收合并 A 股上市公司（横向吸并，上市公司吸并其他上市公司）

A 股上市公司换股吸收合并 A 股上市公司常见于集团内部业务整合、由政府相关有权部门主导的国企业务整合。典型案例包括长城电脑（000066）吸收合并长城信息、百视通（600637）吸收合并东方明珠、中国南车（601766）吸收合并中国北车、宝钢股份（600019）吸收合并武钢股份、济南钢铁（600022）吸收合并莱钢股份、东方航空（600115）吸收合并上海航空、广州药业（600332）吸收合并白云山、王府井（600859）吸收合并首商集团等。

案例 11－1　W 上市公司吸收合并 S 上市公司（横向吸并）

2021 年，W 上市公司以发行 A 股方式换股吸收合并 S 上市公司并募集配套资金，W 上市公司或其全资子公司作为存续方，承继及承接 S 上市公司的全部资产、负债、业务、人员、合同及其他一切权利与义务。W 上市公司换股价格为 33.39 元/股，S 上市公司换股价格为 10.21 元/股，本次交易的换股比例为 1:0.3058，即每 1 股 S 上市公司股票可以换得 0.3058 股 W 上市公司股票。本次重组整合有效解决了吸收合并双方的同业竞争问题。

（二）A 股上市公司换股吸收合并非 A 股上市公司（反向吸并，上市公司吸并母公司）

A 股上市公司换股吸收合并非 A 股上市公司被用于集团业务整体上市，多为 A 股上市公司吸收合并其控股股东。例如，双汇发展（000895）吸收合并其控股股东双汇集团，云南白药（000538）吸收合并其控股股东白药控股，万华化学（600309）吸收合并其控股股东万华化工，王府井（600859）吸收合并其控股股东王府井国际，江淮汽车（600418）吸收合并其控股股东江汽集团等。

案例 11-2　S 上市公司吸收合并 S 集团（反向吸并）

S 上市公司是中国肉制品加工行业最具影响力的品牌之一，S 集团为其控股股东，在猪肉产业链的主要环节均占据全球领先地位。

2019 年，S 上市公司通过向控股股东 S 集团的唯一股东 LTKS 发行股份的方式对 S 集团实施吸收合并，总交易对价为 390.91 亿元。S 上市公司为吸收合并方，S 集团为被吸收合并方。吸收合并完成后，S 集团将注销，S 集团持有的上市公司股份会注销，LTKS 成为上市公司的直接控股股东；S 上市公司通过吸收合并 S 集团，使得 S 上市公司成为 WZGJ 在境内的唯一业务平台，进一步优化公司治理结构；同时相关资产的注入，有利于上市公司进一步聚焦肉业主业，落实未来发展战略。

（三）非 A 股上市公司换股吸收合并 A 股上市公司（正向吸并，母公司吸并上市公司）

上市公司股东一般超过 200 人。根据《证券法》规定，向特定对象发行证券累计超过 200 人，为公开发行。因此，非上市公司吸收合并上市公司，必然伴随着 IPO 过程。最终被吸并方丧失上市身份，吸并方获得上市公司身份。在我国资本市场中的此类案例较少，正向吸并主要被用于大型企业集团资产整体上市，例如美的集团（000333）吸收合并美的电器、招商蛇口（001979）吸收合并招商地产、中国能建（601868）吸收合并葛洲坝等。该类交易的实质为吸并方以定向发行的股份换股吸收合并下属控股上市公司从而实现 A 股上市，原上市公司少数股东成为吸并方股东。

案例 11-3　Z 上市公司吸收合并 G 上市公司（正向吸并）

G 上市公司作为国内水电建设行业首家上市公司，是大型基础设施投资建设领域的重要力量；Z 上市公司是中国和全球电力行业的知名品牌，于 2015 年在香港交易所主板上市。

2021 年，Z 上市公司吸收合并 G 公司。G 公司换股价格为 8.76 元/股，Z 公司发行价格为 1.98 元/股。本次交易换股比例为 1∶4.4242。合并完成后，G 公司终止上市，最终注销法人资格。Z 公司作为存续公司实现“A + H”两地上市，为未来的业务发展和兼并收购提供有力的资本支持。

通过本次换股吸收合并，双方实现资源全面整合，有效消除潜在同业竞争和关联交易，在提高资源配置效率和业务协同能力的同时，真正实现产业链纵向一体化，发挥全产业链服务作用和价值链整合优势。

三、特点及具体方式

（一）换股吸收合并的优势

我国 A 股上市公司的吸收合并案例，大多采取换股的方式。换股吸收合并的优势在于：

（1）不涉及现金的流动。上市公司作为合并方，不必以现金支付的方式来购买被合并方的全部资产和股份，由此可以避免吸收合并过程中大量的现金流出，有利于企业的长远发展。

（2）帮助企业缩减管理层级。吸收合并最常见的运作模式，是上市公司与控股股东之间的吸收合并，不仅能够帮助集团公司实现整体上市，而且能够缩减企业内部的管理层级，优化企业治理结构。

（3）目标公司股东可以推迟收益实现时间，享受税收优惠。换股并购交易中，当目标公司存在税务亏损时，并购企业可将该税务亏损从其日常盈利中进行抵扣，这对保护并购资金盈余、减轻税负具有重要意义。另外，由于换股并购交易完成后，出售方获得的并非现金或者资产，而是对方公司的股票，因此只有当其变现所持股票时，才需要纳税，即通过延缓收益确认时间实现所得税递延，有利于企业进行税务筹划。

（4）收购交易完成后，目标公司纳入兼并公司，但目标公司的股东仍保留其所有者权益，能够分享兼并公司所实现的价值增值。

（二）换股吸收合并的劣势

换股吸收合并的劣势在于：

（1）对吸并方来说，新增发的股票改变了原有的股权结构，“稀释”

了股东权益，甚至可能使原股东丧失对公司的控制权。

（2）即便是A股上市公司之间的吸收合并，吸收方的股票发行要受到证监会的监督，以及证券交易所上市规则的限制，需要履行相应的审批程序。

（3）被吸并方注销后，其所拥有的资质、资产相应由吸并方承接，但部分资质、资产的主体变更会受到相关行业监管规则的约束，吸并方能否完全承接资质、资产，存在一定不确定性。

（三）换股吸收合并的具体方式

（1）增资换股：收购公司采用发行新股的方式，包括普通股或可转换优先股来替换目标公司原来的股票，从而达到收购的目的。境内A股市场中的换股吸收合并多采用该方式。

（2）库存股换股：在我国，法律允许收购公司将其库存股票用来替换目标公司的股票。

（3）母公司与子公司交叉换股：其特点是收购公司本身、其母公司和目标公司之间都存在换股的三角关系。通常在换股之后，目标公司或消亡或成为收购公司的子公司，或是其母公司的子公司。

四、换股吸收合并的目的

（一）梳理股权结构，提升整合效率

吸收合并重组方案最直接的结果，即是“消灭中间层”，合并双方的股东均可以直接持有上市公司股权。无论是通过正向吸并或横向吸并消灭原上市主体，或是通过反向吸并消灭原上市公司股东，均可有效实现股东直接持有新上市公司股权，实现上市流通，同时达到梳理股权结构、优化治理结构的目的。

案例11－4　Y上市公司换股吸并B控股

【案例概述】B控股作为持股型企业，主要通过Y上市公司开展药品制造、研发、流通以及中药资源和健康护理等相关业务。2018年，Y上市

公司换股吸收合并控股股东B控股。本次交易由B控股层面定向减资和吸收合并两个部分组成：

（1）B控股层面定向减资。B控股定向回购X公司持有的B控股部分股权，并在B控股层面进行减资，以达到交易后Y省国资委与X公司及其一致行动人所持有上市公司的股份数量一致的目的。

（2）吸收合并。Y上市公司通过向控股股东B控股的三家股东Y省国资委、X公司及J公司发行股份的方式对B控股实施吸收合并。Y上市公司为吸收合并方，B控股为被吸收合并方。

本次吸收合并与B控股定向减资交易互为条件，若其中任何一项交易因任何原因终止或不能实施，则另一项交易将终止实施。

本次吸收合并完成后，Y上市公司为存续方，承继及承接B控股的全部资产、负债、合同及其他一切权利与义务，B控股注销法人资格，B控股持有的上市公司股份被注销，Y省国资委、X公司及J公司成为上市公司的股东。

【案例分析】通过此次换股吸收合并将两个平台“合二为一”，以Y上市公司作为产业并购、整合的唯一平台，从根本上解决B控股与上市公司之间未来可能出现的同业竞争风险，增强Y上市公司独立性，进一步促进其规范化运作，有利于保护Y上市公司及中小股东的合法权益。

（二）保留吸并方的特殊牌照及历史沿革

在母公司和上市公司的交易中，采用正向吸并的一大优势和目的通常是可保留吸并方特殊的牌照或历史沿革。反观上市公司，无论通过发行股份购买资产或者是反向吸并的方式，都将导致母公司成为上市公司的子公司或下属资产。

当重组方式在经济性角度不存在较大差异时，以下特殊情况可能影响整体方案的设计：（1）历史沿革和商标商号的考虑，即部分企业有保留商标商号和历史沿革的特殊要求；（2）特殊资质的承继，部分企业的特殊资质无法实现当然承继，该资质的重要性直接影响方案设计；（3）公司治理的考虑。这些情况在知名国企、中字头企业及特殊行业公司案例中或成为影响方案设计的特殊考虑因素。

（三）债务转移的考虑

吸收合并的特点在于吸并方需要承继被吸并方的全部资产、负债、业务、人员及相关权益。可以通过合理的方案设计及利益交换，实现现金流和资产的匹配。现有案例中，共达电声（002655）吸并万魔声学具有一定的参考价值。其通过“买壳+反向吸并借壳”的方式，在实现借壳上市的同时，也将被吸并方（买壳方）的全部债务（包含买壳举借债务）下沉至上市公司，而之前高价买壳的成本也由上市公司进行分担。反过来，上市公司原股东也通过二级市场股价表现获得了利益补偿。

（四）通过方案设计平衡大股东与小股东的利益

相对于上市公司发行股份购买资产，吸收合并方式可控制的要素更多，可动用的手段也更多。发行股份购买资产方案中传统可平衡交易双方利益最重要的要素是上市公司发行价及交易对价，而吸并方案中可以额外考虑异议股东现金选择权的安排，在正向吸并中更是要考虑对上市公司原股东进行溢价，平衡小股东的利益。但值得注意的是，正向吸并的方案虽可以通过向上市公司小股东溢价的安排获得小股东的支持，但该主动溢价能否获得市场的认可存在不确定性。换句话说，交易双方相互认可的价值能否在交易完成后获得市场的认可，存在一定不确定性，这一点可以从市场上已有的正向吸并案例窥见一二。

案例11－5　G上市公司换股吸收合并Y上市公司B股

【案例概述】2021年，G上市公司以发行A股的方式换股吸收合并Y上市公司B股，即G上市公司作为合并方，向Y上市公司的所有换股股东发行A股股票交换该等股东所持有的B股。

本次股份定价基准日为2020年9月23日（合并双方首次董事会决议公告日）。G上市公司换股价格为定价基准日前20个交易日A股股票交易均价（3.62元/股）；Y上市公司B股换股价格以定价基准日前20个交易日 B 股股票交易均价 2.86 港元/股为基础，给予 60.49% 的溢价（4.59 港元/股），采用 B 股停牌前一交易日（2020 年 9 月 8 日）中国人民银行公布的人民币兑换港元的中间价（1 港元 = 0.8821 人民币）进行折算，折合人民币 4.05 元/股。因此，每 1 股 Y 上市公司 B 股可以换得 G 上市公司股票数 = Y 上市公司 B 股的换股价格/G 上市公司的换股价格 = 1:1.1188。

【案例分析】给予 60.49% 溢价主要符合可比公司的估值水平，且由于 B 股市场普遍存在流通性差、估值低的问题，因此可比的 A 股吸并 B 股案例（不包括非上市公司发行 A 股股份吸收合并 B 股上市公司并实现整体上市案例）中往往给予 B 股较高的溢价水平。基于本次的高溢价率，本次吸收合并获得了 Y 上市公司绝大多数股东的支持。

（五）从监管逻辑的角度寻求适合自身特点的重组方式

虽然“借壳上市”及“正向吸并”重组在方案审核上均“参照 IPO”审核，但在实务中存在各自的侧重点，拟上市主体可以针对自身的特点酌情选择。其中，重要的区别是，正向吸并的标的资产可通过市场法的方式估值并定价（若涉及国资需要特殊审核），通常不需进行业绩承诺；而绝大多数借壳标的依据监管要求基于资产评估结果定价，需进行盈利预测及业绩承诺。该差别或将直接影响整体方案的设计和选择。

（六）B 股股东回 A 股的路径

作为历史遗留产物，B 股问题一直缺少合理的解决方案，案例中 B 股股东主要通过换股吸收合并的方式成为 A 股上市公司股东。阳晨 B（900935）、东电 B（900949）、新城 B（900950）、招商地产 B（200024）、深基地 B（200053）、小天鹅 B（200418）等均是类似安排。B 股问题的另一个解决思路是 B 转 H，但部分案例即使在获得证监会的批文后在实务操作中仍存在困难，不得不搁置。因此，对于有解决 B 股问题需求的公司，截至目前换股吸收合并仍是最稳妥的方案。

案例11－6　N上市公司换股吸收合并S上市公司B股

吸并方N上市公司是一家以现代高端仓储物流为战略性主业，以房地产开发为支撑性主业，以产城综合开发为培育性主业的综合性企业集团。公司于2009年在A股上市。被吸并方S上市公司主要为石油的勘探、开发及生产活动提供物流后勤服务以及物流一体化综合服务，于1995年在B股上市。N上市公司与S上市公司的控股股东均为Z集团。

自1995年S公司B股上市后，公司并未通过增发或配股等股权方式进行融资。2016年，N上市公司换股吸收合并S上市公司。N公司换股价为5.64元/股，S公司换股价为19.55元/股。根据前述换股价格，每1股S上市公司B股股票可以换得3.4663股N上市公司股票。N上市公司因本次合并将发行79,932.88万股A股股票。本次交易后实现S上市公司B股转A股，彻底改善S公司的融资能力，促进其物流业务跨越式发展。

第二节　发行定价

上市公司的换股吸收合并、股份定价及发行均参照上市公司发行股份购买资产的规定执行。即上市公司发行股份的价格不得低于市场参考价的80%。市场参考价为本次发行股份购买资产的董事会决议公告日前20个交易日、60个交易日或者120个交易日的公司股票交易均价之一。交易均价的计算公式为：董事会决议公告日前若干个交易日公司股票交易均价＝决议公告日前若干个交易日公司股票交易总额/决议公告日前若干个交易日公司股票交易总量。

在证监会注册前，上市公司的股票价格相比最初确定的发行价格发生重大变化的，董事会可以按照已经设定的调整方案对发行价格进行一次调整。发行价格调整方案应当明确、具体、可操作，详细说明是否相应调整拟购买资产的定价、发行股份数量及其理由，在首次董事会决议公告时充分披露，并按照规定提交股东大会审议。股东大会作出决议后，董事会可以按照已经设定的方案调整发行价格。

案例 11－7 ZJ 上市公司换股吸收合并 ZD 上市公司

2022 年，ZJ 上市公司换股吸收合并 ZD 上市公司。经合并双方协商最终确定，本次换股吸收合并中，双方的换股价格按照定价基准日前 120 个交易日的股票交易均价经除权除息调整后确定，并由此确定换股比例。

ZD 上市公司换股吸收合并的定价基准日前 120 个交易日的股票交易均价为 19.06 元/股，即换股价格为 19.06 元/股。ZJ 上市公司换股吸收合并的定价基准日前 120 个交易日的股票交易均价为 12.69 元/股，但因其在本次交易停牌至定价基准日期间实施 2021 年度权益分派方案，经除权除息调整后的换股价格为 12.59 元/股，每 1 股 ZJ 股票可以换得 0.6605 股 ZD 股票。自换股吸收合并的定价基准日至换股实施日（包括首尾两日），除吸收合并双方任一方发生派送现金股利、股票股利、资本公积转增股本、配股等除权除息事项，或者发生按照相关法律、法规或监管部门的要求须对换股价格进行调整的情形外，换股比例在任何其他情形下均不作调整。

第三节 换股吸收合并的程序

上市公司进行换股吸收合并，涉及发行股份，因此程序上应符合《重组办法》的有关要求。同时，还应当符合《公司法》对公司合并的程序规定。换股吸收合并主要需履行的程序包括：磋商及确定方案、内部决策、债权人保护及具体程序、外部审批或批准、异议股东的保护及实施、办理交割过户及股票发行、被吸并方注销等，具体内容如表 11－1 所示。

除上述主要程序外，上市公司还应当按照《重组办法》《26 号准则》（2023 年修订）的要求履行相应的信息披露义务。

表 11－1　　换股吸收合并需履行的主要程序

主要程序	具体内容
磋商及确定方案	合并双方进行初步磋商时，应当立即采取必要且充分的保密措施，制定严格有效的保密制度，限定相关敏感信息的知悉范围。合并双方聘请证券服务机构的，应当立即与所聘请的证券服务机构签署保密协议。如董事会决议公告前，相关信息已在媒体上传播或者公司股票交易出现异常波动的，上市公司应当立即将有关计划、方案或者相关事项的现状以及相关进展情况和风险因素等予以公告，并按照有关信息披露规则办理其他相关事宜。合并双方进行审计、评估，编制资产负债表及财产清单，确定具体方案
内部决策	合并双方就本次吸收合并事宜进行内部决议并签署吸收合并协议。根据《公司法》规定，涉及公司合并的，应由股东会作出决议，必须经代表 2/3 以上表决权的股东通过。如合并方中涉及上市公司，上市公司由董事会就吸收合并事项作出决议后，签署吸收合并协议并予以公告，提交股东大会批准。股东大会必须经出席会议的股东所持表决权的 2/3 以上通过，关联股东回避表决
债权人保护及具体程序	根据《公司法》第一百七十三条的规定，“公司应当自作出合并决议之日起十日内通知债权人，并于三十日内在报纸上公告。债权人自接到通知书之日起三十日内，未接到通知书的自公告之日起四十五日内，可以要求公司清偿债务或者提供相应的担保。”因此，在吸收合并交易中，合并双方在各自股东大会结束后需刊登公告通知债权人有关吸收合并事项，分别按照债权人的要求清偿债务或提供相应的担保（如有）
外部审批或批准	上市公司的换股吸收合并，需要中国证监会的核准或经证券交易所审核通过、报证监会注册。除此之外，不同公司涉及的外部审批程序也不尽相同。例如，如涉及国有股东控股的上市公司吸收合并的，根据《上市公司国有股权监督管理办法》（国资委财政部证监会令第 36 号）要求，国有股东应当在上市公司董事会审议吸收合并方案前，将该方案报国有资产监督管理机构审核批准。如涉及持有某行政资质或经营某项目，其股权变动须经行业主管部门批复的，本次交易应获得行业主管部门的批复

续表

主要程序	具体内容
异议股东的保护及实施	根据《公司法》第七十四条规定，在股东会上对公司合并决议投反对票的股东，可以请求公司按照合理的价格收购其股权。现金选择权是异议股东回购请求权在实践中的具体运用。在换股上市实施前，上市公司应当依据证券交易所、中国证券登记结算有限责任公司的有关规定办理现金选择权的派发，确保相关股东顺利行使现金选择权
办理交割过户、股票发行	依法完成上述内外部程序后，被吸并方办理交割过户、工商变更登记手续。如被吸并方为上市公司，则上市公司公布退市公告。吸并方申请因换股发行的股票在证券交易所发行上市，被吸并方股东的股份按照确定的换股比例取得吸并方新发行的股票
被吸并方注销	被吸并方办理注销登记，吸并方公告换股吸收合并完成

第四节 特别规定

与一般的发行股份购买资产相比，换股吸收合并需要特别注意的事项可参考《26号准则》（2023年修订）第六十二条：换股吸收合并涉及上市公司的，重组报告书还应当在第六节规定的“交易标的”部分后，加入第七节“换股吸收合并方案”，其以下各部分依次顺延。“换股吸收合并方案”部分应当比照第五十八条相关要求进行披露，此外还应当包括以下内容：

（1）换股各方名称；

（2）换股价格及确定方法；

（3）本次换股吸收合并的董事会决议明确的换股价格调整方案；

（4）本次换股吸收合并对异议股东权利保护的相关安排，如为提供现金选择权，应当披露其安排，包括定价及定价原则、被提供现金选择权的股东范围（异议股东或全体股东）、现金选择权提供方、与换股价格的差异及差异原因；

（5）本次换股吸收合并涉及的债权债务处置及债权人权利保护的相关安排；

（6）本次换股吸收合并涉及的相关资产过户或交付的安排；

（7）本次换股吸收合并涉及的员工安置。

一、异议股东权利保护安排

上市公司并购重组，一直是资本市场上的热点和焦点，也是推动上市公司做优做强，实现资本市场资源优化配置功能的有效途径和重要方式。但是上市公司并购重组无法回避一个问题，即并不是被并购对象的所有股东都愿意接受被并购的现实。

为了保护持反对意见股东的合法权利，为其提供合理的退出渠道，通常收购方或者第三方会承诺，将持反对意见股东所持有的股票，以约定的价格进行收购。因此，持反对意见股东在并购重组交易中，也能获得现金选择权。

现金选择权，即指上市公司拟实施合并、收购、分立等重大事项时，该上市公司的股东按确定的价格在规定期限内，将持有的上市公司股份出售给提供现金选择权的相关当事人（或其指定的第三方）的权利。提供现金选择权主要是为了保护中小股东。现金选择权有四种类型，分别是：

（1）异议现金选择权：对换股吸收合并方案进行投票时，投反对票的股东可以拥有异议现金选择权，但如果投反对票的人过多，可能会使方案不能通过。

（2）无异议现金选择权：在对换股吸收合并方案的投票中，无论投反对票还是赞成票的投资者都可以行使的现金选择权。

（3）二次现金选择权：上市公司表示在新股上市的第一天，如果破发，投资者可以将股份卖给第三方或者上市公司，按照发行价卖出。

（4）隐含二次现金选择权：如果上市第一天的开盘价比发行价低，那么上市公司将会大比例增持股份。

（一）相关规定

根据《公司法》第七十四条规定，在股东会上对公司合并决议投反对票的股东，可以请求公司按照合理的价格收购其股权。

现金选择权是异议股东回购请求权在实践中的具体运用。根据《上海证券交易所上市公司自律监管指引第6号——重大资产重组》《深圳证券交易所上市公司自律监管指引第8号——重大资产重组》的规定，上市公司筹划重大资产重组出现如下情形的，应当给予相关股东现金选择权：

（1）上市公司被其他公司通过换股方式吸收合并的；

（2）上市公司吸收合并其他公司，上市公司给予其股东现金收购请求权的；

（3）上市公司分立成两个或两个以上独立法人，上市公司给予其股东现金收购请求权的。

（二）现金选择权的五大要素

（1）授予范围。就现有案例看，授予范围有三种可能：一是仅向被收购方异议股东提供现金选择权，二是仅向收购方异议股东提供现金选择权，三是向吸收合并双方异议股东均提供现金选择权。

（2）提供方。就现有案例看，现金选择权提供方一般为除上市公司以外的第三方，如控股股东及其关联方、上市公司财务顾问、战略投资者等，投资者应重点关注现金选择权提供方是否具备相应履约能力。

（3）行权价格。现金选择权行权价格一般以上市公司董事会决议日前20个交易日均价为基准确定。

（4）行权条件。一般要求相关股东必须在股东大会投反对票，且一直持有上市公司股份到现金选择权申报行权期间，才具有行权资格。

（5）申报行权期间。行权申报期限不少于5个交易日，且不超过10个交易日。在申报期间，有效行权申报的前提是投资者具有现金选择权利且持有相应份额的标的公司股票。

（三）提供方式

1. 现金选择权的提供范围

根据《公司法》及自律监管指引的相关规定，上市公司应当给予在公司合并决议中投反对票的股东现金选择权。在过往的市场案例中，通常面向异议股东提供现金选择权，即“异议股东现金选择权”。有权行使现金选择权的股东，须在为表决本次吸收合并而召开的吸并双方股东大会上就关于本次合并方案的相关议案投出反对票，并且一直持续持有代表该反对权利的股份直至异议股东现金选择权实施日，同时在规定时间里履行相关现金选择权申报程序。相关案例有中国能建（601868）吸收合并葛洲坝、王府井（600859）吸收合并首商股份、大连港（601880）吸收合并营口港。此外，也有部分市场案例向全体股东提供现金选择权，即“全体股东现金选择权”，如在济南钢铁（600022）吸收合并莱钢股份、ST 慧球（600556）吸收合并天下秀案例中。

2. 现金选择权的提供方

相关法规对现金选择权提供方并无明确的限制或要求，现金选择权的提供方可以是上市公司本身及其关联方、金融机构或者其他第三方机构。在市场案例中，上市公司、上市公司的控股股东及/或其关联方担任现金选择权提供方的情况较为常见。根据《公司法》的要求，若合并方自身为其异议股东提供现金选择权，则收购的股份应在收购完成后 6 个月内予以转让或注销。如上市公司控股股东提供现金选择权，需确保提供方不会触发要约收购义务或能豁免要约收购义务。此外，市场案例中也存在引入第三方机构担任现金选择权提供方的情况，如中国南车（601766）吸收合并中国北车、广州医药（600332）吸收合并白云山 A。

3. 现金选择权定价

上市公司吸收合并交易中，提供的现金选择权价格直接影响股东利益。相关法规对现金选择权价格没有明确要求。现金选择权定价时，需考虑两个主要因素：（1）现金选择权定价是否合理，是否会影响合并方案通过股东大会。如现金选择权定价过低可能起不到保护投资者利益的作用，不利于方案通过股东大会。(2)现金支出的风险和敞口。现金选择权提供方现金充足程度及对存续公司股比要求直接影响现金选择权价格。若现金选择权定价较高，现金支出压力较大，市场出现大幅下跌的系统性风险时，则可能出现大比例行使现金选择权的风险。

(四)执行细则

异议股东在现金选择权申报期内可以将其持有的全部或部分有权行使现金选择权的股份申报现金选择权。对于吸并方异议股东持有的已设定质押、其他第三方权利、被司法冻结或法律法规限制转让的其他情形的股份，未经合法程序取得质权人、第三方或有权机关相关的书面同意或批准，异议股东不得行使现金选择权。

根据《上市公司股份回购规则》《上海证券交易所上市公司自律监管指南第 2 号——业务办理》《深圳证券交易所上市公司自律监管指南第 1 号——业务办理》等相关规定，上市公司在本次吸收合并获得证监会注册后，申请办理现金选择权的实施，并且应当在本次吸收合并事项实施完成前，实施完毕现金选择权业务。

上市公司在异议股东行使现金选择权业务实施前，需向证券交易所、中国结算提交申请材料，明确申报方式、申报期等实施细则（包括但不限于申报方式、申报期等），待其同意后，异议股东可以按照相关程序行使现金选择权，主要包括现金选择权派发、现金选择权行权申报、现金选择权行权清算交收三个阶段，具体内容如表 11－2 所示。

二、债权债务处置及债权人权利保护安排

上市公司吸收合并交易中，吸并双方的主体资格发生变化，被吸并方的债权债务亦会发生转移，进而对吸并双方的债权人利益产生影响。

表 11－2　行使现金选择权阶段

主要阶段	具体内容
现金选择权派发阶段	上市公司向证券交易所及中国结算提交派发现金选择权的申请材料，审核通过后，上市公司向本次现金选择权股权登记日收市后登记在册的有权行使现金选择权的异议股东的证券账户，按照有权行使现金选择权的股票数量派发。 现金选择权派发后，拟行使现金选择权的股东将通过手工方式或交易系统方式对行使现金选择权份数等内容进行确认，主要包括如下： （1）符合条件的股东可选择全部或部分行使现金选择权 （2）在申报现金选择权行权前，有权行使现金选择权的股东应当确认其拟行权的数量不超过其证券账户中拥有的现金选择权权利数量，且证券账户中有足额的吸并方股份。对于已经设定了质押、其他第三方权利、被司法冻结或法律法规限制转让的其他情形的股份，应经合法程序取得质权人、第三方或有权机关相关的书面同意或批准，并且应于申报前解除质押、冻结或其他权利限制。如果有权行使现金选择权的股东在申报期间内申报行使现金选择权的数量大于其证券账户中实际持有的未冻结及未质押的股份数量，则有效申报数量为该有权行使现金选择权的股东实际持有的未冻结及未质押的股份数量；如果有权行使现金选择权的股东在申报期间内申报行使现金选择权的数量等于或小于其证券账户中实际持有的未冻结及未质押的股份数量，则有效申报数量为申报的现金选择权数量 （3）在现金选择权申报至行权股份划转期间，投资者股份进行转托管、转让、质押、设定其他第三方权利、被司法冻结或划扣，导致在实际申报股份划转时点行权股份数量不足的，不足部分对应的现金选择权将行使失败 （4）已提交吸并方股票作为融资融券交易担保物的异议股东，须在现金选择权申报期截止日前将吸并方股票从证券公司客户信用担保账户划转到其普通证券账户中，方能行使现金选择权 （5）已开展约定购回式证券交易的异议股东需要申报现金选择权的，应不晚于现金选择权股权登记日的前一交易日办理提前购回手续，方能行使现金选择权 （6）参与股票质押式回购交易且需要进行现金选择权申报的异议股东，应当不晚于现金选择权股权登记日办理提前购回手续 （7）如果有权行使现金选择权的股东在现金选择权股权登记日至现金选择权申报期截止日期间进行转托管等可能导致现金选择权目标股东证券账户托管交易单元（证券公司营业部）变更的行为，将导致现金选择权目标股东无法行权

续表

主要阶段	具体内容
现金选择权行权申报阶段	根据相关规定，现金选择权行权申报期为5—10个交易日，待现金选择权行权申报期间确定后，拟行使现金选择权的股东将通过手工方式或交易系统方式进行行权申报，吸并方股票预计将于该期间内停牌
现金选择权行权清算交收阶段	异议股东行权申报成功后，将计减有权行使现金选择权的股东证券账户中相应数量的现金选择权权利和吸并方股份；合格申报的现金选择权所涉及的股份划拨过户至现金选择权提供方名下后，现金选择权提供方将按照现金选择权的行权价格向相关有权行使现金选择权的股东所指定的账号支付现金。申报期满后，有权行使现金选择权的股东证券账户中未行权的现金选择权将予以注销

（一）相关法律法规（见表11－3）

表11－3　　相关法律法规

法律法规	相关法律条文
《民法典》	（1）法人合并后的权利义务承担。第六十七条，法人合并的，其权利和义务由合并后的法人享有和承担 （2）债务转移应经债权人同意。第五百五十一条，债务人将债务的全部或者部分转移给第三人的，应经债权人同意。债务人或者第三人可以催告债权人在合理期限内予以同意，债权人未作表示的，视为不同意 （3）债权转让应当通知债务人。第五百四十五条，债权人可以将债权的全部或者部分转让给第三人，但是有下列情形之一的除外：①根据债权性质不得转让；②按照当事人约定不得转让；③依照法律规定不得转让。当事人约定非金钱债权不得转让的，不得对抗善意第三人。当事人约定金钱债权不得转让的，不得对抗第三人 第五百四十六条，债权人转让债权，未通知债务人的，该转让对债务人不发生效力。债权转让的通知不得撤销，但是经受让人同意的除外
《公司法》	第一百七十三条，公司合并，应当由合并各方签订合并协议，并编制资产负债表及财产清单。公司应当自作出合并决议之日起10日内通知债权人，并于30日内在报纸上公告。债权人自接到通知书之日起30日内，未接到通知书的自公告之日起45日内，可以要求公司清偿债务或者提供相应的担保 第一百七十四条，公司合并时，合并各方的债权、债务，应当由合并后存续的公司或者新设的公司承继

续表

法律法规	相关法律条文
《重组办法》（2023 年）	第十一条，上市公司实施重大资产重组，应当就本次交易符合下列要求作出充分说明，并予以披露：……（四）重大资产重组所涉及的资产权属清晰，资产过户或者转移不存在法律障碍，相关债权债务处理合法……
《26 号准则》（2023 年）	第二十条，资产交易涉及债权债务转移的，应当披露该等债权债务的基本情况、已取得债权人书面同意的情况，说明未获得同意部分的债务金额、债务形成原因、到期日，并对该部分债务的处理做出妥善安排，说明交易完成后上市公司是否存在偿债风险和其他或有风险及应对措施。 第四十条，上市公司应披露的风险包括但不限于以下内容：……（三）债权债务转移风险。资产交易涉及债权债务转移的，未获得债权人同意的债务可能给上市公司带来的偿债风险或其他或有风险……

按照《重组办法》要求，债权债务的处理合法是上市公司重大资产重组的条件之一。根据《民法典》规定，债权转让应当通知债务人；债务转移应当经债权人同意，债务人或者第三人可以催告债权人在合理期限内予以同意，债权人未作表示的视为不同意，未取得债权人同意，债务转移不发生效力。根据《公司法》规定，公司合并时，合并各方的债权、债务，应当由合并后存续的公司或者新设的公司承继，公司应当自作出合并决议之日起 10 日内通知债权人，并于 30 日内在报纸上公告，债权人可以要求公司清偿债务或者提供相应的担保。同时，《26 号准则》要求上市公司应当披露债权人同意的情况以及对持反对意见的债权人是否作出妥善安排。因此，上市公司吸收合并时，公司应当做好债权债务处理的相应的通知和公告程序。

（二）审核关注

实践中，证监会和沪深交易所会对上市公司吸收合并交易中涉及的债权人权益保护问题予以关注，相关案例的问询及反馈意见主要总结如下：

1. 吸并双方现存债权债务基本情况

（1）说明吸并双方的具体债务金额、类型、到期时间，其中已取得债权人同意无须提前偿还或担保的金额；

（2）说明吸并双方相应债务的总金额、债务类型及期限等。

2. 被吸收合并方对外担保情况

被吸收合并方是否存在对外担保。如存在，请进一步说明担保形成的原因、担保对应的未偿还债务金额、债务用途，吸收合并后对外担保的安排，担保事项对上市公司（吸收合并方）生产经营和财务状况的影响。

3. 债权人通知、公告计划和取得同意函的进展

（1）债权人通知和公告方面的具体计划，对于未取得债权人同意的债务的处置计划和可行性；

（2）吸并双方是否需各自就本次吸收合并事项取得债权人同意，如是，请披露截至目前取得债权人同意的债务比例；

（3）吸并双方取得债权人同意函最新进展；

（4）截至目前取得债权人同意的债务金额及比例，债权债务处理是否存在经济纠纷或其他法律风险。

4. 是否存在明确不同意的债权人。如存在，处理措施及如何保护债权人

（1）未取得债权人同意函的债务中，是否存在债权人明确表示不同意本次重组。如有，其对应的债务是否在合理期限内偿还完毕或为其另行提供担保；

（2）吸并双方向主张提前清偿的债权人提供清偿债务或担保的期限，如无法按时履约，对债权人的具体保护措施。

5. 债权人要求提前清偿或另行提供担保的具体进展及对公司的影响

（1）截至目前债权人向吸并双方主张提前清偿或另行提供担保的债务金额；

（2）前述法定期限届满后，由吸收合并后的上市公司承担相应债务的具体金额，履行期限，上市公司实际偿债能力，有无提前还款或请第三方代为偿付、提供担保等安排，是否有利于保护上市公司和中小投资者利益；

（3）结合公司偿债能力及担保能力，分析债权人要求提前清偿债务或提供担保对公司生产经营、资金安排等的具体影响及应对方案；被吸并方是否具备完备偿付能力、提前兑付事项对被吸并方经营资金、资产负债率的影响。

6. 债权人主张提前偿还债务是否导致对估值影响

请进一步披露如因债权人主张提前偿还债务，是否可能导致本次交易估值作价发生调整。如是，请详尽披露可能的具体调整情形。

7. 公司债、企业债等债券融资工具的处理

（1）补充披露涉及债权人安排，特别是发行尚未偿还的企业债、公司债等债券持有人利益安排等情况，并提供该等安排的合法合规性分析，以及因履行相关程序或可能提前清偿债权人债务可能带来的不确定性；

（2）公司债券履行的程序及处理方式是否符合规定。

8. 变更合同主体的安排

吸收合并事项导致变更合同主体，变更合同主体是否需取得合同相对方的同意以及是否存在法律障碍。

案例 11－8　D 上市公司换股吸收合并 Y 上市公司

【案例概述】2020 年，D 上市公司换股吸收合并 Y 上市公司。反馈意见中主要关注如下要点：

（1）截至目前 D 上市公司及 Y 上市公司所负债务总额、取得债权人同意函的最新进展。

（2）是否存在债权人明确表示不同意本次重组；如有，其对应的债务是否在合理期限内偿还完毕或为其另行提供担保。

（3）“14 Y”提前兑付进展，Y 上市公司是否具备完备偿付能力、提前兑付事项对公司经营资金、资产负债率的影响。

【反馈意见回复】

（1）D 上市公司已取得债权人同意无须提前偿还或担保的债务金额为 602,509.86 万元，占截至 2020 年 6 月 30 日 D 上市公司母公司口径负债总

额（扣除应付职工薪酬、应交税费、应付股利、递延收益及递延所得税负债后）的比例为 64.27%。Y 上市公司已提前偿还的债务金额为 102,309.83 万元，占截至 2020 年 6 月 30 日 Y 上市公司母公司口径负债总额（扣除应付职工薪酬、应交税费、应付股利、预计负债及递延收益后）的比例为 80.15%。

（2）截至反馈意见回复出具之日，双方均未收到任何债权人明确表示不同意本次合并的通知。

（3）鉴于 Y 上市公司经营活动现金净流入较为充裕，并积累了一定的货币资金储备，资产负债率较低，债务负担相对同行业较轻，具备独立提前偿付“14 Y”的能力，提前偿付不会对其正常生产经营活动产生重大不利影响。

案例 11－9　W 上市公司吸并 W 公司

【案例概述】 2018 年，W 上市公司吸并 W 公司。反馈意见中关注如下要点：

（1）结合 W 上市公司债务情况，补充披露 W 上市公司履行债权人通知和公告义务以及取得债权人同意函的最新进展。未取得债权人同意函的债务中，是否存在明确表示不同意本次重组的债权人；如有，其对应的债务处置安排和可行性。

（2）W 公司在债权人通知和公告方面的具体计划，对于未取得债权人同意的债务的处置计划和可行性。

（3）变更合同主体是否需取得合同相对方的同意以及是否存在法律障碍。

【反馈意见回复】 截至 2018 年 6 月底，W 上市公司（母公司）负债总额超过 170 亿元，其中银行债务合计超过 122 亿元，其他为普通债务。截至反馈意见回复出具日，W 上市公司获取银行债权人同意函 9 份，对应的债务金额占银行总债务的 100%；就业务经营中的其他普通债务也已取得部分债权人同意。截至反馈意见回复出具日，W 上市公司已取得债权人同意的债务占其负债总额的84.01%。W上市公司关于本次吸收合并事项通知债权人的45日公告期间尚未届满，公司未收到任何债权人关于提前清偿相应债务或提供担保的要求或权利主张，不存在明确表示不同意本次重组的债权人。

【案例分析】根据《合同法》规定，“当事人订立合同后合并的，由合并后的法人或者其他组织行使合同权利，履行合同义务”。公司合并后的债权、债务的承继、法律责任的承担为法律明确规定的事项；公司合并，被合并方的合同权利义务转移至合并方，属于法定的权利义务概括转移，因此不需要取得合同相对人的同意。本次吸收合并交易，W上市公司作为吸收合并方，其所有合同将由交易完成后的W上市公司继续执行，不涉及合同主体变更。W公司作为被吸收合并方，其所有合同将由交易完成后的W上市公司承继。

三、资产过户及交付安排

（一）交割条件

换股吸收合并协议生效后，合并于交割日进行交割。合并双方应于交割日完成合并协议项下约定的交割义务，签署资产交割确认文件。

（二）资产交割

自交割日起，被合并方所有资产的所有权（包括但不限于所有物业、商标、专利、特许经营权、在建工程等资产）和与之相关的权利、利益、负债和义务，均由接收方享有和承担。

被合并方自交割日起协助接收方办理被合并方所有要式财产[①]由被合并方转移至接收方名下的变更手续。被合并方承诺会采取一切行动或签署任何文件，或应接收方要求（该要求不得被不合理地拒绝）采取一切行动或签署任何文件以使得前述资产、负债和业务能够尽快过户至接收方的

① 要式财产，指就任何财产而言，法律为该等财产权利或与该等财产相关的权利设定或转移规定了特别程序，包括但不限于土地、房产、车船、商标、专利等。

名下。

接收方应办理上述相关资产的变更登记手续，如因变更登记手续等原因而未能履行形式上的移交手续，不影响接收方对上述资产享有权利和承担义务。

四、员工安置

一般情况下，公司发生合并时会通知员工，友好协商解决员工安置问题。主要有两种情况：一是员工薪酬、岗位、福利等因素均不变。根据《劳动合同法》第三十四条，用人单位发生合并或者分立等情况，原劳动合同继续有效，劳动合同由新设立用人单位继续履行。即工龄累计，原待遇不变。二是员工薪酬、岗位、福利等因素发生变化。薪酬、岗位、福利等因素发生变化意味着员工利益受到极大影响，劳动合同内容发生改变，此时员工有权解除劳动合同，并要求公司进行相应赔偿或补偿。

第十二章　上市公司重大资产重组主要关注问题

并购重组方案设计是并购重组交易的重要基础，也是并购重组后续能否顺利推进和实施的重要影响因素之一。交易方案涵盖方方面面，各要素的综合博弈有利于并购重组谈判在动态中达到交易平衡点。本章对上市公司并购重组方案设计中较为常见的要点进行归纳总结。

第一节　交易方案合规性

一、支付方式

（一）法定要求

根据《重组办法》的规定，上市公司发行优先股用于购买资产或者与其他公司合并，证监会另有规定的，从其规定。上市公司可以向特定对象发行可转换为股票的公司债券、定向权证、存托凭证等用于购买资产或者与其他公司合并。

根据法规表述来看，上市公司并购重组中，除采用较为常见的现金、发行股份购买资产外，也可以用向特定对象发行可转换为股票的公司债券、定向权证、存托凭证及优先股作为支付方式。实务中，现金、股份及定向可转债目前已成熟应用于市场案例中。

（二）定向可转债在市场案例中的首次应用

支付工具的选择在并购交易中的重要性毋庸置疑，甚至直接关系到并购交易的成败与效率。传统的现金支付和股份支付虽然仍是主流，但也有着不可忽视的不足：现金支付会给并购公司带来巨大的现金流压力且缺乏对目标公司股东的激励，股份支付则会稀释原股东股权，摊薄原股东的即期收益。而定向可转债可以在一定程度上妥善解决上述问题。如果设计得当，定向可转债能够平衡并购双方不同的利益诉求，增加谈判弹性，促使双方协同发展，实现更为良好的并购效果。深刻理解定向可转债在促进谈判达成、平衡双方利益、保障交易安全的重要作用，有助于在并购重组交易中灵活设计各种支付工具，尽可能锁定交易风险、促进交易整合，更好地实现定向可转债试点的政策初衷。

2018 年 9 月，赛腾股份（603283）推出并购重组预案，11 月推出并购重组草案，并于 2019 年 1 月无条件通过证监会并购重组委审核，成为市场上首单以定向可转债作为支付工具的案例。该案例在并购重组中运用定向可转债作为支付工具，结合公开发行可转债、私募公司债、双创债等进行博弈条款的灵活运用和设计，并开创性地使用向上修正条款及有条件强制转股条款，同时对提前回售条款和向下修正条款进行了针对性的借鉴，从而实现交易各方利益的动态平衡。

案例 12－1　S 上市公司定向可转债部分指标设置解析

S 上市公司定向可转债的部分指标设置情况具体如下：

（1）转股条件暨锁定期安排。交易对方张某、陈某、邵某于本次交易中直接获得的上市公司定向可转换债券 12 个月内不得转让及转股（“限制期”），12 个月后按 30%、30%、40% 比例分批解锁。

（2）转股价格向上修正条款。在本次发行的可转换债券存续期间，当交易对方提交转股申请日前 20 日 S 公司股票交易均价不低于当期转股价格 150% 时，则当次转股时应按照当期转股价的 130% 进行转股，但当次转股价格最高不超过初始转股价格的 130%。

鉴于可转换债券在保证交易对方基础收益的同时赋予交易对方看涨期权，如果在债券存续期内股票价格大幅高于初始转股价格，则行使转股权可能显著影响上市公司原有股东的利益，对原股东摊薄效应较为明显。向上修正条款的设计，使得在股价上升时，交易对方享有看涨期权收益同时，上市公司原有股东也能够在一定程度分享股价上涨的收益，避免原股东股权被过度稀释，从而实现双方利益的平衡。同时设置向上修正条款也能够起到促进交易对方积极转股，降低上市公司未来现金压力的效果。

（3）有条件强制转股条款。在本次发行的可转换债券存续期间，如公司股票连续30个交易日的收盘价格不低于当期转股价格的130%时，上市公司董事会有权提出强制转股方案，并提交股东大会表决，该方案须经出席股东大会的股东所持表决权的三分之二以上通过方可实施，股东大会进行表决时，持有本次发行的可转换债券的股东应当回避。通过上述程序后，上市公司有权行使强制转股权，将满足解锁条件的可转换债券按照当时有效的转股价格强制转化为S公司普通股股票。

作为兼具股票属性和债券属性的支付工具，股价下跌时交易对方可以选择以债券方式获得确定性现金回报，在股价上涨时交易对方可以选择转换为股票获取股权增值收益。从交易出发点来看，提供债券支付方式的目的是保障交易对方在股价下跌时的利益诉求，为此上市公司承担了一定程度的潜在现金压力。当股价长期显著运行在转股价以上时，交易对方可以将满足解锁条件的可转换债券通过转股卖出等方式实现收益，此时应当适当考虑上市公司的潜在偿债能力及财务状况，通过强制转股条款减轻上市公司未来现金压力，提高上市公司财务稳健性，也适当保护了中小股东利益。

（4）提前回售条款（利率浮动条款）。当交易对方所持可转换债券满足解锁条件后，如公司股票连续30个交易日的收盘价格均低于当期转股价格的80%，则交易对方有权行使提前回售权，将满足解锁条件的可转换债券的全部或部分以面值加当期应计利息的金额回售给上市公司。在各年度首次达到提前回售权行使条件时起，交易对方的提前回售权进入行权期，行权期长度为10个交易日（含达到提前回售权行使条件的当天），如交易对方在行权期内未行使提前回售权，则交易对方至下一考核期审计报告出具前不应再行使提前回售权。行权期满后，交易对方所持满足解锁条件的可转换债券中未回售的部分，自行权期满后第一日起，按照0.6%年利率计算利息。

提前回售条款在借鉴原有公开发行可转换公司债券的基础上做了针对性的创新，将回售触发前提与标的资产业绩实现性及二级市场股价联动，从而能够在交易谈判过程中解除交易对方后顾之忧，保障交易对方的基本收益。同时，为了鼓励交易对方积极持有可转换债券，降低上市公司现金压力，提前回售条款也创造性地设置了利率浮动条款，从而鼓励交易对方长期持有可转换债券，保留后续转股可能性。

二、收购股权比例

（一）关于经营性资产的法定要求

《重组办法》规定，上市公司实施重大资产重组，应当就本次交易符合下列要求作出充分说明，并予以披露：重大资产重组所涉及的资产权属清晰，资产过户或者转移不存在法律障碍，相关债权债务处理合法。上市公司发行股份购买资产应充分说明并披露上市公司发行股份所购买的资产为权属清晰的经营性资产，并能在约定期限内办理完毕权属转移手续。根据《监管规则适用指引——上市类第1号》关于收购少数股权的规定，上市公司发行股份拟购买资产为企业股权时，原则上在交易完成后应取得标的企业控股权，如确有必要购买少数股权的，应当同时符合以下条件：

（1）少数股权与上市公司现有主营业务具有显著协同效应，或者与本次拟购买的主要标的资产属于同行业或紧密相关的上下游行业，通过本次交易一并注入有助于增强上市公司独立性、提升上市公司整体质量。

（2）交易完成后上市公司需拥有具体的主营业务和相应的持续经营能力，不存在净利润主要来自合并财务报表范围以外投资收益的情况。

少数股权对应的经营机构为金融企业的，需符合金融监管机构及其他有权机构的相关规定；且最近一个会计年度对应的营业收入、资产总额、资产净额三项指标，均不得超过上市公司同期合并报表对应指标的20%。

上市公司重大资产重组涉及购买股权的，也应当符合前述条件。

（二）实践考虑因素

上市公司并购重组中关于收购标的资产的股权比例可以视上市公司具体需求选择不同的方案，但以发行股份方式购买资产或构成上市公司重大资产重组的并购重组交易，原则上需要收购标的资产的控股权。

方式一：收购标的资产全部股权

收购标的资产全部股权可以更有效地控制标的资产，并视上市公司整体战略考虑对标的资产进行全面的整合和协同，同时上市公司可以实现对标的资产财务报表的全面合并，在上市公司合并报表层面不存在因该标的资产形成的少数股权权益金额。

方式二：先收购标的资产控股权，后续再收购剩余少数股权

由于担心核心股东一次性退出可能对标的资产后续经营的稳定性产生不利影响，一些上市公司会选择“先行并购标的资产控股权，保留少数股权在标的资产原股东手中”的交易方式。这种交易方案可以实现在双方磨合期内与标的资产原股东的深度绑定，一定程度上降低因股东变化导致的经营风险。此外，在会计处理上若前后两次交易非一揽子交易，则收购剩余少数股权时将不会新增上市公司商誉金额，也在一定程度上控制上市公司因并购重组形成的商誉规模。但在这种方式下，若上市公司与标的资产原股东在重要经营决策上存在分歧，会增加彼此沟通的成本并降低决策效率。此外，若标的资产业绩增长显著，后续上市公司收购剩余少数股权时将需要支付更高的对价。

方式三：仅收购标的资产控股权

若标的资产拥有较好的盈利能力及现金流，可以保证较高比例的现金分红，且标的资产原股东仍愿意保留部分股权，上市公司也可以仅收购标的资产控股权，并长期与标的资产剩余股东合作，共享标的资产的成长和价值。此外，也存在标的资产股东众多，部分小股东无法取得联系，或与

小股东无法就交易核心条款达成一致的情形，被动保留部分少数股权不予收购，比如在新三板挂牌过的公司。

三、价格调整机制

（一）法定要求

根据《重组办法》的规定，发行股份购买资产的董事会决议可以明确，在证监会注册前，上市公司的股票价格相比最初确定的发行价格发生重大变化的，董事会可以按照已经设定的调整方案对发行价格进行一次调整。发行价格调整方案应当明确、具体、可操作，详细说明是否相应调整拟购买资产的定价、发行股份数量及其理由，在首次董事会决议公告时充分披露，并按照规定提交股东大会审议。股东大会作出决议后，董事会按照已经设定的方案调整发行价格的，上市公司无须向证券交易所重新提出申请。

《证券期货法律适用意见第 15 号》对上述发行价格调整方案的相关要求进行了进一步的明确：

（1）发行价格调整方案应当建立在市场和同行业指数变动基础上，且上市公司的股票价格相比最初确定的发行价格，须同时发生重大变化。

（2）发行价格调整方案应当有利于保护股东权益，设置双向调整机制；若仅单向调整，应当说明理由，是否有利于中小股东保护。

（3）调价基准日应当明确、具体。股东大会授权董事会对发行价格调整进行决策的，在调价条件触发后，董事会应当审慎、及时履职。

（4）董事会决定在重组方案中设置发行价格调整机制时，应对发行价格调整方案可能产生的影响，以及是否有利于股东保护，进行充分评估论证并作信息披露。

（5）董事会在调价条件触发后，根据股东大会授权对是否调整发行价格进行决议。决定对发行价格进行调整的，应对发行价格调整可能产生的影响、价格调整的合理性、是否有利于股东保护等，进行充分评估论证并作信息披露，并应同时披露董事会就此决策的勤勉尽责情况；决定不对发行价格进行调整的，应当披露原因、可能产生的影响以及是否有利于股东保护等，并应同时披露董事会就此决策的勤勉尽责情况。

（6）独立财务顾问和律师应当对以上情况进行核查并发表明确意见。

（二）市场应用

涉及发行股份购买资产的并购重组交易中，标的资产的价格是固定的，但是上市公司的股价是波动的，由于整个交易需要履行内外部必要的审核程序，需要一定的时间周期，如果在此期间上市公司股价有较大幅度的下跌，则可能导致交易对方不愿继续推进并购重组交易。法规层面允许对发行价格进行一次调整，可以有效避免股价剧烈波动对交易的不利影响。由于交易双方的权利义务应该是对等的，因此原则上应该设置双向调整机制，即若上市公司股价大幅上升也应相应调高发股价格。

案例12－2　X上市公司收购X公司100%股权

X上市公司收购X公司100%股权的案例中，对价格调整条件约定为同时满足下列条件时向下/上调整价格：

（1）上证综指（000001）和证监会食品制造指数（883112.WI）在任一交易日前的连续30个交易日中有至少20个交易日较上市公司首次停牌前一交易日收盘点数跌幅/涨幅超过20%；

（2）上市公司股价在任一交易日前的连续30个交易日中，有至少20个交易日较上市公司首次停牌前一交易日收盘价跌幅/涨幅超过20%。

在可调价期间内的任一交易日，若调价触发条件满足，上市公司有权在调价基准日后的5个交易日内召开董事会审议决定是否按照本价格调整方案对本次发行股份购买资产的发行价格进行调整。

上市公司董事会审议决定对发行价格进行调整的，则本次发行的发行价格调整为不低于调价基准日前20个交易日、60个交易日或者120个交易日（不包括调价基准日当日）的公司股票交易均价之一的90%。可调价期间内，上市公司仅对发行价格进行一次调整，若上市公司已召开董事会审议决定对发行价格进行调整，再次触发价格调整条件时，不再进行调整。上市公司董事会决定不对发行价格进行调整的，则后续不再对发行价格进行调整。

四、股份锁定期

（一）法定要求

根据《重组办法》的规定，特定对象以资产认购而取得的上市公司股份，自股份发行结束之日起 12 个月内不得转让；属于下列情形之一的，36 个月内不得转让：

（1）特定对象为上市公司控股股东、实际控制人或者其控制的关联人；

（2）特定对象通过认购本次发行的股份取得上市公司的实际控制权；

（3）特定对象取得本次发行的股份时，对其用于认购股份的资产持续拥有权益的时间不足 12 个月。

属于重组上市情形的，上市公司原控股股东、原实际控制人及其控制的关联人，以及在交易过程中从该等主体直接或间接受让该上市公司股份的特定对象，应当公开承诺，在本次交易完成后 36 个月内不转让其在该上市公司中拥有权益的股份；除收购人及其关联人以外的特定对象，应当公开承诺，以资产认购而取得的上市公司股份自股份发行结束之日起 24 个月内不得转让。

上市公司发行股份购买资产导致特定对象持有或者控制的股份达到法定比例的，应当按照《收购办法》的规定履行相关义务。

上市公司向控股股东、实际控制人或者其控制的关联人发行股份购买资产，或者发行股份购买资产将导致上市公司实际控制权发生变更的，认购股份的特定对象应当在发行股份购买资产报告书中公开承诺：本次交易完成后 6 个月内如上市公司股票连续 20 个交易日的收盘价低于发行价，或者交易完成后 6 个月期末收盘价低于发行价的，其持有公司股票的锁定期自动延长至少 6 个月。

前款规定的特定对象还应当在发行股份购买资产报告书中公开承诺：

如本次交易因涉嫌所提供或披露的信息存在虚假记载、误导性陈述或者重大遗漏，被司法机关立案侦查或者被证监会立案调查的，在案件调查结论明确以前，不转让其在该上市公司拥有权益的股份。

（二）市场应用

尽管在法规层面规定的股份锁定期最短为12个月，但是如果并购重组交易中交易对方进行了业绩承诺，上市公司通常会要求交易对方分批解锁股份，以保证业绩承诺的履行。

案例12－3 J上市公司发行股份购买Z公司部分股权

J上市公司发行股份购买Z公司56.7152%股权的案例中，补偿义务人承诺标的公司在2018年度、2019年度、2020年度合并财务报表中扣除非经常性损益后归属于母公司所有者的净利润三年累计实现不低于40,000万元，且盈利承诺期内标的公司每年实现扣除非经常性损益后归属于母公司所有者的净利润均不低于9,000万元；标的公司在2018年度、2019年度、2020年度合并财务报表中经营性现金流量净额三年累计不低于15,000万元，且标的公司在2018年度、2019年度、2020年度合并财务报表中经营性现金流量净额每年均为正数。

交易对方殷某所取得的对价股份按照约定分三次解禁，且在法定限售期限届满之日起至对价股份最后一次解禁之日的期间内，未解禁的对价股份不进行转让。具体解禁安排如下：第一次解禁，殷某所取得的对价股份应于该等股份上市日起满12个月后解禁25%；第二次解禁，殷某所取得的对价股份应于该等股份上市日起满24个月后解禁25%；第三次解禁，殷某所取得的剩余对价股份应于该等股份上市日起满36个月后全部解禁。尽管有上述约定，但是殷某对上市公司发生股份补偿义务的，则殷某当年实际可解禁股份数应为上述约定中所对应的殷某当年可解禁股份数的最大数额扣减殷某当年应补偿股份数量之差，如扣减后实际可解禁股份数量小于或等于0的，则殷某当年实际可解禁股份数为0。在扣减上述补偿股份且殷某履行完毕相应补偿义务后当年可解禁股份尚有余额的方可解禁。如殷某已按照《发行股份购买资产协议》约定履行完毕相应补偿义务的，则相应对价股份可按照协议约定进行解禁。

除殷某外的其他交易对方在本次发行中认购取得的对价股份，自该等股份上市日起36个月内不得转让；为增强盈利预测补偿的操作性和可实现性，在前述法定锁定期届满后，除殷某外的其他交易对方认购的全部对价股份锁定期届满、且标的资产2020年《专项审核报告》及《减值测试报告》披露、且上市公司2020年年度报告公告、且除殷某外的其他交易对方的盈利补偿义务履行完毕后，除殷某外的其他交易对方认购的对价股份方可一次性解禁。

五、募集配套资金

（一）法定要求

根据《重组办法》规定，上市公司发行股份购买资产的，可以同时募集部分配套资金，其定价方式按照相关规定办理。

《监管规则适用指引——上市类第1号》就募集配套资金进行详细的规定：

1. 募集配套资金规模的计算

《证券期货法律适用意见第12号》规定："上市公司发行股份购买资产同时募集配套资金，所配套资金比例不超过拟购买资产交易价格100%的，一并由并购重组审核委员会予以审核。"其中，"拟购买资产交易价格"指本次交易中以发行股份方式购买资产的交易价格，不包括交易对方在本次交易停牌前6个月内及停牌期间以现金增资入股标的资产部分对应的交易价格，但上市公司董事会首次就重大资产重组作出决议前该等现金增资部分已设定明确、合理资金用途的除外。

2. 通过认购募集配套资金或取得标的资产权益巩固上市公司控制权

在认定"是否构成《重组办法》第十三条规定的交易情形"时，上市公司控股股东、实际控制人及一致行动人拟认购募集配套资金的，相应股份在认定控制权是否变更时剔除计算，但已就认购股份所需资金和所得股份锁定作出切实、可行安排，能确保按期、足额认购且取得股份后不会出现变相转让等情形的除外。

上市公司控股股东、实际控制人及其一致行动人在本次交易停牌前6个月内及停牌期间取得标的资产权益的，以该部分权益认购的上市公司股份，相应股份在认定控制权是否变更时剔除计算，但上市公司董事会首次就重大资产重组作出决议前，前述主体已通过足额缴纳出资、足额支付对价获得标的资产权益的除外。

独立财务顾问应就前述主体是否按期、足额认购配套募集资金相应股份，取得股份后是否变相转让，取得标的资产权益后有无抽逃出资等开展专项核查。

3. 募集配套资金用途

考虑到募集资金的配套性，所募资金可以用于支付本次并购交易中的现金对价，支付本次并购交易税费、人员安置费用等并购整合费用和投入标的资产在建项目建设，也可以用于补充上市公司和标的资产流动资金、偿还债务。

募集配套资金用于补充公司流动资金、偿还债务的比例不应超过交易作价的25%，或者不超过募集配套资金总额的50%。

4. 财务性投资的认定

对上市公司募集资金投资产业基金以及其他类似基金或产品的，如同时属于以下情形的，应当认定为财务性投资：

（1）上市公司为有限合伙人或其投资身份类似于有限合伙人，不具有该基金（产品）的实际管理权或控制权；

（2）上市公司以获取该基金（产品）或其投资项目的投资收益为主要目的。

（二）市场应用

在上市公司并购重组方案中，根据标的资产股东的类型和具体诉求不同，有些案例会存在部分对价以现金形式支付给交易对方，如果这部分现金完全由上市公司自有资金支付且金额较大，则可能在短期内影响上市公司的营运资金或需要上市公司新增债务融资进行支付，进而在一定程度上影响上市公司的正常经营。此外，在并购重组中也存在税费、中介机构费用、交易费用等各类成本，同时上市公司及标的资产并购整合等也存在资金需求。上市公司发行股份购买资产同时募集配套资金，一方面可以切实满足上市公司并购重组的现金需求，另一方面也极大地提升了上市公司融资效率。

并购重组中的配套融资，是“一次核准两次发行”，因此并购重组部分的发行股份价格等要求按照并购重组的相关规定执行，而配套融资部分的发行价格、发行股数上限、认购投资者数量等，则需遵照上市公司向特定对象发行股份融资的相关规定。由于适用不同的规定，即使是确定全部配套融资对象的锁价发行，也可能存在发行股份购买资产的发股价与配套融资部分的发股价不同的情况。

案例 12－4　H 上市公司发行股份并募集配套资金收购 H 公司 100% 股权

H 上市公司发行股份并募集配套资金收购 H 公司 100% 股权的案例中，发行股份购买资产部分的发股价进行除权除息调整后为 3.85 元/股，不低于定价基准日前 120 个交易日上市公司股票交易均价的 90%；募集配套资金的认购方为 C 公司，系上市公司实际控制人之一王某控制并担任董事的企业。募集配套资金部分的发股价进行除权除息调整后为 3.66 元/股，不低于基准日前 20 个交易日公司股票均价的 80%。

第二节　标的资产持续经营能力

上市公司通常基于战略及产业逻辑发起并购重组，其出发点是增强上市公司主业竞争力，提高上市公司抗风险能力，提升上市公司财务和业绩表现。此外，上市公司作为公众公司，存在众多中小投资者，而上市公司重大资产重组或发行股份购买资产等，系上市公司非日常经营的重大事项，需要充分考虑上市公司及广大公众投资者利益，因此上市公司重大资产重组的收购标的需要具备持续经营能力。

一、法定要求

根据《重组办法》的规定，上市公司实施重大资产重组，应当就本次交易有利于上市公司增强持续经营能力，不存在可能导致上市公司重组后主要资产为现金或者无具体经营业务的情形作出充分说明，并予以披露；上市公司发行股份购买资产的，还应当充分说明并披露本次交易有利于提高上市公司资产质量、改善财务状况和增强持续经营能力，有利于上市公司减少关联交易、避免同业竞争、增强独立性。

二、对并购重组交易的影响

上市公司并购重组支付了相应的对价，所获取的标的资产应该能够增强上市公司持续经营能力，否则可能损害上市公司权益。但这里的“持续经营能力”并不能完全解读为标的资产在审计报告期内必须为盈利状态，例如，部分资产处于行业周期阶段性亏损，部分资产为重资产且处于前期开发或投入阶段，部分资产具有极高的战略价值和意义并且已基本达到盈亏平衡点等，这类资产通常在盈利预测期间内会实现盈利，并在后续具有较强的持续经营能力。

案例12－5　S上市公司发行股份购买J投资、S公司部分股权

2020年7月，S上市公司公告发行股份购买J投资19.51%股权、S公司20.38%股权的预案，其中J投资为投资型公司，无实际经营业务，2019年和2020年净利润分别为－6,631.43万元和－6,080.59万元；S公司主营业务为8英寸集成电路的制造和销售，2019年、2020年的净利润分别为－1.8亿元和－1.39亿元，报告期内巨额亏损系S公司正处于8英寸集成电路芯片生产线二期项目的建设阶段，生产线完全投产后S公司每年

总产能将提升至90万片。该案例于2021年7月经证监会并购重组委审核通过，并于2021年9月实施完成。

尽管有审计报告期亏损的案例能够通过审核并实施，但是总体而言上市公司重大资产重组的标的资产仍主要为已经盈利并且能够持续保持良好盈利能力的资产。同时，也存在标的资产审计报告期内有利润，但是监管审核中基于对标的资产盈利能力的综合判断，认为未充分说明本次交易有利于提高上市公司资产质量、增强持续盈利能力，从而未能通过监管机构审核的案例。

案例12-6　N上市公司拟发行股份购买S公司部分股权项目未通过

【案例概述】2020年，N上市公司拟向控股股东R控股发行股份购买其持有的S公司60.82%股权项目未获证监会通过。审核意见为：申请人未能充分说明并披露本次交易有利于提高上市公司资产质量、改善财务状况和增强持续盈利能力，不符合《重组办法》第四十三条的相关规定。S公司主营业务为房地产开发与销售。

【案例分析】根据公开披露资料及证监会反馈问题，审核中可能对标的资产S公司盈利能力在如下方面存在疑虑：

（1）业绩承诺净利润大幅高于报告期净利润。业绩承诺方采用累积承诺2020—2023年归母净利润总额不低于192,694.91万元作为考核指标，相较于报告期内（2017—2019年6月）实现净利润45,228.4万元，承诺业绩大幅增长。标的公司收入来源较为单一，在业绩承诺期内，标的公司自开发项目实现收入主要是依靠一个项目（写字楼及商业），此项目2016年建设完毕后用于出租，在投资性房地产科目核算，并且此项目部分房产用于抵押融资，在开发进度及可控性方面具有一定不确定性。

（2）标的公司报告期内营业收入大幅下降，净利润全部来自投资收益。标的公司2017—2019年营业收入分别为30,876.38万元、12,146.85万元、12,849.19万元，呈现大幅下滑；2017—2019年扣除非经常性损益后归属于母公司所有者的净利润分别为15,035.48万元、3,332.28万元、

30, 377. 22 万元，净利润波动幅度较大。2017—2019 年投资收益占净利润的比例分别高达 105%、119%、101%。

（3）标的公司向股东及关联方存在大额拆借资金，对股东及关联方存在一定程度资金依赖。标的公司报告期内向控股股东 R 控股及其他股东拆借资金按 4. 35%的利率计收资金占用费，向联营企业 B 公司、联营企业子公司甲公司拆借资金不计算资金占用费。该等利率水平低于房地产公司的市场融资水平，如为市场化融资，预计标的公司的净利润将明显下降。此外，股东协助融资，也可能由于标的公司缺乏独立的融资能力。

第三节　标的资产交易作价公允性

上市公司并购重组交易中，标的资产的作价是买方、卖方及监管机构较为关注的核心事项之一。许可类并购重组交易中，通常会参考评估或估值报告作为交易作价的依据，常用的评估方法有资产基础法、收益法和市场法。

一、法定要求

《重组办法》《26 号准则》《会计监管风险提示第 7 号——轻资产类公司收益法评估》等法律规章针对标的资产作价公允性相关事项进行了规范，主要规定如下：

（一）标的资产作价公允

上市公司重大资产重组所涉及的资产定价公允，不存在损害上市公司和股东合法权益的情形。

上市公司重大资产重组因定价显失公允、不正当利益输送等问题损害上市公司、投资者合法权益的，由证监会责令改正，并可以采取监管谈话、出具警示函等监管措施；情节严重的，可以责令暂停或者终止重组活动，处以警告、罚款，并可以对有关责任人员采取证券市场禁入的措施。

（二）标的资产评估或估值要求

1.《重组办法》相关规定

重大资产重组中相关资产以资产评估结果作为定价依据的，资产评估机构应当按照资产评估相关准则和规范开展执业活动；上市公司董事会应当对评估机构的独立性、评估假设前提的合理性、评估方法与评估目的的相关性以及评估定价的公允性发表明确意见。

相关资产不以资产评估结果作为定价依据的，上市公司应当在重大资产重组报告书中详细分析说明相关资产的估值方法、参数及其他影响估值结果的指标和因素。上市公司董事会应当对估值机构的独立性、估值假设前提的合理性、估值方法与估值目的的相关性发表明确意见，并结合相关资产的市场可比交易价格、同行业上市公司的市盈率、市净率等通行指标，在重大资产重组报告书中详细分析本次交易定价的公允性。

评估机构、估值机构原则上应当采取两种以上的方法进行评估或者估值；上市公司独立董事应当出席董事会会议，对评估机构或者估值机构的独立性、评估或者估值假设前提的合理性和交易定价的公允性发表独立意见，并单独予以披露。

2.《26号准则》相关规定

上市公司董事会应当对本次交易标的评估或估值的合理性以及定价的公允性进行分析。包括但不限于：

（1）对资产评估机构或估值机构的独立性、假设前提的合理性、评估或估值方法与目的的相关性发表意见；

（2）结合报告期及未来财务预测的相关情况（包括各产品产销量、销售价格、毛利率、净利润等）、所处行业地位、行业发展趋势、行业竞争及经营情况等，详细说明评估或估值依据的合理性。如果未来预测与报告期财务情况差异较大，应当分析说明差异的原因及其合理性；

（3）分析交易标的后续经营过程中政策、宏观环境、技术、行业、重大合作协议、经营许可、技术许可、税收优惠等方面的变化趋势、董事会拟采取的应对措施及其对评估或估值的影响；

（4）结合交易标的经营模式，分析报告期变动频繁且影响较大的指标（如成本、价格、销量、毛利率等方面）对评估或估值的影响，并进行敏感性分析；

（5）分析说明交易标的与上市公司现有业务是否存在显著可量化的协同效应；如有，说明对未来上市公司业绩的影响；交易定价是否考虑了上述协同效应；

（6）结合交易标的的市场可比交易价格、同行业上市公司的市盈率、市净率等指标，分析交易定价的公允性；

（7）说明评估或估值基准日至重组报告书签署日交易标的发生的重要变化事项，分析其对交易作价的影响；

（8）如交易定价与评估或估值结果存在较大差异，分析说明差异的原因及其合理性。

上市公司独立董事对评估机构或者估值机构的独立性、评估或者估值假设前提的合理性和交易定价的公允性发表独立意见。

3.《会计监管风险提示第 7 号——轻资产类公司收益法评估》相关规定

（1）评估资料完整性及可靠性。资产评估师执行企业价值评估业务，应当根据评估业务的具体情况，收集被评估企业的资料和其他相关资料，分析评估资料的完整性和可靠性。

（2）评估方法的适用性。评估师应当结合企业的历史经营情况、未来收益可预测情况、所获取评估资料的充分性，恰当考虑收益法的适用性。

（3）评估假设合理性。资产评估师执行资产评估业务，应当科学合理使用评估假设，并在评估报告中披露评估假设及其对评估结论的影响。

（4）现金流测算。资产评估师应当充分分析被评估企业的资本结构、经营状况、历史业绩、发展前景，考虑宏观和区域经济因素、所在行业现状与发展前景对企业价值的影响，在考虑未来各种可能性及其影响的基础上对被评估企业未来收入、成本进行预测，形成未来收益，并结合折现率及预测期的确定情况，将预期收益资本化或折现，得出企业评估价值。

（5）重要事项披露。资产评估师执行企业价值评估业务，应当在评估报告中披露必要的信息，客观、公正地描述企业，充分揭示市场转化风险、可能面临的处罚风险等事项，加强对期后事项的分析和披露。

二、标的资产参考评估报告作价的市场情况

对标的资产进行评估的案例中，大多数案例会采用资产基础法和收益法作为评估方法；在最终评估结论的选择上，收益法、资产基础法一般为使用频率最高和次高的评估方法。选用市场法作为最终评估结论的案例较少，相关市场案例一般为吸收合并交易、上市公司收购控股子公司少数股权、标的资产为券商股权等情形。

（一）资产基础法

资产基础法，又称成本法，是指以被评估单位评估基准日的资产负债表为基础，合理评估企业表内及可识别的表外各项资产、负债价值，确定评估对象价值的评估方法。资产基础法以重置各项生产要素为假设前提，根据企业的分项资产的具体情况选用适宜的方法，分别评定估算各分项资产的价值并累加求和，再扣减相关负债评估值，得出股东全部权益的评估价值。资产基础法通常适用于拥有大量固定资产、可重建、可购置的评估对象。

案例 12－7　K 上市公司发行股份购买控股子公司甲公司部分股权

K 上市公司发行股份购买已控股子公司甲公司 36.97% 股权的案例中，标的资产主营业务为新能源汽车整车控制器、混动系统总成等控制系统的研发、生产及销售，具有资金密集、前期技术及固定资产投入大等特点。本次交易采用资产基础法和收益法对标的资产价值进行评估，并选取资产基础法结果作为评估结论。

（二）收益法

收益法一般采用现金流折现法，是通过将企业未来预期净现金流量折算为现值，来评估资产价值的一种方法。其基本思路是通过估算资产在未

来预期的净现金流量和采用适宜的折现率折算成现时价值，得出评估值。其适用的基本条件是：企业具备持续经营的基础和条件，经营与收益之间存在较稳定的对应关系，并且未来收益和风险能够预测且可量化。使用现金流折现法的最大难度在于未来预期现金流的预测，以及数据采集和处理的客观性和可靠性等。当对未来预期现金流的预测较为客观公正、折现率的选取较为合理时，其估值结果具有较好的客观性。

案例 12－8　D 上市公司发行股份及支付现金购买 S 公司 100%股权

D 上市公司发行股份及支付现金购买 S 公司 100%股权的案例中，标的公司主要产品为丙烯腈、MMA 等丙烯下游衍生物及 EVA、EO 等乙烯下游衍生物，广泛应用于化纤、洗涤、农药、医药、建筑、聚氨酯制品等行业。该交易中对 S 公司股东全部权益价值采用资产基础法和收益法进行评估，并以收益法评估结果作为最终评估结果。

（三）市场法

市场法是指利用市场上同样或类似资产的近期交易价格，经过直接比较或类比分析以估测资产价值的各种评估技术方法的总称。

案例 12－9　H 上市公司发行股份购买 X 公司部分股权

H 上市公司发行股份购买 X 公司 99.7273%股份的案例中，标的资产 X 公司系证券类公司，截至评估基准日 2019 年 10 月 31 日 A 股有 36 家证券上市公司，数量较多，可比公司的经营和财务数据获取来源充分可靠。交易最终选择采用上市公司比较法的市场法进行评估，并通过证监会并购重组委审核。

三、不以评估报告作价的并购重组交易情况

上市公司重大资产重组或发行股份购买资产中，为保证交易价格的公允性，通常会参考资产评估报告作为交易价格的定价参考依据。但有些案例中，上市公司本身即具有公允的市场交易价格，且存在境内外证券监管

机构对其收购价格的相关法规要求，比如标的资产涉及境内外上市公司的收购，这类交易有时会不以评估或估值报告作为作价依据。《重组办法》也预留了法规空间，“相关资产不以资产评估结果作为定价依据的，上市公司应当在重大资产重组报告书中详细分析说明相关资产的估值方法、参数及其他影响估值结果的指标和因素”。

案例 12－10　H 上市公司以协议安排方式私有化 H 香港上市公司

H 上市公司（A＋H 上市）以发行 H 股作为私有化对价、以协议安排的方式私有化 H 香港上市公司的案例中，交易价格未以评估报告为依据，也未进行资产评估。估值机构采用可比公司法和可比交易法，并结合香港上市公司私有化溢价率情况确定其 H 股的价值预估范围。

四、对并购重组交易的影响

上市公司作为公众公司，若其购买的资产价格不公允，则会损害上市公司利益，进而造成社会公众股东的利益受损。因此，不论上市公司自身还是监管机构对于交易价格的公允性都会非常关注。若监管机构对标的资产定价公允性存疑，则很可能审核不予通过。

案例 12－11　L 上市公司发行股份购买资产未获通过

【案例概述】L 上市公司发行股份购买资产 2021 年未获证监会并购重组委通过。审核意见为：申请人未充分披露本次交易标的资产定价的公允性，未充分说明本次交易有利于提高上市公司资产质量、增强持续盈利能力，不符合《重组办法》第十一条和第四十三条相关规定。

【案例分析】根据公开披露的资料，监管审核中对上市公司定价公允性方面可能存在以下疑虑：

（1）高增值、高商誉。本次交易中，标的资产 H 公司增值率为 671.21%。根据《备考审阅报告》，本次交易完成后，上市公司将新增 3.48 亿元商誉，占 2020 年备考总资产的比例为 28.19%，占 2020 年备考净资产的比例为 77%，商誉占比较高。

（2）此次交易估值相比历史股权转让价格差异较大。标的公司Z公司最近一次的股权转让发生在2020年10月，即配合此次交易实施的D资产公司受让45.45%股权行为，对应Z公司的估值与此次相同，为2.75亿元。但是2017年11月，Z公司发生股权转让，5%的股权转让价格为258万元，对应的估值为5,160万元。仅仅不到3年，估值翻了4倍多。Z公司仅为H公司的持股平台，估值主要来源于H公司的业绩表现，由于无法获知股权转让时的H公司业绩，估值大幅上涨的合理性存疑。

（3）标的公司业绩预测合理性不足。下游烟草行业与同行业可比公司营收增长率均低的情形下，H公司收入增长率较高；标的公司预测期毛利率在47%至48%，和报告期水平基本一致，但整体处于偏高水平等。

第四节　盈利预测与业绩补偿

上市公司在并购标的资产时，收购价格一般均高于标的资产净资产，也就是存在收购溢价，以收益法估值作价的轻资产公司，其收购溢价率甚至可达数倍以上。在标的资产交易作价主要参考其收益法评估值的情况下，上市公司支付的交易对价主要源于标的资产未来若干年度的盈利预测情况。为了避免标的资产及其股东过于乐观地预测未来盈利，进而导致上市公司支付过高溢价的情况，交易对方对标的资产未来的业绩情况进行承诺可以在一定程度上保护上市公司的权益。但是，市场化的产业并购中交易双方充分博弈，法规层面对于上市公司过于硬性的保护规定，反而可能制约上市公司的谈判弹性，从而错失一些优质的标的资产。因而，在《重组办法》（2014年修订）中，取消了向非关联第三方发行股份购买资产的盈利预测补偿强制性规定要求，并一直延续至今。上述修订给予上市公司在产业并购中更高的灵活性。

一、法定要求

《重组办法》《监管规则适用指引——上市类第1号》等法律规章针对业绩承诺及补偿事项进行了规范，可以概括如下：

（一）触发条件

同时满足下述两个条件时，法规层面强制要求交易对方应当与上市公司就相关资产实际盈利数不足利润预测数的情况签订明确可行的补偿协议：

条件一：基于未来收益预期进行评估

采取收益现值法、假设开发法等基于未来收益预期的方法对拟购买资产进行评估或者估值并作为定价参考依据。在交易定价采用资产基础法估值结果的情况下，如果资产基础法中对一项或几项资产采用了基于未来收益预期的方法，上市公司控股股东、实际控制人或者其控制的关联人也应就此部分进行业绩补偿。

条件二：交易对方为上市公司控股股东、实际控制人或其控制主体，或控制权发生变更

交易对方为上市公司控股股东、实际控制人或者其控制关联人①，或向前述主体外的交易对方购买资产且导致控制权发生变更。

在未同时满足上述两个条件的情况下，法规层面未强制要求上市公司与交易对方约定业绩补偿条款，交易双方可以根据市场化原则，自主协商是否采取业绩补偿和每股收益填补措施及相关的具体安排。

（二）具体方式

1. 一般补偿要求。交易对方为上市公司控股股东、实际控制人或者其控制的关联人，应当以其获得的股份和现金进行业绩补偿。

2. 重组上市补偿要求。构成重组上市的，应当以拟购买资产的价格进

① 按照现行规则，无论标的资产是否为其所有或控制，也无论其参与此次交易是否基于过桥等暂时性安排，均应以其在本次交易中取得的股份和现金进行补偿。

行业绩补偿计算，且股份补偿不低于本次交易发行股份数量的90%。

3. 补偿顺序要求。业绩补偿应当先以股份补偿，不足部分以现金补偿。

4. 补偿股份数量计算。标准对赌公式：按照截至当期末未完成的业绩占累计承诺业绩的比例，计算应予补偿退回的交易作价，并基于该交易作价计算应补偿的股数。

（1）交易对方以股份方式进行业绩补偿时，按照下列原则确定应补偿股份的数量及期限（下述净利润指标为扣除非经常性损益后的净利润）：

①以收益现值法、假设开发法等基于未来收益预期的估值方法对拟购买资产进行评估或估值的，每年补偿的股份数量为：

当期补偿金额＝（截至当期期末累积承诺净利润数－截至当期期末累积实现净利润数）÷补偿期限内各年的预测净利润数总和×拟购买资产交易作价－累积已补偿金额

当期应当补偿股份数量＝当期补偿金额/本次股份的发行价格。当期股份不足补偿的部分，应以现金补偿。

②采用现金流量法对拟购买资产进行评估或估值的，交易对方计算出现金流量对应的税后净利润数，并据此计算补偿股份数量。

③此外，在补偿期限届满时，上市公司应当对拟购买资产进行减值测试，如：期末减值额/拟购买资产交易作价＞补偿期限内已补偿股份总数/认购股份总数，则交易对方需另行补偿股份，补偿的股份数量为：期末减值额/每股发行价格－补偿期限内已补偿股份总数。

前述减值额为拟购买资产交易作价减去期末拟购买资产的评估值并扣除补偿期限内拟购买资产股东增资、减资、接受赠与以及利润分配的影响。

（2）以市场法对拟购买资产进行评估或估值的，每年补偿的股份数量为：期末减值额/每股发行价格－补偿期限内已补偿股份总数。

当期股份不足补偿的部分，应现金补偿。

（3）在逐年补偿的情况下，在各年计算的补偿股份数量小于0时，按

0取值，即已经补偿的股份不冲回。拟购买资产为非股权资产的，补偿股份数量比照前述原则处理。

（4）逐年补偿/期末累计一次性补偿：拟购买资产为房地产、矿业公司或房地产、矿业类资产的，上市公司董事会可以在补偿期限届满时，一次确定补偿股份数量，无须逐年计算。

（5）业绩补偿期限：不得少于重组实施完毕后的3年。

（6）其他要求：

①业绩补偿承诺不得变更：除证监会明确的情形外，重组方不得变更其作出的业绩补偿承诺。

②业绩补偿保障措施：交易对方拟就业绩承诺作出股份补偿安排的，应当确保相关股份能够切实用于履行补偿义务。如业绩承诺方拟在承诺期内质押重组中获得的、约定用于承担业绩补偿义务的股份（以下简称“对价股份”），重组报告书应当载明业绩承诺方保障业绩补偿实现的具体安排。业绩承诺方应保证对价股份优先用于履行业绩补偿承诺，不通过质押股份等方式逃废补偿义务；未来质押对价股份时，将书面告知质权人根据业绩补偿协议上述股份具有潜在业绩承诺补偿义务情况，并在质押协议中就相关股份用于支付业绩补偿事项等与质权人作出明确约定。上市公司发布股份质押公告时，应当明确披露拟质押股份是否负担业绩补偿义务，质权人知悉相关股份具有潜在业绩补偿义务的情况，以及上市公司与质权人就相关股份在履行业绩补偿义务时处置方式的约定。

（7）业绩奖励事项：可对标的资产交易对方、管理层或核心技术人员，基于标的资产实际盈利数大于预测数的超额部分设置奖励，奖励总额不超过超额业绩部分的100%，且不超过其交易作价的20%。奖励对象不可为上市公司控股股东、实际控制人或者其控制的关联人。

（三）未完成业绩承诺的监管措施

根据《重组办法》的规定，重大资产重组实施完毕后，凡因不属于上市公司管理层事前无法获知且事后无法控制的原因，上市公司所购买资产实现的利润未达到资产评估报告或者估值报告预测金额的80%，或者实际运营情况与重大资产重组报告书中管理层讨论与分析部分存在较大差距的，以及上市公司实现的利润未达到盈利预测报告预测金额的80%的，上市公司董事长、总经理以及对此承担相应责任的会计师事务所、独立财务顾问、资产评估机构、估值机构及其从业人员，应当在上市公司披露年度报告的同时，在同一媒体上作出解释，并向投资者公开道歉；实现利润未达到预测金额50%的，证监会可以对上市公司、相关机构及其责任人员采取监管谈话、出具警示函、责令定期报告等监管措施。

交易对方超期未履行或者违反业绩补偿协议、承诺的，由证监会责令改正，并可以采取监管谈话、出具警示函、责令公开说明、认定为不适当人选等监管措施，将相关情况记入诚信档案；情节严重的，可以对有关责任人员采取证券市场禁入的措施。

二、非法定要求业绩承诺及补偿的市场情况

按照《重组办法》的规定，仅在交易对方为上市公司控股股东、实际控制人或其控制主体，或控制权发生变更时，且采用收益法、假设开发法等基于未来收益预期的方法对拟购买资产进行评估或者估值并作为定价参考依据的情况下，才强制要求进行业绩承诺。但在上市公司许可类并购重组案例中，交易对方进行业绩承诺仍是常规安排，未设置对赌的交易主要是资产基础法作价、上市公司收购控股子公司少数股权、吸收合并及其他市场法作价的案例。不过，市场上也存在许可类上市公司并购重组未设置业绩承诺的案例，这类案例一般具备标的资产与上市公司身处同行业、有明确的协同效应、能帮助上市公司实现产业整合、提升市场占有率或盈利能力等特征，上市公司能在交易后对标的资产进行有效管控整合。例如振华股份（603067）收购民丰化工100%股权的案例未设置业绩补偿安排。

非法定要求的业绩承诺案例中，还可以看到交易各方的博弈、业绩承诺及补偿设计的灵活性，尽管大部分案例安排了业绩承诺及补偿，但在业绩承诺指标选择、业绩补偿计算方式等各方面存在不同类型的安排。

（一）业绩承诺指标

1. 净利润相关业绩指标

在业绩承诺指标的选取上，净利润相关的业绩指标是最常见的选择，其中扣除非经常性损益后的归属于母公司所有者的净利润是最常用的净利润指标口径，这也与强制业绩承诺情况下规定的净利润口径一致。此外其他常见的净利润相关指标还包括归属于母公司所有者的净利润、扣除非经常性损益前后孰低的归属于母公司所有者的净利润等。

部分市场案例还会在财务报表净利润的基础上设置一些灵活的调整计算事项。例如，海洋王（002724）收购明之辉51%股权，在考核业绩指标完成情况时扣除了股份支付的影响；振静股份（603477）收购巨星农牧100%股权，在扣除非经常性损益后的归属于母公司所有者的净利润基础上合并计算了与标的公司日常经营相关的非经常性损益中的政府补助等。

2. 其他业绩指标

除净利润业绩承诺指标外，也有案例会采用应收账款回款作为业绩承诺指标，例如，太龙照明（300650）现金收购博思达资产组100%股权的案例中，约定以2022年为业绩承诺期最后一年，对于该年末的应收账款，若在2024年未能收回90%，则由补偿义务人以现金形式向上市公司补偿未收回的差额部分。

（二）业绩补偿金额

在业绩承诺案例中，若标的资产未能完成承诺业绩，业绩承诺人通常需要补偿交易对价，一般按照未完成净利润的比例乘以上市公司支付的交易对价来计算应补偿的金额，但也有案例采用补偿净利润差额，即仅就未达到承诺净利润的差额补偿即可，不需再乘以交易对价来计算补偿对价的金额。例如，华数传媒（000156）收购浙江华数83.44%股权、宁波华数100%股权的案例中，针对承诺业绩仅要求补偿实际实现业绩不及业绩承诺的差额部分。此外，也有案例采用两种方式相结合的补偿方式。例如，光正集团（002524）现金收购新视界眼科49%股权的案例中约定：标的资产各年实际净利润数低于1亿元时，对于未完成的业绩补偿交易对价；高于1亿元时，补偿当年未完成的业绩差额。

（三）业绩补偿时点

理论上讲，业绩补偿可以逐年结算应补偿金额，也可以在业绩承诺期限届满时一并计算应补偿的金额，但逐年补偿可使上市公司尽早就标的资产业绩不达标事项取得补偿，有利于保护上市公司权益，因此市场案例中一般都按照逐年进行业绩补偿来安排，但有些案例会在承诺期末一次性补偿。例如，博深股份（002282）收购海纬机车86.53%股权，业绩承诺年度为2019年度、2020年度、2021年度和2022年度，业绩补偿约定为截至2022年年末累计实际净利润低于截至2022年年末累计承诺净利润的，进行业绩补偿。

（四）业绩承诺人

1. 交易对方

交易对方因其在交易中可以取得交易对价，通常会作为标的资产的业绩承诺人，这样的安排也符合“谁受益谁承担相应的责任”。除交易对方外，由于标的资产核心管理层对标的资产经营情况也会起到至关重要的作用，也有部分案例会要求管理层一并进行业绩承诺。

案例12－12　S上市公司收购A公司100%股权

S上市公司收购A公司100%股权案例中，将补偿义务人扩大至非交易对方的标的公司高管王某、宋伟某。前述高管参与标的公司经营但不持股，而其配偶兼本次交易对方宋学某、窦某持股但不参与经营，标的公司在股权、经营管理安排上有所分离。考虑到王某、宋伟某是标的公司核心管理人员，其配偶取得的交易对价也是夫妻共同财产，因此经市场化谈判，绑定王某、宋伟某，由王某与宋学某、宋伟某与窦某共同承担业绩补偿义务，分别以宋学某、窦某取得的本次交易对价为限进行补偿。

2. 上市公司控股股东（非交易对方）

上市公司控股股东作为非交易对方，通常均不会作为业绩承诺补偿义务人，但也有案例将其作为业绩承诺人。例如，小康股份（601127）收购东方小康50%股权案例中，由于上市公司在交易前已持股标的公司50%股权并控制标的公司，交易对方东风汽车集团为标的公司财务投资人，对标的公司无控制权且在本次交易后将完全退出持股，预计无法对标的公司业绩作出保证。上市公司控股股东坚定看好标的公司未来发展，为保护投资者利益，自愿补偿实际业绩不达业绩承诺80%的部分。

总体而言，在非法定业绩承诺的情况下，交易双方对于业绩承诺及补偿的安排比较灵活，可以在业绩补偿指标、业绩补偿金额计算方式、业绩补偿时点及业绩承诺人等各方面进行充分的博弈，在保护上市公司权益的情况下，达到交易的平衡点。

第五节　标的资产规范性

上市公司收购标的资产控股权后，标的资产将成为上市公司的一部分，因此标的资产需要按照上市公司的规范性要求予以规范。由于标的资产在并购重组交易前为非上市资产，可能存在内控、财务核算、法律等方面规范不足的情形，因此上市公司在选择标的资产时，对于标的资产的规范程度应该予以关注，若暂时无法达到上市公司的规范性要求，则应该先进行必要的规范整改工作，这也有利于上市公司对标的资产规范后的情况进行并购重组交易的决策，并增强后续交易推进的确定性，保护上市公司权益。

一、法定要求

根据《重组办法》的规定，上市公司实施重大资产重组，应当就本次交易符合国家产业政策和有关环境保护、土地管理、反垄断、外商投资、对外投资等法律和行政法规的规定，不会导致上市公司不符合股票上市条件，有利于上市公司形成或者保持健全有效的法人治理结构作出充分说明，并予以披露。

根据《〈上市公司重大资产重组管理办法〉第三条有关标的资产存在资金占用问题的适用意见——证券期货法律适用意见第10号》，上市公司重大资产重组时，标的资产存在被其股东及其关联方、资产所有人及其关联方非经营性资金占用的，前述有关各方应当在中国证监会或者证券交易所受理申报材料前，解决对标的资产的非经营性资金占用问题。前述重大资产重组无须申报行政许可（含注册）的，有关各方应当在重组方案提交上市公司股东大会审议前，解决对标的资产的非经营性资金占用问题。上市公司应当根据《26号准则》第四十一条有关规定，对标的资产的股东及其关联方、资产所有人及其关联方是否存在对标的资产非经营性资金占用问题进行特别说明。独立财务顾问应当对此进行核查并发表意见。

二、对并购重组交易的影响

标的资产的规范性，既包括法律的合规性，也包括内控及财务的规范性。如果标的资产规范性无法达到上市公司的标准，则暂不具备注入上市公司的条件。如果监管机构在审核中对标的资产的规范性存疑，则可能导致无法获得审核通过。

案例12－13　D上市公司发行股份及支付现金购买S公司部分股权

【案例概述】2019年，D上市公司以发行股份及支付现金方式购买S公司70%股权的项目未获证监会并购重组委通过。审核意见为：申请文件披露的相关财务信息与标的公司实际经营情况存在不一致的情形，申请材料关于标的公司现金流预测依据及合理性披露不充分，不符合《重组办法》第四条和第四十三条相关规定。

【案例分析】根据公开资料及证监会反馈意见等，在审核中应该主要关注到标的资产如下方面可能存在的问题：报告期营业收入增长的合理性、产能与固定资产规模的匹配性、毛利率与产品单价的匹配性、期间费用与营业收入变动趋势相反的合理性、应收账款增长大幅高于营业收入增长的合理性等。上市公司在反馈回复中较多采用定性的回复或分析，其对上述关注问题的合理性解释不足以完全消除监管机关的疑虑，因此对财务真实性的存疑也成为该项目未能通过审核的原因之一。

第六节　标的资产权属完整性

上市公司收购标的资产，需要支付相应的对价，对应取得的标的资产也应为权属完整的资产，不存在法律上的瑕疵或权利限制，否则上市公司利益可能遭受损失。上市公司在对标的资产进行尽职调查前，应该关注标的资产的权属完整性、相应风险及应对措施。

一、法定要求

根据《重组办法》的规定，上市公司实施重大资产重组，应当就本次交易所涉及的资产权属清晰，资产过户或者转移不存在法律障碍，相关债权债务处理合法作出充分说明，并予以披露。

上市公司发行股份购买资产，应当充分说明并披露上市公司发行股份所购买的资产为权属清晰的经营性资产，并能在约定期限内办理完毕权属转移手续。

二、标的资产权属瑕疵对并购重组交易的影响

上市公司购买的资产应为权属完整的资产。若资产权属不清晰或资产后续过户和转移存在法律障碍、存在潜在的债权债务纠纷，都会造成上市公司的潜在损失，影响上市公司的合法权益。因此资产权属瑕疵也是并购重组中需要关注的问题。有些标的资产股东基于融资需要或其他债权债务事项，已将标的资产股权质押，这些标的资产股权的权利限制事项均需于

交易前予以解除。

案例12－14　Z上市公司发行股份购买Z公司100%股权未获通过

【案例概述】2020年，Z上市公司发行股份购买资产未获证监会并购重组委通过。审核意见为：标的资产权属存在瑕疵，不符合《重组办法》第十一条的规定。标的资产商誉金额占比较大，申请人未能充分说明本次交易有利于提高上市公司资产质量，不符合《重组办法》第四十三条的规定。

【案例分析】Z上市公司拟通过发行股份的方式向ZGSC、ZJHK、ZJHY、H资本和X投资购买其合计持有的标的公司Z公司100%股权，通过购买标的公司间接控制L集团96.16%的表决权。标的资产主要经营实体L公司的全部股权仍处于质押状态，用于向贷款银团质押贷款，相关贷款协议对质押股权有限制性约定（包括但不限于对相关境外实体持股比例的最低要求、不得处置相关股权、不得设置权利负担等，以及因此可能引发的强制还款义务）。签署股权质押解除的前提是质押人提供形式和价值令银行满意的其他担保并完成该等担保的登记、备案等权利完善措施。上市公司本次发行股份购买交易资产需贷款银团同意。根据上市公司对证监会二次反馈的回复，其所属集团旗下的Z资本承诺，其正在与贷款银团就贷款银团同意本次交易、解除银团质押涉及的替代担保措施进行沟通且已取得阶段性进展，贷款银团正在履行内部的审批决策程序。Z资本承诺将在证监会并购重组审核委员会审核本次交易前取得贷款银团对本次交易的同意意见。

对于银团方面的谈判进展及审批进展，财务顾问和律师并没有在证监会二次反馈阶段进行直接核查，也无法得知其后续能够取得银行同意的可能性。由于在证监会二次反馈答复后很快即安排了证监会并购重组委会议，因此存在在并购重组委会议前尚未取得银行方面同意的可能，由此推测上述情况导致上市公司不符合《重组办法》第十一条第（四）项关于“标的资产权属清晰、完整，标的资产过户将不存在实质法律障碍”的规定。

第七节 标的资产独立性

上市公司是公众公司，需要其在业务、资产、财务、人员、机构等方面与实际控制人及其关联人保持独立，避免上市公司大股东侵占上市公司权益，从而损害广大中小股东的权益。标的资产通过并购重组交易进入上市公司体系，成为上市公司的一部分，因此标的资产需要满足上市公司独立性的相关要求。

一、法定要求

根据《重组办法》的规定，上市公司实施重大资产重组，应当就本次交易有利于上市公司在业务、资产、财务、人员、机构等方面与实际控制人及其关联人保持独立，符合证监会关于上市公司独立性的相关规定作出充分说明，并予以披露。

上市公司发行股份购买资产，需要充分说明并披露本次交易有利于提高上市公司资产质量、改善财务状况和增强持续经营能力，有利于上市公司减少关联交易、避免同业竞争、增强独立性。

二、对并购重组交易的影响

标的资产作为即将成为上市公司一部分的资产需要具备独立性，应避免对实际控制人或其关联方的依赖，避免实际控制人或其关联方存在对标的资产利益操纵的可能，避免实际控制人或其关联方通过不当利益输送等方式损害标的资产和上市公司的权益进而侵害上市公司中小股东的利益。如果监管机构在审核中对标的资产独立性存疑，则可能导致无法通过审核。

案例 12－15　L 上市公司发行股份及支付现金购买资产项目未获通过

【案例概述】2019 年，证监会并购重组委审议 L 上市公司以发行股份及支付现金方式向控股股东 J 集团购买其持有的 L 公司 100% 股权、H 公司 100% 股权、纯碱业务经营性资产及负债、Z 公司 100% 股权的项目未获通过，审核意见为：未充分披露本次交易有利于保持和增强上市公司独立性的具体措施；标的资产持续盈利能力存在重大不确定性。不符合《重组办法》第十一条和第四十三条的相关规定。

【案例分析】L 上市公司是一家集盐、盐化工、医药健康产品等生产及销售为一体的综合性企业，其中盐化工业务是公司的最主要业务，收入占比超过 85%。通过本次交易，上市公司与控股股东 J 集团在纯碱业务方面的同业竞争可解决，但与实际控制人 Z 集团控制的 Z 公司在纯碱业务方面的同业竞争仍未消除，且新增了烧碱业务、氯化铵业务、合成氨业务等方面的同业竞争。但 Z 集团出具了《关于避免同业竞争的承诺函》。另外，本次交易完成后，上市公司与关联方的关联交易规模和比例会进一步增加。

由于本次交易标的资产为控股股东的关联资产，尽管上市公司就未解决的同业竞争、新增的关联交易、标的资产独立性等相关问题进行了回复，但可能不足以完全消除监管机关的疑虑，因此仍未能通过审议。

第八节　同业竞争与关联交易

同业竞争，主要指上市公司从事的业务与其控股股东或实际控制人所控制的其他企业从事的业务相同或近似，双方构成或可能构成直接或间接的竞争关系。因控股股东或实际控制人可能利用其对上市公司及其他非上市公司的控制决定公司的重大经营决策，从而同业竞争可能导致上市公司无法按照完全竞争的市场环境来平等竞争。如果股东在经营决策中倾向于非上市公司，则可能造成上市公司错失业务机会等不利影响，从而损害上市公司及广大中小股东的合法权益。因此，上市公司实际控制人及其控制的主体一般需要避免与上市公司存在同业竞争。

关联交易，主要指上市公司或者其控股子公司与上市公司关联人之间发生的转移资源或者义务的事项，主要包括购买原材料、购买燃料、购买动力、销售产品、提供或者接受劳务、委托或者受托销售、在关联人财务公司存贷款、与关联人共同投资、购买或者出售资产、提供财务资助、提供担保、租入或者租出资产、委托或者受托管理资产和业务、赠与或者受赠资产、债权债务重组、签订许可使用协议、转让或者受让研究与开发项目及其他通过约定可能引致资源或者义务转移的事项。部分关联交易是日常经营所必须，因此关联交易并非禁止事项，但是需要保证关联交易的公允性，控股股东或实际控制人不得利用关联交易损害上市公司的利益及合法权益。

一、法定要求

根据《重组办法》的规定，上市公司发行股份购买资产，应充分说明并披露本次交易有利于提高上市公司资产质量、改善财务状况和增强持续经营能力，有利于上市公司减少关联交易、避免同业竞争、增强独立性。

二、对并购重组交易的影响

在上市公司发行股份购买资产的交易中，应避免同业竞争、有利于减少关联交易，能够保护上市公司的合法权益和中小股东的利益，如果上市公司发行股份购买资产的交易不符合上述规定，则可能无法通过监管机构的审核。

案例 12－16　R 上市公司发行股份购买资产项目未获通过

【案例概述】 2021 年，R 上市公司发行股份购买 W 集团持有的 WHNC100% 股权、RTMG40% 股权项目未获证监会并购重组委通过。审核意见为：未能充分披露本次交易有利于减少关联交易、避免同业竞争、增强上市公司独立性和持续盈利能力，不符合《重组办法》第四十三条相关规定。

【案例分析】该案例符合“小额快速”审核要求，即证监会受理后直接交并购重组委审议。根据公开披露资料及交易所问询函，该案例在同业竞争及关联交易方面存在以下关注要点：

（1）同业竞争问题：本次交易完成后，Z公司将成为上市公司实际控制人，Z公司于2020年12月完成收购T集团公司，其控制的L公司因从事耐火材料业务，构成同业竞争关系。Z公司已出具关于避免同业竞争的承诺。问询函中要求上市公司说明上述承诺如何适用《证券期货法律适用意见第12号》有关执行预期合并原则的规定，测算上述情况对上市公司及标的公司相关指标的影响，并进一步分析说明本次交易是否构成重组上市情形。

上市公司就上述问题主要结论为：①L公司与本次交易后的上市公司业务相同，构成同业竞争。②Z公司自上市公司控制权发生变更之日起36个月内解决同业竞争问题难度较高，Z公司承诺在不晚于本次重组完成后的5年内解决同业竞争的理由具备合理性。③经Z公司完善的相关承诺具备可实现性，同时有助于消除市场不确定性，进而保障中小投资者利益。④本次重组虽存在同业竞争情形，但收购人Z公司为解决该等问题所制定的承诺方案未约定将L公司自上市公司控制权发生变更之日起36个月内向上市公司注入，因此不适用《证券期货法律适用意见第12号》有关执行预期合并原则的情形，不构成重组上市。

（2）关联交易问题：WHNC、RTMG分别为W集团、M集团钢铁业务配套企业。由于历史原因，双方已建立长期稳定的合作关系，关联交易占比较高。上市公司发行股份购买资产报告书中提示了关联交易的风险，但本次交易完成后预计此类关联交易仍将持续发生。2018年、2019年、2020年1—9月WHNC向关联方出售商品/提供劳务金额分别为79,829.91万元、76,056.58万元、51,907.72万元，占同期营业收入的比例为71.94%、78.33%、78.99%；RTMG向关联方出售商品/提供劳务金额分别为 114,468.97 万元、119,115 万元、93,773.71 万元，占同期营业收入的比例为 95.26%、95.28%、96.22%。问询函请公司说明本次交易是否符合《重组办法》第十一条第（六）项和第四十三条第（一）项的规定。

上市公司关于关联交易问题的回复角度为本次交易完成后未造成上市公司和标的公司在原有关联交易之外新增其他关联交易。上市公司未来发生的关联交易将继续遵循公开、公平、公正的原则，对于必要的关联交易，上市公司将在保证关联交易价格合理、公允的基础上，严格执行《股票上市规则》《公司章程》及公司有关关联交易决策制度等有关规定，履行相应决策程序并订立协议或合同，及时进行信息披露，维护上市公司及广大中小股东的合法权益。此外，为进一步减少和规范本次交易完成后的关联交易，维护上市公司及其中小股东的合法权益，Z 公司等相关方已经作出关于减少及规范关联交易的相关承诺。

第九节　标的资产过渡期损益

上市公司并购重组交易，需要对标的资产进行审计，一般还需要对标的资产进行评估。由于审计的财务数据是基于标的资产历史报表，而评估工作也需要基于审计的部分工作成果，因此评估中需要选定一个评估基准日。鉴于企业自身结账周期、审计和评估必要的工作周期、上市公司决策机制的审议周期、监管机构的审核周期以及交割的时间周期等，标的资产实际交割至上市时已经较评估基准日过去了一段时间，而这一段时间就是本节所称的“过渡期”。上市公司并购重组交易需要对标的资产过渡期的损益事项进行明确约定，避免交易双方在后续资产交割时产生异议。

一、法定要求

根据《监管规则适用指引——上市类第 1 号》的规定，上市公司重大资产重组中，对以收益现值法、假设开发法等基于未来收益预期的估值方法作为主要评估方法的，拟购买资产在过渡期间（自评估基准日至资产交割日）等相关期间的收益应当归上市公司所有，亏损应当由交易对方补足。具体收益及亏损金额应按收购资产比例计算。

二、市场情况

过渡期损益安排的要求，是出于保护上市公司权益的考虑，过渡期内的收益应当归上市公司所有，亏损应当由交易对方补足。上市公司实施重大资产重组，应当有利于上市公司增强持续经营能力，因此通常标的资产为盈利资产，若标的资产在过渡期内亏损，则会存在交割给上市公司时标的资产的净资产相较评估基准日时减少，会影响上市公司的权益，因此按照规定层面要求，交易对方需将这部分缺口补足。对于过渡期可能存在亏损的标的资产，交易对方需要关注这项要求对可获得对价的影响。

案例 12－17　Y 上市公司发行股份及支付现金购买 N 公司部分股权

Y 上市公司发行股份及支付现金购买 N 公司 56% 股权的案例中，标的公司 N 公司于交易过渡期发生亏损。根据会计师事务所专项审计报告，并经交易各方确认，N 公司过渡期净利润为－1,388.43 万元。按照约定，该部分亏损由交易对方各自按照本次交易前持有 N 公司股权的比例承担相应部分。截至 2022 年 7 月 21 日，N 公司已向 Y 上市公司完成亏损补足。

第十节　税务处理

本节着重分析上市公司重大资产重组中的相关税收问题，并根据税收政策相关规定将重大资产重组细分为股权收购、资产收购、合并三类交易模式，以下结合主要税种分析上述三类交易模式的纳税处理事项。

一、股权收购模式下的税务处理

随着经济的发展，上市公司经常会通过资产交易行为来满足自身扩大规模或优化资源的需求，股权收购就是其中最为常见的一种交易模式。根据《关于企业重组业务企业所得税处理若干问题的通知》（财税〔2009〕59 号）（以下简称“财税〔2009〕59 号文”）对股权收购业务的定义，股权收购是指一家企业（以下简称“收购方”）从被收购方购买另一家企业（以下简称“被收购企业”）的股权，以实现对被收购企业控制的交易。

在股权收购业务中，通常涉及收购方、被收购方（即被收购企业的股东）和被收购企业（标的企业），收购方可以通过支付合理的对价直接取得被收购企业股权，被收购方可以通过出售被收购企业股权换取其他资产以优化资产结构，上市公司在股权收购交易中既可能是收购方、被收购方，也可能是被收购企业。

股权收购业务主要涉及企业所得税和印花税的处理。在同一税种的处理上，交易各方适用的税收政策大致相同。

（一）企业所得税的处理

股权收购的企业所得税处理根据不同条件可以适用一般性或特殊性税务处理，同一重组业务的交易各方应采取一致税务处理原则。

1. 一般性税务处理

股权收购业务如不符合特殊性税务处理条件，或符合条件但不选择适用特殊性税务处理，则采用一般性税务处理。

（1）被收购方的纳税处理：上市公司作为被收购方，其转让被收购企业的股权应于转让协议生效且完成股权变更手续时，确认股权转让所得或损失，按规定申报企业所得税。

股权转让所得或损失 = 股权的公允价值① – 股权的计税基础②

企业所得税适用税率为 25% 或其他优惠税率。

因被收购方确认了股权转让所得或损失，因此对其从收购方取得的股

① 股权的公允价值，是指被收购方取得的全部现金及非货币性资产的金额。

② 股权的计税基础，是指被收购方投资入股时向标的公司实际支付的出资金额，或购买该项股权时向该股权的原股东实际支付的金额。

权支付和非股权支付均应按公允价值确定计税基础。

（2）收购方的纳税处理：上市公司作为收购方，向被收购方支付现金无须确认所得或损失，支付非货币性资产应确认资产转让所得或损失，其中涉及股权支付对价的具体处理可参阅上述被收购方转让股权的纳税处理，涉及非股权的其他非货币性资产支付对价的具体处理可以参阅“资产收购模式”转让方转让资产的纳税处理。

收购方按照支付的公允对价确认转让所得或损失后，取得被收购企业的股权可以按公允价值作为计税基础。

（3）被收购企业的纳税处理：上市公司作为被收购企业时，相关所得税事项原则上保持不变。

2. 特殊性税务处理

财税〔2009〕59号文规定的特殊性税务处理，一般也称为免税重组或递延重组。被收购方在重组时点，对收购方以股权作为支付对价的部分，先不确认股权转让所得或损失，不计算企业所得税，而是在将来转让这部分股权，取得纳税必要的现金时，再计算企业所得税。其实缴纳的总税额没有变，变的只是交税的时间。而之所以称为特殊性税务处理，是因为只有符合特定条件，对特定的部分才可以适用递延重组处理。

（1）适用特殊性税务处理要遵循的五大原则：

一是合理商业目的原则。即进行重组交易是否可以为企业带来好处，例如，通过重组交易，企业的各项业务划分更清晰、更有利于各项业务的发展等。通常需要从重组交易的方式、重组交易的实质结果、重组各方涉及的税务状况、财务状况变化、非居民企业参与重组活动的情况等方面向税务机关进行说明。

二是纳税必要资金原则。税法规定重组交易对价中涉及股权支付金额不低于交易支付总额的85%，由于股权支付比例较高，且股权通常很难短期内再变现，所以企业在这项交易中，并没有获得纳税的必要资金。因此，税法给予企业一定缓冲，对股权支付部分可以暂时先不缴纳企业所得税。

三是权益连续性原则。这里的“权益”是被收购方持有标的公司股权享有的权益，“连续性”是被收购方通过持有收购方股权，而继续保留着间接影响标的公司的权益。税法规定继续保留的时间要足够长，重组后的12个月内不得转让因重组取得的股权。

四是股权重大性原则。被收购部分的股权不低于被收购企业全部股权的50%。

五是经营连续性原则。企业重组中取得股权支付的原主要股东，必须在重组完成后保持原有实质性经营业务足够长的时间，至少需要保持12个月或以上，方可再转让取得的股权。

（2）被收购方的纳税处理：上市公司作为被收购方，取得股权支付的部分，当期不确认股权转让所得或损失；取得非股权支付①的部分，仍应当在交易当期确认相应的股权转让所得或损失，计算方法参阅一般性税务处理的分析。

（3）收购方的纳税处理：上市公司作为收购方，以作为支付对价的股权原有计税基础确定取得标的公司股权的计税基础，支付对价的股权不确认转让所得或损失。如果涉及非股权支付的，现金支付不涉及企业所得税，以其他非货币性资产支付的，应确认资产转让所得或损失，并就非股权支付的部分，对取得被收购企业的股权计税基础进行相应调整。

（4）被收购企业的纳税处理：上市公司作为被收购企业，相关所得税事项原则上保持不变。

（二）印花税的处理

股权收购业务中，如果上市公司作为收购方，以增发股份方式支付收购对价，增发的股份会导致上市公司资本公积发生变动，收购方应适用“营业账簿”税目，按资本公积增加金额的万分之二点五缴纳印花税。

---

① 交易对价中如果包含非股权支付，上市公司还应调整取得股权的计税基础，不能直接按原标的公司股权的计税基础确认取得收购方股权的计税基础，应对非股权支付部分按公允价值确认。取得收购方股权计税基础 = 原标的公司股权计税基础 ×（1 − 非股权支付金额 ÷ 支付总价款）+ 非股权支付金额。

另外被收购方和收购方之间签订股权转让合同或协议，均应适用“产权转移书据”税目，按合同或协议价款的万分之五缴纳印花税。

（三）案例解析

案例 12－18　股权收购模式的企业所得税处理

【案例介绍】 2021 年 7 月，上市公司 X 与 A 公司签署《非公开发行股份购买股权协议》，拟实施重大资产重组。X 公司将以非公开发行股份 3,700 万股的方式购买 A 公司持有的甲公司 100% 股权。本次收购后，将显著改善上市公司 X 的产业结构，增强竞争力。

A 公司所持甲公司股权系 2009 年通过股权收购及增资取得，投资成本为 6,000 万元。A 公司承诺，其认购的本次非公开发行的股份，自本次非公开发行完成之日起 36 个月内不予转让。

甲公司系非上市公司，注册资金及实收资本 6,000 万元，根据资产评估机构出具的《评估报告》，截至 2021 年 6 月 30 日，甲公司 100% 股权的账面价值为 7,900 万元，评估价值为 50,000 万元，最终确定交易价格为 50,000 万元。

X 公司本次发行股份购买股权的股票发行价格为 13.51 元/股，在不考虑配套融资情况下，发行股份购买股权完成后，上市公司总股本将达到约 6,000 万股。

本次重组涉及的 A 公司持有的甲公司 100% 的股权过户工商登记变更手续已于 2022 年 3 月 17 日办理完毕。

假设 2025 年 3 月 31 日 X 公司退市，退市时收盘价为 2.1 元/股。退市后在全国股转系统挂牌交易。2025 年 8 月，A 公司以 2.1 元/股的价格协议转让全部持有的股票 3,700 万股。

【案例分析】 本例中，X 为收购方，A 为被收购方，甲公司为被收购企业，拟分析各方的税务处理。

（1）企业所得税：交易双方的一般性税务处理详见表 12－1。

表 12-1　　交易双方一般性税务处理

环节	主体	税务处理
股权收购环节	A 公司	A 公司股权转让所得 = 50,000 万元 - 6,000 万元 = 44,000 万元 A 公司取得 X 公司非公开发行股份 3,700 万股的计税基础为 50,000 万元
	X 公司	X 公司取得的甲公司股权的计税基础 = 13.51 元/股 × 3,700 万股 = 50,000 万元
	甲公司	相关所得税事项原则上保持不变
转让取得的上市公司股票时	A 公司	A 公司股票转让损失 = 2.1 元/股 × 3,700 万股 - 50,000 万元 = -42,230 万元

本例中，股权收购具有合理商业目的，且不以减少、免除或推迟缴纳税款为主要目的；收购甲公司股权比例 100% > 50%；甲公司在企业重组后的连续 12 个月内不改变实质性经营活动；X 公司以非公开发行股份作为支付对价，股权支付比例 100% > 85%；A 公司承诺其认购的本次非公开发行的股份，自本次非公开发行完成之日起 36 个月内不予转让。因此，本例符合特殊性税务处理条件。交易各方的特殊性税务处理详见表 12-2。

表 12-2　　交易双方特殊性税务处理

环节	主体	税务处理
股权收购环节	A 公司	不确认股权转让所得 A 公司取得 X 公司非公开发行股份 3,700 万股的计税基础为 6,000 万元
	X 公司	X 公司取得的甲公司股权的计税基础为 6,000 万元
	甲公司	相关所得税事项原则上保持不变
转让取得的上市公司股票时	A 公司	A 公司股票转让所得 = 2.1 元/股 × 3,700 万股 - 6,000 万元 = 1,770 万元

通过对比上述两种税务处理，在股权收购环节，如果采用一般性税务处理，A 公司需要确认股权转让所得 44,000 万元；如果采用特殊性税务处

理，则无须确认所得，特殊性税务处理的纳税时点向后递延。

在后续A公司转让上市公司股票时，如果收购环节采用一般性税务处理，上市公司股权计税基础为50,000万元，再转让时会形成42,230万元的亏损；如果收购环节采用特殊性税务处理，上市公司股权计税基础为6,000万元，此时方需确认股权转让所得1,770万元。

将两次交易作为整体来看，A公司出售甲公司股权的转让所得44,000万元与协议转让X公司股票的转让损失42,230万元的差额为1,770万元，刚好是特殊性税务处理时确认的股票转让所得，但采用一般性税务处理会让A公司先行缴纳大额企业所得税，占用流动资金，未来转让股权时形成的亏损，还存在无法弥补的可能。因此就本案例而言，选择特殊性税务处理更为有利。

（2）印花税：X公司非公开发行股份3,700万股，股票发行价格为13.51元/股，会形成46,287万元［3,700×（13.51－1）］的资本公积，X公司应按“营业账簿”税目缴纳印花税。印花税应纳税额＝46,287万元×0.25‰＝11.57万元。

A公司与X公司签署的《非公开发行股份购买股权协议》，双方应按“产权转移书据”税目缴纳印花税。印花税应纳税额＝50,000万元×0.5‰＝25万元。

二、资产收购模式下的税务处理

资产收购也是上市公司在扩大规模或优化资源过程中常用的交易模式之一。资产收购，是指一家企业（以下简称“受让方”）以股权或其他资产购买另一家企业（以下简称“转让方”）实质经营性资产的交易。这里的“实质经营性资产”，是企业用于从事生产经营活动、与产生经营收入直接相关的资产，包括经营所用各类资产、企业拥有的商业信息和技术、经营活动产生的应收款项、投资资产等。

与股权收购相比，资产收购目标明确，直接购买所需要的资产或资产组合，而无须承受标的公司在收购之前的其他债务及或有负债，收购风险相对较小。但资产收购业务中资产的直接转移，需要缴纳增值税，如果资产组合中包含房地产，还需要缴纳土地增值税，因此税负较股权收购形式相对较高。

（一）企业所得税的处理

1. 一般性税务处理

在一般性税务处理下，资产收购的所得税处理和企业资产买卖交易的税务处理原则是完全一致的。

（1）转让方的纳税处理。上市公司是转让方时，应按资产公允价值与计税基础的差额确认资产转让所得或损失。其中，资产的公允价值是指转让方取得的全部现金及非货币性资产的金额；资产的计税基础是指按税法规定确认的资产原值减去累计折旧后的资产净值。适用税率为25%或其他优惠税率。

（2）受让方的纳税处理。上市公司是受让方时，如以非货币性资产支付对价，则应分两步走，一是视同按公允价值销售非货币性资产，确认转让所得或损失，按25%或其他优惠税率申报企业所得税；二是按公允价值购买转让方的实质经营性资产，以公允价值作为资产的计税基础。

2. 特殊性税务处理

符合特殊性税务处理条件的，交易各方对交易中股权支付的部分，可以选择适用特殊性税务处理。

（1）适用条件：资产收购选择特殊性税务处理的适用条件，与股权收购基本相同。区别在于权益连续性原则，股权收购要求重组后的12个月内不得转让因重组取得的股权，而资产收购要求重组后的12个月内不改变重组资产原来的实质性经营活动。

（2）转让方的纳税处理：上市公司是转让方时，暂不确认资产转让所得或损失，取得受让方股权的计税基础，以被转让资产的原有计税基础确定。这里的“原有计税基础”，是指被转让资产按税法规定确认的资产原值减去累计折旧后的资产净值。

（3）受让方的纳税处理：上市公司是受让方时，对于作为支付对价的股权，暂不确认股权转让所得或损失，取得转让方的实质经营性资产的计税基础，按重组时作为支付对价的股权的计税基础确定。

交易对价中包含非股权支付的，转让方需按非股权支付占支付总价款的比例，确认资产转让所得或损失，同时调整取得受让方股权的计税基础；受让方以现金支付对价的，则无须确认所得或损失，只需要调整取得资产的计税基础；受让方以非现金的其他资产支付对价的，需确认资产转让所得或损失，并调整取得资产的计税基础。

（二）增值税税务处理

1. 一般规定

在资产收购业务中，转让方转让货物、无形资产和不动产的行为应征收增值税，具体适用税目、税率详见表12－3。

表12－3　　增值税税目税率表

税目	说明	税率	销售额
销售货物	货物通常是指有形动产，税率一般为13%	13%	取得的全部价款和价外费用
金融商品转让	转让其他上市公司股权按此税目征税	6%	卖出价减买入价
销售无形资产	包括技术、商标、著作权、商誉、自然资源使用权和其他权益性无形资产	6%	取得的全部价款和价外费用
销售不动产	包括建筑物、构筑物的所有权	9%	取得的全部价款和价外费用

上市公司重组案例中比较常见的是受让方以现金或股权支付对价，以现金支付对价的不涉及增值税，以非上市公司股权或自身增发股份支付对价不属于增值税的征收范围，而如果以其他上市公司股权支付对价的，需按“金融商品转让”税目，适用6%税率征收增值税。

2. 特殊规定

转让方出售资产过程中，如果将全部或部分实物资产以及与其相关联的债权、负债和劳动力一并转让给其他单位和个人，那么根据《国家税务总局关于纳税人资产重组有关增值税问题的公告》（国家税务总局公告2011年第13号）、《财政部国家税务总局关于全面推开营业税改征增值税试点的通知》（财税〔2016〕36 号）（以下简称“财税〔2016〕36 号文”）的规定，其中涉及的货物、不动产、土地使用权转让行为，不征收增值税。涉及的无形资产（土地使用权除外）转让，应缴纳增值税，比如转让探矿权、商标权，应计算缴纳增值税。

（三）其他重要税种处理

1. 印花税

资产收购业务中，转让方和受让方之间签订的资产转让合同或协议，应根据转让资产的类型，适用不同税目税率。如果转让的资产是动产，转让方和受让方均应适用“买卖合同”税目，按合同或协议价款的万分之三缴纳印花税；如果转让的资产是土地使用权、房屋等建筑物和构筑物的所有权，应适用“产权转移书据”税目，按合同或协议价款的万分之五缴纳印花税；如转让商标专利权、著作权、专利权、专有技术使用权，应适用“产权转移书据”税目，按合同或协议价款的万分之三缴纳印花税。

2. 土地增值税

资产收购业务中，转让方转让的资产中包含房地产或受让方支付的对价中包含房地产，房地产产权主体发生变更的，转让方或受让方应按现行税法规定缴纳土地增值税。

3. 契税

资产收购业务中，转让方转让的资产中包含房地产，由受让方取得房地产产权；受让方支付的对价中包含房地产，则转让方取得房地产产权。根据《中华人民共和国契税法》规定，取得土地、房屋权属的一方，应按规定征收契税。契税税率为 3% 至 5%。

三、合并模式下的税务处理

合并，是企业扩张经营的主要重组形式之一，是指一家或多家企业（以下简称“被合并企业”）将其全部资产和负债转让给另一家现存或新设企业（以下简称“合并企业”），被合并企业股东换取合并企业的股权或非股权支付，实现两个或两个以上企业的依法合并。

企业合并方式包括吸收合并和新设合并两类。根据《公司法》的定义，吸收合并是指一个公司吸收其他公司，被吸收的公司解散；新设合并是指两个以上公司合并设立一个新的公司。本部分内容旨在分析上市公司在合并业务中的税务处理，前提条件是上市公司在合并业务中存续，因此仅分析吸收合并的税务处理，且上市公司只能以合并企业或被合并企业股东的身份参与合并交易。

（一）企业所得税的处理

1. 一般性税务处理

（1）合并企业的纳税处理。上市公司是合并企业时，以非货币性资产支付合并对价的，应确认资产转让所得或损失，按规定申报企业所得税，适用税率为25%或其他优惠税率。

（2）被合并企业的纳税处理。被合并企业应按清算进行所得税处理。被合并企业应结清各项税款、计算清算所得、计算清算所得税、计算可向股东分配的剩余资产和按规定进行清算申报。被合并企业的亏损不得在合并企业结转弥补。

（3）被合并企业股东的纳税处理。上市公司是被合并企业的股东时，分得的剩余资产中相当于被合并企业累计未分配利润和累计盈余公积中按上市公司所占股份比例计算的部分，应确认为股息所得；符合条件的居民企业之间的股息、红利可以享受免征企业所得税的优惠政策；剩余资产减除股息所得后的余额，超过或低于股权投资成本的部分，应确认为上市公司的投资转让所得或损失。

2. 特殊性税务处理

符合特殊性税务处理条件，交易各方对交易中股权支付的部分，可以选择适用特殊性税务处理。

（1）适用条件。企业股东在该企业合并发生时取得的股权支付金额不低于其交易支付总额的85%，以及同一控制下且不需要支付对价的企业合并。

合并业务选择特殊性税务处理的前提条件，与资产收购模式的适用条件基本一致。区别在于：一是企业合并是被合并企业将其全部资产和负债转让给合并企业，合并后被合并企业不复存在，因此不存在被合并资产占被合并企业全部资产50%的比例限制。二是同一控制下的企业合并，可能存在不需要支付对价的情况，企业没有获得纳税的必要资金。并且，如果约定不支付对价，也不需要特别强调股权支付金额不低于其交易支付总额的85%。

因此，财税〔2009〕59号文将企业股东在该企业合并发生时取得的股权支付金额不低于其交易支付总额的85%，以及同一控制下且不需要支付对价的两种企业合并情况纳入了特殊性税务处理范围。

（2）合并企业的纳税处理。上市公司是合并企业时，对于作为支付对价的股权，暂不确认股权转让所得或损失，接受被合并企业资产和负债的计税基础，按该资产和负债在被合并企业时的原有计税基础确定。

（3）被合并企业的纳税处理。被合并企业合并前的相关所得税事项由合并企业承继。这些事项包括尚未确认的资产损失、分期确认收入的处理以及尚未享受期满的税收优惠政策承继处理问题等。

（4）合并企业股东的纳税处理。上市公司是被合并企业股东时，无须确认投资转让所得或损失。取得合并企业股权的计税基础，以其原持有的被合并企业股权的计税基础确定。

（二）增值税的处理

1. 一般规定

上市公司重组案例中常见合并企业以现金或股权支付对价，以现金支付不涉及增值税，以非上市公司股权或自身增发股份支付也不属于增值税征收范围，但如果以其他上市公司股权支付对价，需按“金融服务”税目，适用6%税率征收增值税。

2. 特殊规定

吸收合并业务中，合并企业是将被合并企业整体吸收，被合并企业全部的资产、负债和劳动力均一起并入合并企业，其中涉及的货物、不动产和土地使用权，符合国家税务总局公告2011年13号、财税〔2016〕36号文中不征收增值税的规定，因此无须缴纳增值税。

（三）其他重要税种的处理

1. 印花税

因吸收合并签订产权转移书据，包括土地使用权、房屋等建筑物和构筑物的所有权，应适用“产权转移书据”税目，按合同或协议价款的万分之五缴纳印花税；如转让商标专利权、著作权、专利权、专有技术使用权，应适用“产权转移书据”税目，按合同或协议价款的万分之三缴纳印花税。

吸收合并后合并企业实收资本（股本）或资本公积发生变动，增加的部分应适用“营业账簿”税目，按实收资本（股本）或资本公积增加金额的万分之二点五缴纳印花税。

2. 土地增值税

按照法律规定或合同约定，两个或两个以上企业合并为一个企业，且合并企业的股东和被合并企业的股东，在合并后都是合并企业的股东的，自2021年1月1日起至2023年12月31日，对原企业将房地产转移、变更到合并后的企业，暂不征土地增值税。但该政策不适用房地产转移的任意一方为房地产开发企业的情形。

3. 契税

两个或两个以上的公司，依照法律规定、合同约定，合并为一个公司，且合并企业的股东和被合并企业的股东，在合并后都是合并企业的股东的，自2021年1月1日起至2023年12月31日，对合并后公司承受原合并各方土地、房屋权属免征契税。

第十一节　防范内幕交易

内幕交易是《中华人民共和国刑法》（以下简称《刑法》）中的违

法犯罪行为，在国家法律、行政法规、部门规章和交易所规则等各层级的法律法规中均有规定。内幕交易会破坏资本市场公开、公平和公正的市场环境和秩序，会严重损害投资者尤其是中小投资者的合法权益。

上市公司并购重组也是内幕交易高发领域，由于并购重组交易涉及多方面工作，能够接触到内幕信息的人员较多，如果有人心存侥幸进行内幕信息交易，则不但可能导致并购重组交易失败，相关人员也会面临法律的严惩。

一、法定要求

对于并购重组中的内幕交易，不论《刑法》《证券法》等国家法律，还是《重组办法》《上市公司监管指引第 7 号——上市公司重大资产重组相关股票异常交易监管》等部门规章和规范性文件，均对内幕交易及其处罚有明确规定。

根据《刑法》，内幕交易情节严重的，处 5 年以下有期徒刑或者拘役，并处或者单处违法所得 1 倍以上 5 倍以下罚金；情节特别严重的，处 5 年以上 10 年以下有期徒刑，并处违法所得 1 倍以上 5 倍以下罚金。

根据《证券法》的规定，证券交易内幕信息知情人包括：（1）发行人及其董事、监事、高级管理人员；（2）持有公司 5% 以上股份的股东及其董事、监事、高级管理人员，公司的实际控制人及其董事、监事、高级管理人员；（3）发行人控股或者实际控制的公司及其董事、监事、高级管理人员；（4）由于所任公司职务或者因与公司业务往来可以获取公司有关内幕信息的人员；（5）上市公司收购人或者重大资产交易方及其控股股东、实际控制人、董事、监事和高级管理人员；（6）因职务、工作可以获取内幕信息的证券交易场所、证券公司、证券登记结算机构、证券服务机构的有关人员；（7）因职责、工作可以获取内幕信息的证券监督管理机构工作人员；（8）因法定职责对证券的发行、交易或者对上市公司及其收购、重大资产交易进行管理可以获取内幕信息的有关主管部门、监管机构的工作人员；（9）国务院证券监督管理机构规定的可以获取内幕信息的其他人员。

根据《重组办法》的规定，上市公司及其董事、监事、高级管理人员，重大资产重组的交易对方及其关联方，交易对方及其关联方的董事、监事、高级管理人员或者主要负责人，交易各方聘请的证券服务机构及其从业人员，参与重大资产重组筹划、论证、决策、审批等环节的相关机构和人员，以及因直系亲属关系、提供服务和业务往来等知悉或者可能知悉股价敏感信息的其他相关机构和人员，在重大资产重组的股价敏感信息依法披露前负有保密义务，禁止利用该信息进行内幕交易。

根据《上市公司监管指引第 7 号——上市公司重大资产重组相关股票异常交易监管》，上市公司向证券交易所提出发行股份购买资产申请，如该重大资产重组事项涉嫌内幕交易被中国证监会立案调查或者被司法机关立案侦查，尚未受理的，证券交易所不予受理；已经受理的，证券交易所暂停审核、中国证监会暂停注册。发行股份购买资产申请因上市公司控股股东及其实际控制人存在内幕交易被证券交易所、中国证监会依照本指引规定终止审核或者终止注册的，上市公司应当同时承诺自公告之日起至少 12 个月内不再筹划重大资产重组，并予以披露。关于禁止内幕交易及相关处罚在《刑法》《证券法》《重组办法》《上市公司监管指引第 7 号——上市公司重大资产重组相关股票异常交易监管》等法律法规中均有明确规定，具体规定见表 12 - 4。

二、对并购重组交易的影响

内幕交易一直是监管机构重点打击的违法行为，而并购重组也往往是内幕交易的重灾区。尽管内幕交易是《刑法》《证券法》等国家法律层面明确规定的违法犯罪行为，但仍有内幕信息知情人对法律了解不足或存在侥幸心理进行内幕交易，结果不仅自身受到法律的制裁，还对并购重组交易造成重大影响甚至直接造成交易终止。

表 12－4　　法规对于内幕交易相关规定

法规名称	相关规定
《刑法》	**第一百八十条**　证券、期货交易内幕信息的知情人员或者非法获取证券、期货交易内幕信息的人员，在涉及证券的发行，证券、期货交易或者其他对证券、期货交易价格有重大影响的信息尚未公开前，买入或者卖出该证券，或者从事与该内幕信息有关的期货交易，或者泄露该信息，或者明示、暗示他人从事上述交易活动，情节严重的，处 5 年以下有期徒刑或者拘役，并处或者单处违法所得 1 倍以上 5 倍以下罚金；情节特别严重的，处 5 年以上 10 年以下有期徒刑，并处违法所得 1 倍以上 5 倍以下罚金。 单位犯前款罪的，对单位判处罚金，并对其直接负责的主管人员和其他直接责任人员，处 5 年以下有期徒刑或者拘役。 内幕信息、知情人员的范围，依照法律、行政法规的规定确定。 证券交易所、期货交易所、证券公司、期货经纪公司、基金管理公司、商业银行、保险公司等金融机构的从业人员以及有关监管部门或者行业协会的工作人员，利用因职务便利获取的内幕信息以外的其他未公开的信息，违反规定，从事与该信息相关的证券、期货交易活动，或者明示、暗示他人从事相关交易活动，情节严重的，依照第一款的规定处罚
《证券法》	**第五十条**　禁止证券交易内幕信息的知情人和非法获取内幕信息的人利用内幕信息从事证券交易活动。 **第五十一条**　证券交易内幕信息的知情人包括： （1）发行人及其董事、监事、高级管理人员； （2）持有公司百分之五以上股份的股东及其董事、监事、高级管理人员，公司的实际控制人及其董事、监事、高级管理人员； （3）发行人控股或者实际控制的公司及其董事、监事、高级管理人员； （4）由于所任公司职务或者因与公司业务往来可以获取公司有关内幕信息的人员； （5）上市公司收购人或者重大资产交易方及其控股股东、实际控制人、董事、监事和高级管理人员； （6）因职务、工作可以获取内幕信息的证券交易场所、证券公司、证券登记结算机构、证券服务机构的有关人员； （7）因职责、工作可以获取内幕信息的证券监督管理机构工作人员； （8）因法定职责对证券的发行、交易或者对上市公司及其收购、重大资产交易进行管理可以获取内幕信息的有关主管部门、监管机构的工作人员； （9）国务院证券监督管理机构规定的可以获取内幕信息的其他人员。

续表

法规名称	相关规定
《证券法》	**第五十二条** 证券交易活动中，涉及发行人的经营、财务或者对该发行人证券的市场价格有重大影响的尚未公开的信息，为内幕信息。 **第五十三条** 证券交易内幕信息的知情人和非法获取内幕信息的人，在内幕信息公开前，不得买卖该公司的证券，或者泄露该信息，或者建议他人买卖该证券。 持有或者通过协议、其他安排与他人共同持有公司5%以上股份的自然人、法人、非法人组织收购上市公司的股份，本法另有规定的，适用其规定。 内幕交易行为给投资者造成损失的，应当依法承担赔偿责任。 **第五十四条** 禁止证券交易场所、证券公司、证券登记结算机构、证券服务机构和其他金融机构的从业人员、有关监管部门或者行业协会的工作人员，利用因职务便利获取的内幕信息以外的其他未公开的信息，违反规定，从事与该信息相关的证券交易活动，或者明示、暗示他人从事相关交易活动。 利用未公开信息进行交易给投资者造成损失的，应当依法承担赔偿责任。 **第一百九十一条** 证券交易内幕信息的知情人或者非法获取内幕信息的人违反本法第五十三条的规定从事内幕交易的，责令依法处理非法持有的证券，没收违法所得，并处以违法所得1倍以上10倍以下的罚款；没有违法所得或者违法所得不足50万元的，处以50万元以上500万元以下的罚款。单位从事内幕交易的，还应当对直接负责的主管人员和其他直接责任人员给予警告，并处以20万元以上200万元以下的罚款。国务院证券监督管理机构工作人员从事内幕交易的，从重处罚。 违反本法第五十四条的规定，利用未公开信息进行交易的，依照前款的规定处罚。 **第一百九十二条** 违反本法第五十五条的规定，操纵证券市场的，责令依法处理其非法持有的证券，没收违法所得，并处以违法所得1倍以上10倍以下的罚款；没有违法所得或者违法所得不足100万元的，处以100万元以上1,000万元以下的罚款。单位操纵证券市场的，还应当对直接负责的主管人员和其他直接责任人员给予警告，并处以50万元以上500万元以下的罚款。 **第一百九十三条** 违反本法第五十六条第一款、第三款的规定，编造、传播虚假信息或者误导性信息，扰乱证券市场的，没收违法所得，并处以违法所得1倍以上10倍以下的罚款；没有违法所得或者违法所得不足20万元的，处以20万元以上200万元以下的罚款。 违反本法第五十六条第二款的规定，在证券交易活动中作出虚假陈述或者信息误导的，责令改正，处以20万元以上200万元以下的罚款；属于国家工作人员的，还应当依法给予处分。 传播媒介及其从事证券市场信息报道的工作人员违反本法第五十六条第三款的规定，从事与其工作职责发生利益冲突的证券买卖的，没收违法所得，并处以买卖证券等值以下的罚款

续表

法规名称	相关规定
《重组办法》	**第七条**　任何单位和个人对所知悉的重大资产重组信息在依法披露前负有保密义务。 禁止任何单位和个人利用重大资产重组信息从事内幕交易、操纵证券市场等违法活动。 **第十六条**　上市公司与交易对方就重大资产重组事宜进行初步磋商时，应当立即采取必要且充分的保密措施，制定严格有效的保密制度，限定相关敏感信息的知悉范围。上市公司及交易对方聘请证券服务机构的，应当立即与所聘请的证券服务机构签署保密协议。 上市公司关于重大资产重组的董事会决议公告前，相关信息已在媒体上传播或者公司股票交易出现异常波动的，上市公司应当立即将有关计划、方案或者相关事项的现状以及相关进展情况和风险因素等予以公告，并按照有关信息披露规则办理其他相关事宜。 **第四十一条**　上市公司及其董事、监事、高级管理人员，重大资产重组的交易对方及其关联方，交易对方及其关联方的董事、监事、高级管理人员或者主要负责人，交易各方聘请的证券服务机构及其从业人员，参与重大资产重组筹划、论证、决策、审批等环节的相关机构和人员，以及因直系亲属关系、提供服务和业务往来等知悉或者可能知悉股价敏感信息的其他相关机构和人员，在重大资产重组的股价敏感信息依法披露前负有保密义务，禁止利用该信息进行内幕交易。 **第四十二条**　上市公司筹划重大资产重组事项，应当详细记载筹划过程中每一具体环节的进展情况，包括商议相关方案、形成相关意向、签署相关协议或者意向书的具体时间、地点、参与机构和人员、商议和决议内容等，制作书面的交易进程备忘录并予以妥当保存。参与每一具体环节的所有人员应当即时在备忘录上签名确认。 **第六十条**　任何知悉重大资产重组信息的人员在相关信息依法公开前，泄露该信息、买卖或者建议他人买卖相关上市公司证券、利用重大资产重组散布虚假信息、操纵证券市场或者进行欺诈活动的，证监会依照《证券法》第一百九十一条、第一百九十二条、第一百九十三条予以处罚；涉嫌犯罪的，依法移送司法机关追究刑事责任

续表

法规名称	相关规定
《上市公司监管指引第7号——上市公司重大资产重组相关股票异常交易监管》	**第五条** 上市公司向证券交易所提出发行股份购买资产申请，如该重大资产重组事项涉嫌内幕交易被中国证监会立案调查或者被司法机关立案侦查，尚未受理的，证券交易所不予受理；已经受理的，证券交易所暂停审核、中国证监会暂停注册。 **第六条** 按照本指引第五条不予受理或暂停审核、注册的发行股份购买资产申请，如符合以下条件，未受理的，恢复受理程序；暂停审核、注册的恢复审核、注册： （一）中国证监会或者司法机关经调查核实未发现上市公司、占本次重组总交易金额比例在百分之二十以上的交易对方（如涉及多个交易对方违规的，交易金额合并计算），及上述主体的控股股东、实际控制人及其控制的机构存在内幕交易的； （二）中国证监会或者司法机关经调查核实未发现上市公司董事、监事、高级管理人员，上市公司控股股东、实际控制人的董事、监事、高级管理人员，交易对方的董事、监事、高级管理人员，占本次重组总交易金额比例在百分之二十以下的交易对方及其控股股东、实际控制人及上述主体控制的机构，为本次重大资产重组提供服务的证券公司、证券服务机构及其经办人员，参与本次重大资产重组的其他主体等存在内幕交易的；或者上述主体虽涉嫌内幕交易，但已被撤换或者退出本次重大资产重组交易的； （三）被立案调查或者立案侦查的事项未涉及本款第（一）项、第（二）项所列主体的。 依据前款第（二）项规定撤换财务顾问的，上市公司应当撤回原发行股份购买资产申请，重新向证券交易所提出申请。上市公司对交易对象、交易标的等作出变更导致重大资产重组方案重大调整的，还应当重新履行相应的决策程序。 **第九条** 证券交易所受理发行股份购买资产申请后，本指引第六条第一款第（一）项所列主体因本次重大资产重组相关的内幕交易被中国证监会行政处罚或者被司法机关依法追究刑事责任的，证券交易所终止审核、中国证监会终止注册。 **第十一条** 上市公司披露重大资产重组预案或者草案后主动终止重大资产重组进程的，上市公司应当同时承诺自公告之日起至少一个月内不再筹划重大资产重组，并予以披露。 发行股份购买资产申请因上市公司控股股东及其实际控制人存在内幕交易被证券交易所、中国证监会依照本规定第九条的规定终止审核或者终止注册的，上市公司应当同时承诺自公告之日起至少十二个月内不再筹划重大资产重组，并予以披露。 **第十二条** 本规定第六条所列主体因涉嫌本次重大资产重组相关的内幕交易被立案调查或者立案侦查的，自立案之日起至责任认定前不得参与任何上市公司的重大资产重组。中国证监会作出行政处罚或者司法机关依法追究刑事责任的，上述主体自中国证监会作出行政处罚决定或者司法机关作出相关裁判生效之日起至少三十六个月内不得参与任何上市公司的重大资产重组

案例 12－19　G 上市公司发行股份购买 S 集团控制权

2018 年 6 月，G 上市公司发布重大资产重组停牌公告，拟发行股份购买 S 集团控制权。

标的公司实际控制人刘某系内幕知情人，于 G 公司停牌前一日以每股 4.05 元委托买入 G 公司 100 万股。以 G 公司复牌后首日的收盘价每股 3.62 元为基准计算，刘某证券账户持有的 G 公司股票账面浮亏 36.09 万元。以 G 公司复牌后首次打开跌停板日的收盘价每股 2.93 元为基准计算，刘某证券账户持有的 G 公司股票账面浮亏 94 万元。

证监局对刘某内幕交易 G 公司股票行为进行立案调查后，责令刘某依法处理非法持有的 G 公司股票，并处以 60 万元罚款。G 公司于 2018 年 8 月发布公告称，公司决定终止筹划收购 S 集团股权。

上市公司在防范内幕交易上，应建立信息披露管理机制。比如，重大事项的决策程序需符合保密制度要求，完善敏感信息管理，严格控制内幕信息知情人的范围，在内幕信息依法公开披露前，应按照规定填写内幕信息知情人档案并及时披露信息，严格记录重大事项筹划过程、报告过程、参与人员、讨论事项等信息，完善信息披露发布流程等。

此外，还应加强内幕信息知情人管理，比如，执行内幕信息知情人登记管理制度，明确并尽量缩小内幕信息的知情人员范围，严格登记接触敏感信息人员及其近亲属的个人信息，加强相关内幕信息知情人培训教育工作，督促相关人员管好自己和近亲属或关系密切人员，对内幕信息做到不买卖、不泄露、不建议他人买卖，及时签署保密协议等。

第十二节　外国投资者参与上市公司并购重组的特别规定

一、制度演变

外国投资者参与国内上市公司并购重组的法律规则和实践演变，与我国外商投资和外资并购整体变革同步发展，可主要划分为三个阶段：

（一）2000 年以前：起步探索阶段

首部《中外合资经营企业法》（1979 年），以及后续颁布实施的《外资企业法》（1986 年）、《中外合作经营企业法》（1988 年）共同组成了彼时利用外资的三部基本法律（“三资企业法”）。同一时期，1986 年国务院发布《国务院关于鼓励外商投资的规定》（国发〔1986〕95 号）等制度，在税费、补贴、外汇等方面规定了一系列鼓励外商投资的政策措施。1989 年原国家体改委、原国家计委、财政部、原国家国有资产管理局联合发布《关于企业兼并的暂行办法》（体改经〔1989〕38 号），提出与并购类似的“兼并”概念，但未专门规定外资并购。1995 年原国家计委、原国家经贸委、原对外经济贸易合作部联合发布《指导外商投资方向暂行规定》和《外商投资产业指导目录》等规定，部分内容适用于外资并购。该阶段关于外资并购的专门法规相对滞后，外商在我国投资主要通过新建“三资企业”方式进行，并购较少。

（二）2001 年至 2019 年：规范发展阶段

以我国加入 WTO 为主要标志，2001 年原外经贸部、证监会联合发布我国首部专门的上市公司涉及外商投资的规范性文件《关于上市公司涉及外商投资有关问题的若干意见》。2003 年原外经贸部、国家税务总局、原国家工商总局、国家外汇管理局联合发布《外国投资者并购境内企业暂行规定》，成为我国第一部专门外资并购的规范性文件，2006 年六部委修订后又颁布了《关于外国投资者并购境内企业的规定》（以下简称《并购规定》）。2005 年商务部、证监会、国家税务总局、原国家工商总局、国家外汇管理局联合颁布《外国投资者对上市公司战略投资管理办法》。该阶段，外国投资者以现金或股权（即换股，包括境内外商投资企业或境外企业的股权）等方式并购重组国内上市公司日益增多，商务部门对此按照外商投资产业政策，对外商投资项目鼓励、允许、限制和禁止进行分类监管及审批核准。

（三）2020 年至今：成熟开放阶段

2020 年 1 月 1 日，《外商投资法》生效，配套的《外商投资信息报告办法》（商务部、市场监管总局令 2019 年第 2 号）也同步实施。虽然《外国投资者对上市公司战略投资管理办法》《并购规定》仍为有效的法律规定，但其规定项下的商务部门审批核准程序与《外商投资法》和外商投资信息报告制度不再匹配。自此时起，外国投资者以受让老股、认购增资等方式对 A 股上市公司进行股权投资，原则上仅需在投资完成后通过企业登记系统提交信息报告；如被投上市公司涉及外资准入负面清单的，则需遵守相关负面清单的投资要求。

商务部 2022 年 6 月在网站“公众留言板”回复网友咨询时称：“（1）外国企业收购境内企业应符合《并购规定》，其中与《外商投资法》及其实施条例不一致的内容不再施行。（2）根据《外商投资法》及其实施条例，商务部门不再对外商投资企业设立及变更进行审批或备案，外国投资者或者外商投资企业应当通过企业登记系统以及企业信用信息公示系统向商务主管部门报送投资信息。”据此，商务部已经明确不再对外商投资企业设立及变更进行审批或备案，全面改为信息报告制度。但《并购规定》中关于关联并购、强制评估、并购对价支付时间等事项的要求是否属于网站咨询回复中所称与《外商投资法》及其实施条例不一致的内容，有待相关部门进一步答复与澄清。

二、现行规则

我国现行有效的外商投资基础性法律是《外商投资法》及配套的《外商投资法实施条例》。《外商投资法》和《外商投资法实施条例》于 2020 年 1 月 1 日起施行，构筑了现行统一适用的外商投资法律体系，并建立起了外商投资信息报告制度。

外国投资者或者外商投资企业在申请设立、变更、注销登记时，需要通过企业登记系统提交外商投资信息初始、变更、注销报告。提交外商投资信息报告并非办理外商投资企业登记注册的必要条件，登记机关不对外商投资信息报告进行审查，仅是将外国投资者、外商投资企业报送的上述投资信息推送至商务主管部门。商务部门通过外商投资信息报告系统，及时接收、处理市场监管部门推送的投资信息以及部门共享信息等。

我国对外商投资并购活动实行准入前国民待遇加负面清单管理制度。其中，“准入前国民待遇”是指在投资准入阶段给予外国投资者及其投资不低于本国投资者及其投资的待遇，“负面清单”是指国家规定在特定领域对外商投资实施的准入特别管理措施。根据《外商投资准入特别管理措施（负面清单）》（2021 年版）最新规定，外商投资企业在中国境内投资，应当遵守外商投资准入负面清单的有关规定，对负面清单规定禁止投资的领域，外国投资者不得投资；对限制投资的领域，外国投资者进行投资应当符合负面清单规定的条件。对负面清单以外的领域，按照内外资一致的原则实施管理。

外商投资活动同时伴随着外国投资者及外商投资企业的外汇跨境流动，需遵守《外汇管理条例》（国务院令第 532 号）等相关外汇法律法规。2015 年 2 月 13 日，国家外汇管理局发布《关于进一步简化和改进直接投资外汇管理政策的通知》（汇发〔2015〕13 号），将原本由外管局负责的直接投资项下外汇登记核准，下放至由银行直接审核办理境内直接投资项下外汇登记，外管局及其分支机构通过银行实施间接监管。

外商投资活动还适用《中华人民共和国国家安全法（2015）》《外商投资安全审查办法》等国家安全审查制度。特殊领域的外商投资安全审查规定还散见于其他相关规范性文件之中，如《知识产权对外转让有关工作办法（试行）》（国办发〔2018〕19 号）对外国投资者并购境内企业安全审查中涉及知识产权对外转让的审查问题作出了特别规定。

从涉及外商投资的 A 股上市公司并购重组规则角度，证监会在 2023 年新修订的《重组办法》中，就上市公司实施重大资产重组的原则和标准，首次明确加入了需符合“外商投资、对外投资”等法律和行政法规规定的要求，与上述各项有关外商投资的规则形成呼应。

三、参与的主要途径

随着我国对外开放的不断推进和资本市场建设与改革的持续深化，外国投资者对我国 A 股上市公司进行投资和并购重组的途径也不断丰富。包括外国投资者对 A 股上市公司战略投资（直接投资）和间接投资，特定合格境外投资者（QFII、RQFII、QFLP）投资于 A 股上市公司，外国投资者通过股票市场交易互联互通机制投资于 A 股上市公司，外国自然人通过二级市场或股权激励取得 A 股上市公司股票等。不仅如此，近年来跨境换股、红筹回归亦成为值得关注的外国投资者参与上市公司并购重组的重要交易路径及可能的未来发展方向。

跨境换股是指外国投资者以股权作为支付手段并购境内公司。根据商务部《并购规定》（2009 年修改）第三十二条规定，外国投资者以股权并购境内公司，应报送商务部审批；第二十九条规定，用于实施换股的境外公司必须是境外上市公司且最近 1 年交易价格稳定，或者是中国境内公司或自然人为实现以其实际拥有的境内公司权益在境外上市目的而直接或间接控制的境外公司。实践中，自《并购规定》发布实施以来，商务部实际批准的跨境换股交易案例很少。对于该等获批案例而言，往往具备不易复制的特殊性。例如，在上海莱士（002252）案例中，上海莱士因上市公司本身在交易前即为外商投资企业的特殊身份而豁免适用《并购规定》；在中粮地产①案例中，则存在"国资背景 + 境外标的已受控于大股东"的特殊条件。

案例 12 – 20　Z 上市公司收购 D 香港上市公司 64.18%普通股

【案例概述】2018 年，Z 上市公司向英属维尔京群岛的 M 公司发行约 21.1 亿股，用于收购 M 公司所持香港上市公司 D 公司 64.18% 的普通股。

① 实际上，除中粮地产的案例外，还有航天科技（000901）2016 年 12 月以换股方式收购卢森堡标的，以及首旅酒店（600258）在 2017 年 1 月以换股方式收购开曼如家酒店集团的案例。这两个案例的特殊背景（国资、海外标的在交易前已经处于同一控制状态）与中粮地产的案例高度类似，因此正文中不再重复列举。

交易完成后，Z上市公司成为D香港上市公司的控股股东，而M公司则上翻至Z上市公司持股，股比为53.8%。该次换股交易于2019年2月完成。在2018年10月，Z上市公司取得商务部做出的《商务部关于原则同意M公司战略投资Z上市公司的批复》。

【案例分析】在换股交易前，Z上市公司的控股股东是Z集团，而Z集团是M公司的间接全资股东。因此，Z上市公司和D香港上市公司是共同受控于Z集团的两家集团内子企业。故从交易实质出发，换股交易前后，Z上市公司和D香港上市公司的受控关系没有发生改变，从而换股交易仅是Z集团内部重组的一部分。

通过A股并购重组方式实现红筹回归，主要对象为红筹企业。红筹企业主要指核心资产、业务或收入来自境内，但注册地、上市地点均在境外的公司。从持股结构上看，该等红筹回归的企业，既包含直接持股的股权结构，也包含不直接持股而通过协议控制的VIE结构。通过A股并购重组方式实现回归A股的红筹企业数量较少，主要方式为境外公司私有化后以原WOFE或者VIE公司作为境内交易主体，拆除VIE或红筹结构后，在境内进行包括借壳上市、产业并购、关联资产注入等在内的重大资产重组，与通常的境内重大资产重组交易没有重大差异，但在个案审核中对红筹上市公司境外私有化和VIE架构拆除等关键问题会予以关注并要求披露，如分众传媒（002027）境外私有化后借壳七喜控股、首旅酒店（600258）现金+跨境换股收购如家酒店案例等。

案例12-21　S上市公司现金+跨境换股收购R美国上市公司

第一步：S上市公司设立境外SPV以合并方式向R美国上市公司非主要股东支付现金对价，获得R公司65.13%股权，实现R公司私有化。S公司重大现金购买于2016年4月在香港交割，完成对R公司控制权收购。4月，R公司向美国证券交易委员会（SEC）递交退市申请文件。

第二步：S上市公司向R公司8名主要股东发行股份收购境外SPV的剩余34.87%股份，同时配套融资及S上市公司所属的S集团向标的股东发行私募可交债（偏股性，S 集团控制权不受影响，并缓解收购资金压力）。因此，本案涉及国资背景且外国投资者换股比例低，一定程度上影响商务部审批。2016 年 7 月证监会批复，9 月商务部批复，10 月完成过户。

2018 年以来，在《国务院办公厅转发证监会关于开展创新企业境内发行股票或存托凭证试点若干意见的通知》（国办发〔2018〕21 号）、《中国证监会关于创新试点红筹企业在境内上市相关安排的公告》（2020 年 26 号文）等创新企业试点规定下，境外非上市或已上市创新红筹企业直接通过首次发行股份或存托凭证方式实现国内上市案例不断涌现，如华润微（688396）发行 A 股 IPO、九号智能发行 CDR。

近年来，全球贸易摩擦升级，中概股企业在 IPO 审核标准、财务审计，以及信息披露、数据向境外传输等方面都受到越来越严格的境内外审查及监管。随着美国《外国公司问责法案》（Holding Foreign Companies Accountable Act）及其实施规则的颁布，要求在美上市的外国公司向美国 SEC 提交文件，证明该公司不受外国政府拥有或掌控，并要求这些企业遵守美国上市公司会计师监督委员会（Public Company Accounting Oversight Board，PCAOB，亦译为“公众公司会计监管委员会”）的审计标准。如果外国上市公司连续 3 年未能提交 PCAOB 要求的报告，允许 SEC 将其从交易所摘牌。根据美国证券法，美国上市公司必须由在 PCAOB 注册的独立公众会计师事务所审计其财务报表。根据《萨班斯—奥克斯利法案》（Sarbanes－Oxley Act），PCAOB 负责检查在 PCAOB 注册登记的会计师事务所（所有为美国证券交易所上市公司出具审计报告的会计师事务所必须在 PCAOB 登记），以评估其对审计准则的遵守情况，并对不遵守这些准则的行为采取执法行动。2022 年 8 月 26 日，中国证监会、财政部与 PCAOB 签署审计监管合作协议，就双方对相关会计师事务所合作开展监管检查和调查活动形成了符合双方法规和监管要求的合作框架。

《外国公司问责法案》及其实施规则，以及证监会、财政部与 PCAOB 监管合作对中概股回归港股、A 股等市场的考量和选择有重大影响。根据企业的自身特点和境内外资本市场的变化等情况，通过与 A 股上市公司并购重组方式登陆内地资本市场，仍是在美上市的中概股企业实现红筹回归且无国内法律障碍的路径之一。

第十三节　上市公司重大资产重组后风险防控和争议解决

上市公司在重大资产重组中通过支付现金、股份、可转债等方式实施对标的公司并购后，标的公司的业绩实现情况对上市公司合并报表的财务状况、商誉减值测试、重组交易对方的对价股份解锁和对价现金、奖励对价的获取等各方面，具有最直接的利益关系和重大影响。因此，交易各方通常都将业绩承诺期内标的公司如何实现、是否实现对赌业绩，作为检验并购重组目的和效果是否达成的首要标准。

然而从客观结果上看，未完成重大资产重组业绩承诺，或在精准完成业绩承诺后很快出现标的公司业绩大幅下滑的情况，并非市场罕见。以北京地区上市公司为例，根据北京证监局统计[①]，2015 年至 2021 年 7 月，辖区上市公司“对赌型”并购交易共计 227 单，涉及 130 家公司，标的公司未完成业绩承诺的有 77 单，占比达 34%。辖区 2015 年以来完成业绩承诺的“对赌型”并购交易共 150 单，其中业绩承诺完成率低于 101% 的有 36 单、低于 105% 的达 77 单，“精准达标”的超过一半。

同时从主观意图和行为表现上看，一些上市公司在业绩承诺期内对标的公司采取表面管理、形式化管理（如仅派驻董事、财务负责人等部分高级管理人员），一方面埋下了对子公司“失控”的重大隐患，即使业绩承诺得以实现，上市公司在对赌期届满后也可能面临难以收回实际经营管控权，或标的公司管理层及核心人员大量离职、标的公司业绩变脸，或出现治理僵局、经营矛盾和冲突，最终很可能导致上市公司对子公司失去控

① 北京证监局《会计及评估监管工作通讯》2021 年第 3 期（总第 41 期）。

制、不符合合并财务报表的情况；另一方面也潜藏了标的公司“内部人控制”风险，为利益相关方留下利用财务造假、违规担保、关联方资金占用等弄虚作假、利益输送的巨大操作空间。

一、风险防控

为防控重大资产重组后上市公司和标的公司可能产生的重大争议及合规风险，需通过并购重组的监管机构、司法机构、市场主体等各方共同努力，使重组后上市公司大幅提升运作规范性，不断改善信息披露质量，有效解决并购重组后的突出问题，显著提高可持续发展能力和整体质量。

（一）并购重组以产业协同为主的目标应清晰、明确

服务实体产业发展，推动企业经营协同和价值提升，是重大资产重组的主要目标。从具体实践来看，上市公司并购重组的标的所处行业，应符合上市公司所在交易所板块定位、不属于负面清单，或者与上市公司处于同行业或者上下游、与上市公司主营业务具有协同效应。如何将重组后的标的公司科学地整合纳入上市公司产业版图，将标的资产与上市公司有机融合，实现长远发展的目的，避免“消化不良”，是上市公司在重组完成后面临的重要课题，也是上市公司应避免盲目跨界的主要原因。

实现并购重组的市场优化资源配置功能，不应仅以财务合并为目标，在关注并购重组后标的公司业绩实现数量之外，更应兼顾上市公司、标的公司在并购重组后业绩实现的质量，即双方是否能在供应商和客户等业务资源、产品和服务市场、技术、资金、财务、法律、人力及企业文化等各方面实现积极协同和有效整合，在各自及共同层面均可实现可持续的高质量发展。提高并购重组质量与提高上市公司质量、提高重组效率与增厚上市公司全体股东权益应齐头并进。

案例 12－22　L 上市公司暂停跨界收购和多方交易

2022 年 7 月，L 上市公司公告拟收购 J 公司 100% 股权，预估值 1 亿元。该公司在收购前最近一年及一期均为亏损，2021 年度主营业务收入和

净资产均在2,000万元左右。

L上市公司专注兽药研发、生产和销售，此次收购光伏胶膜行业的J公司，属于跨界收购。L上市公司公告的收购目的系原有主业连续亏损，因看好光伏胶膜行业发展前景及J公司在行业内的技术及客户积累，拟通过本次资产收购进入胶膜行业深耕，以增加新的业绩增长点。

根据方案，L上市公司拟向H投资、F投资、B咨询管理公司出售子公司甲公司100%股权，预估值3.5亿元。同时，上述三名股东拟向Y投资等转让L上市公司合计36.73%股份，转让总价款约6.6亿元。资产出售和股份转让互为前提。

本次并购重组方案设计复杂，且不涉及行政许可，但需上市公司股东大会豁免任职董事、高级管理人员的股东IPO股份锁定承诺。如交易实施，股东预计套现6.6亿元，L上市公司获股东支付置出资产购买对价约3.5亿元用以解决收购J公司的资金来源。上述交易披露后，2022年8月初，L上市公司股价连续3日涨停。

2022年8月，交易所关注函问询L上市公司核查是否存在股东违反股份限售承诺或其他权利受限情形，高溢价收购的原因及必要性，收购决策是否审慎合理，是否符合公司发展战略，能否有助于提升公司经营质量，是否存在迎合热点炒作股价的情形等。L上市公司回复，为更好维护上市公司权益，并有效筹划推进本次交易，交易各方暂停本次交易。

（二）重组后子公司治理和风险防控措施应系统、有效

在重组实施完毕后，为防范上市公司与标的公司之间因重大资产重组而导致的重大经营风险，交易各方应强化公司治理底线要求和提高治理透明度。上市公司应全面重视和加强标的公司在上市公司体系下的内部控制、合规运行和信息披露，应当深入了解、切实参与标的公司生产经营的具体环节，切实、动态、及时地知悉标的公司的生产经营状态，包括但不限于：标的公司业务合同签订、资金使用、资产处置、财务审计、商誉减值测试等，从业务、财务、法务、人事等各方面系统性地纳入上市公司具体管控制度并切实执行；标的公司经营管理的重大事项、重要经营数据和

信息，要向上市公司及时呈报、反馈和信息披露；标的公司日常经营管理活动及其授权、决策权限，与上市公司三会决策体系和合规体系要通畅衔接、上传下达。

重组完成后，如业绩承诺方、董监高、控股股东和实控人参与欺诈、造假，标的公司存在重大不实、违规担保等侵占上市公司利益行为，上市公司应利用民事诉讼、刑事附带民事诉讼等程序向责任主体主张权利，但同时上市公司亦可能因重大资产重组标的虚假陈述而承担民事或行政等法律责任。

通过并购重组实践，监管机构亦在财务指标之外，逐步关注和重视重组后上市公司对标的公司的治理及管控。在相关规则未明确规定时，证监会、证券交易所通常通过反馈问询的方式，提醒并敦促上市公司具体规划及落实重组后对标的公司的治理管控。

在此基础上，证监会于2023年修订了《重组办法》及配套格式准则，明确要求在重组实施前，“上市公司应当在重大资产重组报告书的管理层讨论与分析部分，就本次交易对上市公司的持续经营能力、未来发展前景……进行详细分析；涉及购买资产的，还应当就上市公司对交易标的资产的整合管控安排进行详细分析”，要求独立财务顾问在重组实施后的持续督导意见中，明确披露“管理层讨论与分析部分提及的各项业务的发展现状，以及上市公司对所购买资产整合管控安排的执行情况”，并明确了“实际运营情况与重大资产重组报告书中管理层讨论与分析部分存在较大差距的”情况下相关责任人和应当承担的责任。整体上，强化了对重组活动事中事后的监管。

（三）重组失败处置资产应充分保护上市公司利益

重组后上市公司与标的公司管理层或少数股东长期处于经营矛盾、治理僵局等严重危及公司财务状况和经营管理的情形下，而上市公司与重组方之间的重大矛盾冲突又无法协商一致，实务中出现一些上市公司在业绩承诺期之内或之外出售标的公司的情形，但该种分手交易往往需通过诉讼仲裁等外部方式才能最终达成。

究其原因，无论是上市公司通过重大资产重组收购标的公司的“牵手”交易，还是上市公司与标的公司“分手”交易，均需权衡商业利益，进行充分市场博弈，还要以不损害上市公司及中小投资者合法利益，符合《重组办法》《信披办法》和交易所公布的股票上市规则、规范运作规则等监管规则为前提。

案例 12－23　D 上市公司收购 P 公司及业绩承诺期内出售

2016 年 7 月，D 上市公司公告重大资产重组预案，拟以发行股份及支付现金的方式购买 P 公司 100% 股权，初步交易作价 47 亿余元。P 公司原股东对 P 公司 2016—2019 年各年扣除非经常性损益后的归母净利润做出利润承诺；同时向不超过 10 名投资者发行股份募集配套资金共计不超过 29 亿元。

2017 年 2 月，本次重组获证监会核准。2017 年 4 月，本次重组标的资产过户完成，交易所涉新增股份先后完成登记并上市。P 公司原股东共计换股取得 3 亿余股 D 上市公司的 A 股股份。

根据重大资产重组协议和重组后的 P 公司章程，业绩承诺期内 P 公司董事会成员由六名董事组成，其中四名董事由 P 公司原股东委派，两名董事由 D 上市公司委派；D 上市公司向 P 公司委派财务负责人。

关于业绩承诺实现情况，D 上市公司于 2017 年 6 月、2018 年 4 月披露 P 公司在 2016 年度、2017 年度均完成业绩承诺，但据 2019 年 4 月公告的信息，2018 年度 P 公司实现扣非归母净利润为负数，2016 至 2018 年三年累计实现的扣非净利润合计未达到业绩承诺，同时披露未与 P 公司的原股东及其派驻的管理层关于 P 公司的财务数据达成一致。按照 D 上市公司披露信息，双方主要分歧在于关联交易定价不公允、产品质量保证金计提不充分、部分收入缺乏真实性和商业实质。

自 D 上市公司与 P 公司原股东之间发生业绩补偿纠纷以来，双方持续呈矛盾、对峙态势。2019 年 7 月，D 上市公司以 P 公司原股东/业绩承诺方为被申请人提起业绩补偿相关仲裁申请，请求被申请人以股份（不足时以现金）支付2018年度业绩补偿26亿余元等。

2019年10月，D上市公司与P公司原股东签署《备忘录》和《保密及免责协议》，并达成各方均能够接受的一揽子终局解决方案。D上市公司后续回复深交所问询时进一步披露了在业绩承诺期内出售P公司的原因及合理性，以及在满足一揽子解决方案中其他条件下豁免P公司原股东就2019年可能出现的业绩补偿及商誉减值涉及的赔偿义务合规性等问题。

2019年11月，D上市公司披露重大资产出售报告书草案，对业绩补偿纠纷达成一揽子解决方案并签署《关于P公司之股权转让协议》和《协议书》。

2019年12月，D上市公司披露收到上述争议事项的调解书，同月披露出售P公司100%股权事项已完成股权登记过户。2020年1月，D上市公司披露完成上述解决方案下股份回购注销。根据仲裁调解书，P公司原股东所持有的除已经注销的业绩补偿股份之外的D上市公司剩余股份的查封冻结手续不迟于2020年4月前解除查封冻结。

2020年1月，D上市公司披露收到证监局行政监管措施决定书。主要认定D上市公司2017—2018年度未及时披露P公司与关联方的关联交易事项、定期报告披露的关联交易金额不准确；P公司收入确认不合规；D上市公司在2016年收购P公司后未建立有效的投资管控制度，对P公司的内部控制体系建设管控不到位等内部控制方面问题和缺陷等。据此，证监局决定对D上市公司，及其董事长、董事兼总经理、时任及现任董事会秘书、时任及现任财务负责人采取出具警示函的行政监管措施。

实务中需注意，上市公司因重大资产重组交易失败而需处置所收购标的资产时，首先需保证上市公司利益得到充分保护（如已补偿金额及处置价格合计不低于购买价格等），其次需重点关注出售对价支付方式、支付时点、后续款项是否按时到位、交易对方履约能力、交易对价能否覆盖未履行的业绩承诺、是否履行相关审议程序和信息披露义务，最后需充分关注拟处置资产是否存在上市公司担保、占用上市公司资金等情形，如存在，由于处置交易将导致被处置资产不再为上市公司体内的资产，则需关注该等上市公司担保、资金占用的情形是否需要随资产的处置而一并妥善解决（如终止担保、返还占用资金等）。

二、典型争议类型

（一）标的公司业绩承诺未兑现

上市公司重大资产重组时常伴随着标的公司原股东、实际控制人等相关主体对上市公司的业绩承诺。交易相对方承诺的现金补偿、附期限或附条件股份回购补偿，本质上均系具有增信措施性质的非典型保证。如发生业绩承诺争议，当事人通常可依法依约向有管辖权的法院以合同纠纷或股权转让纠纷提起诉讼，或向仲裁机构申请仲裁。同时，当事人需尽快采取保全措施，尽可能全面地控制对方财产，以方便后续判决或仲裁的执行。

案例 12－24　Y 上市公司、李某上市公司收购纠纷案

【案例概述】2013 年 9 月，上市公司 Y 公司（作为资产收购方）、李某（作为业绩承诺方）、YT 公司（作为标的公司）等各方分别签署《购买资产协议》与《盈利预测补偿协议》。《购买资产协议》生效后，Y 上市公司于 2014 年 3 月向李某及其他 12 名交易相对方以 20 余元/股的价格发行新股，合计发行 2,300 余万股，李某实际获得 1,700 余万股。

交易完成后，2015 年度 YT 公司归属于母公司股东的扣除非经常性损益的净利润未达承诺利润，标的公司业绩承诺未兑现。作为补偿，李某需向 Y 上市公司交付公司股份 2,500 余万股，并由 Y 上市公司予以注销。经核查，李某所持 Y 上市公司 2,700 余万股限售股已被质押给案外人 Z 资管公司，并于 2015 年 4 月办理质押登记手续，已严重影响李某按照《盈利预测补偿协议》的有关约定向 Y 上市公司交付补偿股份。

Z 省高级人民法院另案查明，李某合计持有 Y 上市公司 2,700 余万股（含 22,000 股流通股，其余为限售股）。2016 年 5 月，Z 资管公司就案涉质押股份向 H 市中级人民法院申请强制执行，H 市中级人民法院将李某所持的 Y 上市公司 2,700 余万股限售股进行冻结，Y 上市公司提出执行异

议，被H市中级人民法院驳回。Y上市公司不服，向H市中级人民法院提起案外人执行异议之诉，再次被驳回，Y上市公司上诉至Z省高级人民法院。

Z省高级人民法院认为，虽然案涉2,700余万股限售股已被质押给案外人Z资管公司，且相关执行程序正在进行中，但并不影响Y上市公司对其余2万余股流通股享有的权利主张。Y上市公司提出的诉讼请求，事实上已经包含了股份交付不能情形下再以现金折算的替代方案。即便Y上市公司对除2万余股流通股以外李某所持的其他股份因执行顺位等原因无法求偿到位，Y上市公司也有权按《盈利补偿协议》的约定，要求李某以现金方式或从证券交易市场购买相应数额的Y上市公司股份补足差额。法院判决李某向Y上市公司交付股份2,500余万股，由Y上市公司以1元价格回购并注销；如李某不能足额交付，不足部分的股份数折算为补偿金支付给Y上市公司。

【案例分析】本案为近年来业绩承诺未兑现的典型案例，上市公司与标的公司原股东、股票质押权人展开了一系列司法博弈。本案中，第三方对业绩承诺方所持上市公司相关股票享有质押权并已申请司法强制执行，上市公司对业绩承诺义务人持有的该等股票享有回购请求权，二者产生冲突。

关于案外人执行异议的争议，Z省高级人民法院另案认为虽然Y上市公司将该等股份设置了禁售期并经中国证券登记结算公司深圳分公司予以登记，但限售登记并不改变该等股票属于李某名下财产这一事实，因此Y上市公司并未事实占有和实际控制该等股份。Y上市公司享有要求李某交付所持股份并予以回购的权利，只是一种基于所签订协议的债权请求权，并非附生效条件的物权合意，无法排除法院对该等股份的强制执行。

对于在标的公司业绩承诺未兑现后李某承诺的业绩补偿，Z省高级人民法院支持了Y上市公司的主张，由于李某所持限售股因执行顺位等原因无法求偿到位，但Y上市公司依约有权要求李某以现金方式或从证券交易市场购买相应数额的Y公司股份补足差额。因此Y公司要求李某交付相应股份，以及在交付不足情形下折算现金补偿，这两项诉讼请求均有相应的合同依据。

由此可见，上市公司资产重组中，在标的公司业绩承诺未兑现的情况下，若业绩承诺方已将用于回购的股票为第三方设立质押，此时如何处理上市公司股票回购请求权与第三方对该等股票的质押权之间的关系，上市公司的股票回购请求权能否得到法院的支持，在司法实践中存在较大争议。依据《民法典》第一百五十四条的规定，上市公司或可尝试证明业绩补偿承诺方与质押权人在明知或应知补偿条款将触发或已触发、可以合理预见上市公司有权回购股份的情况下，进行了股票质押的安排，即证明双方存在或可推定存在对抗回购股份的恶意，以此否定股份质押合同的效力。但需要关注的是，“业绩补偿承诺方与质押权人存在恶意”的证明难度较大，同时也需要证明上市公司的合法权益实际因此受到了损害。因此，也需要结合案件的具体情况，设计上市公司可能的救济路径。此外，上市公司在规划重组交易时，也需要考虑交易完成后可能存在的风险，从交易前端进行风险防范。

（二）上市公司对标的公司管理失控

上市公司对标的公司管理失控，指上市公司虽然控股标的公司，但标的公司拒绝上市公司对其进行管理。实践中，鉴于上市公司资产重组后标的公司业务的具体经办和管理通常依然由原经营团队负责，且常作出相关业绩承诺、业绩奖励安排，可能导致上市公司无法实际控制其日常经营。同时，一旦上市公司为减少损失开始介入标的公司经营决策，业绩承诺方很可能会以上市公司违反承诺擅自干预标的公司经营为由，主张上市公司的干预直接影响标的公司盈利能力，并据此要求免除部分甚至全部业绩补偿义务。

常见管理失控的表现包括：标的公司拒不执行股东会决议和董事会决议、拒绝提供财务报表或拒绝会计师进场审计、阻扰财务总监工作、拒绝上市公司代表现场检查生产经营、擅自购买重大资产或擅自使用资金等拒不执行上市公司决策、拒不配合上市公司参与经营等情形。

公司控制权纠纷往往系当事人之间的多元博弈过程，可以综合运用民事、行政、刑事等法律手段，同时也需要注意在寻求救济时使用合法方式。一方面，针对公司印章证照、核心资产、供应链等不同财产进行分别保护，在失控时避免潜在风险；另一方面，针对岗位人才、公司决议、治理体系等，需要注意关键人员的人事任免，并防范因侵害股东利益、损害公司利益或违反公司治理规则导致决议无效的情形，从而构建有效的诉讼路径。

案例 12 – 25 L 公司、许某等公司证照返还纠纷案

【案例概述】 L 公司系上市公司 W 公司的全资子公司。2020 年 4 月，W 公司签发《法定代表人任免书》免去许某 L 公司原法定代表人的职务。其后，L 公司发送通知要求许某于收到通知书之日起 3 日内进行工作交接，并向 L 公司交还许某持有的与 L 公司相关的所有材料。其后，L 公司再次发送通知要求许某于收到通知书后 3 日内协助 L 公司办理法定代表人、董事、经理工商变更登记及变更备案事宜，后被拒收退回。

W 上市公司随后公告 L 公司的管理层拒绝配合执行核心审计程序，违反 L 公司的章程约定，违反公司法，拒不执行董事会决议、股东决议，侵害股东权益，导致 W 上市公司失去对 L 公司的控制。L 公司提出诉讼请求法院判决许某等返还公司执照、账册、银行 U 盾等证件与财务材料。

G 市某区人民法院认为，本案系公司证照返还纠纷。结合 L 公司于 2017 年 12 月通过的《公司章程》关于“经理为公司的法定代表人”的规定，可以认定许某已无权担任 L 公司的经理兼法定代表人并继续持有 L 公司的证照或财物，支持 L 公司返还相关证照财物的主张。

【案例分析】 该案例系上市公司对标的公司管理失控的典型案例。本案例中，上市公司与标的公司原法定代表人就公司证照、印章展开激烈争夺，起因系标的公司原管理层拒绝交还公司证照、印鉴、财务资料等，使得标的公司及上市公司无法进行财务报告审计，亦严重影响了标的公司及

上市公司的正常经营管理。公司证照属于标的公司独立财产，应由标的公司或标的公司授权的相关人员保管。标的公司已经按照章程约定的程序进行人事任免，因此“前任”法定代表人已无权占有公司证照，负有返还公司证照的义务，得到人民法院支持。

全面注册制正式实施之后，对上市公司重大资产重组的信息披露也提出了更高要求。按照注册制“以信息披露为核心”的原则，现行监管规则针对上市公司重大资产重组中标的公司失控等问题，进一步强化整合管控安排的披露要求，以期揭示项目风险。例如，《26 号准则》第三十四条规定：“上市公司应当披露并分析对拟购买资产的整合管控安排，包括在业务、资产、财务、人员、机构等方面的具体整合管控计划。”

对标的公司管理失控情形下，上市公司在合法合规的前提下可采取一些法律手段控制风险。例如，可以在对标的公司原股东提起违约之诉的同时，及时申请保全股东财产，以防范股东转移财产、导致无法承担违约责任的风险；也可以考虑及时申请法院查封标的公司印章、证照原件、银行账户资料、财务账册、运营业务文件等重要资料，以防止重要资料无法获取影响公司经营。

第十三章　上市公司重大资产重组所聘中介机构职责

第一节　上市公司独立财务顾问

一、法定职责

上市公司重大资产重组，如无规则约束和监管监督，很可能成为大股东或高管变相掏空上市公司或攫取私利的机会主义行为。《重组办法》《上市公司并购重组财务顾问业务管理办法》等规定，上市公司应当聘请符合《证券法》规定的独立财务顾问就重大资产重组出具意见。经证监会核准具有上市公司并购重组财务顾问业务资格的证券公司、证券投资咨询机构或者其他符合条件的财务顾问机构，均可从事上市公司并购重组财务顾问业务。市场实践中，独立财务顾问一般由证券公司担任，证券公司作为拥有证券业务资质的“持牌”机构，具备较完善的前、中、后台人员配置及项目质量控制体系。优秀的财务顾问团队一般也具备扎实的专业技能和职业经验，往往能够尽早发现并制止公司潜在的违规行为，最大限度地保证并购交易的公平合理。

（一）尽职调查

1. 进场前充分准备

考虑到准备资料需要一段时间，一般财务顾问在进场前会初步制作尽职调查清单、任务跟进表等资料提前发给上市公司及标的公司；项目组一般也会在进场前将项目的主要情况、工作计划、分工安排等事项进行简要会议讨论；与企业做好对接，包括安排好前往标的公司所在地的交通工具、行程等，并与标的公司做好沟通。

2. 制定工作计划

并购重组是一项烦琐庞杂的工程，是一项充满挑战、高度智力化与专业化的工作，因此制定和更新工作计划是项目执行人员的一项重要工作。项目计划内容较多，包括项目的时间计划、整体推进、人员分工、任务分配和信息沟通等方面的内容。前期进场阶段的工作计划主要包括：制定项目总体计划、成立项目小组以及落实工作底稿管理要求等。工作计划需要根据实际情况及时修订。

3. 尽职调查

在重大资产重组项目中，尽职调查的主要目标为标的资产。在对标的资产进行充分尽职调查的过程中，需要判断标的资产是否符合重组标的条件，是否存在无法解决的问题以及实质性障碍。针对尽职调查过程中发现的问题，项目执行人员应判断问题的性质，并结合标的资产实际情况，提出整改意见，督促标的资产进行整改，以确保上市公司相关披露和申报材料不存在虚假记载、误导性陈述和重大遗漏。同时，项目执行人员还应对标的公司的盈利能力、持续成长性及未来发展空间进行判断。

根据证监会及交易所相关规定，财务顾问需就整体方案、程序合规性、上市公司、交易对方、标的公司业务、财务、法律合规等具体事项核查并发表意见，详细请见附录部分附件 1 列示。

在过往重大资产重组案例中，存在部分尽职调查不充分导致财务顾问被行政处罚的案例。整体来看，导致独立财务顾问遭受处罚主要是因核查严谨性、核查规范性、底稿要求等方面的问题。

案例 13 – 1　K 公司借壳 B 上市公司

2014 年，K 公司拟借壳 B 上市公司。重组方案显示，B 上市公司拟置出作价5.2亿元的资产，其中等值4.3亿元的资产和负债与李某等14名交易对方所持K公司100%股份的等值部分进行置换，差额部分由B上市公司依据K公司全体14名股东各自持有K公司的股份比例向交易对方非公开发行股份购买。2017年，经证监会查明，独立财务顾问未勤勉尽责，未能发现K公司2011年至2014年4月虚增银行存款、应收账款、营业收入等事实，导致所制作、出具的文件具有虚假记载。具体为：

（1）独立财务顾问未审慎核查K公司的银行存款情况，导致未能发现K公司虚增银行存款。主要表现为：第一，独立财务顾问向银行函证K公司基本存款账户的银行存款余额时，对差异6,000余万元未采取进一步核查措施；第二，独立财务顾问未关注到K公司部分客户提供的银行账号与K公司记账凭证后附的客户银行账号不一致的情况；第三，K公司多张股利分配银行进账单加盖印章的日期有明显涂改痕迹，独立财务顾问对该异常情况未予关注，未采取进一步的核查措施。

（2）独立财务顾问未审慎核查K公司营业收入和应收账款情况，导致未能发现K公司虚增营业收入和应收账款。主要表现为：第一，独立财务顾问走访K公司主要客户后，没有将访谈结果与K公司账面数据进行核对，未对访谈结果的异常情况予以充分关注，未采取进一步的核查措施；第二，独立财务顾问收到举报且认为K公司销售异常后，在对K公司主要客户的访谈过程中未就其具体销售数量和金额进行现场核实。

（3）2014年6月，独立财务顾问走访K公司某客户前，告知K公司要抽查该客户的凭证。在现场走访时，该客户事先已将相关资料准备完毕并已签章；2014年8月，独立财务顾问在收到关于K公司财务造假的举报，且质控部对K公司主要客户进行暗访也发现异常后，再次走访K公司的客户时，仍事先告知K公司访谈时需要查看对方的存货、收入账及凭证，未保持应有的职业谨慎。

证监会认为，独立财务顾问对K公司财务数据的尽职调查不充分、未勤勉尽责，未发现K公司财务造假问题，导致所制作、出具的文件具有虚假记载。依据《证券法》第二百二十三条、第二百二十六条第三款的规定，证监会责令独立财务顾问改正违法行为，并处以30万元罚款；对项目主管人员王某、彭某给予警告，并分别处以10万元罚款；对其他直接责任人员廖某给予警告，并处以8万元罚款。

案例13－2　Y上市公司现金及发行股份购买X公司100%股权

2014年，Y上市公司以现金及发行股份方式购买X公司100%股权。重组方案显示，Y上市公司向5名交易对方支付现金7,941.22万元购买X公司17.65%的股份，向17名交易对方发行33,196,374股购买80.56%的股份，同时Y上市公司全资子公司甲公司以支付现金808.33万元的方式购买乔某持有的X公司1.79%的股份。

2018年，经证监会查明，独立财务顾问为Y上市公司重大资产重组出具的财务顾问报告存在虚假记载、在尽职调查过程中未勤勉尽责，导致《财务顾问报告》中披露的X公司2011年年报、2012年年报、2013年半年报和2013年年报的净利润分别虚增4,083.30万元、10,294.68万元、5,976.94万元和16,211.85万元。

独立财务顾问未勤勉尽责主要表现在：（1）独立财务顾问工作底稿中没有编制尽职调查清单，也没有制定尽职调查主要阶段工作内容；（2）独立财务顾问通过查看立项工作底稿及会计师风险评估报告，已经得出"广告行业的收入确认、收入真实性情况需要重点核查"结论，但却未对X公司销售与收款业务执行风险评估程序，未全面评估Y上市公司并购重组活动所涉及的风险；（3）独立财务顾问对应收账款和收入的核查程序缺失，导致未能发现X公司财务造假的问题；（4）独立财务顾问内核机构未对应收账款问题进行核实，仅凭借项目组的回复即通过审核，内核程序流于形式。

依据《证券法》第二百二十三条的规定，证监会责令独立财务顾问改正，没收业务收入595万元，并处以1,785万元罚款；对项目主办人郑某和蔡某给予警告，并分别处以10万元罚款。

（二）出具专业意见

（1）独立财务顾问和律师事务所应当审慎核查重大资产重组是否构成关联交易，并依据核查确认的相关事实发表明确意见。重大资产重组涉及关联交易的，独立财务顾问应当就本次重组对上市公司非关联股东的影响发表明确意见。

（2）重组的重大资产重组报告书、独立财务顾问报告、法律意见书以及重组涉及的审计报告、资产评估报告或者估值报告至迟应当与召开股东大会的通知同时公告。

（3）属于发行股份购买资产、重组上市等行政许可类重组的项目，上市公司还应当按照证监会的规定委托独立财务顾问在作出决议后 3 个工作日内向证券交易所提出申请。

（4）证券交易所在审核期间提出问询函要求上市公司作出书面解释、说明的，上市公司应当自收到问询函之日起 30 日内提供书面回复意见，独立财务顾问应当配合上市公司提供书面回复意见。

（5）上市公司聘请的独立财务顾问和律师事务所应当对重大资产重组的实施过程、资产过户事宜和相关后续事项的合规性及风险进行核查，发表明确的结论性意见。独立财务顾问和律师事务所出具的意见应当与实施情况报告书同时报告、公告。

（6）上市公司重大资产重组发生下列情形的，独立财务顾问应当及时出具核查意见，并予以公告：①上市公司完成相关批准程序前，对交易对象、交易标的、交易价格等作出变更，构成对原重组方案重大调整，或者因发生重大事项导致原重组方案发生实质性变动的；②上市公司完成相关批准程序后，在实施重组过程中发生重大事项，导致原重组方案发生实质性变动的。

（7）向特定对象购买的相关资产过户至上市公司后，上市公司聘请的独立财务顾问和律师事务所应当对资产过户事宜和相关后续事项的合规性及风险进行核查，并发表明确意见。上市公司应当在相关资产过户完成后 3 个工作日内就过户情况作出公告，公告中应当包括独立财务顾问和律师事务所的结论性意见。

上市公司完成前款规定的公告、报告后，可以到证券交易所、中国结算为认购股份的特定对象申请办理证券登记手续。

在过往重大资产重组案例中，也存在部分因出具专业意见不谨慎导致财务顾问被行政处罚的案例。

案例 13－3 J 集团借壳 A 上市公司独立财务顾问被行政处罚

2015 年，J 集团拟借壳 A 上市公司实现上市。重组方案显示，A 上市公司拟以除 2.29 亿元货币资金之外的全部资产和负债，与郭某等 12 名交易对方合计持有的 J 集团 100% 股权中的等值部分进行置换，余下差额部分发行股份购买。2017 年，经证监会查明，独立财务顾问未按照规定与委托人 A 上市公司签订委托协议，未明确双方的权利和义务，没有履行对并购重组活动进行充分、广泛、合理调查的职责，未发现 J 集团 2013 年至 2015 年通过虚构业务、改变业务性质等多种方式虚增服务费收入和贸易收入的事实，未发现 J 集团虚增 3 亿元银行存款及未披露 3 亿元定期存单质押信息的事实。独立财务顾问 2016 年 4 月出具的《独立财务顾问报告》存在虚假记载、重大遗漏。

证监会公布的行政处罚决定书显示，独立财务顾问出具的独立财务顾问报告存在虚假记载、对重组标的公司的尽职调查过程中未勤勉尽责。依据《证券法》第二百二十三条规定，证监会责令独立财务顾问改正，没收业务收入 100 万元，并处以 500 万元罚款；对签字财务顾问主办人童某、朱某给予警告，并分别处以 10 万元罚款。

（三）持续督导

独立财务顾问应当按照证监会的相关规定，以及证券交易所的相关规则，对实施重大资产重组的上市公司履行持续督导职责。持续督导的期限自本次重大资产重组实施完毕之日起，应当不少于一个会计年度。实施《重组办法》第十三条规定的重大资产重组，持续督导的期限自本次重大资产重组实施完毕之日起，应当不少于三个会计年度。

独立财务顾问应当结合上市公司重大资产重组当年和实施完毕后的第一个会计年度的年报，自年报披露之日起 15 日内，对重大资产重组实施的下列事项出具持续督导意见，并予以公告：

（1）交易资产的交付或者过户情况；

（2）交易各方当事人承诺的履行情况；

（3）已公告的盈利预测或者利润预测的实现情况；

（4）管理层讨论与分析部分提及的各项业务的发展现状，以及上市公司对所购买资产整合管控安排的执行情况；

（5）公司治理结构与运行情况；

（6）与已公布的重组方案存在差异的其他事项。

独立财务顾问还应当结合《重组办法》第十三条规定的重大资产重组实施完毕后的第二、三个会计年度的年报，自年报披露之日起 15 日内，对前款第（2）至（6）项事项出具持续督导意见，并予以公告。

部分重大资产重组处罚案例是因为在持续督导期间出现了重大遗漏、虚假记载等问题。

案例 13－4　Y 公司借壳 Z 上市公司

2015 年，Y 公司拟借壳 Z 上市公司实现上市。重组方案显示，Z 上市公司拟将其拥有的除 5,000 万元货币资金和对 ZJ 公司 2,100 万元投资外的全部资产、负债作为置出资产，与 R 投资、N 投资拥有的 Y 公司股权的等值部分进行置换，差额部分由 Z 上市公司向 Y 公司全体股东以定向发行股份的方式购买。

2019 年，经证监会查明，独立财务顾问未通过日常沟通、定期回访、年报审核等任何方式关注到 Y 公司建筑材料购销业务异常增加，也未与会计师沟通核实公司的业务结构、盈利模式等情况。而且，在知悉李某担任多家 Y 公司供应商董事长，相关贸易业务存在异常的情况下，未尽到注意义务，未进一步核实 Y 公司与李某所控制、安排公司的购销情况，未发现 Y 公司存在虚构建材销售收入的情况，其出具的《2015 年度持续督导意见》存在虚假记载。

证监会公布的行政处罚决定书显示，独立财务顾问未勤勉尽责、出具的持续督导意见存在虚假记载、报送证监局的核查意见存在虚假记载。依据《证券法》第二百二十三条的规定，证监会没收独立财务顾问持续督导业务收入1,000万元，并处以3,000万元罚款；对项目签字主办人和持续督导期间负责人陈某、李某给予警告，并分别处以10万元罚款。

二、非法定职责

（一）提供咨询服务

财务顾问在前期应该向上市公司及标的公司提供充分的资本市场情况咨询服务，对比分析不同证券化路径的优劣势，选择最佳路径，同时可以提供行业、公司发展、外延式并购、内生式增长等方面的建议，助力客户更好地运用资本工具及管理优化。

（二）牵头项目执行

财务顾问在项目现场的主要目标是协调重组项目工作小组、对企业实施全面尽职调查工作、制定工作方案及时间安排、组织和参加中介机构协调会、按监管规定组织各机构出具全套披露、申报文件等。

1. 协助建立联络方式

财务顾问在进入现场伊始，可以制作重组工作小组通讯录，方便各方联络。建议以电子邮件作为最重要的沟通方式，工作小组可申请一个公共邮箱，便于发送和接收相关资料。同时为方便沟通，可建立微信工作群。

2. 牵头各方密集开展各项尽职调查工作

在开展各项工作时应把握如下原则：

（1）协作性原则。现场工作小组成员之间应进行合理分工、密切协作，所有文件及工作底稿均应明确起草人与复核人，并进行交叉复核。同时，项目组也应与上市公司及其他中介机构进行分工协作，并对各中介机构及上市公司出具的文件或提供的资料进行审慎核查。

（2）针对性原则。项目组在向上市公司提交尽职调查清单或制定工作方案及时间表时，需针对企业的特定情况，制定出符合上市公司情况的清单或方案。

（3）统筹性原则。投行项目承做阶段的统筹性原则体现在对内和对外两方面。对内，项目负责人需对进场后的工作作出总体安排，合理分配好每个时间段、每个项目组成员的任务，运用科学的方法合理安排工作；对外，财务顾问作为上市公司重组工作的牵头人，须与上市公司及其他中介机构人员保持沟通，统筹安排项目工作进度。

（4）前瞻性原则。项目组需根据客户的行业特点、前期初步尽职调查的情况，把握其重组过程中的关键时间节点和需要解决的重要问题，工作尽量向前推，不能全部集中于后期，避免出现“忙中出错”和“欲速而不达”。

3. 召开中介机构协调会

项目组应在项目不同阶段根据项目需要组织上市公司、标的公司及各方中介召开定期、专项的中介机构协调会。

（1）会前准备。中介机构协调会召开前，项目组应与上市公司及其他中介机构协商确定会议召开时间、地点、议题、参加人员等事项，并以电子邮件方式发送给各方。对于拟在协调会上讨论的重要事项，项目组应事先与上市公司及其他中介机构进行充分沟通、基本达成共识。

（2）会议通知。建议至少提前3个工作日发出会议通知，并说明会议的主要内容。

（3）参会人员。财务顾问、其他中介机构及上市公司相关人员。

（4）会议主持。中介机构协调会一般由财务顾问主持，会议主持人一般是财务顾问的项目负责人或现场负责人。中介机构协调会需充分发挥会计师、律师等其他中介机构的作用。

（5）会议资料。会议资料主要包括会议议程、项目基本方案、总体工作时间表、重组工作小组及联系方式、工作沟通机制及重大问题讨论等。

（6）会议主要内容。①讨论并初步确定重组基本方案、重组总体工作时间安排；②对重大问题进行讨论并形成基本解决方案、思路和途径；

③明确会后的工作沟通机制，包括每周项目例会、重大事项专题讨论会及文件交流形式等。

（7）会后工作。项目组应做好中介机构协调会会议记录。会议记录应于会后交参会各方复核签署后，作为重要工作底稿予以保存。对于中介机构协调会确定的事项，项目组应填写任务跟进表，督促各责任方按计划保质保量完成各项工作，因故需要变更完成时间或解决方案的，或者出现新问题新情况的，现场工作小组应及时协调各方商讨对策，并将有关情况邮件通知各相关方。

4. 组织各机构填写项目周报

项目负责人应在投行业务工作平台填报项目周报，总结一周的项目进展情况，并对下周工作作出安排。对于工作中出现或存在的重点问题进行强调或说明。

（三）协助配套融资

重大资产重组如涉及配套融资，则在项目过会并且拿到发行核准批文以后，开展标的资产过户及配套融资发行工作，配套融资有效期为拿到批文后一年以内。在配套融资发行过程中，如为询价发行，财务顾问一般需要组织协调项目组、研究所、机构销售部、销售交易部等多部门配合，制定承销和发行方案，向市场投资者路演推介，展现企业亮点和价值，并根据资金面、市场以及投资者反馈等多方面因素综合考量，启动发行，完成询价、簿记、定价、配售、缴款、验资、信息报送和披露等发行上市工作。发行工作总体分为发行前准备阶段、启动阶段、询价簿记阶段、发行阶段和上市阶段，核心在于承销工作的组织和发行流程的执行。如为定价发行，且发行对象已经确定，则财务顾问更多是执行流程性的工作。

在配套融资发行过程中，所有工作的核心都是围绕着“保障发行成功”的目标进行。因此，需要寻找到对发行人有兴趣的投资者，通过针对性的路演和推介活动，使其能充分认同理解企业的亮点和投资价值，同时通过媒体和投资者沟通等渠道，适度激发市场情绪，从而顺利承销股票。

在发行环节中，销售工作的组织和推进是最重要的。根据项目需要，在安排网下路演机构名单时，一般会从机构的资金实力或新增量资金规模，研究能力、定价引导力和市场影响力，近期参与新股的活跃程度，交通便利等因素综合考虑，视其重要程度安排一对一推介、一对多小型路演或公开路演。

通过路演推介活动，可以最大程度地实现发行人和投资者的有效沟通，为后期报价发行营造良好的市场氛围。财务顾问一般聘请参与网下发行与承销全程见证的律师事务所在路演推介活动前对发行人管理层、参与路演的工作人员和证券分析师等进行培训，强调发行人对外宣传材料的口径，包括宣传材料与发行人实际情况的一致性、不允许透露公开资料以外的信息、不允许存在夸张性描述等。

在路演推介中，机构投资者较少关注企业过去的历史沿革、法律等方面的问题，而会集中于企业未来的健康经营和持续发展、明确的利润增长和有吸引力的亮点。因此，为充分有效地交流，更好地体现出发行人的投资价值，一方面，项目组和发行人需要对以上几方面问题提前归纳总结，关键问题和数据需要内部统一回答口径；另一方面，通过前期的一对一路演，积累机构投资者对发行人的关注要点和主要疑虑，形成一份有效的路演问答清单。

在财务顾问协助配套融资发行过程中，还需注意对客户的预期管控、时间管理、底稿归集等事项。

第二节　其他中介机构

上市公司与交易对方就重大资产重组事宜进行初步磋商时，应当立即采取必要且充分的保密措施，制定严格有效的保密制度，限定相关敏感信息的知悉范围。上市公司及交易对方聘请证券服务机构的，应当立即与所聘请的证券服务机构签署保密协议。上市公司在重大资产重组的董事会决议公告前，相关信息已在媒体上传播或者公司股票交易出现异常波动的，上市公司应当立即将有关计划、方案或者相关事项的现状以及相关进展情况和风险因素等予以公告，并按照有关信息披露规则办理其他相关事宜。

一、法律顾问

在企业重大资产重组过程中，法律顾问主要帮助企业根据监管要求核查法律合规问题并规避法律风险。上市公司在重组伊始聘请专业法律顾问进场，一般会参照相关法律文件，对标的公司资产权属、重大合同、人事、环保、节能等问题所处法律环境、合法合规性以及涉诉情况等内容进行尽职调查，出具相关整改建议；重大资产重组过程中，法律顾问参与上市公司的重组谈判，对尽职调查过程中发现的相关法律问题向标的公司问询，出具专业法律意见并推动重组进行；重组结束后，法律顾问参与资源整合过程，为上市公司持续提供法律咨询服务，在保证合规性的基础上进行最优的资源配置，维护上市公司股东价值。此外，作为第三方中介机构，市场声誉是其赖以生存的基石，与其执业质量、自身追求、内控要求、团队能力都有密不可分的关系。因此，不同规模和质量的法律顾问，在重大资产重组业务中对项目质量的要求及对股东价值的影响也会不同。

法律顾问应当按照《公司法》《证券法》《重组办法》《首发办法》等法律法规和相关规定，对重组上市交易相关事项进行审慎核查，详情请见附录部分附件2列示。

近些年上市公司重大资产重组案例中也有部分法律顾问因为尽职调查不充分、发表法律意见不当等原因遭受行政处罚。

案例13－5　J集团借壳A上市公司法律顾问被行政处罚

2015年，J集团拟借壳A上市公司实现上市。2017年，经证监会查明，T律师事务所在《法律意见》中未说明J集团2015年12月31日3亿元银行定期存款处于质押状态，也未按要求对此发表意见；吴某曾于2014

年4月前持有H金融80%股权并担任法定代表人，于2014年2月起担任J集团的副总裁，H金融与J集团构成关联关系，T律师事务所会同证券公司进行关联方核查时，未关注到上述关联关系，《法律意见》未披露H金融与J集团之间2014年存在关联关系。

证监会公布的行政处罚决定书显示，T律师事务所未勤勉尽责，出具的《法律意见》等文件存在虚假记载及重大遗漏。依据《证券法》第二百二十三条的规定，证监会没收该所业务收入150万元，并处以750万元罚款；对项目的主管人员及签字律师史某、刘某、于某给予警告，并分别处以10万元罚款。

二、审计机构

随着市场竞争愈演愈烈，企业发展受到的约束不断增多，以财务为核心的管理活动成为企业发展的关键，当前监管及企业都开始加强对财务管理的关注，尤其是内控有效性的关注。在上市公司重大资产重组中，上市公司应当披露本次重大资产重组涉及的拟购买资产及拟出售资产最近两年及一期的财务报告和审计报告。因此审计机构的核心工作是对标的公司进行审计。

为上市公司重大资产重组提供服务的审计机构及其人员、评估机构及其人员应当在以下方面保持独立性：（1）不存在主要股东相同、主要管理人员双重任职、受同一实际控制人控制等情形；（2）不存在由同一人员对同一标的资产既执行审计业务又执行评估业务的情形。

根据证监会及交易所的相关规定，审计机构一般需要对相关审计事项进行核查并发表意见，详情请见附录部分附件3列示。审计机构在重大资产重组中也存在因未勤勉尽责、虚假记载等原因导致遭受处罚的情况。

三、评估机构

上市公司在重大资产重组项目中针对资产评估应当遵循以下原则：

（1）资产交易定价以资产评估结果为依据的，上市公司应当聘请具有相关证券业务资格的资产评估机构出具资产评估报告。

（2）重大资产重组中相关资产以资产评估结果作为定价依据的，上市公司董事会应当对评估机构的独立性、评估假设前提的合理性、评估方法与评估目的的相关性以及评估定价的公允性发表明确意见。

（3）相关资产不以资产评估结果作为定价依据的，上市公司应当在重大资产重组报告书中详细分析说明相关资产的估值方法、参数及其他影响估值结果的指标和因素。上市公司董事会应当对估值机构的独立性、估值假设前提的合理性、估值方法与估值目的的相关性发表明确意见，并在重大资产重组报告书中详细分析本次交易定价的公允性。

（4）评估机构、估值机构原则上应当采取两种以上的方法进行评估或者估值；上市公司独立董事应当出席董事会会议，对评估机构或者估值机构的独立性、评估或者估值假设前提的合理性和交易定价的公允性发表独立意见，并单独予以披露。

根据证监会及交易所的相关规定，评估机构一般需要对相关评估事项进行核查并发表意见，详情请见附录部分附件 4 列示。

评估机构在重大资产重组中也存在因为评估金额可靠性、相关预测数据、参数依据的真实性及合理性问题遭受处罚的情形。

案例 13－6　Z 公司借壳 F 上市公司

2015 年，Z 公司借壳 F 上市公司。重组方案显示，F 上市公司拟在出售 14.99 亿元资产与负债的同时，以发行股份方式向 Z 投资公司购买其持有的 Z 公司价值 28.59 亿元的全部股权，并向 Z 投资公司非公开发行股份募集配套资金。

2018 年，经证监会查明，Z 公司虚增 2013 年营业收入 5,515 万元，虚构 2014 年和 2015 年的盈利预测，导致 Z 公司公开披露的重大资产重组文件存在虚假记载、误导性陈述，其中 Z 公司技术资产评估金额虚增了 54.46%。

证监会公布的行政处罚决定书显示，在 Z 公司技术项目进行资产评估时，评估机构未勤勉尽责，不符合资产评估准则的相关规定，导致出具的评估报告存在误导性陈述。依据《证券法》第二百二十三条的规定，证监会责令从事该项业务的资产评估机构改正，没收评估业务收入160万元，并处以480万元罚款；对评估机构首席评估师梅某、签字评估师杨某、林某给予警告，并分别处以5万元罚款。

其他业务篇

第十四章 上市公司分拆与分立

第一节 上市公司分拆概述

一、定义

上市公司分拆，是指上市公司将部分业务或资产，以其直接或间接控制的子公司（以下简称“所属子公司”）的形式，在境内或境外证券市场首次公开发行股票并上市或者实现重组上市的行为。

二、基本情况

2004 年，证监会制定发布《关于规范境内上市公司所属企业到境外上市有关问题的通知》（证监发〔2004〕67 号，以下简称《境外分拆通知》），允许满足一定条件的 A 股上市公司分拆所属子公司到境外上市，这对于上市公司拓宽融资渠道、优化资源配置、做优做强产生积极影响。

2005 年以来，伴随着股权分置改革的推行，资本市场出现了一轮整体上市潮，以解决上市公司与集团之间的关联交易、股权收益不清等问题。但随着时间推移，“大而全”的企业经营模式也显露出一些弊端。大型企业，特别是一些大型央企或国企，在某些经营效率指标方面要明显低于规模相对较小的企业。另外，从国际资本市场来看，综合型企业的市场估值都相对较低，而专注于某一领域的企业市场估值则高很多。因此，将符合市场关注热点并可享受更高溢价水平的资产分拆出来独立上市，成为一些上市公司的选择。

2010 年，证监会曾以消息发布的形式允许 A 股上市公司分拆子公司至创业板上市，但并未颁布正式文件。由于市场对分拆上市存在诸多不同意见，所以其后监管部门尽管没有明令禁止，但事实上已经暂停了分拆子公司的境内上市。

2019 年，为适应资本市场发展的需要，证监会制定发布了《境内分拆规定》，开展上市公司分拆到境内上市试点。从试点情况看，上市公司分拆子公司于 A 股上市的热潮持续不断，市场运行总体平稳。截至 2022 年 12 月 31 日，累计 94 家公司发布过“A 拆 A”[①] 计划，部分上市公司披露了分拆方案，21 家公司分拆子公司成功上市，IPO 募资合计 381 亿元。

2022 年 1 月 5 日，证监会发布《分拆规则》。考虑到“分拆到境外上市”与“分拆到境内上市”，对上市公司的影响类似，且两项规则在市场适用过程中存在实践操作问题，因此证监会以监管法规整合为契机，结合市场发展实际在《分拆规则》中一并作出明确。

三、上市公司分拆的动因

A 股上市公司分拆子公司上市的动因，主要有以下几方面：

（一）增强子公司融资能力

分拆上市作为资本运作的一种方式，具有“一种资产，两次使用”的特征。分拆上市使得子公司能够作为独立实体在资本市场融资，在母公司披露分拆上市的计划后，子公司会大大提升其在一级市场的吸引力。除首发上市外，子公司作为一个单独的融资平台，后续可以通过定增等方式继续在二级市场融资，增强了子公司的独立融资能力。

（二）提高业务集中度

对综合型公司来说，当战略版图过于分散时，业务之间的协同效应会

① A 拆 A：A 股上市母公司的附属子公司在满足经营权分离的相关条件前提下，在 A 股申请 IPO。

逐渐减弱。分拆作为资产重组的重要手段，能够帮助公司在经营上做“减法”，促进资源有效整合，母、子公司都可以集中精力经营核心业务，从而提升公司效率，创造更大的公司价值。

（三）激励子公司高管

子公司分拆上市后作为单独的主体，在人员任免、信息披露、财务独立等方面都将与母公司划出清晰界限，对于子公司的公司治理有较大好处。与此同时，在分拆上市的过程中也可以通过员工持股计划或股权/期权分配等方式，给予子公司管理层更加有效的激励，解决委托代理问题，改善公司治理。

（四）子公司估值重塑

公司进行分拆上市，向外部投资者传递出了公司价值被低估的信号，上市消息公布后往往在市场上出现积极效应。当某块业务或资产在母公司体内时，对其进行单独估值难度相对较大，而分拆后母公司的财务结构会出现明显改变，上市的过程也会对子公司的现金流和杠杆率等财务水平有所帮助。如果是盈利性较弱，甚至尚未盈利但成长性较高的业务，独立以后子公司也可以采用与母公司不同的估值方法，从而得到更加公允的估值。例如，对于分拆出来的科技型业务，从集团性公司常用的 P/E 或是 DCF 估值法，切换至 PEG 或是 P/S 估值法进行估值。此外，不同的上市地/上市板块也可能会对公司的估值造成影响。例如，2019 年新规后“A 拆 A”案例中，子公司大多选择科创板及创业板上市，也与以上板块对于创新型公司更加友好的估值和上市规则相关。

但分拆对于母公司的估值可能存在不同方向的影响。从会计的角度上看，对子公司进行分拆上市将会稀释母公司所持有的子公司股权，从而造成母公司合并报表内的归母净利润部分被稀释，归母净资产也会相应减少，有可能会带来母公司的估值下降。但若分拆的子公司尚未盈利，则归母净利润和归母净资产则会出现一增一减的情形，在财务报表上对母公司的影响也变得较为复杂。

四、上市公司分拆的意义

上市公司分拆主要具有以下三个方面的意义：

一是有利于上市公司的新旧动能转换。分拆上市是上市公司实现资产剥离的手段，分拆的子公司可能未实现盈利，同时大量的前期研发投入也占用了上市公司较多的资源，短期内对上市公司的经营业绩有不利影响，分拆后的上市公司和子公司都能更好地专注主业。

二是有利于改善公司的现金流状况，提升直接融资比例。上市公司分拆可为上市公司投资战略性新兴产业的业务提供更多融资渠道，改善现金流状况，优化融资结构。

三是能够更好地披露公司主营业务经营状况，提高上市公司估值。在上市公司分拆之前，上市公司财务报表反映的是各项业务简单加总后的整体情况，难以充分披露不同业务的具体经营情况，分拆后有望提升优质资产的整体估值。

分拆上市也是资本市场优化资源配置的重要手段，有助于推进上市公司高质量发展。一般而言，母子公司分拆是一种双赢举措，两者业绩大多可以更好地表现。对于子公司，分拆上市可以直接对接资本市场，从而做大资本、减少信息不对称、丰富员工激励手段，大幅提升公司经营积极性；对于母公司，分拆上市有助于理顺业务架构、提高经营效率、缓解财务压力、拓宽融资渠道、优化公司治理、帮助上市公司给市场传递信号、寻求友好股东抵御敌意并购等。

五、可能的风险点

A 股上市公司分拆子公司上市，主要面临的风险有以下方面：

（一）母公司的“空心化”

分拆上市意味着母公司将不再直接控制子公司的资产和业务，因此对于投资者和监管机构来说需要格外注意母公司业务的“空心化”。特别是对于上市公司拆分核心业务上市，可能伴随着母公司的企业价值下滑、股权分散，使得中小股东的利益受到损害等风险。此外，当母公司运营出现较大问题时，通过分拆上市等资产重组手段剥离运行良好、估值较高的业务部分，而将相对较差的资产留在母公司体内“弃卒保车”，这种情形在国际上也时有发生。

因此在《分拆规则》中，监管机构对被拆分子公司的净资产和净利润占比分别作出 30%、50% 的上限规定，以保证拆分后母公司的正常运营。同时，证监会还对分拆上市前公司的盈利情况作出要求，保证拆分前公司正常运营。

（二）同业竞争

除部分多元化、集团性的公司外，大部分公司分拆的业务无论是通过自身开发或是外部并购，都与母公司的主业有较高关联度，分拆后子公司时常面临同业竞争的风险。在已有的分拆上市案例中，监管机构在子公司的上市过程中也对这一问题较为关注。

（三）子公司的独立性及股东不当攫利

由于母公司在分拆后仍然对子公司保有控制权，因此母、子公司之间的经营能否完全独立也是监管机构核查的重点。一方面，子公司能否脱离母公司实现独立的发展和经营，是其作为发行主体在资本市场上能否获得投资者认可的重要因素；另一方面，如果公司之间的经营、决策和人员没有做到完全隔离，则有可能诱发非公平的关联交易、利益输送乃至利润转移、债务逃避等问题，损害中小投资者利益。

六、上市公司分拆的条件及不得分拆的情形

（一）分拆条件

根据《分拆规则》相关规定，上市公司分拆应当同时符合以下条件：

（1）上市公司股票境内上市已满 3 年；

（2）上市公司最近 3 个会计年度连续盈利；

（3）上市公司最近 3 个会计年度扣除按权益享有的拟分拆所属子公司

的净利润后，归属于上市公司股东的净利润累计不低于人民币 6 亿元（所涉净利润计算，以“扣除非经常性损益前后孰低值”为依据）；

（4）上市公司最近 1 个会计年度合并报表中按权益享有的拟分拆所属子公司的净利润不得超过归属于上市公司股东净利润的 50%；上市公司最近 1 个会计年度合并报表中按权益享有的拟分拆所属子公司的净资产不得超过归属于上市公司股东净资产的 30%。

（二）不得分拆的情形

根据《分拆规则》相关规定，上市公司或上市公司所属子公司存在以下情形之一的，不得分拆。

（1）上市公司存在以下情形之一的，不得分拆：

①资金、资产被控股股东、实际控制人及其关联方占用，或者上市公司权益被控股股东、实际控制人及其关联方严重损害；

②上市公司或其控股股东、实际控制人最近 36 个月内受到过证监会的行政处罚；

③上市公司或其控股股东、实际控制人最近 12 个月内受到过证券交易所的公开谴责；

④上市公司最近 1 年或 1 期财务会计报告被注册会计师出具保留意见、否定意见或者无法表示意见的审计报告；

⑤上市公司董事、高级管理人员及其关联方持有拟分拆所属子公司股份，合计超过所属子公司分拆上市前总股本的 10%，但董事、高级管理人员及其关联方通过该上市公司间接持有的除外。

（2）上市公司所属子公司存在以下情形之一的，上市公司不得分拆：

①主要业务或资产是上市公司最近 3 个会计年度内发行股份及募集资金投向的[①]，但子公司最近 3 个会计年度使用募集资金合计不超过子公司净资产 10% 的除外；

---

① 此处的募集资金投向包括上市公司向子公司出资或者提供借款，并以子公司实际收到募集资金作为判断标准。上市公司向子公司提供借款的，子公司使用募集资金金额，可以按照每笔借款使用时间长短加权平均计算。

②主要业务或资产是上市公司最近 3 个会计年度内通过重大资产重组购买的；

③主要业务或资产是上市公司首次公开发行股票并上市时的主要业务或资产；

④主要从事金融业务的；

⑤子公司董事、高级管理人员及其关联方持有拟分拆所属子公司股份，合计超过该子公司分拆上市前总股本的 30%，但董事、高级管理人员及其关联方通过该上市公司间接持有的除外。

例如，在上市公司紫江企业（600210）分拆拟上市所属子公司紫江新材案例中，公开披露的保荐机构核查意见书逐条阐释了上市公司符合《分拆规则》规定的分拆条件，包括：紫江新材主营业务为软包锂电池用铝塑复合膜的研发、生产及销售，不属于主要从事金融业务的公司；紫江新材的主要业务或资产不属于上市公司最近 3 个会计年度内发行股份及募集资金投向的情形，不属于上市公司最近 3 个会计年度通过重大资产重组购买的情形，也不属于上市公司首次公开发行股票并上市时的主要业务或资产；紫江新材董事、高级管理人员合计持有紫江新材 14.98% 的股权，未超过紫江新材分拆上市前总股本的 30% 等。

第二节　上市公司分拆的信息披露要求

上市公司分拆所属子公司在境内外独立上市的，其涉及的信息披露主体分为上市公司和拟分拆所属子公司。

上市公司分拆，涉及境内首次公开发行股票并上市的，拟分拆所属子公司应当遵守证监会、证券交易所颁布的《分拆规则》和关于证券发行上市、保荐、承销等有关信息披露的规定；涉及重组上市的，拟分拆所属子公司应当遵守证监会、证券交易所颁布的《分拆规则》和关于上市公司重大资产重组有关信息披露的规定。上市公司分拆，涉及境外上市的，拟分拆所属子公司应当符合证监会颁布的《分拆规则》和关于境外发行上市的有关信息披露的规定。

一、上市公司的信息披露要求

（一）是否有利于突出主业、增强独立性

根据《分拆规则》相关信息披露规定，上市公司分拆，首先应当充分说明并披露是否有利于上市公司突出主业、增强独立性。

上市公司与中介机构应在相关公告中阐述该上市公司主营业务或主要产品，并结合上述内容说明该分拆有利于上市公司突出主业、增强独立性的方面。如上市公司华兰生物（002007）分拆拟上市所属子公司华兰疫苗案例中，其在分拆上市预案书、分拆上市法律意见书、分拆上市保荐机构核查意见书、分拆上市会计师意见函等公开披露文件中，均明确阐述华兰生物和华兰疫苗在主营业务和产品上的区别：华兰生物的主营业务分为血液制品、疫苗制品两类，其中疫苗制品业务全部为子公司华兰疫苗运营。分拆后，华兰生物将集中发展除疫苗制品以外的业务，突出血液制品业务的优势，进一步增加上市公司的独立性。

（二）是否符合同业竞争、关联交易的监管要求

上市公司需充分说明并披露分拆后上市公司和拟分拆所属子公司之间是否符合证监会、证券交易所关于同业竞争、关联交易的监管要求；分拆到境外上市的，上市公司与拟分拆所属子公司不存在同业竞争。

上述与同业竞争、关联交易有关的监管法规主要可参考《公司法》《上市公司证券发行注册管理办法》《上海证券交易所股票上市规则》《深圳证券交易所股票上市规则》《上市公司治理准则》等文件。

结合监管要求，上市公司分拆对同业竞争、关联交易的上市公司信息披露要求具体为：（1）需要披露是否存在构成同业竞争或潜在竞争和重大不利影响。需具体披露上市公司和拟分拆所属子公司主营业务和产品的显著差异，以说明不存在构成同业竞争或潜在竞争和重大不利影响。（2）需

要披露避免上市后出现同业竞争的措施。上市公司一般会采取出具承诺函的方式来有效防止和避免同业竞争。(3) 需要披露完整、准确的关联方及关联交易信息，如采购、出售的商品和劳务，关联担保，关联方资金拆借，关联方资产转让、债务重组情况，关键管理人员薪酬，关联方应收应付款项等。(4) 需要披露分拆后关联交易的必要性、合理性和公允性，如出于实际经营需要、具有合理的商业背景等。(5) 需要披露本次分拆对上市公司关联交易的影响。具体需披露当拟分拆所属子公司上市后，上市公司是否仍保持对拟分拆所属子公司的控制权，拟分拆所属子公司是否仍在上市公司合并报表范围内，公司的关联交易情况是否会因为分拆而发生变化。(6) 需要披露减少并规范关联交易的措施。上市公司一般会采取出具承诺函的方式来减少和规范关联交易。

（三）资产、财务、机构、人员方面独立性

上市公司需充分说明并披露上市公司与拟分拆所属子公司的资产、财务、机构方面是否相互独立，高级管理人员、财务人员是否存在交叉任职。上述需互相独立的资产主要分为无形资产（商标、专利等）和有形资产（厂房、机器设备等），并需披露该等资产的权属清晰、独立性、完整性等；上述需互相独立的财务分为财务核算体系、财务决策、财务制度等，需披露是否能配合对全部资产进行独立登记、建账、核算、管理等；上述需互相独立的机构分为职能部门、内部经营管理部门等，需披露这些机构是否独立行使职权、是否存在机构混同的情况；上述涉及人员独立性的问题包括是否存在人员兼职问题、是否存在领薪不合规问题等情形。

（四）独立性方面是否存在其他严重缺陷

上市公司和拟分拆所属子公司除资产相互独立完整，机构、业务、人员方面均保持独立，上市公司还应具有完整的业务体系和直接面向市场独立经营的能力，在独立性方面不存在其他严重缺陷。

（五）披露对投资者投资决策和上市公司证券及其衍生品交易价格产生较大影响的所有信息

上市公司分拆，应当参照证监会、证券交易所关于上市公司重大资产重组的有关规定，充分披露对投资者投资决策和上市公司证券及其衍生品种交易价格可能产生较大影响的所有信息，包括但不限于：分拆目的、商业合理性、必要性、可行性；分拆对各方股东，特别是中小股东、债权人和其他利益相关方的影响；分拆预计和实际的进展过程、各阶段可能面临的相关风险，以及应对风险的具体措施、方案等。

（六）有关持续督导上市公司上市地位的信息披露要求

所属子公司上市当年剩余时间及其后一个完整会计年度，独立财务顾问应当持续督导上市公司维持独立上市地位。而上市公司应在独立财务顾问的督导下，针对所属子公司发生的对上市公司权益有重要影响的资产、财务状况变化，以及其他可能对上市公司股票价格产生较大影响的重要信息，依法履行信息披露义务。

二、拟分拆所属子公司的信息披露要求

（一）分拆上市规定

拟分拆所属子公司在分拆上市中也要遵守《分拆规则》等相关法规信息披露要求，且与上市公司的信息披露要求有较多重合之处。

首先，拟分拆所属子公司需要披露是否符合同业竞争、关联交易的监管要求。

此外，拟分拆所属子公司的信息披露重点还包括“资产、财务、机构、人员方面独立性”以及“独立性方面是否存在其他严重缺陷”。

上述信息披露要求与上市公司类似，具体内容可参见“上市公司的信息披露要求”。

（二）境内首发上市、重组上市和境外上市规定

拟分拆所属子公司可根据自身情况选择交易所板块，并遵守各交易所

板块上市规则的信息披露要求。

1. 境内首发上市

若拟分拆所属子公司在境内上市（A 拆 A），则应遵守《首发办法》《首发业务若干问题解答》《上海证券交易所上市公司证券发行上市审核规则》《深圳证券交易所上市公司证券发行上市审核规则》《证券发行上市保荐业务管理办法》《证券发行与承销管理办法》等相关信息披露规定①。

2. 重组上市和境外上市

上市公司分拆涉及重组上市的，拟分拆所属子公司除遵守证监会颁布的《分拆规则》外，还应遵守上市公司重大资产重组有关信息披露的规定。

上市公司分拆涉及境外上市的，拟分拆所属子公司除符合证监会颁布的《分拆规则》外，还应遵守境外发行上市的有关信息披露的规定。如拟分拆所属子公司在中国香港上市（A 拆 H），则应遵从《香港联合交易所有限公司证券上市规则》应用指引有关信息披露要求。

第三节　上市公司分拆的决议及表决程序

一、上市公司的决议及表决程序

上市公司分拆的决议及表决程序，需遵守《公司法》《证券法》《分拆规则》《上海证券交易所股票上市规则》《深圳证券交易所股票上市规则》等法律法规。根据上市公司分拆预案是否经过修订，上市公司分拆的决议和表决流程可用图 14－1、图 14－2 概述。

上市公司的决议及表决程序要求为：

---

① 目前上市公司分拆子公司在北交所上市的政策形势暂不明朗，故暂不讨论北交所分拆上市情形。

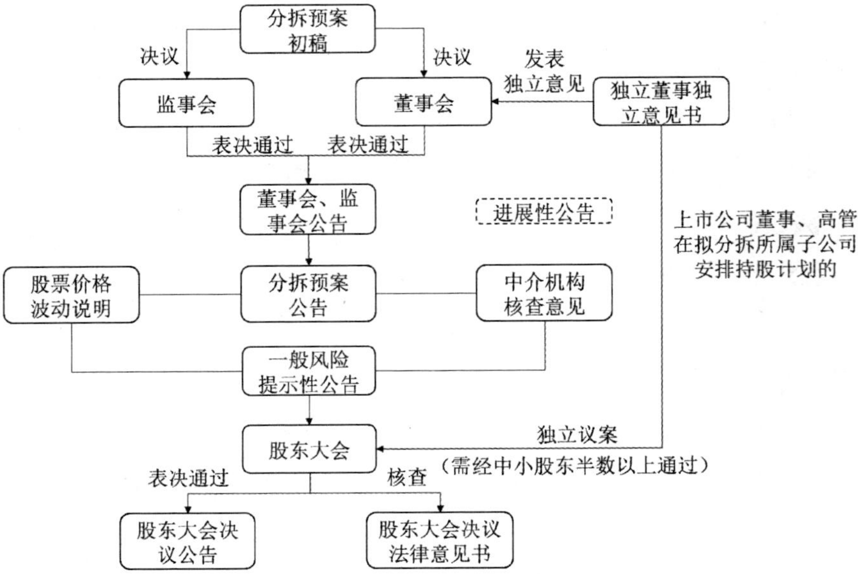

图14－1　上市公司分拆预案无须修订情形下的决议及表决程序

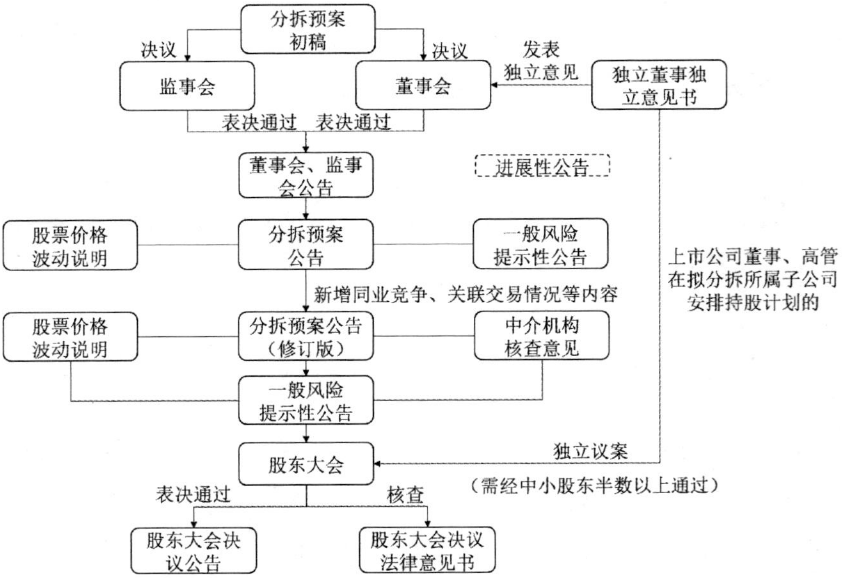

图14－2　上市公司分拆预案经修订情形下的决议及表决程序

1. 召开董事会、监事会

上市公司分拆，应由董事会依法作出决议。上市公司董事会、监事会表决程序要求如表14－1所示。

表 14－1 董事会、监事会表决程序要求

会议	具体决议要求	具体表决程序要求
董事会、监事会	《分拆规则》规定上市公司分拆，应当由董事会依法作出决议。上市公司董事会应当就所属子公司分拆是否符合相关法律法规和本规则、是否有利于维护股东和债权人合法权益，上市公司分拆后能否保持独立性及持续经营能力，分拆形成的新公司是否具备相应的规范运作能力等作出决议	（1）《公司法》规定董事会的议事方式和表决程序，除本法有规定的外，由公司章程规定；董事会应当对所议事项的决定作成会议记录，出席会议的董事应当在会议记录上签名；董事会决议的表决，实行一人一票 （2）《公司法》规定监事会的议事方式和表决程序，除本法有规定的外，由公司章程规定；监事会决议应当经半数以上监事通过；监事会应当对所议事项的决定作成会议记录，出席会议的监事应当在会议记录上签名；监事可以列席董事会会议，并对董事会决议事项提出质询或者建议

2. 召开股东大会

上市公司分拆，应由董事会依法作出决议，并提交股东大会批准。上市公司股东大会表决程序要求如表 14－2 所示。

表 14－2 股东大会表决程序要求

会议	具体决议要求	具体表决程序要求
股东大会	《分拆规则》规定上市公司分拆，应当由董事会依法作出决议，并提交股东大会批准。上市公司股东大会应当就董事会提案中有关所属子公司分拆是否有利于维护股东和债权人合法权益、上市公司分拆后能否保持独立性及持续经营能力等进行逐项审议并表决	（1）《分拆规则》规定上市公司股东大会就分拆事项作出决议，必须经出席会议的股东所持表决权的 2/3 以上通过，且须经出席会议的中小股东所持表决权的 2/3 以上通过 （2）上市公司董事、高级管理人员在拟分拆所属子公司安排持股计划的，该事项应当由独立董事发表独立意见，作为独立议案提交股东大会表决，并须经出席会议的中小股东所持表决权的半数以上通过 （3）《公司法》规定上市公司在 1 年内购买、出售重大资产或者担保金额超过公司资产总额 30% 的，应当由股东大会作出决议，并经出席会议的股东所持表决权的 2/3 以上通过

二、拟分拆所属子公司的决议及表决程序

根据上市公司分拆预案是否经过修订，拟分拆所属子公司分拆的决议和表决流程可用图 14－3、图 14－4 概述。

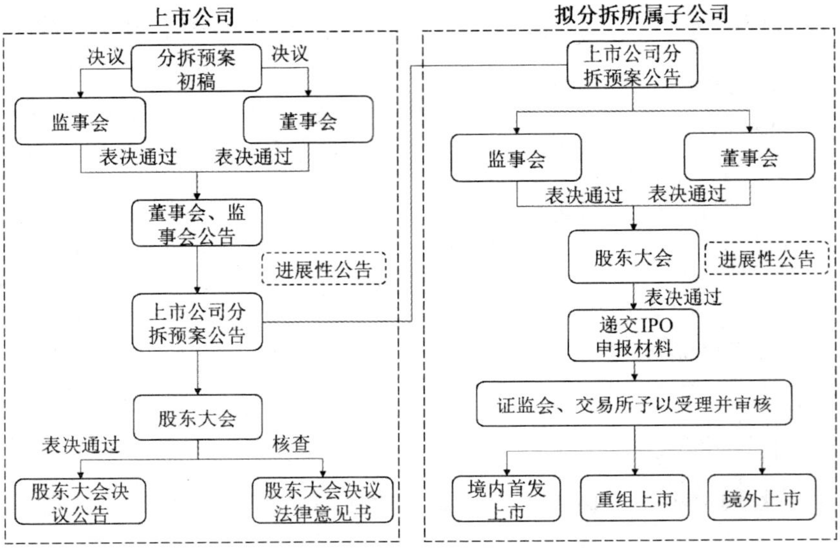

图 14－3　上市公司分拆预案无须修订情形下的决议及表决程序

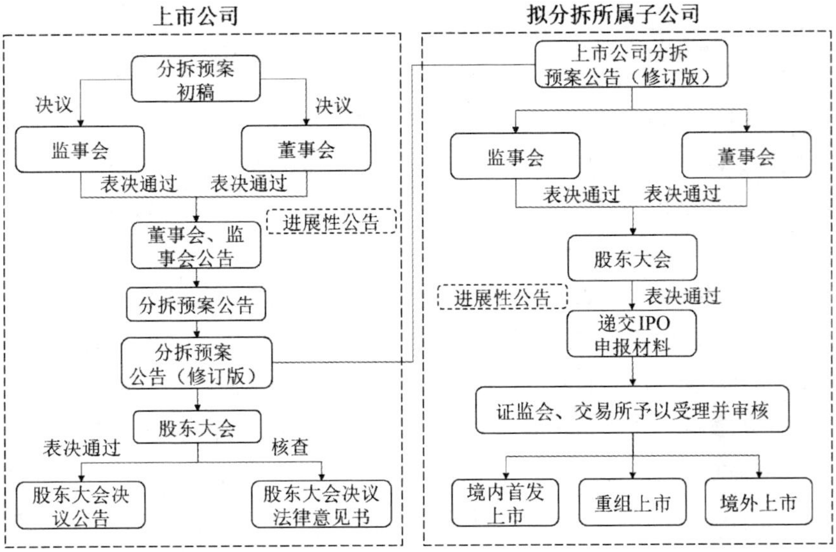

图 14－4　上市公司分拆预案经修订情形下的决议及表决程序

《分拆规则》并未对拟分拆所属子公司的决议及表决程序作出特殊规定，故参考一般性的《公司法》《证券法》等法律法规对拟分拆所属子公司的决议及表决程序进行约束即可。

第四节 上市公司分拆所聘中介机构的职责

上市公司分拆，需要聘请独立财务顾问、律师事务所和会计师事务所等证券服务机构就分拆事项出具意见。同时，拟分拆所属子公司需要聘请保荐机构、律师事务所和会计师事务所等。

一、上市公司所聘中介机构的主要工作内容

（一）独立财务顾问

独立财务顾问应当具有保荐业务资格，就上市公司分拆是否符合《分拆规则》，上市公司披露的相关信息是否存在虚假记载、误导性陈述或者重大遗漏等进行尽职调查、审慎核查，出具核查意见并予以公告。

所属子公司上市当年剩余时间及其后一个完整会计年度，独立财务顾问应当持续督导上市公司维持独立上市地位，并承担下列工作：（1）持续关注上市公司核心资产与业务的独立经营状况、持续经营能力等情况；（2）针对所属子公司发生的对上市公司权益有重要影响的资产、财务状况变化，以及其他可能对上市公司股票价格产生较大影响的重要信息，督导上市公司依法履行信息披露义务。持续督导工作结束后，自上市公司年报披露之日起10个工作日内出具持续督导意见，并予以公告。

（二）律师事务所

律师事务所针对分拆上市的主体资格、信息披露情况、履行程序及批准授权情况、《分拆规则》规定的分拆条件进行核查并出具法律意见书。

（三）会计师事务所

会计师事务所针对分拆上市是否符合《分拆规则》的分拆条件进行复

核，并形成复核意见。

二、拟分拆所属子公司所聘中介机构的主要工作内容

（一）保荐机构

保荐机构在上市过程中的不同阶段承担的主要职责包括以下内容：

1. 尽职调查

保荐机构推荐发行人证券发行上市，应当遵循诚实守信、勤勉尽责的原则，按照证监会对保荐机构尽职调查工作的要求，对发行人进行全面调查，充分了解发行人的经营状况及其面临的风险和问题。

2. 辅导发行人

保荐机构在推荐发行人首次公开发行股票并上市前，应当对发行人进行辅导。辅导内容包括：对发行人的董事、监事和高级管理人员、持有5%以上股份的股东和实际控制人（或者其法定代表人）进行系统的法规知识、证券市场知识培训，使其全面掌握发行上市、规范运作等方面的有关法律法规和规则，知悉信息披露和履行承诺等方面的责任和义务，以及证监会规定的其他事项，树立进入证券市场的诚信意识、自律意识和法制意识。

3. 签订保荐协议

保荐机构应当与发行人签订保荐协议，明确双方的权利和义务，按照行业规范协商确定履行保荐职责的相关费用。保荐协议签订后，保荐机构应当在5个工作日内向承担辅导验收职责的证监会派出机构报告。

4. 出具发行人发行和上市的推荐文件

保荐机构应当确信发行人符合法律、行政法规和证监会、证券交易所的有关规定，才可推荐其证券发行上市。保荐机构决定推荐发行人证券发行上市的，可以根据发行人的委托，组织编制申请文件并出具推荐文件。

5. 申报及配合审核工作

保荐机构应当向证券交易所提交上市审核申报文件；组织发行人及证券服务机构对证监会或证券交易所的反馈意见进行回复；按照证监会或证

券交易所的要求对涉及本次证券发行上市的特定事项进行尽职调查或者核查；指定保荐代表人与证券交易所职能部门进行专业沟通，保荐代表人在上市委会议上接受委员质询；证监会或证券交易所规定的其他工作。

保荐机构不能完全依赖其他证券服务机构的工作，对其他证券服务机构出具专业意见的内容，保荐机构必须对其进行审慎核查，独立判断，并在了解、复核证券服务机构专业意见的过程中形成文件资料。

（二）律师事务所

律师事务所主要负责解决上市过程中的有关法律问题，协助企业准备报批所需的各项法律文件，出具法律意见书和律师工作报告等。具体工作主要包括：对改制重组方案的合法性进行论证；指导股份公司设立或者有限公司变更为股份公司；对设立相关的法律事项进行审核并协助企业规范、调整和完善；对发行人的历史沿革、股权结构、资产、组织机构运作、独立性、税务等法律事项的合法性进行判断；对股票发行上市各种法律文件的合规性进行判断；协助和指导发行人起草公司章程等公司法律文件；出具法律意见书和律师工作报告，及根据反馈意见出具补充法律意见书；对有关申请文件提供见证意见；对证监会或证券交易所的反馈意见进行回复等。

（三）会计师事务所

会计师事务所主要负责协助企业完善财务管理、会计核算和内控制度，就改制上市过程中的财务、税务问题提供专业意见，协助申报材料制作，出具审计报告和验资报告等。具体工作主要包括：负责企业财务报表审计，出具三年及一期审计报告；负责企业盈利预测报告审核（特殊情况下需要），并出具盈利预测审核报告；负责企业内部控制鉴证，并出具内部控制鉴证报告；负责核验企业的非经营性损益明细项目和金额；对发行人主要税种纳税情况出具专项意见；对发行人原始报表与申报财务报表的差异出具专项意见；对证监会或证券交易所的反馈意见进行回复等。

第五节　上市公司分拆案例解析

一、A 股上市公司分拆上市概况

截至 2023 年 2 月 20 日，在 Wind 分拆上市指数成分中，A 股境内已完成分拆上市的公司共 21 家，具体情况如表 14－3。

表 14－3　　A 股境内已完成分拆上市的公司概况

序号	上市公司	分拆子公司				
		简称	证券代码	上市交易所	上市板块	行业
1	铜陵有色	铜冠铜箔	301217	深交所	创业板	计算机、通信和其他电子设备制造业
2	星网锐捷	锐捷网络	301165	深交所	创业板	
3	和而泰	铖昌科技	001270	深交所	主板	
4	海康威视	萤石网络	688475	上交所	科创板	
5	生益科技	生益电子	688183	上交所	科创板	
6	长春高新	百克生物	688276	上交所	科创板	医药制造业
7	华兰生物	华兰疫苗	301207	深交所	创业板	
8	科伦药业	川宁生物	301301	深交所	创业板	
9	辽宁成大	成大生物	688739	上交所	科创板	
10	大族激光	大族数控	301200	深交所	创业板	专用设备制造业
11	杰瑞股份	德石股份	301158	深交所	创业板	
12	中国铁建	铁建重工	688425	上交所	科创板	
13	华邦健康	凯盛新材	301069	深交所	创业板	化学原料和化学制品制造业
14	江苏国泰	瑞泰新材	301238	深交所	创业板	
15	中国中铁	高铁电气	688285	上交所	科创板	铁路、船舶、航空航天和其他运输设备制造业
16	厦门钨业	厦钨新能	688778	上交所	科创板	电气机械和器材制造业

续表

序号	上市公司	分拆子公司				
		简称	证券代码	上市交易所	上市板块	行业
17	广电运通	中科江南	301153	深交所	创业板	软件和信息技术服务业
18	物产中大	物产环能	603071	上交所	主板	批发业
19	宁波港	宁波远洋	601022	上交所	主板	水上运输业
20	联美控股	兆讯传媒	301102	深交所	创业板	商务服务业
21	上海电气	电气风电	688660	上交所	科创板	通用设备制造业

二、上市公司分拆审核关注要点

根据《分拆规则》第六条，上市公司分拆应当就以下事项作出充分说明并披露：

（1）有利于上市公司突出主业、增强独立性；

（2）本次分拆后，上市公司与拟分拆所属子公司均符合证监会、证券交易所关于同业竞争、关联交易的监管要求；分拆到境外上市的，上市公司与拟分拆所属子公司不存在同业竞争；

（3）本次分拆后，上市公司与拟分拆所属子公司的资产、财务、机构方面相互独立，高级管理人员、财务人员不存在交叉任职；

（4）本次分拆后，上市公司与拟分拆所属子公司在独立性方面不存在其他严重缺陷。

与普通 IPO 相比，分拆上市对发行人的独立性、同业竞争、关联交易等方面有更多要求，也是审核重点关注事项。

案例 14－1　G 上市公司分拆甲公司上市

【案例概述】2021 年，G 上市公司发布分拆所属子公司甲公司上市的预案，并于 2022 年 10 月通过交易所上市委审议。

【分拆上市方案】G 上市公司主营业务包括精密零组件业务、智能声学整机业务和智能硬件业务。甲公司作为 G 上市公司体系内唯一从事微电子相关业务的主体，是一家以MEMS器件及微系统模组研发、生产与销售为主的半导体公司。

微电子业务原属于G上市公司精密零组件业务之一。2019年12月，G上市公司首先以微电子业务资产包对其全资子公司乙公司进行增资，将微电子业务相关的资产、负债转移至乙公司，随后以乙公司100%股权及R公司100%股权对甲公司增资，从而完成了微电子业务重组。

通过本次分拆，G上市公司将进一步实现业务聚焦。甲公司将进一步提升MEMS器件及微系统模组等相关产品的竞争力。本次分拆后，G上市公司仍是甲公司的控股股东，甲公司仍纳入G上市公司合并财务报表。

【审核关注点：独立性】微电子业务原属于G上市公司精密零组件业务之一，并于2019年12月通过业务重组的方式自G上市公司独立。由于微电子业务独立时间相对较短，公司仍然需要在保持独立性的同时不断提升内部管理控制水平。

（1）业务独立性。2019—2021年，甲公司关联销售占营业收入的比例分别为51.98%、87.97%、11.04%，关联采购占营业成本的比例分别为75.16%、50.41%、2.43%。对此，甲公司解释称主要系微电子业务独立初期尚未完成客户、供应商合同转签工作，需要由G上市公司代销、代采所致。2021年度随着供应商转签工作陆续完成，公司关联采购占比大幅下降。除关联销售和采购之外，未来甲公司可能持续发生的关联交易主要包括购买自动化设备及配件、租赁厂房等，关联交易对其经营业绩将产生一定影响。

（2）财务独立性。2018—2020年，甲公司向G上市公司分别借入资金4,000万元、29,500万元和41,930万元；2018年，G上市公司向甲公司借入资金7,500万元。G上市公司2019年、2020年分别代甲公司收取货款17,044.02万元、28,945.34万元，甲公司2020年收回代收货款45,989.36万元。G上市公司及其子公司2019年、2020年分别代甲公司支付货款20,130.03万元、51,193.92万元，甲公司2020年支付代付货款71,323.96万元。甲公司解释称其及子公司通过关联方代收代付货款为微电子业务重组及客户、供应商转签等原因导致，具有必要性；代收代付货款跨期收回或支付主要原因为年末大额资金划转需要与各银行进行协调，难以于2019年年末前完成；代收代付金额相差较小，存在合理性。

（3）资产和人员独立性。甲公司向G上市公司及其子公司租赁生产、办公及人员住宿场所。甲公司解释称向G上市公司及其子公司租赁的相关场所，具体用途主要包括发行人汽车电子业务及部分模组生产场所、部分材料储存场所、实验业务相关场所、员工宿舍等，其中部分场所为发行人生产经营所必需的场所，对发行人具有一定重要性，但相关场所未转让给发行人均具有合理的商业理由；发行人针对相关生产经营用厂房已制定切实可行的搬迁计划，且G上市公司已出具承诺，能够保证发行人及其子公司在搬迁完成前长期稳定使用，租赁费用公允，不会对发行人持续生产经营产生重大不利影响，亦不会对发行人资产完整和独立性构成重大不利影响。

2018年、2019年、2020年和2021年1—6月，甲公司采购G上市公司定制设备发生的经常性关联交易金额分别为2,402.68万元、4,537.99万元、13,938万元和4,319.88万元，向关联方采购设备发生的偶发性关联交易金额分别为5,789.53万元、8,051.86万元、9,957.7万元和5,829.60万元。甲公司解释称G上市公司内部智能装备部门具有较强的自动化设备研发能力，考虑到专业性、匹配度以及沟通成本等因素，发行人向G上市公司购买定制化设备，交易参考市场上同类非标设备销售价格，结合定制化设备的生产成本和合理的毛利进行定价；向G上市公司等关联方采购二手设备的关联交易是微电子业务分拆后独立性完善过程中发生的，具有偶发性。

甲公司董事姜某等人和监事杜某等人在2020年存在从甲公司控股股东或实际控制人控制的其他企业领取薪酬的情况。甲公司解释称姜某等人除担任发行人董事外，未为发行人提供其他服务；杜某等人除担任发行人监事外，亦未为发行人提供其他服务，该等人员不在发行人处领薪具有合理性。

2018 年、2019 年、2020 年和 2021 年 1—6 月，关联方代甲公司支付的相关工资及费用分别为 88.52 万元、499.1 万元、2,655.5 万元、835.91 万元。甲公司解释称 2019 年在上海、深圳正式设立子公司之前招聘了部分员工在当地开展微电子相关业务，其工资由关联方代付，业务重组后，相关人员劳动合同陆续转签至甲公司及下属子公司；关联方代付费用主要是诉讼费、财产保险费、应酬费用；甲公司按照约定向关联方偿还了其代付的工资、费用。

G 上市公司在 2020 年实施的员工持股计划中的部分人员为甲公司员工。甲公司解释称 2019 年 12 月业务重组前，尚未开始独立化运作，甲公司业务相关人员作为 G 上市公司及其下属企业员工参与股权激励或员工持股计划合法、合理，不会影响该等人员公正履职。

【案例分析】首次发行上市均要求发行人资产完整，业务及人员、财务、机构独立，与控股股东、实际控制人及其控制的其他企业间不存在对发行人构成重大不利影响的同业竞争，不存在严重影响独立性或者显失公平的关联交易。

甲公司及保荐机构在回复问询中分别对业务、财务、资产和人员的独立性进行充分论证。因此，在分拆前应尽量做好准备，保证子公司的独立性。

案例 14－2　L 上市公司分拆甲公司上市

【案例概述】2020 年，L 上市公司发布分拆所属子公司甲公司上市的预案。2021 年 6 月，L 上市公司发布公告，因甲公司与其他体外诊断相关企业可能存在同业竞争问题而终止甲公司分拆上市事项。

【分拆方案】L 上市公司是致力于泛心血管产品研发、生产、销售的平台型企业，主营业务覆盖医疗器械、药品、医疗服务及健康管理三大板块，其中医疗器械是核心业务。甲公司主营业务为体外诊断试剂及仪器的研发、生产和销售，涉及领域包括 POCT、血液诊断、免疫诊断、生化诊断和分子诊断等。

本次分拆完成后，L 上市公司将进一步围绕心血管患者，聚焦医疗器械、医药、医疗服务、新型医疗四大主业板块，进一步深耕心血管医疗市场，提升行业竞争力。甲公司将成为L上市公司独立的体外诊断业务上市平台，通过上市拓宽融资渠道、增强资金实力，提升研发能力和行业竞争力，进而提升甲公司的盈利能力。本次分拆后，L上市公司仍是甲公司的控股股东，甲公司仍纳入L上市公司合并财务报表。

【审核关注点：同业竞争问题】L上市公司除甲公司外，尚在体外诊断器械板块存有三家公司，其中乙公司和丙公司均为体外诊断试剂的生产或销售公司，丁公司为体外诊断设备生产公司。

甲公司解释称乙公司除代理销售品种与发行人产品存在差异外，在业务模式、历史沿革等方面也与发行人明显不同，且乙公司承诺不再销售包括甲公司产品在内的所有体外诊断产品，同时停止履行原有合同义务；丙公司自产试剂与发行人分子诊断试剂以外的试剂在主要材料、生产工艺等方面存在显著区别，部分产品在外部结构形态上有所相似，但内部结构形态存在明显不同，此外，两者生产所需的主要设备存在明显区别，核心技术明显不同，存在不同的技术壁垒，不存在跨越及交叉的可能性；甲公司与丙公司在历史沿革上不存在交叉，采购和销售渠道相互独立，丙公司出具关于避免同业竞争的承诺函；丁公司未来前景存在不确定性，甲公司与丁公司主要产品、应用领域、业务模式及业务发展战略等方面存在较大差异，因此未受让控制权；丁公司与甲公司客户重合比例较低，各期均未超过5%，供应商重合比例逐年下降，2020年1—6月已降至5.45%，不存在销售、采购渠道依赖的情况；丁公司除设备用途、应用领域和业务模式与甲公司不同外，在业务重心、发展战略、具体产品、历史沿革、销售及采购渠道、医疗器械注册/备案证等方面也与甲公司明显不同，因此不存在同业竞争，丁公司出具关于避免同业竞争的承诺函。

此外，甲公司对控股股东L上市公司及实际控制人控制企业的持股情况、主营业务也进行了详细介绍，并论证业务不具有替代性、竞争性。

【案例分析】甲公司及保荐机构在回复问询中称，乙公司等承诺不再销售、不再代理涉及的体外诊断产品，通过承诺的方式来解决同业竞争，单方让渡商业机会，从产业链及产业发展趋势的角度来讲可能并不是太合适，未来依然存在潜在同业竞争的可能性。甲公司撤材料后，于2021年7月将丁公司和丙公司控股股东进行变更，以解决同业竞争问题。

案例14－3　B上市公司分拆甲公司上市

【案例概述】2021年5月，B上市公司发布分拆所属子公司甲公司上市的预案。2022年1月，甲公司的上市申请通过交易所审核。2022年11月，甲公司及其保荐机构撤回相关上市申请文件。

甲公司主要从事功率半导体、智能控制IC、智能传感器及光电半导体的研发、生产及销售，覆盖了对电、光、磁等信号的感应、处理及控制。本次分拆完成后，B上市公司股权结构不会因本次分拆而发生变化，且仍将维持对甲公司的控制权。

【审核关注点：关联交易】甲公司与控股股东B集团在报告期内发生较大金额的经常性关联销售，2019年、2020年和2021年，关联销售占主营业务收入比分别为54.86%、59.02%和63.37%，均超过50%，其中功率半导体、光电半导体产品、制造及服务主要向关联方销售。甲公司在2019年、2020年和2021年通过关联方采购金额占各期采购金额比分别为82.62%、75.14%和12.59%。

甲公司解释称公司是B集团孵化的车规级半导体供应商，研发的新产品会率先在B集团生产的汽车装车使用，产品经过上车验证后，仍需较长周期通过其他主流汽车厂商的验证，才能打开第三方销售市场，因此关联销售占比较高。

B上市公司出于一体化运营及统一采购管理需要，设立了供应链平台，为下属公司统一提供采购合同签署、采购付款等供应链管理服务，并收取一定的服务费。甲公司作为子公司统一接入供应链平台，因此公司通过供应链平台采购金额较大。自2020年11月起，发行人已不再通过B上市公司供应链进行境内采购活动，而是直接向境内供应商采购。报告期内，甲公司独立设置采购、仓储、品质等部门，独立选择和评价供应商，独立就采购价格、支付方式、信用期等条款与供应商进行商业谈判，独立进行品质验收，供应链平台不影响公司的采购独立性。

【案例分析】根据《监管规则适用指引——发行类第 4 号》问题 11，“对于控股股东、实际控制人与发行人之间关联交易对应的营业收入、成本费用或利润总额占发行人相应指标的比例较高（如达到 30%）的，发行人应结合相关关联方的财务状况和经营情况、关联交易产生的营业收入、利润总额合理性等，充分说明并摘要披露关联交易是否影响发行人的经营独立性、是否构成对控股股东或实际控制人的依赖，是否存在通过关联交易调节发行人收入利润或成本费用、对发行人利益输送的情形；此外，发行人还应披露未来减少与控股股东、实际控制人发生关联交易的具体措施”。

甲公司及保荐机构在回复问询中，对甲公司与控股股东 B 集团高比例的关联交易的解释主要集中在合理性方面，对于未来降低关联交易的比重并未着重回复。甲公司通过上市委会议后，到证监会注册问询环节，再度被要求补充说明业务独立性，是否存在大股东向其输送利益的情形。

第六节　上市公司分立

一、上市公司分立概述

上市公司分立，通常指对上市公司资产和负债进行分割，将原来一家上市公司分立形成两家或以上公司，并分别独立上市的行为。

按照被分立企业在分立后是否存续，上市公司分立可分为存续分立（被分立企业继续存续）与新设/解散分立（被分立企业不再存续）。存续分立结果是在原基础上新增一个或以上具有独立法律人格的公司，新设/解散分立除出现新的法律实体外，还常常伴随着旧法律实体的消灭。

上市公司分立包括公司分立和上市两个步骤。与普通 IPO 相比，分立上市的上市资格并非原始取得，在某种程度上可以理解为一种继受取得，新公司在分立完成后可直接向交易所申请上市。上市公司分立，只是对权益进行重新分配，并不产生现金流，原公司对分立出去的新公司不享有控制权，所有的新公司股份都被按比例分配给了原公司的股东。

上市公司分立作为资本运作重组中的一种重要方式，有利于调整公司内部经营结构，促使公司主营业务清晰和降低代理成本等，有利于拓宽融资渠道并激励管理层，有利于完善证券市场运作方式。公司通过分立的方式对公司进行重组主要基于以下原因：（1）梳理公司经营范畴突出主营业务。实践中一些综合性公司因其业务庞杂、经营领域较为宽泛，通过分立方式有利于实现公司经营业务的专业化，以便公司集中人力、物力及财力经营主营业务。（2）优化治理结构。公司经营管理中会因经营投资方针不同，使得股东之间发生矛盾，通过分立方式能够使部分股东单独经营。（3）资本运作需求。分立方式有利于发挥资本市场对并购的支持作用，实现跨越式发展，通过分立将某些业务的价值发挥出来。

二、上市公司分立与分拆的区别

上市公司分立与分拆的区别在于：公司分立是指一个母公司将其在某子公司中所拥有的股份，按母公司股东在母公司中的持股比例分配给现有母公司的股东，从而在法律上和组织上将子公司的经营从母公司的经营中分离出去；分拆上市是指已上市公司将其部分业务或者是某个子公司独立出来，另行公开招股上市。具体差异体现在以下几个方面：

（一）股权结构差异

分拆上市后，已上市的母公司对子公司的持股比例虽然有所下降，但仍然保持控股或者实际控制地位，分拆公司和继受公司彼此之间形成母子公司关系。

分立上市后，会出现两个或两个以上股权结构一致的公司，原公司对分立形成的新公司不具有控制权，即无论是新设分立，还是派生分立，分立后的关系均为兄弟公司。

（二）融资效应差异

分拆上市一般都是通过子公司发行股票并实现上市。伴随着融资行为，子公司作为上市公司，其股票可以在二级市场公开交易，母公司也可以通过出售股份融入资金。因此，上市公司分拆上市是一种融资方式。

上市公司分立上市不会直接导致分立后的各公司获得新的资金，在上市公司分立上市中，无论是母公司，还是子公司，都不会产生现金流。

（三）适用情况差异

上市公司分拆上市中，被分拆的子公司一般在上市公司合并报表的营业收入、净资产、净利润等方面占比较小。

上市公司分立上市一般适用于已有两类主营业务规模较为接近，两项业务的营业收入、净资产、净利润相当的情形。

三、案例解析

现阶段，我国对于上市公司分立并未制定直接、明确的规范文件。2010 年，证券监管部门曾表示要适时开展《上市公司分立试行办法》的研究与制定工作，在条件允许时进行有益尝试，但一直未能落实。因此，我国在立法与监管上未能对市场实践提供明确指引。

国内上市公司分立案例屈指可数。2015 年建发股份（600153）历时近 1 年的存续分立上市计划，因“重大无先例、方案复杂、时机不成熟”等原因终止；2017 年城投控股（600649）分立上海环境成功上市，但实际为先吸收合并再分立上市，主要为解决 A 股、B 股割裂的难题；2010 年东北高速（600003）分立为龙江交通和吉林高速，成为国内迄今为止唯一一例上市公司分立案例。因东北高速资产、业务主要基于属地原则、历史形成原因进行划分，分立后设立的两家公司龙江交通和吉林高速主业都是高速公路，相对独立，分立上市不产生新增的关联交易，且分立后各方的净资产依据分立前被分立方的账面价值为基础进行计量，对后续上市公司分立的借鉴作用有限。

第十五章　上市公司股份回购

第一节　上市公司股份回购概述

一、股份回购的含义和适用情形

股份回购，是公司收购本公司发行在外股份的行为，是国际通行的公司回报投资者、优化治理结构、稳定股价的重要方式，是资本市场一项基础性制度安排。

我国《公司法》规定，除其允许的适用情形外，公司不得收购本公司股份。根据2022年1月证监会公布并施行的《上市公司股份回购规则》（以下简称《回购规则》），我国上市公司股份回购适用以下情形：

（1）减少公司注册资本；

（2）将股份用于员工持股计划或者股权激励；

（3）将股份用于转换上市公司发行的可转换为股票的公司债券；

（4）为维护公司价值及股东权益所必需。

前款第（4）项所指情形，应当符合以下条件之一：

①公司股票收盘价格低于最近1期每股净资产；

②连续20个交易日内公司股票收盘价格跌幅累计达到30%；

③中国证监会规定的其他条件。

二、发展历程和基本情况

长期以来，我国对股份回购保持“原则禁止、例外允许”的谨慎态度，其发展历程与我国宏观经济发展以及外部环境变化呈现出一定的联系。

我国最早的上市公司股份回购案例是1992年大豫园为合并而协议回购小豫园股份，此时资本市场刚起步，法律法规对股份回购行为有着较为严格的约束。

2005年证监会发布《回购办法》，对上市公司回购股份并依法予以注销的行为进行规范，这是我国第一份专项对股份回购作出规范说明的政策文件，标志着我国公开市场股票回购正式开启，邯郸钢铁（600001）成为我国第一家回购流通股的上市公司。

2008年证监会发布《关于上市公司以集中竞价交易方式回购股份的补充规定》，首次明确取消以集中竞价方式回购股份的行政许可，推行完全市场化操作方式，只需备案即可回购股份：“上市公司应当在股东大会作出回购股份决议后的次日公告该决议，依法通知债权人，并将相关材料报送证监会和证券交易所备案，同时公告回购报告书。”同时明确提出“通过加强信息披露和完善监管制度”来防范内幕交易等行为的发生。

2013年《国务院办公厅关于进一步加强资本市场中小投资者合法权益保护工作的意见》提出：完善股份回购制度，引导上市公司承诺在出现股价低于每股净资产等情形时回购股份。同年，上交所发布的自律规则《上海证券交易所上市公司以集中竞价交易方式回购股份业务指引》，将“发行的A股、B股或H股股票市场定价存在较大差异，其中某类股票股价偏低，未能合理反映公司价值的”“为适应证券市场发展变化和保护投资者合法权益的需要而认定的其他情形”列入鼓励回购的情形。

2018年10月，全国人大常委会审议通过了《关于修改〈中华人民共和国公司法〉的决定》，对《公司法》第一百四十二条关于公司股份回购制度的规定进行了专项修改，增加回购情形，简化回购流程，完善决策程序，明确回购方式和库存制度。随后沪深交易所《上市公司回购股份实施细则》公开征求市场意见，于2019年1月初正式发布实施，此后我国A股市场的回购金额创下历史新高。

2022年初证监会发布《回购规则》，沪深北交易所同步修订发布回购实施指引，完善上市公司股份回购规则体系。

2022年10月，证监会宣布对《回购规则》部分条款进行修订，目前暂未正式发布。2023年2月证监会发布《欺诈发行上市股票责令回购实施办法（试行）》（以下简称《责令回购办法》），明确欺诈发行上市这一特殊情形下监管机构责令股份回购实施要求，进一步完善股份回购规则体系，是对《公司法》《回购规则》规定的基本股份回购规则的补充。

由此可见，随着我国市场经济不断深入发展和资本市场市场化水平不断提升，上市公司股份回购适用情形不断丰富（见图15－1）。

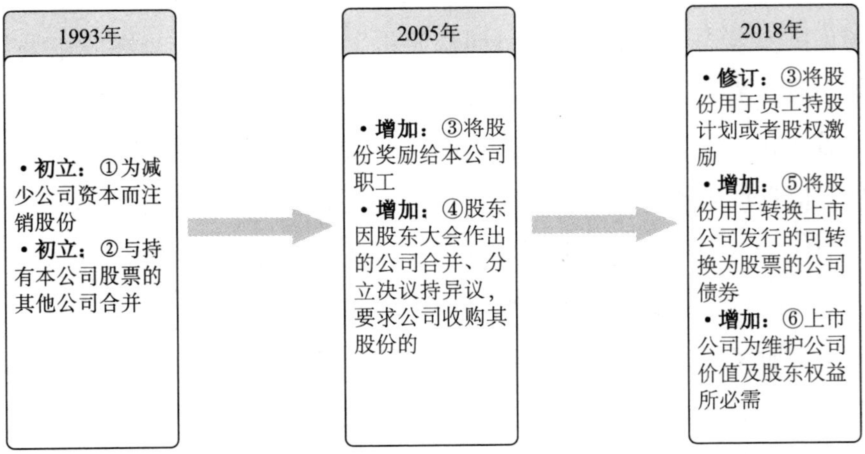

图15－1　股份有限公司股份回购适用情形演变历程

与此同时，上市公司开展股份回购的规模也不断扩大。图15－2展示了自2006年以来各年披露董事会预案并已实施完成的上市公司股份回购情况（含已退市主体）。可以看出，自2018年起无论是实施股份回购次数还是回购的资金规模，都在不断上升。

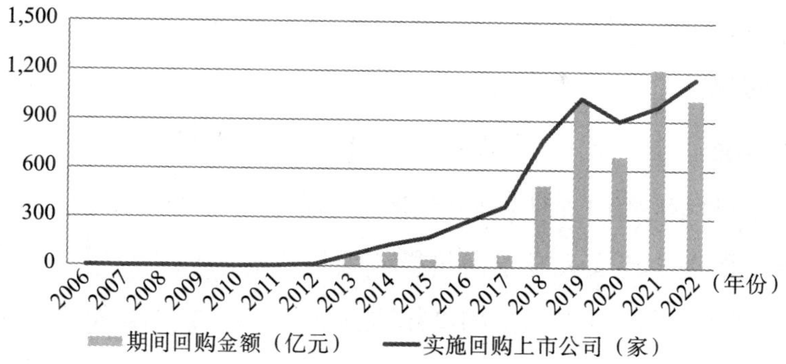

图 15－2　2006—2022 年 A 股上市公司回购情况

数据来源：Wind 资讯。

三、股份回购的意义

（一）稳定公司股价，维护公司形象

治理层、管理层参与公司经营治理，掌握着真实、完整、准确的上市公司信息。当他们认为股价低于公司内在价值，决定回购股份，自然地向市场传递了“公司价值被低估”这一重要信息，从而增强了投资者持有其股票的信心，有望在短期内产生稳定甚至提升股价的效果。

（二）回报投资者的重要方式

股份回购同样是上市公司回报投资者的重要方式。《上海证券交易所上市公司以集中竞价交易方式回购股份业务指引》（2013 年修订）将“因实施重大资产重组后存在未弥补亏损，而长期无法向股东进行现金分红的”以及“具有分红能力但现金分红水平较低的”作为上市公司股份回购的鼓励情形。现行《回购规则》明确“上市公司以现金为对价，采用要约方式、集中竞价交易方式回购股份的，视同上市公司现金分红，纳入现金分红的相关比例计算”。

（三）股权激励计划的股票来源

实施股权激励计划，需要上市公司对自身股份进行发行或归集。如果公司直接发行新股来实施股权激励计划，将会稀释原有股东权益，而通过回购股份再将该股份转让给员工，既能满足员工的持股需求，又不会影响原有股东的权益。

（四）提高资金的使用效率，优化公司资本结构

当上市公司短期内无法找到并投资可满足投资者期望回报的项目时，或者可支配的现金流大大高于公司投入项目所需的现金流时，公司回购部分股份不仅能够提高闲置资金的使用效率，增加每股收益水平，提高净资产收益率，而且能够优化公司整体资本结构。

（五）抵御恶意收购的工具

股份回购是很好地应对恶意收购的措施。一方面，股份回购可减少公司的流通股份，潜在的敌意收购人可从市场上购买的股份相应减少，难以获得足够多的股份来完成收购；另一方面，股份回购可在短期内提高股票价格，增加收购成本，因而会大大减小上市公司被恶意收购的风险。

（六）促进证券市场的规范、稳健运行

股份是上市公司和证券市场交流的信息纽带。股份的发行和回购是上市公司进行证券金融管理的重要措施。上市公司作为证券市场的重要参与者，根据自身发展需要发行和回购股份，为公司和股东创造价值，是理性主体理性决策的表现。股份回购作为必不可少的一种工具，对于确定上市公司合理股价，降低整个市场的股价同步性均起到正向作用，有利于维护我国证券市场的稳定，有助于促进证券市场的规范、稳健运行。

四、股份回购的原则

（一）“原则禁止，例外允许”的立法原意——资本维持原则

大陆法系公司法的核心原则为资本三原则，即资本确定、资本维持、资本不变。这三个原则保证公司独立、完整，保证法定资本制得以实现，其本质目的是维持法定注册资本和实缴资本之间的一致。

资本维持原则，指公司在其存续过程中应维持与其资本总额相当的财产，保障公司偿债能力，保护公司债权人的利益。实现这一原则的方式

主要有：（1）强制性禁止公司折价发行新股，允许公司溢价发行股票；（2）严格实物出资的估价评估和审查程序，禁止随意确定实物出资的价值；（3）强制性禁止以劳务形式出资，限制以劳务形式分派股份；（4）公司分配股利前必须依法提取一定比例的法定公积金；（5）严格限制公司亏损时分配股利。

（二）资本维持原则的发展

随着公司资本制度的演变以及商业实践的发展，学界与市场实践者逐渐认识到，决定公司信用的不只是公司的资本，公司资产对此有更为重要的作用。如果过于看重资本的“债权担保”功能，不仅无法真正保护债权人的利益，还会带来资本闲置与制度僵化的不利后果。同时，多种融资方式的出现，已经使得股与债之间不再泾渭分明，也进一步促使公司资本制度回归到保障资本的“投资”功能的初衷上去。

20 世纪 70 年代，美国开始对法定资本制下的一整套传统规则制度率先进行改革，无论是突破资本维持的限制、转而用财务指标约束公司的分配行为，还是摒弃法定资本、股票面额、溢价发行等传统概念，都给人们的观念带来了冲击。多个国家和地区不断完善资本维持原则在公司法中的运用。

五、规则体系

现行的上市公司股份回购主要规则体系自上而下依次包括法律、部门规章以及自律性规则。

《公司法》（2018 年）对股份有限公司股份回购作出重大修订：

（一）明晰并增加股份回购情形

将“将股份奖励给本公司职工”具体描述为“将股份用于员工持股计划或者股权激励”；增加“将股份用于转换上市公司发行的可转换为股票的公司债券”情形；增加“上市公司为维护公司价值及股东权益所必需”情形。

（二）简化回购决策程序

明确公司因上述三种情形收购本公司股份的，“可以依照公司章程的规定或者股东大会的授权，经三分之二以上董事出席的董事会会议决议”。

（三）提高回购股份的比例上限，延长公司持有所回购股份的期限

明确公司因上述三种情形收购本公司股份的，“公司合计持有的本公司股份数不得超过本公司已发行股份总额的百分之十，并应当在三年内转让或者注销”。此项修订，从真正意义上建立起了我国的库存股制度。

（四）取消回购资金须来源于税后利润的规定

删除原《公司法》“将股份奖励给本公司职工”情形中“用于收购的资金应当从公司的税后利润中支出”的规定，不再对回购股份的资金来源进行特别限制。这意味着只要是合法资金，都可用于支付股份回购价款，包括借贷资金。

在《公司法》修订的基础上，证监会于2022年1月5日对《回购办法》等有关回购方面的政策内容进行整合，发布实施《回购规则》，作为上市公司实施股份回购的统领性政策文件。

2021年11月，北交所发布《北京证券交易所上市公司持续监管指引第4号——股份回购》（以下简称《北交所回购指引》），2022年1月，上交所、深交所相继发布《上海证券交易所上市公司自律监管指引第7号——回购股份》《深圳证券交易所上市公司自律监管指引第9号——回购股份》，前述指引与《公司法》《回购规则》共同构成了我国上市公司回购股份的规则体系（见表15－1）。

表15－1　　我国上市公司股份回购规则体系

层级	规则
法律	《公司法》（2018年）
部门规章	《上市公司股份回购规则》
自律规范	《上海证券交易所上市公司自律监管指引第7号——回购股份》 《深圳证券交易所上市公司自律监管指引第9号——回购股份》 《北京证券交易所上市公司持续监管指引第4号——股份回购》

第二节　上市公司股份回购的条件、方式及要求

一、股份回购的条件

上市公司股份回购的基本条件主要包括：

（1）公司股票上市已满一年①；

（2）公司最近一年无重大违法行为②；

（3）回购股份后，上市公司具备持续经营能力和债务履行能力；

（4）回购股份后，上市公司的股权分布原则上应当符合上市条件；公司拟通过回购股份终止其股票上市交易的，应当符合证券交易所的相关规定；

（5）证监会、证券交易所规定的其他条件。

若上市公司“为维护公司价值及股东权益所必需”回购公司股份的，不适用于上述“公司股票上市已满一年”的条件，且应当符合以下条件之一：

（1）公司股票收盘价格低于最近一期每股净资产；

（2）连续 20 个交易日内公司股票收盘价格跌幅累计达到 30%；

（3）证监会规定的其他条件。

① 北交所无此项规定。实务中已出现北交所上市未满一年实施回购的案例，如凯德石英（835179）原为新三板挂牌公司，2021 年 8 月 18 日申请挂牌精选层获得受理，2022 年 3 月 4 日在北交所上市，2022 年 4 月 28 日经董事会审议披露实施股份回购。

② 北交所无此项规定。根据《北交所回购指引》第二十五条，北交所上市公司存在“公司最近 12 个月受到证监会及其派出机构行政处罚或刑事处罚情形”“公司控股股东、实际控制人最近 12 个月内因交易违规受到北交所限制证券账户交易的自律监管措施或纪律处分，因内幕交易或操纵市场受到证监会及其派出机构行政处罚或刑事处罚”情形的，上市公司应当聘请律师事务所就相关违法违规情形是否已消除、是否影响公司的债务履行能力和持续经营能力等出具法律意见书，并与回购股份方案同时披露。

二、股份回购的方式

上市公司可通过集中竞价交易、要约以及证监会认可的其他方式进行股份回购，具体规定如表 15－2 所示。

表 15－2　　上市公司股份回购的方式

<table>
<tr><th>证监会</th><th>上交所</th><th>深交所</th><th>北交所</th></tr>
<tr><td colspan="3">上市公司回购股份可以采取以下方式之一进行：
1. 集中竞价交易方式
2. 要约方式
3. 证监会认可的其他方式</td><td>1. 以竞价方式回购股份
2. 以要约方式回购股份
3. 在符合指引规定的情形下向特定对象回购股份（定向回购）</td></tr>
</table>

其中，适用“将股份用于员工持股计划或者股权激励”“将股份用于转换上市公司发行的可转换为股票的公司债券”“为维护公司价值及股东权益所必需”情形回购股份的，应当通过公开的集中交易方式进行，即集中竞价交易方式或要约方式。

上市公司采用要约方式回购股份的，参照《收购办法》关于要约收购的规定执行。

三、股份回购的相关要求

上市公司回购股份，应当有利于公司的可持续发展，不得损害股东和债权人的合法权益。上市公司的董事、监事和高级管理人员在回购股份中应当忠诚守信，勤勉尽责。

上市公司董事会应当充分关注公司的资金状况、债务履行能力和持续经营能力，审慎制定、实施回购股份方案，回购股份的数量和资金规模应当与公司的实际财务状况相匹配。

上市公司回购股份，应当依据《回购规则》和证券交易所的规定履行决策程序和信息披露义务。上市公司及其董事、监事和高级管理人员应当保证所披露的信息真实、准确、完整，无虚假记载、误导性陈述或重大遗漏。

任何人不得利用上市公司回购股份从事内幕交易、操纵市场和证券欺诈等违法违规活动。

下面以沪深交易所为例，说明上市公司股份回购的具体要求。

（一）基本要求

沪深交易所关于上市公司股份回购的基本要求，详见表 15－3。

表 15－3　　沪深交易所关于上市公司股份回购的基本要求

重要事项	具体规定
回购资金	上市公司可以使用下列资金回购股份： （1）自有资金 （2）发行优先股、债券募集的资金 （3）发行普通股取得的超募资金、募投项目节余资金和已依法变更为永久补充流动资金的募集资金 （4）金融机构借款 （5）其他合法资金 注：沪深交易所均鼓励控股股东、实际控制人为上市公司回购股份依法提供资金支持
回购规模	（1）上市公司应当在回购股份方案中明确拟回购股份数量或者资金总额的上下限，且上限不得超出下限的 1 倍 （2）上市公司回购股份拟用于多种用途的，应当在回购方案中明确披露各用途具体对应的拟回购数量或者资金总额 （3）因“为维护公司价值及股东权益所必需”情形回购股份的，应在回购方案中明确披露拟用于减少注册资本或出售的回购股份数量或者资金总额。未在方案中明确披露用于出售的，已回购股份不得出售
每日回购数量	因“减少公司注册资本”“将股份用于员工持股计划或者股权激励”“将股份用于转换上市公司发行的可转换为股票的公司债券”情形回购股份的，每 5 个交易日回购股份的数量，不得超过首次回购股份事实发生之日前 5 个交易日公司股票累计盘中成交量的 25%，但每 5 个交易日回购数量不超过 100 万股的除外

续表

重要事项	具体规定
回购价格	上市公司回购股份的回购价格区间上限高于董事会通过回购股份决议前 30 个交易日股票交易均价[①]的 150%，应当在回购股份方案中充分说明其合理性
回购期限	(1) 因“减少公司注册资本”“将股份用于员工持股计划或者股权激励”“将股份用于转换上市公司发行的可转换为股票的公司债券”情形回购股份的，回购期限自董事会或者股东大会审议通过最终回购股份方案之日起不超过 12 个月 (2) 因“为维护公司价值及股东权益所必需”情形回购股份的，回购期限自董事会或者股东大会审议通过最终回购股份方案之日起不超过 3 个月
禁止回购期间	上市公司在下列期间不得回购股份。但因“为维护公司价值及股东权益而必需”回购并减少注册资本的除外（相对禁止情形）： (1) 公司年度报告、半年度报告公告前 10 个交易日内，因特殊原因推迟公告日期的，自原预约公告日前 10 个交易日起算[②] (2) 公司季度报告、业绩预告、业绩快报公告前 10 个交易日内 (3) 自可能对本公司股票交易价格产生重大影响的重大事项发生之日或者在决策过程中至依法披露之日内 (4) 证监会规定的其他情形
股份处置	公司回购股份后，按照下列要求分别进行处理： (1) 因“减少公司注册资本”情形回购股份的，应当自回购之日起 10 日内注销 (2) 因“将股份用于员工持股计划或者股权激励”“将股份用于转换上市公司发行的可转换为股票的公司债券”“为维护公司价值及股东权益而必需”情形回购股份的，公司合计持有的本公司股份数不得超过本公司已发行股份总额的 10%，应当在发布回购结果暨股份变动公告后 3 年内转让或注销 (3) 因“为维护公司价值及股东权益而必需”情形回购股份的，可以按照证券交易所规定的条件和程序，在发布回购结果暨股份变动公告后 12 个月后采用集中竞价交易方式出售减持，但需要满足上述“禁止回购期间”的要求

① 交易均价按照董事会通过回购股份决议前 30 个交易日的股票交易总额除以股票交易总量计算。

② 上交所相关规定包括季度报告，且对于定期报告披露期间的禁止回购期限缩短至公告前 1 日。

续表

重要事项	具体规定
回购股票的权利限制	回购的股份自过户至上市公司回购专用账户之日起即失去其权利，不享有股东大会表决权、利润分配、公积金转增股本、认购新股和可转换公司债券等权利，不得质押和出借
变更或终止	（1）上市公司回购股份方案披露后，非因充分正当事由不得变更或者终止。确需变更或终止的，应当符合证监会、证券交易所的相关规定，并履行相应的决策程序 （2）上市公司回购股份用于注销的，不得变更为其他用途
免于发出要约	因上市公司回购股份，导致投资者持有或者通过协议、其他安排与他人共同持有该公司已发行的有表决权股份超过 30% 的，投资者可以免于发出要约
视同现金分红	上市公司以现金为对价，采用要约方式、集中竞价交易方式回购股份的，视同上市公司现金分红，纳入现金分红的相关比例计算
再融资	（1）上市公司在回购期间不得实施股份发行行为，但依照有关规定实施优先股发行行为的除外 注：发行公司债券、可转换公司债券和优先股不受限制 （2）股东大会授权董事会实施股份回购的，可以依法一并授权董事会实施再融资 （3）上市公司实施股份回购的，可以同时申请发行可转换公司债券，募集时间由上市公司按照有关规定予以确定 （4）上市公司实施股份回购后申请再融资，融资规模不超过最近 12 个月股份回购总金额 10 倍的，本次再融资发行股票的董事会决议日距前次募集资金到位日不受融资间隔期的限制[①]
董监高减持限制	（1）上市公司相关股东、董事、监事、高级管理人员在上市公司回购股份期间减持股份的，应当符合证监会、证券交易所关于股份减持的相关规定 （2）因“为维护公司价值及股东权益所必需”情形回购股份的，董监高、控股股东、实际控制人、回购股份提议人自公司首次披露回购股份事项之日至披露回购结果暨股份变动公告期间，不得直接或间接减持本公司股份

① 《关于支持上市公司回购股份的意见》（证监会公告〔2018〕35 号），2018 年 11 月 9 日发布。

（二）以集中竞价交易方式回购股份的特殊要求

上市公司以集中竞价交易方式回购股份的，还须满足以下特殊要求：

表 15－4　沪深交易所关于上市公司以集中竞价交易方式回购股份的特殊要求

重要事项	具体规定
交易申报	（1）申报价格不得为公司股票当日交易涨幅限制的价格 （2）不得在交易所开盘集合竞价、收盘前半小时内及股票价格无涨跌幅限制的交易日内进行股份回购的委托
履行公告义务	（1）上市公司应当在首次回购股份事实发生的次日予以公告 （2）上市公司回购股份占上市公司总股本的比例每增加1%的，应当自该事实发生之日起3日内予以公告 （3）在回购股份期间，上市公司应当在每个月的前3个交易日内，公告截止上月末的回购进展情况，包括已回购股份总额、购买的最高价和最低价、支付的总金额 （4）在回购期间应当在定期报告中公告回购进展情况，包括已回购股份的数量和比例、购买的最高价和最低价、支付的总金额 （5）在回购股份方案规定的回购实施期限过半时，仍未实施回购的，董事会应当公告未能实施回购的原因和后续回购安排 注：实施期间的公告期间无须停止回购行为 （6）回购期届满或者回购方案已实施完毕的，上市公司应当停止回购行为，并在2个交易日内公告回购股份情况以及公司股份变动报告，包括已回购股份总额、购买的最高价和最低价以及支付总金额等内容

（三）以要约方式回购股份的特殊要求

上市公司采用要约方式回购股份的，还须满足以下特殊要求：

表 15－5　沪深交易所关于上市公司以要约方式回购股份的特殊要求

重要事项	具体规定
要约价格	上市公司以要约方式回购股份的，要约价格不得低于回购股份方案公告日前30个交易日该种股票每日加权平均价的算术平均值

续表

重要事项	具体规定
要约保障	上市公司以要约方式回购股份的，应当在公告回购报告书的同时，将回购所需资金“全额”存放于证券登记结算机构指定的银行账户
要约期限	收购要约约定的收购期限不得少于30日，且不得超过60日
回购实施	（1）股东预受要约的股份数量超出预定回购的股份数量的，上市公司应当按照相同比例回购股东预受的股份 （2）股东预受要约的股份数量不足预定回购的股份数量的，上市公司应当全部回购股东预受的股份

除上述事项外，上市公司采用要约方式回购股份的，参照《收购办法》关于要约收购的规定执行。上市公司以要约方式回购境内上市外资股的，还应当符合证券交易所和证券登记结算机构业务规则的有关规定。

北交所关于股份回购的审议程序、回购规模、回购期限、董监高减持限制、股份处置、回购股票的权利限制以及再融资方面的要求与沪深交易所一致。

第三节　上市公司股份回购的程序及信息披露要求

根据《公司法》《证券法》《关于支持上市公司回购股份的意见》《回购规则》以及沪深交易所实施指引等规定，上市公司股份回购的流程简图如图15－3所示。

一、提议人提议（如适用）

享有提案权的提议人可以向上市公司董事会提议回购股份。上市公司收到符合规定的回购股份提议后，应当尽快召开董事会审议，并将回购股份提议与董事会决议同时公告（参见表15－6）。

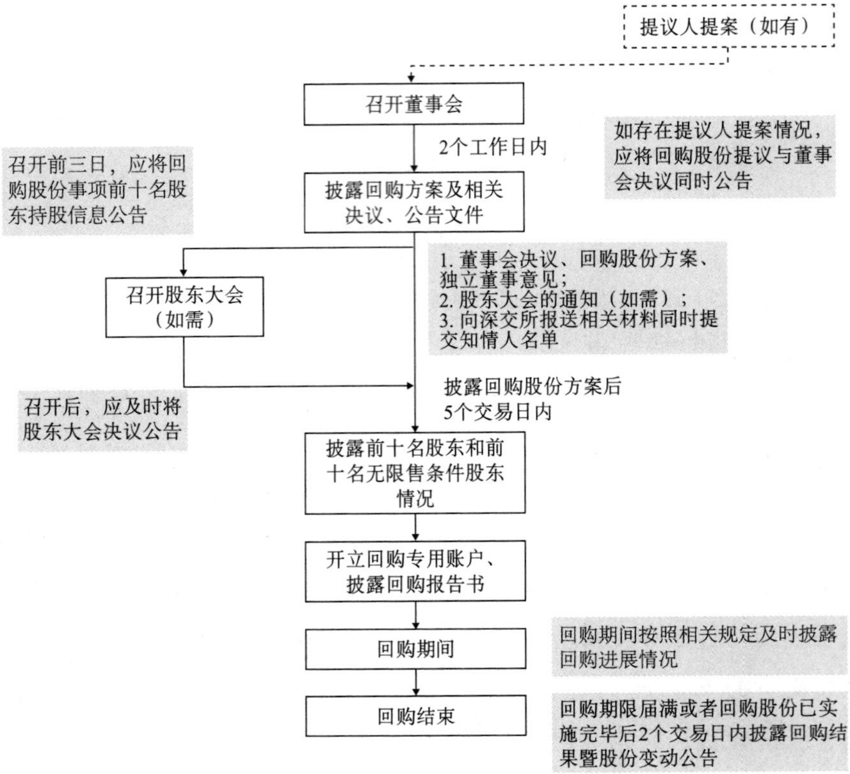

图15－3　上市公司股份回购的实施程序流程简图

表15－6　　提议人提议回购股份程序与信息披露要求

程序	程序要求	对应披露要求
提议人提议回购股份	（1）提议人的提议应当明确具体，符合公司的实际情况，具有合理性和可行性，并至少包括： ①提议人提议回购股份的原因和目的 ②提议人提议回购股份的种类、用途、方式、价格区间、数量、占公司总股本的比例及拟用于回购的资金总额；回购股份数量、资金总额至少有一项明确上下限，且上限不得超出下限的一倍 ③提议人在提议前6个月内买卖本公司股份的情况，以及提议人在回购期间的增减持计划	（1）上市公司收到回购股份提议后，应当尽快召开董事会审议，并将回购股份提议与董事会决议同时公告 （2）公告的内容应当包括： ①提议人基本情况及提议时间 ②程序要求中列示的提议人提案至少包括的三项内容 ③提议人将推动公司尽快召开董事会或者股东大会审议回购股份事项，并对公司回购股份议案投赞成票的承诺（如适用）

续表

程序	程序要求	对应披露要求
提议人提议回购股份	（2）提议人“为维护公司价值及股东权益所必需”情形提议回购股份的，应当在规定的相关事实发生之日起10个交易日内向上市公司董事会提出	④公司董事会对回购股份提议的意见及后续安排 ⑤证监会和沪深交易所认为需要披露的其他内容

二、董事会决议

上市公司董事会应当充分评估公司经营、财务、研发、现金流以及股价等情况，审慎论证、判断和决策回购股份事项。上市公司独立董事应当在充分了解相关信息的基础上，按照证券交易所的规定就回购股份事宜发表独立意见（参见表15－7）。

表15－7　　董事会决议程序及信息披露要求

程序	程序要求	对应披露要求
制定方案提交审议	（1）因“减少公司注册资本”情形回购股份的，应当由董事会依法作出决议，并提交股东大会审议，经出席会议的股东所持表决权的三分之二以上通过 （2）因“将股份用于员工持股计划或者股权激励”“将股份用于转换上市公司发行的可转换为股票的公司债券”“为维护公司价值及股东权益所必需”情形回购股份的，可以依照公司章程的规定或者股东大会的授权，经三分之二以上董事出席的董事会会议决议 （3）上市公司股东大会对董事会作出授权的，应当在决议中明确授权实施股份回购的具体情形和授权期限等内容 （4）适用“为维护公司价值及股东权益所必需”情形回购股份的，应当在规定的相关事实发生之日起10个交易日内或者收到该情形回购股份提议之日起10个交易日内，召开董事会审议回购方案	上市公司在董事会通过回购股份方案决议后的2个交易日内，应当及时披露： ①《董事会决议公告》 ②《回购股份提议》（如有） ③《回购股份方案》 ④《独立董事意见》 ⑤回购股份须经股东大会决议的，上市公司还应发布《召开股东大会的通知》 ⑥上市公司在向证券交易所报送相关材料同时还应提交知情人名单
独立董事发表意见	（1）上市公司独立董事应当在充分了解相关信息的基础上，就回购股份事宜发表独立意见 （2）独立董事意见应当包括以下内容： ①公司回购股份是否符合《公司法》《证券法》《关于	

续表

程序	程序要求	对应披露要求
独立董事发表意见	支持上市公司回购股份的意见》《回购规则》和交易所回购指引及公司章程等规定 ②结合回购股份的目的、股价表现、公司价值分析等因素，说明回购的必要性 ③结合公司的经营、财务、研发、资金状况及回购股份所需资金和来源等因素，说明回购股份方案的合理性、可行性 ④其他应当说明的事项	

三、内幕信息知情人报备

上市公司董事会应当在披露回购股份方案的同时，报送知情人名单。知情人对象包括：（1）上市公司及其董事、监事和高级管理人员；（2）上市公司的控股股东或者第一大股东、实际控制人、董事、监事和高级管理人员（含主要负责人）；（3）回购方案的提议人，及其控股股东或第一大股东、实际控制人、董事、监事和高级管理人员（含主要负责人）（如适用）；（4）为本次回购股份提供服务以及参与本次回购股份的咨询、制定、论证等环节的相关证券服务机构，及其法定代表人和经办人（如适用）；（5）上述第（1）至（4）项规定的自然人的配偶、父母和子女；（6）其他在公司回购股份前通过直接或者间接方式知悉本次回购信息的知情人及其配偶、父母和子女。

四、前十大股东信息披露

上市公司应当在披露回购方案后5个交易日内、股东大会召开前3日（如适用），分别披露关于回购股份事项前十名股东及前十名无限售条件股东持股情况的公告。

五、股东大会决议（如适用）

上市公司股东大会审议回购股份方案的，应审议提请股东大会授权董事会办理本次回购公司股份相关事宜的议案（如适用）；应当对回购股份方案披露的事项逐项进行表决并披露决议公告。股东大会后尽快披露相关事项的股东大会决议公告。

六、开立回购专用账户、披露回购报告书

回购方案获得最终审议通过后，实施回购方案前，上市公司应当在证券登记结算机构开立回购专用账户，该账户仅可用于存放已回购的股份。完成开立回购专用账户后，及时披露回购报告书。回购报告书至少应当包括《回购规则》规定的回购股份方案所列事项和其他应说明的事项。

七、回购进展公告

回购期间，上市公司应当在规定披露时间与定期报告中及时披露回购进展情况；上市公司在回购股份方案规定的回购实施期限过半时，仍未实施回购的，董事会应当公告未能实施回购的原因和后续回购安排；公告期间上市公司无须停止回购行为。

对应的披露时间节点包括：（1）在首次回购股份事实发生的次日予以披露；（2）回购股份占上市公司总股本比例每增加 1% 的，应在事实发生之日起 3 日内予以披露；（3）每个月的前 3 个交易日内披露截至上月末的回购进展情况。公告内容至少应当包括已回购股份数量和比例、购买的最高价和最低价、已支付的总金额。

上市公司在回购完成后，要将结果进行公告。

八、回购结果公告

回购期限届满或者回购股份已实施完毕的，上市公司应当停止回购行为，在 2 个交易日内披露《回购结果暨股份变动公告》，将实际回购股份数量、比例、使用资金总额与股东大会或者董事会审议通过的回购股份方案进行对照，就回购实施情况与方案的差异作出解释，并就回购股份方案的实施对公司的影响作出说明。

第四节　案例解析

一、减少公司注册资本的情形

回购股票用于注销减少公司注册资本，是我国《公司法》立法以来就允许的回购情形。对于回购的股票，须自收购之日起10日内注销，在历次《公司法》修订中也未曾发生变化。

2021年传统行业股价表现走势低迷，部分龙头股跌幅较大，催生了上市公司回购并注销流通股的大潮，如永辉超市（601933）注销了3.93亿股，对应回购价款27亿元，占总股本比例4.13%；格力电器（000651）注销了1.01亿股，对应回购价款60亿元，占总股本比例1.68%；美的集团（000333）注销了7200万股，对应回购价款50亿元，占总股本比例1.02%。

案例15－1　Y上市公司股份回购

【案例概况】 2020年10月，Y上市公司发布《关于以集中竞价交易方式回购股份方案的公告》，同年11月4日正式公布回购报告书，表示将以自有资金回购公司部分社会公众股股份，回购价格不超过9元/股，回购资金总额不超过27亿元人民币，回购期限为不超过12个月（2020年10月29日至2021年10月28日），股份回购用于股权激励或员工持股计划。若未能在股份回购实施完成之后36个月内使用完毕已回购股份，尚未使用的已回购股份将予以注销。

2021年5月21日，公司完成回购，合计回购公司股份393,214,415股。

2021年7月6日，公司召开第四届董事会第二十九次会议审议通过《关于公司调整回购股份用途并注销的议案》，2021年7月22日召开2021年第一次临时股东大会审议通过了该议案。基于公司未来发展战略并结合公司财务状况和经营状况等因素，公司将回购股份用途由“股权激励或员工持股计划”调整为“注销以减少注册资本”。2021 年 9 月 29 日，已回购的 393, 214, 415 股完成注销。

根据 Y 上市公司股份回购公告情况，其股份回购、变更回购股份用途、注销全流程执行程序和信息披露情况如表 15－8 所示。

表 15－8　　Y 上市公司股份回购公告

事项	股份回购程序	信息披露情况
决议回购召开董事会	2020 年 10 月 29 日召开董事会，决议通过《关于回购公司股份的议案》	2020 年 10 月 31 日公告：《第四届董事会第二十三次会议决议公告》《Y 上市公司关于以集中竞价交易方式回购股份方案》
	独立董事发表独立意见	2020 年 10 月 31 日公告《独立董事关于回购公司股份议案的独立意见》
召开监事会	2020 年 10 月 29 日召开监事会，决议通过《关于回购公司股份的议案》	2020 年 10 月 31 日公告《第四届监事会第十一次会议决议公告》
回购实施过程中必要的信息披露	董事会公告回购股份决议的前一个交易日（2020 年 10 月 30 日）前十大股东	2020 年 11 月 4 日公告《关于回购股份事项前十大股东和前十大无限售条件股东持股情况的公告》
	披露回购报告书	2020 年 11 月 4 日公告《关于以集中竞价交易方式回购股份的回购报告书》
	首次回购股份	2020 年 11 月 6 日公告《关于首次回购股份的公告》
	回购比例达到及每增加总股本 1% 及每月结束（含无回购发生当月）	实施期间按规定持续发布《关于股份回购进展情况的公告》，公告回购进展
完成回购	2021 年 5 月 21 日完成回购	2021 年 5 月 22 日公告《关于股份回购实施结果的公告》
变更用途召开董事会	2021 年 7 月 6 日召开董事会，决议通过《关于公司调整回购股份用途并注销的议案》《关于终止实施 2017 年和 2018 年限制性股票第三期激励计划并回购注销的议案》《关于减少注册资本并修订公司章程的议案》	2021 年 7 月 7 日公告： ①董事会决议 ②独立董事独立意见 ③《关于调整回购股份用途的公告》 ④《关于终止实施 2017 年和 2018 年限制性股票第三期激励计划并回购注销的公告》 ⑤《关于减少注册资本并修订公司章程的公告》 ⑥修订后《章程》 ⑦《关于召开 2021 年第一次临时股东大会的通知》

续表

事项	股份回购程序	信息披露情况
召开监事会	2021年7月7日监事会审议通过《关于公司调整回购股份用途并注销的议案》《关于终止实施2017年和2018年限制性股票第三期激励计划并回购注销的议案》《关于减少注册资本并修订公司章程的议案》	2021年7月7日公告《关于第四届监事会第十五次会议决议公告》
律师发表意见	2021年7月6日律师就终止实施2017年和2018年限制性股票激励计划及回购注销部分限制性股票出具法律意见书	2021年7月7日公告《关于Y上市公司终止实施2017年和2018年限制性股票激励计划及回购注销部分限制性股票的法律意见书》
召开股东大会	2021年7月22日股东大会审议通过《关于公司调整回购股份用途并注销的议案》《关于终止实施2017年和2018年限制性股票第三期激励计划并回购注销的议案》《关于减少注册资本并修订公司章程的议案》	2021年7月23日公告： ①《2021年第一次临时股东大会决议公告》 ②《2021年第一次临时股东大会法律意见书》
通知债权人	董事会发布公告	2021年7月23日公告《关于回购注销股票减少注册资本通知债权人的公告》
股份注销	公告预计注销时间："本次已回购股份注销预计于2021年9月29日完成。" 实际注销日期2021年9月29日	2021年9月28日公告《已回购股份注销实施公告》

【案例分析】

1. 股份回购程序及信息披露情况

（1）股东大会决议。根据《公司法》（2018年）第一百四十二条和《回购规则》第二条及第十八条规定，上市公司因减少公司注册资本情形回购股份的，董事会审议通过后应当经股东大会决议，并经出席会议的股东所持表决权的三分之二以上通过。上市公司因将股份用于员工持股计划或者股权激励、将股份用于转换上市公司发行的可转换为股票的公司债券、为维护公司价值及股东权益所必需规定情形回购股份的，可以依照公司章程的规定或者股东大会的授权，经三分之二以上董事出席的董事会会议决议。

Y 上市公司 2020 年决议回购股份时拟用于员工持股计划或者股权激励，根据监管规定和公司章程，通过董事会决议回购事宜即可，2021 年变更回购股份用途用于注销减少注册资本时，须召开股东大会进行专项决议。

（2）变更回购股份用途。2021 年 7 月 7 日，Y 上市公司发布《关于第四届董事会第二十九次会议决议公告》，披露拟变更股份回购用途及变更原因、具体变更安排。

根据《回购规则》第二十八条，“上市公司回购股份方案披露后，非因充分正当事由不得变更或者终止。确需变更或终止的，应当符合证监会、证券交易所的相关规定，并履行相应的决策程序。上市公司回购股份用于注销的，不得变更为其他用途”。

本案例中，Y 上市公司发布的《回购股份方案》《回购报告书》均表明“本次回购股份将全部用于实施股权激励或员工持股计划……公司如未能在股份回购实施完成之后 36 个月内使用完毕已回购股份，尚未使用的已回购股份将予以注销，具体将依据有关法律法规和政策规定执行”。因此，上市公司在履行必要的决策程序、信息披露义务以及律师发表变更合规意见后，将回购股份的用途由员工激励变更为注销。

（3）通知债权人。2021 年 7 月 23 日，Y 上市公司发布《关于回购注销股票减少注册资本通知债权人的公告》，披露拟注销以减少注册资本的决策程序、减资计划和对公司的影响，同时提醒债权人：“由于公司回购注销股票将导致注册资本减少，根据《中华人民共和国公司法》等相关法律法规的规定，公司特此公告如下：公司债权人自接到公司通知起 30 日（自然日）内、未接到通知者自本公告披露之日起 45 日（自然日）内，均有权凭有效债权文件及相关凭证要求公司清偿债务或者提供相应担保，逾期未提出权利要求的，不会因此影响其债权的有效性，相关债务（义务）将由公司根据原债权文件的约定继续履行。”

根据《公司法》（2018 年）第一百七十七条，“公司需要减少注册资本时……应当自作出减少注册资本决议之日起 10 日内通知债权人，并于 30 日内在报纸上公告。债权人自接到通知书之日起 30 日内，未接到通知书的自公告之日起 45 日内，有权要求公司清偿债务或者提供相应的担保。”

本案例中，Y 上市公司在股东大会做出注销所回购的股票的决议后，次日发布股东会决议，并同时发出通知债权人的公告，就债权人因公司减少股本对其持有债权的影响做出提示性公告，并依法提供权益保障渠道。

2. 回购原因分析

（1）股价低估。Y 上市公司股票价格自 2020 年 7 月 15 日 10.18 元跌至董事会发布股份回购公告前 10 月 30 日 7.81 元，半年内跌幅达 30%。

（2）提高资金的使用效率。2020 年 10 月发布股份回购公告前，公司 2020 年前三季度营业收入 726.7 亿元，较 2019 年同期 635.43 亿元增加 91.26 亿元，2020 年前三季度经营活动现金流量净额较上年同期增加 37.87 亿元，同期期末账面货币资金和交易性金融资产合计数增加 50 亿元，增幅达 69%。

综上所述，从股份回购决策时点来看，2020 年销售业绩及现金流入表现大幅增加，上市公司对 2020 年及未来表现具备信心，而受疫情影响外部投资更为谨慎，闲置资金显著增加。与此同时，公司股价持续下跌，近半年跌幅达 30%，因此上市公司决策回购公司股票，以完善公司资本结构，稳定股价，保障股东权益。

二、用于员工持股计划或股权激励的情形

案例 15－2　M 上市公司股份回购

【案例概况】 2014 年 8 月，M 上市公司发布《关于股份回购计划的长效机制》，为公司日后股份回购奠定制度基础。2015—2022 年 M 上市公司启动股份回购 7 次，累计支付 245.61 亿元完成 6 次股份回购，另将支付 25 亿—50 亿元用于 2022 年最新公告的回购计划，即在过去 7 年回购金额

约为270亿—300亿元之间。

以公司2021年实施完毕的用于员工激励的股份回购为例，其情况如下：2021年2月24日，M上市公司发布《关于回购部分社会公众股份方案的公告》，上市公司将以自有资金回购股份，回购价格不超过人民币140元/股，回购资金总额不超过人民币140亿元，回购期限为自董事会审议通过回购股份方案之日起12个月内，股份回购用于实施公司股权激励计划及/或员工持股计划，法定期间未使用部分公司将履行相关程序予以注销并减少注册资本。

根据M上市公司公告情况，该次股份回购执行程序和信息披露情况如表15－9所示。

表15－9　　M上市公司回购公告

事项	股份回购程序	信息披露情况
股份回购召开董事会	2021年2月23日召开董事会，决议通过《关于回购部分社会公众股份方案的议案》	2021年2月24日公告《第三届董事会第二十九次会议决议的公告》《关于回购部分社会公众股份方案的公告》
	独立董事发表独立意见	2021年2月24日公告《独立董事关于回购部分社会公众股份事项的独立意见》
回购实施过程中必要的信息披露	披露回购报告书	2021年2月25日公告《关于回购部分社会公众股份方案的报告书》
	董事会公告回购股份决议的前1个交易日（2021年2月23日）前十大股东	2021年2月25日公告《关于回购股份事项前十名股东和前十名无限售条件股东持股信息的公告》
	首次回购股份	2021年2月26日公告《关于首次实施回购部分社会公众股份的公告》
	回购公司股份比例达到及每增加总股本1%及每月结束（含无回购发生当月）	实施期间按规定持续发布《关于股份回购进展情况的公告》，公告回购进展情况
完成回购	2021年4月2日完成回购	2021年4月3日公告《关于公司回购方案实施完成的公告》

【案例分析】基于对公司未来发展前景的信心和对公司价值的高度认可，M上市公司继续回购股份并持续用于实施股权激励计划及/或员工持股计划，以此进一步完善公司治理结构，构建创新的管理团队持股的长期激励与约束机制，确保公司长期经营目标的实现，提升公司整体价值。

（1）经营情况表现。M上市公司股权激励对象是公司总部及各事业部的研发、制造等科技人员及相关中高层管理人员，后续又增加了海外派驻人才、年轻管理骨干和技术人才，激励范围较广，同时激励考核指标与净利润挂钩，有力推动经营绩效的提升。

（2）公司股价表现。伴随着实施股权激励和完成经营目标，M上市公司股价呈现上升趋势，公司股价从2014年初48.92元/股增长至2021年末73.81元/股。

三、为维护公司价值及股东权益所必需的情形

股份回购是成熟市场上市公司维护股价的常见手段。在经济危机、股市大幅下跌时期，上市公司往往实施大规模的股份回购计划，以期维护股价稳定、保护股东利益。从历年回购次数可以看出，上市公司在2015年、2018年股市大幅波动时期的股份回购明显增加。特别是“为维护公司价值及股东权益所必需”的股份回购于2018年获得《公司法》及配套政策支持后，我国市场的回购次数和回购资金规模出现了明显的增长。

案例15－3　G上市公司股份回购

【案例概况】G上市公司2020年连续实施两次“为维护公司价值及股东权益所必需”的股份回购，回购股份数量合计10.93亿股（超过首次回购前股份总数5%），回购资金总额合计27.98亿元。

1. 第一次为维护公司价值及股东权益所必需的股份回购

2020年7月15日，G上市公司召开董事会，审议通过《关于以集中竞价交易方式回购公司股份的议案》，独立董事发表独立意见。

2020年7月16日，G上市公司发布了《关于以集中竞价交易方式回

购公司股份方案的公告》，价格拟不超过 2.55 元/股，资金总额不低于人民币 6 亿元，不超过人民币 12 亿元。

2020 年 9 月 22 日，回购实施完毕，实际回购股份数量 576,928,756 股，回购支付的资金总额为 119,900.24 万元。

2. 第二次为维护公司价值及股东权益所必需的股份回购

2020 年 10 月 29 日，G 上市公司召开董事会，审议通过《关于 2020 年第二次以集中竞价交易方式回购公司股份的议案》，独立董事发表独立意见。

2020 年 10 月 31 日，G 上市公司发布了《关于 2020 年第二次以集中竞价交易方式回购公司股份方案的公告》，价格拟不超过人民币 2.57 元/股，回购资金总额不低于人民币 8 亿元，不超过人民币 16 亿元。本次回购的股份将在披露回购结果暨股份变动公告后 3 年内注销，因此方案需要提交股东大会审议。

2020 年 11 月 17 日召开 2020 年第四次临时股东大会，审议通过《关于 2020 年第二次以集中竞价交易方式回购公司股份的议案》。

2021 年 1 月 29 日，回购实施完毕，实际回购股份数量 740,382,832 股，回购支付的资金总额为 159,904.1 万元。

【案例分析】第一次股份回购时，根据 G 上市公司 2020 年第一季度财务信息及 Wind 资讯，7 月 15 日召开董事会决策前，公司最近一期每股净资产大于 2.5 元，而股票收盘价格在 2 元左右徘徊，符合“公司股票收盘价低于其最近一期每股净资产”这一适用要求。

第二次股份回购时，根据 G 上市公司 2020 年半年报财务信息及 Wind 资讯，10 月 29 日召开董事会决策前，公司最近一期每股净资产大于 2.50 元，而股票收盘价格在 2 元左右徘徊，公司股票收盘价低于其最近一期每股净资产，符合“为维护公司价值及股东权益所必需”的适用要求。

附　录

附表1　重组上市申报材料清单

序号	文件名称
0－0	重大资产重组申请文件目录及交易各方和中介机构联系表（包含独立财务顾问、律师事务所、会计师事务所、资产评估机构、估值机构等证券服务机构及其签字人员的名单，包括名称/姓名、组织机构代码、统一社会信用代码/居民身份证号码或其他身份信息）
0－0－1	上市公司重大资产重组申请文件目录
0－0－2	上市公司重大资产重组交易各方和中介机构联系表
0－1	上市公司并购重组方案概况表
0－2	上市公司关于书面文件与电子文件一致的承诺函
0－3	上市公司关于本次重大资产重组申报文件不适用内容的说明
第一部分　上市公司重大资产重组报告书及相关文件	
1－1	重大资产重组报告书
1－1－1	重大资产重组报告书（草案）
1－1－2	重大资产重组报告书（草案）摘要
1－2	重大资产重组的董事会决议和股东大会决议
1－2－1	上市公司董事会决议
1－2－2	上市公司股东大会决议
1－3	公告的其他相关信息披露文件
1－3－1	上市公司董事会关于本次交易中不存在有偿聘请其他第三方机构或个人的说明
1－3－2	上市公司董事会关于法定程序的完备性、合法性及提交法律文件的有效性说明

续表

序号	文件名称
1-3-3	上市公司董事会关于本次重大资产重组相关主体不存在依据《关于加强与上市公司重大资产重组相关股票异常交易监管的暂行规定》第十三条不得参与任何上市公司重大资产重组情形的说明
1-3-4	上市公司董事会关于公司股价波动达到《关于规范上市公司信息披露及相关各方行为的通知》第五条相关标准的说明
1-3-5	上市公司董事会关于本次重大资产重组符合《关于规范上市公司重大资产重组若干问题的规定》第四条规定的说明
1-3-6	上市公司董事会关于评估独立性、评估假设前提的合理性、评估方法与评估目的的相关性以及评估定价的公允性的说明
1-3-7	上市公司独立董事关于公司重大资产出售及发行股份购买资产并募集配套资金暨关联交易事项的独立意见
1-3-8	上市公司独立董事关于公司重大资产出售及发行股份购买资产并募集配套资金暨关联交易事项的事前认可意见
1-3-9	上市公司关于本次重组是否构成重组上市的说明
1-3-10	上市公司独立董事关于评估独立性、评估假设的合理性、评估方法与评估目的的相关性以及评估定价的公允性的独立意见
1-3-11	上市公司关于本次交易前12个月内购买、出售资产的说明
1-3-12	收购报告书摘要
第二部分　独立财务顾问和律师事务所出具的文件	
2-1	独立财务顾问报告
2-1-1	独立财务顾问关于上市公司重大资产出售及发行股份购买资产并募集配套资金暨关联交易之独立财务顾问报告
2-2	法律意见书
2-3	关于本次交易产业政策和交易类型的独立财务顾问核查意见
2-3-1	独立财务顾问关于上市公司本次交易产业政策和交易类型之独立财务顾问核查意见
2-4	独立财务顾问出具的其他核查意见
2-4-1	独立财务顾问关于本次交易符合《关于加强证券公司在投资银行类业务中聘请第三方等廉洁从业风险防控的意见》的相关规定之核查意见
2-4-2	独立财务顾问关于上市公司本次重组摊薄即期回报情况及填补措施之专项核查意见
2-4-3	独立财务顾问关于上市公司股票价格波动是否达到《关于规范上市公司信息披露及相关各方行为的通知》第五条相关标准的核查意见

续表

序号	文件名称
2-4-4	独立财务顾问在充分尽职调查和内核基础上出具的承诺
2-4-5	独立财务顾问关于上市公司本次重组前12个月内购买、出售资产情况的核查意见
第三部分　本次重大资产重组涉及的财务信息相关文件	
3-1	本次重大资产重组涉及的拟购买资产最近两年及一期的财务报告和审计报告（如适用）
3-2	本次重大资产重组涉及的拟购买资产的评估报告及评估说明，或者估值报告
3-3	本次重大资产重组涉及的拟出售资产最近两年及一期的财务报告和审计报告
3-4	本次重大资产重组涉及的拟出售资产的评估报告及评估说明，或者估值报告
3-5	根据本次重大资产重组完成后的架构编制的上市公司最近一年及一期的备考财务报告及其审阅报告（如适用）
3-6	盈利预测报告和审核报告（如适用）
3-7	上市公司董事会、注册会计师关于上市公司最近一年及一期的非标准保留意见审计报告的补充意见（如适用）
3-8	交易对方最近一年的财务报告和审计报告
第四部分　关于重组上市的申请文件要求	
4-1	标的资产内部控制鉴证报告
4-2	标的资产最近三年及一期的财务报告和审计报告
4-3	标的资产最近三年原始报表及其与申报财务报表的差异比较表及会计师事务所出具的意见
4-4	标的资产最近三年及一期非经常性损益明细表及会计师事务所出具的专项说明
4-5	标的资产最近三年及一期的纳税证明文件
4-6	根据本次重大资产重组完成后的架构编制的上市公司最近一年及一期的备考财务报告及其审计报告
第五部分　本次重大资产重组涉及的有关协议	
5-1	重大资产重组的协议或合同
5-2	涉及本次重大资产重组的其他重要协议或合同
5-3	交易对方与上市公司就相关资产实际盈利数不足利润预测数的情况签订的补偿协议
5-4	涉及本次重大资产重组的承诺函
5-5	涉及本次重大资产重组的媒体说明会召开情况、对证券交易所问询函的回复等已披露信息
第六部分　本次重大资产重组的其他文件	
6-1	有关部门对重大资产重组的审批、核准或备案文件（如适用）

续表

序号	文件名称
6－2	债权人同意函
6－3	交易对方的营业执照复印件
6－4	拟购买资产的权属证明文件
6－5	与拟购买资产生产经营有关的资质证明或批准文件
6－6	独立财务顾问、律师事务所、会计师事务所、资产评估机构、估值机构等证券服务机构及其签字人员的资格证书或有法律效力的复印件
6－7	上市公司、交易对方和相关证券服务机构以及其他知悉本次重大资产重组内幕信息的单位和自然人，在董事会就本次重组申请股票停止交易前或第一次作出决议前（孰早）6个月至重大资产重组报告书披露之前一日止，买卖该上市公司股票及其他相关证券情况的自查报告，并提供证券登记结算机构就前述单位及自然人二级市场交易情况出具的证明文件
6－8	上市公司及其控股股东、实际控制人、董事、监事和高级管理人员，构成收购人的交易对方、本次重组证券服务机构及其主办人名单，包括名称/姓名、组织机构代码、统一社会信用代码/居民身份证号码或其他身份信息
6－9	资产评估结果备案或核准文件（如适用）
6－10	证监会要求提供的其他文件
6－10－1	独立财务顾问关于上市公司本次重大资产重组是否符合《关于上市公司重大资产重组前发生业绩“变脸”或本次重组存在拟置出资产情形的相关问题与解答》相关规定的专项核查意见
6－10－2	律师事务所关于上市公司重大资产重组前发生“业绩变脸”或本次重组存在拟置出资产情形的专项核查意见
6－10－3	会计师事务所关于上市公司本次重大资产重组是否符合《关于上市公司重大资产重组前发生业绩“变脸”或本次重组存在拟置出资产的情形的相关问题与解答》相关规定的专项核查意见
6－10－4	评估师就本次重大资产重组是否符合《关于上市公司重大资产重组前发生业绩“变脸”或本次重组存在拟置出资产的情形的相关问题与解答》相关规定的专项核查意见
6－10－5	发行人保证不影响和干扰并购重组委员会审核工作的承诺函
6－10－6	关于延期报送重大资产重组申请文件的说明（如有）

附件 1　需财务顾问核查并发表意见的内容

（1）对补偿安排或者具体措施的可行性、合理性以及是否有利于保护中小投资者利益进行核查；

（2）对本次交易已履行审批程序的完备性、尚需履行的审批程序是否存在障碍及对本次交易的影响进行核查；

（3）对相关风险事项进行核查，督促上市公司在重组报告书重大事项提示部分，充分披露与本次交易及标的资产密切相关的重要风险因素，并按对投资者作出价值判断和投资决策所需信息的重要程度进行梳理排序；

（4）对发行价格调整机制的合规性，比如触发条件、是否设置双向调整机制、调价基准日是否明确具体可执行，发行价格调整可能产生的影响以及价格调整的合理性，是否有利于保护股东利益等进行核查，并对发行价格调整方案是否符合《证券期货法律适用意见第 15 号》的规定进行审慎核查并发表明确核查意见；

（5）如标的资产与上市公司现有业务属于同行业或上下游，核查并说明标的资产与上市公司现有业务是否存在可显著量化的协同效应，如有，核查对上市公司未来业绩的影响，交易定价是否考虑上述协同效应，本次交易定价的合理性；如不具有显著协同效应，核查上市公司是否充分披露本次交易后的经营发展战略和业务管理模式，以及业务转型升级可能面临的风险和应对措施；

（6）如标的资产所处行业与上市公司现有业务不属于同行业或上下游的，结合披露标的资产自身的创新、创造、创意特征，是否为传统产业与新技术、新产业、新业态、新模式深度融合，所处行业情况等，对本次交易标的是否符合创业板定位进行审慎核查并发表明确意见；

（7）对控股股东、实际控制人及其关联方本次取得股份的锁定期安排是否符合《重组办法》第四十六条的规定，以及控股股东、实际控制人及其关联方在本次交易前持有上市公司股份的锁定期安排是否符合《收购办法》第七十四条的规定进行核查并发表明确核查意见；

（8）对交易方案调整是否构成重组方案重大调整，履行程序是否合规进行核查；

（9）对本次交易发行对象是否与董事会首次决议后公告的预案或报告书中披露的发行对象保持一致进行核查，如否，对是否构成方案的重大调整，履行程序是否合规进行核查；

（10）结合交易对方间接权益持有主体（如有）的运行时间、对外投资情况、该机构对本次重组交易的相关投资及相应收益占其资产和收益的比重、本次重组过程中变更其上层权益主体或调整份额（如涉及）是否符合商业惯例、新增的上层权益（如涉及）持有主体所对应的标的资产份额的锁定期等，审慎核查上层权益调整是否构成对本次重组方案的重大调整，相关审议程序是否符合《重组办法》《证券期货法律适用意见第15号》的规定；

（11）对信息披露是否符合《26号格式准则》第15节的相关要求进行核查，并对本次重组是否符合《上市公司证券发行注册管理办法》《重组办法》《重组审核规则》规定的重组上市条件逐条发表明确核查意见；

（12）核查标的资产主营业务、管理团队、董事、高级管理人员最近2年的变动情况，并对相关人员变动对标的资产生产经营的影响，是否导致标的资产主营业务、董事、高级管理人员发生重大不利变化发表明确意见；

（13）结合对公司章程、协议或其他安排以及标的资产股东大会（股东出席会议情况、表决过程、审议结果、董事提名和任命等）、董事会（重大决策的提议和表决过程等）、监事会及标的资产经营管理的实际运作情况的核查情况，对标的资产实际控制人认定的合规性及最近两年内实际控制人是否发生变更发表明确意见；

（14）核查并说明标的资产业务重组的合理性，资产的交付和过户情况，交易当事人的承诺情况，盈利预测或业绩对赌情况及实际实现情况，人员整合、公司治理运行情况，重组业务的最新发展状况，将相关重组认定为同一或非同一控制下重组，以及认定相关业务相同、类似或相关的理由和依据是否充分，标的资产主营业务是否发生重大变化，是否符合重组后运行期限等相关要求；

（15）核查上市公司控股股东、实际控制人、董事、监事、高级管理人员及交易对方是否根据《26 号格式准则》第五十三条作出相关股份锁定承诺；

（16）对穿透计算的股东人数是否超过 200 人进行核查，如超过 200 人，应当按照《非上市公众公司监管指引第 4 号——股东人数超过 200 人的未上市股份有限公司申请行政许可有关问题的审核指引》的规定，核查标的资产是否依法设立并合法存续，股权是否清晰，经营是否规范以及公司治理与信息披露制度是否健全，是否存在未经批准擅自公开发行或变相公开发行股票的情况；

（17）如交易对方涉及合伙企业的，对各层合伙人取得相应权益的时间、出资方式、资金来源等信息进行核查；对合伙企业是否专为本次交易设立，是否以持有标的资产为目的，是否存在其他投资，以及合伙协议约定的存续期限进行核查；对本次重组交易对方中涉及的合伙企业的委托人或合伙人之间是否存在分级收益等结构化安排进行核查；

（18）如交易对方为本次交易专门设立的，对穿透到非为本次交易设立的主体持有交易对方份额锁定期安排是否合规进行核查；

（19）如交易对方涉及契约型私募基金的，对是否完成私募基金备案进行核查，如未完成，核查是否已作出明确说明；

（20）交易对方如涉及合伙企业、契约型私募基金、券商资管计划、信托计划、基金专户及基金子公司产品、理财产品、保险资管计划、专门为本次交易设立的公司等情况的，对该主体/产品存续期，存续期安排与其锁定期安排匹配性及合理性进行核查；

（21）核查交易对方穿透至各层股权/份额持有人的主体身份是否适格，是否符合证监会关于上市公司股东的相关要求；

（22）对标的资产自成立以来的股份变动情况及资金实缴到位情况进行核查，如发生增减资或股权转让的，核查并说明最近三年增减资及股权转让的原因和必要性、作价依据及其合理性，每次增减资或转让涉及的价款资金来源是否合法、支付是否到位；

（23）对最近三年股权变动相关各方的关联关系进行核查；

（24）标的资产存在出资不实或变更出资方式的，核查并说明相关股东是否已补足未到位资金或资产，是否已消除出资不到位的法律风险，对出资不实或未及时到位对交易完成后上市公司的影响是否已充分披露，相关股权转让及增减资是否已履行必要的审计、验资等程序及程序的有效性；

（25）结合相关内部决策文件和股权转让协议，核查并说明最近三年股权转让是否履行必要的审议和批准程序，是否符合相关法律法规及公司章程的规定，是否存在违反限制或禁止性规定而转让的情形；需要得到国有资产管理部门、集体资产管理部门、外商投资管理部门等有权部门的批准或者备案的，是否已依法履行相关程序，相关政府部门对产权的确认是否具备足够的法律效力，是否引致诉讼、仲裁或其他形式的纠纷；

（26）如标的资产属于有限责任公司的，核查并说明相关股权转让是否已取得其他股东的同意或符合公司章程规定的股权转让前置条件；

（27）对股权代持形成的原因、演变情况，被代持人是否真实出资，是否存在因被代持人身份不合法而不能直接持股的情况，是否影响相关股权转让决议及审批效力进行核查；对代持情况是否已全部披露，解除过程及解除代持关系是否彻底，被代持人退出时有无签署解除代持的文件进行核查；对股权代持是否存在经济纠纷或法律风险进行核查；

（28）结合对前述事项的核查情况，对标的资产的股权权属清晰性及本次交易是否符合《重组办法》第十一条和第四十三条的规定发表明确核查意见；

（29）对标的资产在新三板挂牌期间及摘牌程序的合法合规性，是否存在规范运作、信息披露及其他方面的违法违规情形，是否受到处罚及具体情况，本次重组方案中披露的主要财务数据等信息与挂牌期间披露信息是否存在差异及差异的具体情况进行核查；

（30）结合交易标的盈利能力、市盈率、作价依据等因素，核查并说明标的资产在挂牌期间股价与本次交易作价是否存在较大差异；

（31）对标的资产 IPO 申报的具体情况，被否或终止 IPO 的原因，是否存在影响本次重组交易的法定条件进行核查；

（32）对引用数据的必要性及完整性进行核查，如：核查标的资产同行业可比公司的选取标准是否客观、全面、公正，是否存在没有将同行业知名公司作为可比公司的情形，可比公司选取在各个章节是否具有一致性；

（33）对是否引用第三方数据，所引用第三方数据的真实性及权威性进行核查，如：对第三方数据是否来自于付费或定制报告，相关报告是否为本次重组专门定制进行核查；对引用数据的必要性及完整性、与其他披露信息是否存在不一致，直接或间接引用的第三方数据是否有充分、客观、独立的依据进行核查；

（34）核查标的资产与主要供应商各报告期内采购内容、采购金额及占比的准确性，采购定价的公允性，地域分布的合理性；

（35）对标的资产、标的资产控股股东、实际控制人、董事、监事、高级管理人员及其关系密切的家庭成员是否与相关供应商存在关联关系进行核查；对是否存在前五大供应商或其控股股东、实际控制人是标的资产前员工、前关联方、前股东、标的资产实际控制人的密切家庭成员等可能导致利益倾斜的情形进行核查；对是否有充分的证据表明标的资产采用公开、公平的手段或方式独立获取原材料进行核查；

（36）对标的资产供应商集中度较高的合理性，是否符合行业特征、与同行业可比公司的对比情况，供应商的稳定性和业务的持续性，供应商集中度较高是否对标的资产持续经营能力构成重大不利影响（如存在供应商集中情形）进行核查；

（37）对于非因行业特殊性、行业普遍性导致供应商集中度偏高的，核查该单一供应商是否为关联方或者存在重大不确定性；

（38）如存在新增供应商情况的，核查新增供应商的成立时间，采购和结算方式，合作历史，与该供应商新增交易的原因及订单的连续性和持续性；对是否存在成立后短期内即成为标的资产主要供应商的情形进行核查，如存在，应说明其商业合理性；

（39）如存在供应商与客户重叠的情形，应核查相关交易的背景及具体内容，交易金额及占比，业务开展的具体原因、合理性和必要性，是否符合行业特征和企业经营模式；对涉及该情形的销售、采购的真实性和公允性，属于受托加工或委托加工业务还是独立购销业务，会计处理的合规性进行核查；

（40）核查标的资产与主要客户报告期各期销售内容、销售金额及占比的准确性，销售定价的公允性，地域分布的合理性；

（41）对标的资产、标的资产控股股东、实际控制人、董事、监事、高级管理人员及其关系密切的家庭成员是否与相关客户存在关联关系进行核查；对是否存在前五大客户或其控股股东、实际控制人是标的资产前员工、前关联方、前股东、标的资产实际控制人的密切家庭成员等可能导致利益倾斜的情形进行核查；对是否有充分的证据表明标的资产采用公开、公平的手段或方式独立获取订单进行核查；

（42）对标的资产客户集中度较高的合理性，是否符合行业特征、与同行业可比公司的对比情况，客户的稳定性和业务的持续性，客户集中度较高是否对标的资产持续经营能力构成重大不利影响（如存在客户集中情形）进行核查；

（43）对于非因行业特殊性、行业普遍性导致客户集中度偏高的，核查该单一客户是否为关联方或者存在重大不确定性；

（44）如存在新增客户情况的，核查新增客户的成立时间，销售和结算方式，合作历史，与该客户新增交易的原因及订单的连续性和持续性；对是否存在成立后短期内即成为标的资产主要客户的情形进行核查，如存在，应说明其商业合理性；

（45）如存在供应商与客户重叠的情形，应核查相关交易的背景及具体内容，交易金额及占比；对业务开展的具体原因、合理性和必要性，是否符合行业特征和企业经营模式进行核查；对涉及该情形的销售、采购的真实性和公允性，属于受托加工或委托加工业务还是独立购销业务，会计处理的合规性进行核查；

（46）对对标的资产有重大影响的未决诉讼和仲裁事项的具体情况进行核查，并结合相关事项的进展情况，论证其对标的资产持续经营能力和持续盈利能力的影响并充分揭示相关风险；

（47）对涉诉事项对标的资产的重要性进行核查，若标的资产核心专利、商标、技术、主要产品涉诉，应当审慎判断可能对标的资产持续经营能力或盈利能力产生的重大不利影响，并就本次交易是否符合《重组办法》第十一条和第四十三条的规定审慎发表核查意见；

（48）如败诉涉及赔偿的，对相关责任的承担主体、相关会计处理、或有负债计提是否充分、超过预计损失部分的补偿安排进行核查；

（49）对标的资产生产经营中是否存在高危险、重污染的情况进行核查，如是，核查并披露涉及环境污染的具体环节、主要污染物名称及排放量、主要处理设施及处理能力等；对最近三年内环保投资和相关费用成本支出情况与标的资产生产经营所产生的污染是否相匹配，是否符合国家关于安全生产和环境保护的要求进行核查；

（50）核查并说明标的资产进行安全生产和污染治理制度及执行概况，环保设施实际运行情况；

（51）核查并说明标的资产是否存在涉及环保安全的重大事故或重大群体性的环保事件，如是，说明产生原因及经过等具体情况，是否收到过相关部门的处罚，后续整改措施及整改后是否符合环保法律法规的有关规定，本次交易是否符合《重组办法》第十一条的相关规定；

（52）对标的资产是否属于产能过剩行业或限制类、淘汰类行业进行核查，如涉及特殊政策允许投资相关行业的，应提供有权机关的核准或备案文件，以及有权机关对相关项目是否符合特殊政策的说明；

（53）核查并说明标的资产已建、在建或拟建项目是否属于“高耗能、高排放”项目，是否已履行节能审查和环评审批程序，是否符合国家产业规划、产业政策、“三线一单”、规划环评、产能置换、煤炭消费减量替代和污染物排放区域削减等要求，并充分披露标的资产能效水平和污染物排放水平，以及相关产业政策、环境政策变化可能引致的风险；

（54）对标的资产及其合并报表范围内各级子公司是否取得从事生产经营活动所必需的行政许可、备案、注册或者认证等，以及相关行政许可、备案、注册或者认证等的相关证书名称、核发机关、有效期进行核查；对已经取得的上述行政许可、备案、注册或者认证等是否存在被吊销、撤销、注销、撤回的重大法律风险或者存在到期无法延续的风险进行核查；如是，对是否会对标的资产持续经营造成重大不利影响进行核查；

（55）结合标的资产从事业务的具体范围及相关业务资质取得情况，核查标的资产是否存在超出经营许可或备案经营范围的情形，或超期限经营情况，如是，应当就相关事项是否导致本次交易不符合《重组办法》的第十一条规定审慎发表意见；

（56）如标的资产未取得生产经营相关资质的，核查并说明标的资产办理相关资质的进展情况、预计办毕期限、是否存在法律障碍及逾期未办毕的影响；

（57）核查并说明销售单价预测的合理性：结合标的资产主要核心产品所处生命周期、可替代性、市场竞争程度、报告期内售价水平、可比产品售价水平等，核查并说明预测期各期销售单价变动的合理性；

（58）核查并说明销售数量预测的合理性：结合标的资产主要产品或所处行业未来年度市场容量发展情况、标的资产所处的行业地位、现有客户关系维护及未来年度需求增长情况、新客户拓展、现有合同签订情况等，核查并说明预测期内各期销售数量的合理性及可实现性；结合标的资产的现有产能和产能利用率、未来年度产能扩张计划等，核查并说明预测期内销售数量与产能水平的匹配性；

（59）核查并说明营业成本预测的合理性：结合报告期内原材料的采

购来源、原材料价格波动情况、市场供需情况、与原材料主要供应商的关系稳定性等，核查并说明预测期内营业成本预测的合理性；

（60）核查并说明毛利率预测的合理性：结合标的资产各主要产品报告期内毛利率水平、标的资产的核心竞争优势、原材料成本的预测情况、可比公司可比产品的毛利率情况，市场竞争程度、产品的可替代性、行业进入壁垒情况等，核查并说明预测期内毛利率水平预测依据及合理性；

（61）核查并说明期间费用预测的合理性：结合销售费用率与管理费用率水平、构成情况及其与报告期内的差异情况等，核查并说明销售费用及管理费用中的重要构成项目的预测依据是否充分、合理，是否与预测期内业务增长情况相匹配；

（62）核查并说明营运资金增加额预测的合理性：核查并说明营运资金增加额的计算过程，是否与标的资产未来年度的业务发展情况相匹配；

（63）核查并说明资本性支出预测的合理性：结合标的资产现有主要设备的成新率情况、未来厂房及产能扩建及更新计划等，核查并说明预测期内资本性支出预测的合理性；

（64）核查并说明折现率预测的合理性：结合折现率计算过程中主要参数的取值依据及合理性，核查并说明相关参数是否反应了标的资产所处行业的特定风险及自身财务风险水平，折现率取值是否合理；

（65）核查并说明预测期期限的合理性：结合详细预测期期限及预测期内各年经营业绩增速情况等，核查并说明是否存在为提高估值水平而刻意延长详细评估期间的情况，如存在详细评估期限较长的，核查并说明详细评估期较长的原因及合理性，是否符合谨慎性原则；

（66）核查并说明本次交易中市场法具体评估模型、价值比率的取值依据是否合理；

（67）核查并说明可比对象或可比案例的选取原则、调整因素和流动性折扣的取值依据及合理性，重点核查是否存在刻意只挑选有利可比公司，回避真正可比公司进行比较的情况；

（68）对本次交易以资产基础法为评估定价依据的原因及合理性，是否存在规避业绩承诺补偿的情形进行核查；

（69）核查标的资产各项目的账面价值与本次评估值情况，评估增值率情况，各资产评估值与账面值差异的原因及合理性，重点核查评估增值类科目的评估过程，主要评估参数的取值依据及合理性；

（70）对评估或估值的基本情况（包括账面价值、所采用的评估或估值方法、评估或估值结果、增减值幅度等）进行核查，并结合不同评估或估值结果的差异情况、差异的原因、业绩承诺及业绩补偿安排设置等因素，对本次最终确定评估或估值结论的原因及合理性进行审慎核查；

（71）对评估或估值结论有重要影响的评估或估值假设，如宏观和外部环境假设及根据交易标的自身情况所采用的特定假设等进行核查；

（72）结合标的资产最近三年内股权转让或增资的原因和交易背景，转让或增资价格，对应的标的资产作价情况，核查并说明本次交易中评估作价与历次股权转让或增资价格的差异原因及合理性；

（73）结合本次交易市盈率、市净率、评估增值率情况，并对比可比交易情况，核查本次交易评估作价的合理性；

（74）如采用收益法和资产基础法进行评估的，核查是否存在收益法评估结果低于资产基础法的情形，如是，核查标的资产是否存在经营性减值，相关减值资产的减值计提情况及会计处理合规性；

（75）对业绩承诺安排是否符合《重组办法》第三十五条、《监管规则适用指引——上市类第 1 号》1－2的相关规定进行核查，并结合业绩补偿安排的触发条件、本次评估方法选取的合理性、标的资产报告期内的经营业绩、行业特点及发展趋势、行业竞争格局、同行业主要竞争对手、近期可比收购案例业绩承诺情况等，对本次交易业绩承诺的可实现性，是否存在规避业绩补偿情形，相关业绩承诺安排是否有利于保护上市公司和中小股东利益发表核查意见；对业绩补偿义务人是否已出具承诺并保证业绩补偿的足额按时履约，相关承诺是否符合《监管规则适用指引——上市类第 1 号》1－2 的规定进行核查；

（76）结合业绩奖励总额上限、业绩奖励对象及确定方式等，核查本次交易相关奖励安排是否符合《监管规则适用指引——上市类第1号》1-2的规定，是否有利于保护上市公司和中小股东利益；

（77）核查合并报表范围变化的原因，标的资产提供的与控制权实际归属认定相关的事实证据和依据是否充分、合理，新纳入或剔除合并范围的业务或资产是否能被标的资产控制或不予控制，对特殊控制权归属认定事项如委托持股、代持股份的真实性、证据充分性、依据合规性等予以审慎判断、妥善处理和重点关注；

（78）如在报告期内进行合并的，对同一控制下企业合并形成的追溯前期利润是否计入非经常性损益进行核查；

（79）对合并报表编制是否符合企业会计准则相关规定进行核查；

（80）本次交易构成重组上市的，对对于主营业务是否发生变更的判断是否符合《〈首次公开发行股票并上市管理办法〉第十二条标的资产最近3年内主营业务没有发生重大变化的适用意见——证券期货法律适用意见第3号》的规定进行核查；

（81）核查资产剥离的原因，是否涉及资产、负债、成本、费用等的重新分配，如是，核查并说明相关资产、负债、收入和利润的重新分配原则及合理性；

（82）核查被剥离资产的主要财务数据及占剥离前标的资产相应财务指标的比例的准确性；剥离后资产是否完整，是否存在对被剥离资产的业务、技术和盈利重大依赖的情形，剥离事项是否会对标的资产未来年度持续经营能力产生影响，本次交易是否符合《重组办法》第十一条和四十三条的规定；

（83）对主要应收账款客户信用或财务状况是否出现大幅恶化进行核查，如是，核查具体情况以及坏账准备计提是否充分；

（84）对是否存在逾期一年以上的应收账款进行核查，如是，核查具体情况以及坏账准备是否计提充分；

（85）对主要客户的信用政策及信用期是否存在重大变化进行核查，如是，应核查具体情况；

（86）对是否存在对某些单项或某些组合应收款项不计提坏账准备的情形进行核查，如是，未计提的依据和原因是否充分；

（87）对是否存在以欠款方为关联方客户、优质客户、政府工程客户等理由而不计提坏账准备的情形进行核查；

（88）对应收账款坏账准备计提政策是否与同行业可比公司存在重大差异及原因进行核查；

（89）对是否存在在收入确认时对应收账款进行初始确认后又将该应收账款转为商业承兑汇票结算的情形进行核查，如是，核查是否按照账龄连续计算的原则对应收票据计提坏账准备；

（90）对应收账款保理业务形成的原因，附追索权的金额和占比情况，是否按原有账龄计提坏账准备进行核查；

（91）对是否存在已背书或贴现且未到期的应收票据进行核查，如是，核查终止确认和未终止确认的余额、期后兑付情况，是否出现已背书或贴现应收票据期后不能兑付或被追偿的情形；对相关应收票据是否符合金融资产终止确认条件，相关会计处理是否符合企业会计准则相关规定进行核查；

（92）对存货余额或类别变动的原因、是否存在异常的情形、跌价准备计提是否充分进行核查；结合标的资产的行业竞争环境、技术水平、采购模式、收入结构、主要产品的生产周期、在手订单情况、预计交货时间等，核查存货账面余额及存货构成的合理性、存货周转率的合理性，与对应业务收入、成本之间变动的匹配性；

（93）结合原材料及产品特性、生产需求、存货库龄，确认存货计价准确性，核查是否存在大量积压或滞销情况，分析存货跌价准备计提方法是否合理、计提金额是否充分；

（94）对报告期存货实施的监盘程序、监盘范围、监盘比例及监盘结果进行核查；

（95）对其他应收款的构成、形成原因及相关协议内容，包括但不限于往来明细、资金来源、款项用途、利息收益、还款安排等，是否已履行必要审批程序进行核查；

（96）结合账龄及欠款方信用状况，核查是否存在可收回风险、减值风险，是否足额计提坏账准备；

（97）对标的资产是否存在关联方非经营性资金占用进行核查，如是，说明时间、金额、原因、用途、履行的决策程序、清理进展、解决方式，核查是否存在向股东分红进行抵消的方式解决（如是，分红款是否需缴纳个税），是否已采取有效整改措施，是否构成内控制度有效性的重大不利影响，是否构成重大违法违规，本次交易是否符合《〈上市公司重大资产重组管理办法〉第三条有关拟购买资产存在资金占用问题的适用意见——证券期货法律适用意见第10号》的相关规定；

（98）通过询问、观察、监盘等方式，核查固定资产的使用状况，了解是否存在长期未使用的固定资产；

（99）结合经营模式核查机器设备原值与产能、业务量或经营规模的匹配性，与同行业可比公司进行对比并说明合理性；

（100）对重要固定资产折旧政策与同行业可比公司相比是否合理进行核查；

（101）对固定资产可收回金额确定方法是否恰当，减值测试方法、关键假设及参数是否合理，资产减值相关会计处理是否谨慎，信息披露是否充分进行核查；

（102）对研发支出的成本费用归集范围是否恰当，研发支出的发生是否真实，是否与相关研发活动切实相关进行核查；

（103）对研究阶段和开发阶段的划分是否合理，是否与研发活动的流程相联系，是否遵循正常研发活动的周期及行业惯例并一贯运用，研究阶段与开发阶段划分的依据是否完整、准确披露进行核查；

（104）对研发支出资本化的条件是否均已满足，是否具有内外部证据支持进行核查；重点从技术上的可行性，预期产生经济利益的方式，技术、财务资源和其他资源的支持等方面进行关注；

（105）对研发支出资本化的会计处理与可比公司是否存在重大差异进

行核查；

（106）对标的资产确认的无形资产是否符合会计准则规定的确认条件和计量要求进行核查；

（107）对是否存在虚构无形资产情形，是否存在估值风险和减值风险进行核查；

（108）对商誉形成过程、与商誉有关的资产或资产组的具体划分和认定、商誉增减变动情况进行核查；

（109）对商誉会计处理是否准确，相关评估是否可靠，备考财务报表中商誉的确认依据是否准确，是否已充分确认标的资产可辨认无形资产并确认其公允价值进行核查；

（110）对减值测试依据、相关评估的公允性和合规性（如有）、减值测试的主要方法和重要参数选择是否合规、合理，减值测试是否符合《会计监管风险提示第 8 号——商誉减值》的要求进行核查，如标的资产为SPV，且在前次过桥交易中已确认大额商誉的，核查标的资产是否对前次交易形成的商誉进行减值测试，减值准备计提是否充分；

（111）核查商誉减值对上市公司主要财务指标（包括但不限于总资产、净资产、净利润等）影响的披露是否准确，商誉减值风险的提示是否充分；

（112）对标的资产收入成本确认原则是否准确、有针对性，是否仅简单重述企业会计准则，披露的相关收入确认政策是否符合标的资产实际经营情况，与主要销售合同条款及实际执行情况是否一致，是否符合企业会计准则相关规定，与同行业公司是否存在显著差异，相关原因、合理性及对标的资产收入的具体影响进行核查；

（113）对备考财务报表编制原则，相关会计处理是否符合企业会计准则的规定进行核查；

（114）对标的资产收入真实性、完整性的具体核查方法、过程、比例和结论，如函证、实地走访、细节测试的比例和具体结果进行核查；

（115）对标的资产商业模式是否激进，是否存在较大的持续经营风险进行核查；

（116）对报告期内标的资产收入波动的原因，是否与行业政策变动相符，是否与下游客户的需求匹配，是否与同行业可比公司收入变动趋势、比例存在较大差异进行核查；

（117）结合标的资产在手订单、行业政策、同行业可比公司未来业绩预测、下游客户景气度等，分析标的资产未来收入快速增长的可持续性及对标的资产未来年度盈利能力稳定性的影响，是否符合《重组办法》第四十三条的规定；

（118）分析季节性因素对各季度经营成果的影响，参照同行业可比公司的情况，分析收入变动及其与成本、费用等财务数据之间的配比关系是否合理，与标的资产所处行业、业务模式、客户需求是否匹配；

（119）结合标的资产重要销售合同、客户，分析第四季度或 12 月销售收入占当期营业收入比例是否较高，如是，应进一步分析；

（120）对是否存在重要销售合同收入确认周期明显短于标的资产、可比公司通常收入确认周期的情形，是否存在对个别客户销售金额大幅增长的情形，是否存在不满足收入确认条件但提前确认收入的情形进行核查；

（121）对标的资产收入实现的真实性，经销商具体业务模式及采取经销商模式的必要性，经销商模式下收入确认是否符合企业会计准则的规定进行核查；

（122）对经销商选取标准、日常管理、定价机制（包括营销、运输费用承担及补贴等）、物流（是否直接发货给终端客户）、退换货机制、销售存货信息系统等方面的内控是否健全并有效执行，经销商是否与标的资产存在关联关系，对经销商的信用政策是否合理进行核查；

（123）对标的资产经销商销售模式、占比等情况与同行业上市公司是否存在显著差异及原因进行核查；

（124）对经销商模式下的收入确认原则、费用承担原则及给经销商的补贴或返利情况、经销商的主体资格及资信能力进行核查，核查关联关系，并结合经销商模式检查与标的资产的交易记录及银行流水记录、经销商存货进销存与退换货情况；

（125）对经销商业务的核查方式、核查标准、核查比例、核查证据等应足以支持核查结论；对经销模式下收入真实性发表明确意见；

（126）对标的资产主要经销商（如前五名）的基本情况、变动情况及原因进行核查；

（127）对外销客户的基本情况，如前五名客户的销售内容、销售金额及占比、成立时间、行业地位、资质情况、订单获取方式和销售金额及占比，是否为标的资产关联方进行核查。如境外客户为经销商的，对主要最终客户的情况进行核查；

（128）对标的资产海关出口数据、出口退税金额、境外客户应收账款函证情况与标的资产境外销售收入是否匹配进行核查；

（129）核查境外销售所采取的具体核查措施、比例和结果，确保核查比例足以支持核查结论；

（130）对标的资产外销产品销售价格、毛利率是否明显高于内销相同或同类产品进行核查，如是，对是否具有合理性和商业逻辑进行核查；

（131）对标的资产境外销售的主要地区与标的资产出口产品相关的贸易政策是否发生重大不利变化进行核查，如发生，核查其对标的资产未来业绩是否会造成重大不利影响；

（132）对标的资产出口主要结算货币的汇率报告期内是否稳定，汇兑损益对标的资产的业绩影响是否较大，标的资产是否采取了应对外汇波动风险的具体措施进行核查；

（133）对标的资产境外销售模式和占比与同行业可比公司是否存在显著差异，是否符合行业特征进行核查；

（134）对标的资产关于贸易政策、汇率影响的风险提示是否充分进行核查；

（135）如因核查范围受限、历史数据丢失、信息系统缺陷、涉及商业秘密等原因，导致无法获取全部或部分运营数据，无法进行充分核查的，独立财务顾问、会计师应当考虑该等情况是否存在异常，并就信息系统可靠性审慎发表核查意见，对该等事项是否构成本次重组的实质性障碍发表明确意见；

（136）对退换货所涉及的具体事项、金额、占当期营业收入比例、会计处理方法等进行核查；查阅销售合同、销售部门对销售退回的处理意见等资料，核查是否存在大额异常的销售退回，判断销售退回的真实性；

（137）对现金交易的必要性与合理性，是否与标的资产业务情况或行业惯例相符，与同行业或类似公司的比较情况进行核查；对现金交易的客户或供应商的情况，是否为标的资产的关联方进行核查；对相关收入确认及成本核算的原则与依据，是否存在体外循环或虚构业务情形进行核查；对与现金交易相关的内部控制制度的完备性、合理性与执行有效性进行核查；

（138）对第三方回款的原因、必要性及商业合理性进行核查；

（139）对标的资产及其实际控制人、董监高或其他关联方与第三方回款的支付方是否存在关联关系或其他利益安排进行核查；如境外销售涉及境外第三方的，对其代付行为的商业合理性或合法合规性进行核查；

（140）对报告期内是否存在因第三方回款导致的货款归属纠纷进行核查；如签订合同时已明确约定由其他第三方代购买方付款的，对该交易安排是否具有合理原因进行核查；

（141）对第三方回款形成收入占营业收入的比例进行核查；对资金流、实物流与合同约定及商业实质是否一致进行核查；对第三方回款所对应营业收入是否真实、是否存在虚构交易或调节账龄情形进行核查；

（142）结合主要产品的产量、原材料价格变化情况，核查标的资产主要产品单位成本构成；

（143）根据成本构成因素分析，并结合市场和同行业企业情况，判断单位成本波动是否具有合理性；

（144）对劳务外包金额较大的原因、是否符合行业经营特点进行核查；

（145）对报告期各期劳务外包金额及占当期营业成本比例、劳务外包人数及占当期标的资产员工人数比例进行核查；

（146）对劳务公司的经营是否合法合规，是否专门或主要为标的资产服务，与标的资产是否存在关联关系进行核查；

（147）对劳务公司是否存在较大变动，劳务费用定价是否公允，是否存在跨期核算情形，劳务数量及费用变动是否与标的资产经营业绩相匹配进行核查；

（148）结合销售模式、管理人员或销售人员数量等，分析各期间费用波动原因，并结合业务特点和经营模式分析管理费用率、销售费用率与可比公司是否存在显著差异，如存在，应说明原因及合理性；对销售人员、管理人员的平均薪酬变动情况，与同行业可比公司是否存在显著差异，是否低于标的资产所在地职工平均工资进行核查；

（149）结合产品生产技术所处的阶段，披露标的资产报告期内研发费用的会计处理及合规性；对各报告期研发费用波动情况及原因，研发人员人数变化情况，研发人员薪资水平与同行业、同地区公司相比是否存在显著差异，研发费用确认是否真实、准确进行核查；

（150）如果很可能获得税收优惠批复，对按优惠税率预提预缴是否经税务部门同意进行核查，如果未来被追缴税款，对是否有相关交易对方承诺补偿进行核查；

（151）如果获得相关税收优惠批复的可能性较小，对是否按照谨慎性原则按正常税率预提进行核查；

（152）结合标的资产产品单位售价、单位成本、产品供需、客户等因素变化情况，分析标的资产主要产品毛利率发生波动的原因；

（153）对标的资产主要产品与可比公司相同或类似产品的毛利率及毛利率变化趋势存在差异的原因进行核查，并结合产品销售价格、产品用途、客户差异等判断标的资产主要产品毛利率是否正常；

（154）综合考虑行业特点、规模特征、销售模式等，并结合资产负债表和利润表相关数据勾稽关系，对标的资产经营活动现金进行全面分析；

（155）核查标的资产经营活动产生的现金流量及变动原因，判断标的资产流动性、偿债能力及风险；

（156）对于经营活动现金净流量持续为负或者远低于净利润的，应分析主要影响因素，并判断标的资产的持续经营能力；

（157）对报告期内股份变动是否适用《企业会计准则第11号——股份支付》规定进行核查；

（158）对股份支付相关权益工具公允价值的计量方法及结果是否合理，与同期可比公司估值是否存在重大差异及原因进行核查；

（159）对与股权所有权或收益权等相关的限制性条件是否真实、可行，服务期的判断是否准确，服务期各年/期确认的员工服务成本或费用是否准确进行核查；

（160）对相关会计处理是否符合企业会计准则相关规定进行核查；

（161）结合上市公司以前年度历次收购标的（如有）的后续整合管控情况、管理安排、相关标的资产经营情况、业绩承诺实现及相关承诺履行情况、商誉减值情况等，审慎核查并说明上市公司对以前年度收购是否已实现有效整合；

（162）对比上市公司现有业务与本次收购标的的差异情况，并结合上市公司近年来的收购原因（如有）、上市公司经营发展战略等，审慎核查并说明本次交易的目的及必要性，是否有利于增强上市公司的持续盈利能力；

（163）结合交易完成后上市公司对标的资产的整合管控措施及有效性，包括但不限于《公司章程》修改，董事会构成及各股东推荐董事及高管情况，对标的资产重大事项的经营决策机制、人员、财务、业务、资产、机构等方面的整合管控措施，审慎核查并说明相关整合管控措施的有效性，是否存在管控整合风险；

（164）结合交易完成后，上市公司的主营业务构成及未来年度发展战略等，核查本次交易是否对上市公司经营稳定性产生不利影响，上市公司为保证经营稳定性所采取措施的有效性；

（165）结合标的资产关联方认定、报告期内关联交易信息披露的完整性，核查并说明关联交易的必要性、合理性和公允性，是否已履行关联交易的决策程序；

（166）结合标的资产关联交易的必要性，关联交易占标的资产收入、成本费用或利润总额的比例等，核查并说明标的资产是否具备业务独立性，是否具备面向市场独立经营的能力，是否符合《重组办法》第四十三条的相关规定；

（167）如标的资产与控股股东、实际控制人之间关联交易对应的收入、成本费用或利润总额占标的资产相应指标的占比较高（如达到30%），应结合相关关联方的财务状况和经营情况、关联交易产生的收入、利润总额合理性等，核查并说明关联交易是否影响标的资产的经营独立性、是否构成对控股股东或实际控制人的依赖，标的资产是否具备独立面向市场经营的能力，是否存在通过关联交易调节标的资产收入利润或成本费用，是否存在利益输送的情形；

（168）核查并说明标的资产报告期内关联交易定价公允性的核查范围、核查过程、核查方法及其有效性，并对标的资产是否存在通过关联交易调节标的资产收入、利润或成本费用，是否存在利益输送的情形审慎发表明确核查意见；

（169）对交易完成后上市公司新增关联交易的必要性，关联交易的具体情况及未来变化趋势进行核查，核查并说明上市公司为保证关联交易价格公允拟采取的具体措施及有效性；

（170）结合交易完成后新增关联交易金额及占比情况等，对本次交易是否符合《重组办法》第四十三条的相关规定审慎发表核查意见；

（171）结合相关各方就解决现实的同业竞争作出的明确承诺和安排，核查并说明解决同业竞争的时间进度安排是否妥当、采取特定措施的理由是否充分，具体措施是否详尽、具有操作性，该等承诺和措施的后续执行是否仍存在重大不确定性，是否可能导致损害上市公司和中小股东的利益；

（172）核查并说明重组交易对方及其控股股东、实际控制人等是否已对避免潜在的同业竞争作出明确承诺，承诺内容是否明确可执行；

（173）结合交易完成后可能导致的现实或潜在同业竞争情况，核查并论证本次交易是否符合《重组办法》第四十三条的相关规定；

（174）结合公司现有货币资金、资产负债结构、现金流状况、上市公司及标的资产的现有经营规模及变动趋势、未来资金需求、可用融资渠道、前次募集资金使用效率等，核查并说明本次募集配套资金的原因及必要性；

（175）结合本次募投项目中预备费、铺底流动资金、支付工资/货款、不符合资本化条件的研发支出等情况，核查并说明本次发行补充流动资金及偿还债务的规模是否符合《监管规则适用指引——上市类第1号》1-1的规定；

（176）对本次募投项目涉及立项、土地、环保等有关审批、批准或备案情况，相关批复是否仍在有效期以内，尚需履行的程序及是否存在重大不确定性进行核查；对于特定行业，如金融、军工、重污染、危险化学品等，对是否还需取得相关有权部门的审批或核准，尚未取得的，相关审批的进展及预计取得时间进行核查；对是否存在难以获得相关审批或批准的风险进行核查；

（177）审慎核查并论证募投项目的具体投资构成明细、各项投资支出的必要性；对各明细项目所需资金的测算假设及主要计算过程，测算的合理性进行核查；对募集资金的预计使用进度进行核查；

（178）对本次募投项目与标的资产既有业务的区别和联系进行核查；结合行业发展情况、已有技术水平、客户储备情况、在手订单、本次募投项目相关产品的产能利用率情况、现有及本次拟新增产能情况等，审慎核查论证本次募投项目的必要性，现有技术及资源储备是否足以支撑募投项目顺利落地，是否有足够的市场空间消化新增产能；

（179）结合可研报告、内部决策文件或其他同类文件的内容，核查并论证募投项目效益预测的假设条件、计算基础及计算过程的合理性；若效益指标为内部收益率或投资回收期的，结合上市公司测算过程以及所使用的收益数据，论证并说明募投项目实施后预计对公司经营业绩的影响；

（180）核查本次交易评估作价或业绩承诺是否包含募投项目收益，如是，核查并测算募投项目未来预计收益及对业绩承诺的影响，并结合募投项目的收益占比、对本次交易作价的影响等，审慎对交易作价中包含募投项目收益安排是否有利于保护上市公司及中小股东利益发表明确意见；如否，核查并说明区分募投项目收益的具体措施及有效性。

附件2 需法律顾问核查并发表意见的内容

法律顾问应当按照《公司法》《证券法》《重组办法》《首发办法》相关规定，对下列事项进行审慎核查，并发表意见：

（1）交易方案是否符合《重组办法》《首发办法》等相关法律法规的规定；

（2）上市公司、标的资产转让方、置出资产承接方是否具有重组上市交易的主体资格；

（3）交易涉及的相关协议内容是否存在违反法律法规强制性规定的情形；

（4）交易是否已履行了现阶段必要的授权和批准程序，交易的实施是否存在实质性法律障碍。

根据证监会及交易所的相关规定，法律顾问一般需要对下列事项进行核查并发表意见：

（1）对本次交易已履行审批程序的完备性、尚需履行的审批程序是否存在障碍及对本次交易的影响进行核查；

（2）对发行价格调整机制的合规性，比如触发条件、是否设置双向调整机制、调价基准日是否明确具体可执行，发行价格调整可能产生的影响以及价格调整的合理性，是否有利于保护股东利益等进行核查，并对发行价格调整方案是否符合《证券期货法律适用意见第15号》的规定进行审慎核查并发表明确核查意见；

（3）对控股股东、实际控制人及其关联方本次取得股份的锁定期安排是否符合《重组办法》第四十六条的规定，以及控股股东、实际控制人及其关联方在本次交易前持有上市公司股份的锁定期安排是否符合《收购办法》第七十四条的规定进行核查，并发表明确核查意见；

（4）对交易方案调整是否构成重组方案重大调整，履行程序是否合规进行核查并发表明确核查意见；

（5）对本次交易发行对象是否与董事会首次决议后公告的预案或报告书中披露的发行对象保持一致进行核查，如否，对是否构成方案的重大调整，履行程序是否合规进行核查并发表明确核查意见；

（6）结合交易对方间接权益持有主体（如有）的运行时间、对外投资情况、该机构对本次重组交易的相关投资及相应收益占其资产和收益的比重、本次重组过程中变更其上层权益主体或调整份额（如涉及）是否符合商业惯例、新增的上层权益（如涉及）持有主体所对应的标的资产份额的锁定期等，审慎核查上层权益调整是否构成对本次重组方案的重大调整，相关审议程序是否符合《重组办法》《证券期货法律适用意见第15号》的规定；

（7）对信息披露是否符合《26号格式准则》第15节的相关要求进行核查，并对本次重组是否符合《注册办法》《重组办法》《重组审核规则》规定的重组上市条件逐条发表明确核查意见；

（8）核查标的资产主营业务、管理团队、董事、高级管理人员最近2年的变动情况，并对相关人员变动对标的资产生产经营的影响，是否导致标的资产主营业务、董事、高级管理人员发生重大不利变化发表明确意见；

（9）结合对公司章程、协议或其他安排以及标的资产股东大会（股东出席会议情况、表决过程、审议结果、董事提名和任命等）、董事会（重大决策的提议和表决过程等）、监事会及标的资产经营管理的实际运作情况的核查情况，对标的资产实际控制人认定的合规性及最近两年内实际控制人是否发生变更发表明确意见；

（10）核查并说明标的资产业务重组的合理性，资产的交付和过户情况，交易当事人的承诺情况，盈利预测或业绩对赌情况及实际实现情况，人员整合、公司治理运行情况，重组业务的最新发展状况，将相关重组认定为同一或非同一控制下重组，以及认定相关业务相同、类似或相关的理由和依据是否充分，标的资产主营业务是否发生重大变化，是否符合重组后运行期限等相关要求；

（11）核查上市公司控股股东、实际控制人、董事、监事、高级管理人员及交易对方是否根据《26号格式准则》第五十三条作出相关股份锁定承诺；

（12）对穿透计算的股东人数是否超过200人进行核查，如超过200人，应当按照《非上市公众公司监管指引第4号——股东人数超过200人的未上市股份有限公司申请行政许可有关问题的审核指引》的规定，核查标的资产是否依法设立并合法存续，股权是否清晰，经营是否规范以及公司治理与信息披露制度是否健全，是否存在未经批准擅自公开发行或变相公开发行股票的情况；

（13）如交易对方涉及合伙企业的，对各层合伙人取得相应权益的时间、出资方式、资金来源等信息进行核查；对合伙企业是否专为本次交易设立，是否以持有标的资产为目的，是否存在其他投资，以及合伙协议约定的存续期限进行核查；对本次重组交易对方中涉及的合伙企业的委托人或合伙人之间是否存在分级收益等结构化安排进行核查；

（14）如交易对方为本次交易专门设立的，对穿透到非为本次交易设立的主体持有交易对方份额锁定期安排是否合规进行核查；

（15）如交易对方涉及契约型私募基金的，对是否完成私募基金备案进行核查，如未完成，核查是否已作出明确说明；

（16）交易对方如涉及合伙企业、契约型私募基金、券商资管计划、信托计划、基金专户及基金子公司产品、理财产品、保险资管计划、专门为本次交易设立的公司等情况的，对该主体/产品存续期，存续期安排与其锁定期安排匹配性及合理性进行核查；

（17）核查交易对方穿透至各层股权/份额持有人的主体身份是否适格，是否符合证监会关于上市公司股东的相关要求；

（18）对标的资产自成立以来的股份变动情况及资金实缴到位情况进行核查，如发生增减资或股权转让的，核查并说明最近三年增减资及股权转让的原因和必要性、作价依据及其合理性，每次增减资或转让涉及的价款资金来源是否合法、支付是否到位；

（19）对最近三年股权变动相关各方的关联关系进行核查；

（20）标的资产存在出资不实或变更出资方式的，核查并说明相关股东是否已补足未到位资金或资产，是否已消除出资不到位的法律风险，对出资不实或未及时到位对交易完成后上市公司的影响是否已充分披露，相关股权转让及增减资是否已履行必要的审计、验资等程序及程序的有效性；

（21）结合相关内部决策文件和股权转让协议，核查并说明最近三年股权转让是否履行必要的审议和批准程序，是否符合相关法律法规及公司章程的规定，是否存在违反限制或禁止性规定而转让的情形；需要得到国有资产管理部门、集体资产管理部门、外商投资管理部门等有权部门的批准或者备案的，是否已依法履行相关程序，相关政府部门对产权的确认是否具备足够的法律效力，是否引致诉讼、仲裁或其他形式的纠纷；

（22）如标的资产属于有限责任公司的，核查并说明相关股权转让是否已取得其他股东的同意或符合公司章程规定的股权转让前置条件；

（23）对股权代持形成的原因、演变情况，被代持人是否真实出资，是否存在因被代持人身份不合法而不能直接持股的情况，是否影响相关股权转让决议及审批效力进行核查；对代持情况是否已全部披露，解除过程及解除代持关系是否彻底，被代持人退出时有无签署解除代持的文件进行核查；对股权代持是否存在经济纠纷或法律风险进行核查；

（24）结合对前述事项的核查情况，对标的资产的股权权属清晰性及本次交易是否符合《重组办法》第十一条和第四十三条的规定发表明确核查意见；

（25）对标的资产在新三板挂牌期间及摘牌程序的合法合规性，是否存在规范运作、信息披露及其他方面的违法违规情形，是否受到处罚及具体情况，本次重组方案中披露的主要财务数据等信息与挂牌期间披露信息是否存在差异及差异的具体情况进行核查；

（26）对标的资产、标的资产主要股东、董监高及其关联方等与主要供应商之间是否存在关联关系进行核查；

（27）对标的资产、标的资产主要股东、董监高及其关联方等与主要客户之间是否存在关联关系进行核查；

（28）对标的资产有重大影响的未决诉讼和仲裁事项的具体情况进行核查，并结合相关事项的进展情况，论证其对标的资产持续经营能力和持续盈利能力的影响并充分揭示相关风险；

（29）对涉诉事项对标的资产的重要性进行核查，若标的资产核心专利、商标、技术、主要产品涉诉的，应当审慎判断可能对标的资产持续经营能力或盈利能力产生的重大不利影响，并就本次交易是否符合《重组办法》第十一条和第四十三条的规定审慎发表核查意见；

（30）对标的资产生产经营中是否存在高危险、重污染的情况进行核查，如是，核查并披露涉及环境污染的具体环节、主要污染物名称及排放量、主要处理设施及处理能力等；对最近三年内环保投资和相关费用成本支出情况与标的资产生产经营所产生的污染是否相匹配，是否符合国家关于安全生产和环境保护的要求进行核查；

（31）核查并说明标的资产进行安全生产和污染治理制度及执行概况，环保设施实际运行情况；

（32）核查并说明标的资产是否存在涉及环保安全的重大事故或重大群体性的环保事件，如是，说明产生原因及经过等具体情况，并对是否收到过相关部门的处罚，后续整改措施及整改后是否符合环保法律法规的有关规定，本次交易是否符合《重组办法》第十一条的相关规定进行核查；

（33）对标的资产是否属于产能过剩行业或限制类、淘汰类行业进行核查，如涉及特殊政策允许投资相关行业的，应提供有权机关的核准或备案文件，以及有权机关对相关项目是否符合特殊政策的说明；

（34）核查并说明标的资产已建、在建或拟建项目是否属于“高耗能、高排放”项目，是否已履行节能审查和环评审批程序，是否符合国家产业规划、产业政策、“三线一单”、规划环评、产能置换、煤炭消费减量替代和污染物排放区域削减等要求，并充分披露标的资产能效水平和污染物排放水平，以及相关产业政策、环境政策变化可能引致的风险；

（35）对标的资产及其合并报表范围内各级子公司是否取得从事生产经营活动所必需的行政许可、备案、注册或者认证等，以及相关行政许可、备案、注册或者认证等的相关证书名称、核发机关、有效期进行核查；对已经取得的上述行政许可、备案、注册或者认证等是否存在被吊销、撤销、注销、撤回的重大法律风险或者存在到期无法延续的风险进行核查；如是，对是否会对标的资产持续经营造成重大不利影响进行核查；

（36）结合标的资产从事业务的具体范围及相关业务资质取得情况，核查标的资产是否存在超出经营许可或备案经营范围的情形，或超期限经营情况，如是，应当就相关事项是否导致本次交易不符合《重组办法》的第十一条规定审慎发表意见；

（37）如标的资产未取得生产经营相关资质的，核查并说明标的资产办理相关资质的进展情况、预计办毕期限、是否存在法律障碍及逾期未办毕的影响；

（38）对业绩承诺安排是否符合《重组办法》第三十五条、《监管规则适用指引——上市类第 1 号》1 –2 的相关规定进行核查，并结合业绩补偿安排的触发条件、本次评估方法选取的合理性、标的资产报告期内的经营业绩、行业特点及发展趋势、行业竞争格局、同行业主要竞争对手、近期可比收购案例业绩承诺情况等，对本次交易业绩承诺的可实现性，是否存在规避业绩补偿情形，相关业绩承诺安排是否有利于保护上市公司和中小股东利益发表核查意见；对业绩补偿义务人是否已出具承诺并保证业绩补偿的足额按时履约，相关承诺是否符合《监管规则适用指引——上市类第 1 号》1 –2 的规定进行核查；

（39）结合业绩奖励总额上限、业绩奖励对象及确定方式等，核查本次交易相关奖励安排是否符合《监管规则适用指引——上市类第 1 号》1 –2的规定，是否有利于保护上市公司和中小股东利益；

（40）对标的资产是否存在关联方非经营性资金占用进行核查，如是，说明时间、金额、原因、用途、履行的决策程序、清理进展、解决方式，核查是否存在向股东分红进行抵消的方式解决（如是，分红款是否需缴纳个税），是否已采取有效整改措施，是否构成内控制度有效性的重大不利影响，是否构成重大违法违规，本次交易是否符合《〈上市公司重大资产重组管理办法〉第三条有关拟购买资产存在资金占用问题的适用意见——证券期货法律适用意见第10号》的相关规定；

（41）对经销商选取标准、日常管理、定价机制（包括营销、运输费用承担及补贴等）、物流（是否直接发货给终端客户）、退换货机制、销售存货信息系统等方面的内控是否健全并有效执行，经销商是否与标的资产存在关联关系，对经销商的信用政策是否合理进行核查；

（42）对外销客户的基本情况，如前五名客户的销售内容、销售金额及占比、成立时间、行业地位、资质情况、订单获取方式和销售金额及占比，是否为标的资产关联方进行核查。如境外客户为经销商的，对主要最终客户的情况进行核查；

（43）对劳务公司的经营是否合法合规，是否专门或主要为标的资产服务，与标的资产是否存在关联关系进行核查；

（44）结合标的资产关联方认定、报告期内关联交易信息披露的完整性，核查并说明关联交易的必要性、合理性和公允性，是否已履行关联交易的决策程序；

（45）结合标的资产关联交易的必要性，关联交易占标的资产收入、成本费用或利润总额的比例等，核查并说明标的资产是否具备业务独立性，是否具备面向市场独立经营的能力，是否符合《重组办法》第四十三条的相关规定；

（46）如标的资产与控股股东、实际控制人之间关联交易对应的收入、成本费用或利润总额占标的资产相应指标的占比较高（如达到30%），应结合相关关联方的财务状况和经营情况、关联交易产生的收入、利润总额合理性等，核查并说明关联交易是否影响标的资产的经营独立性、是否构成对控股股东或实际控制人的依赖，标的资产是否具备独立面向市场经营的能力，是否存在通过关联交易调节标的资产收入利润或成本费用，是否存在利益输送的情形；

（47）核查并说明标的资产报告期内关联交易定价公允性的核查范围、核查过程、核查方法及其有效性，并对标的资产是否存在通过关联交易调节标的资产收入、利润或成本费用，是否存在利益输送的情形审慎发表明确核查意见；

（48）对交易完成后上市公司新增关联交易的必要性，关联交易的具体情况及未来变化趋势进行核查，核查并说明上市公司为保证关联交易价格公允拟采取的具体措施及有效性；

（49）结合交易完成后新增关联交易金额及占比情况等，对本次交易是否符合《重组办法》第四十三条的相关规定审慎发表核查意见；

（50）结合相关各方就解决现实的同业竞争作出的明确承诺和安排，核查并说明解决同业竞争的时间进度安排是否妥当、采取特定措施的理由是否充分，具体措施是否详尽、具有操作性，该等承诺和措施的后续执行是否仍存在重大不确定性，是否可能导致损害上市公司和中小股东的利益；

（51）核查并说明重组交易对方及其控股股东、实际控制人等是否已对避免潜在的同业竞争作出明确承诺，承诺内容是否明确可执行；

（52）结合交易完成后可能导致的现实或潜在同业竞争情况，核查并论证本次交易是否符合《重组办法》第四十三条的相关规定；

（53）结合本次募投项目中预备费、铺底流动资金、支付工资/货款、不符合资本化条件的研发支出等情况，核查并说明本次发行补充流动资金及偿还债务的规模是否符合《监管规则适用指引——上市类第1号》1－1的规定；

（54）对本次募投项目涉及立项、土地、环保等有关审批、批准或备案情况，相关批复是否仍在有效期以内，尚需履行的程序及是否存在重大不确定性进行核查；对于特定行业，如金融、军工、重污染、危险化学品等，对是否还需取得相关有权部门的审批或核准，尚未取得的，相关审批的进展及预计取得时间进行核查；对是否存在难以获得相关审批或批准的风险进行核查。

附件3 需审计机构核查并发表意见的内容

（1）对标的资产与主要供应商报告期内各期采购内容、采购金额的准确性，采购定价的公允性，是否与主要供应商存在关联关系，重组报告书披露内容是否准确、完整进行核查；

（2）对标的资产与主要客户报告期内各期销售内容、销售金额的准确性，销售定价的公允性，是否与主要客户存在关联关系，重组报告书披露内容是否准确、完整进行核查；

（3）如败诉涉及赔偿的，对相关责任的承担主体、相关会计处理、或有负债计提是否充分、超过预计损失部分的补偿安排进行核查；

（4）核查合并报表范围变化的原因，标的资产提供的与控制权实际归属认定相关的事实证据和依据是否充分、合理，新纳入或剔除合并范围的业务或资产是否能被标的资产控制或不予控制，对特殊控制权归属认定事项如委托持股、代持股份的真实性、证据充分性、依据合规性等予以审慎判断、妥善处理和重点关注；

（5）如在报告期内进行合并的，对同一控制下企业合并形成的追溯前期利润是否计入非经常性损益进行核查；

（6）对合并报表编制是否符合企业会计准则相关规定进行核查；

（7）本次交易构成重组上市的，对对于主营业务是否发生变更的判断是否符合《〈首次公开发行股票并上市管理办法〉第十二条标的资产最近3年内主营业务没有发生重大变化的适用意见——证券期货法律适用意见第3号》的规定进行核查；

（8）核查资产剥离的原因，是否涉及资产、负债、成本、费用等的重新分配，如是，核查并说明相关资产、负债、收入和利润的重新分配原则及合理性；

（9）核查被剥离资产的主要财务数据及占剥离前标的资产相应财务指

标的比例的准确性；剥离后资产是否完整，是否存在对被剥离资产的业务、技术和盈利重大依赖的情形，剥离事项是否会对标的资产未来年度持续经营能力产生影响，本次交易是否符合《重组办法》第十一条和四十三条的规定；

（10）对主要应收账款客户信用或财务状况是否出现大幅恶化进行核查，如是，核查具体情况以及坏账准备计提是否充分；

（11）对是否存在逾期一年以上的应收账款进行核查，如是，核查具体情况以及坏账准备是否计提充分；

（12）对主要客户的信用政策及信用期是否存在重大变化进行核查，如是，应核查具体情况；

（13）对是否存在对某些单项或某些组合应收款项不计提坏账准备的情形进行核查，如是，对未计提的依据和原因是否充分进行核查；

（14）对是否存在以欠款方为关联方客户、优质客户、政府工程客户等理由而不计提坏账准备的情形进行核查；

（15）对应收账款坏账准备计提政策是否与同行业可比公司存在重大差异及原因进行核查；

（16）对是否存在在收入确认时对应收账款进行初始确认后又将该应收账款转为商业承兑汇票结算的情形进行核查，如是，对是否按照账龄连续计算的原则对应收票据计提坏账准备进行核查；

（17）对应收账款保理业务形成的原因，附追索权的金额和占比情况，是否按原有账龄计提坏账准备进行核查；

（18）对是否存在已背书或贴现且未到期的应收票据进行核查，如是，核查终止确认和未终止确认的余额、期后兑付情况，是否出现已背书或贴现应收票据期后不能兑付或被追偿的情形；核查相关应收票据是否符合金融资产终止确认条件，相关会计处理是否符合企业会计准则相关规定；

（19）对存货余额或类别变动的原因、是否存在异常的情形、跌价准备计提是否充分进行核查；结合标的资产的行业竞争环境、技术水平、采购模式、收入结构、主要产品的生产周期、在手订单情况、预计交货时间等，核查存货账面余额及存货构成的合理性、存货周转率的合理性，与对应业务收入、成本之间变动的匹配性；

（20）结合原材料及产品特性、生产需求、存货库龄，确认存货计价准确性，核查是否存在大量积压或滞销情况，分析存货跌价准备计提方法是否合理、计提金额是否充分；

（21）对报告期存货实施的监盘程序、监盘范围、监盘比例及监盘结果进行核查；

（22）对其他应收款的构成、形成原因及相关协议内容，包括但不限于往来明细、资金来源、款项用途、利息收益、还款安排等，是否已履行必要审批程序进行核查；

（23）结合账龄及欠款方信用状况，核查是否存在可收回风险、减值风险，是否足额计提坏账准备；

（24）对标的资产是否存在关联方非经营性资金占用进行核查，如是，说明时间、金额、原因、用途、履行的决策程序、清理进展、解决方式，核查是否存在向股东分红进行抵消的方式解决（如是，分红款是否需缴纳个税），是否已采取有效整改措施，是否构成内控制度有效性的重大不利影响，是否构成重大违法违规，本次交易是否符合《〈上市公司重大资产重组管理办法〉第三条有关拟购买资产存在资金占用问题的适用意见——证券期货法律适用意见第10号》的相关规定；

（25）通过询问、观察、监盘等方式，核查固定资产的使用状况，了解是否存在长期未使用的固定资产；

（26）结合经营模式核查机器设备原值与产能、业务量或经营规模的匹配性，与同行业可比公司进行对比并说明合理性；

（27）对重要固定资产折旧政策与同行业可比公司相比是否合理进行核查；

（28）对固定资产可收回金额确定方法是否恰当，减值测试方法、关键假设及参数是否合理，资产减值相关会计处理是否谨慎，信息披露是否充分进行核查；

（29）对研发支出的成本费用归集范围是否恰当，研发支出的发生是否真实，是否与相关研发活动切实相关进行核查；

（30）对研究阶段和开发阶段的划分是否合理，是否与研发活动的流程相联系，是否遵循正常研发活动的周期及行业惯例并一贯运用，研究阶段与开发阶段划分的依据是否完整、准确披露进行核查；

（31）对研发支出资本化的条件是否均已满足，是否具有内外部证据支持进行核查；重点从技术上的可行性，预期产生经济利益的方式，技术、财务资源和其他资源的支持等方面进行关注；

（32）对研发支出资本化的会计处理与可比公司是否存在重大差异进行核查；

（33）对标的资产确认的无形资产是否符合会计准则规定的确认条件和计量要求进行核查；

（34）对是否存在虚构无形资产情形，是否存在估值风险和减值风险进行核查；

（35）对商誉形成过程、与商誉有关的资产或资产组的具体划分和认定、商誉增减变动情况进行核查；

（36）对商誉会计处理是否准确，相关评估是否可靠，备考财务报表中商誉的确认依据是否准确，是否已充分确认标的资产可辨认无形资产并确认其公允价值进行核查；

（37）对减值测试依据、相关评估的公允性和合规性（如有）、减值测试的主要方法和重要参数选择是否合规、合理，减值测试是否符合《会计监管风险提示第 8 号——商誉减值》的要求进行核查，如标的资产为 SPV，且在前次过桥交易中已确认大额商誉的，核查标的资产是否对前次交易形成的商誉进行减值测试，减值准备计提是否充分；

（38）核查商誉减值对上市公司主要财务指标（包括但不限于总资产、净资产、净利润等）影响的披露是否准确，商誉减值风险的提示是否充分；

（39）对标的资产收入成本确认原则是否准确、有针对性，是否仅简单重述企业会计准则，披露的相关收入确认政策是否符合标的资产实际经营情况，与主要销售合同条款及实际执行情况是否一致，是否符合企业会计准则相关规定，与同行业公司是否存在显著差异，相关原因、合理性及对标的资产收入的具体影响进行核查；

（40）对备考财务报表编制原则，相关会计处理是否符合企业会计准则的规定进行核查；

（41）对标的资产收入真实性、完整性的具体核查方法、过程、比例和结论，如函证、实地走访、细节测试的比例和具体结果进行核查；

（42）对标的资产商业模式是否激进，是否存在较大的持续经营风险进行核查；

（43）对报告期内标的资产收入波动的原因，是否与行业政策变动相符，是否与下游客户的需求匹配，是否与同行业可比公司收入变动趋势、比例存在较大差异进行核查；

（44）结合标的资产在手订单、行业政策、同行业可比公司未来业绩预测、下游客户景气度等，分析标的资产未来收入快速增长的可持续性及对标的资产未来年度盈利能力稳定性的影响，是否符合《重组办法》第四十三条的规定；

（45）分析季节性因素对各季度经营成果的影响，参照同行业可比公司的情况，分析收入变动及其与成本、费用等财务数据之间的配比关系是否合理，与标的资产所处行业、业务模式、客户需求是否匹配；

（46）结合标的资产重要销售合同、客户，分析第四季度或 12 月销售收入占当期营业收入比例是否较高，如是，应进一步分析；

（47）对是否存在重要销售合同收入确认周期明显短于标的资产、可比公司通常收入确认周期的情形，是否存在对个别客户销售金额大幅增长的情形，是否存在不满足收入确认条件但提前确认收入的情形进行核查；

（48）对标的资产收入实现的真实性，经销商具体业务模式及采取经销商模式的必要性，经销商模式下收入确认是否符合企业会计准则的规定进行核查；

（49）对经销商选取标准、日常管理、定价机制（包括营销、运输费用承担及补贴等）、物流（是否直接发货给终端客户）、退换货机制、销售存货信息系统等方面的内控是否健全并有效执行，经销商是否与标的资产存在关联关系，对经销商的信用政策是否合理进行核查；

（50）对标的资产经销商销售模式、占比等情况与同行业上市公司是否存在显著差异及原因进行核查；

（51）对经销商模式下的收入确认原则、费用承担原则及给经销商的补贴或返利情况、经销商的主体资格及资信能力进行核查，核查关联关系，并结合经销商模式检查与标的资产的交易记录及银行流水记录、经销商存货进销存与退换货情况；

（52）对经销商业务的核查方式、核查标准、核查比例、核查证据等应足以支持核查结论；对经销模式下收入真实性发表明确意见；

（53）对标的资产主要经销商（如前五名）的基本情况、变动情况及原因进行核查；

（54）对外销客户的基本情况，如前五名客户的销售内容、销售金额及占比、成立时间、行业地位、资质情况、订单获取方式和销售金额及占比，是否为标的资产关联方进行核查。如境外客户为经销商的，对主要最终客户的情况进行核查；

（55）对标的资产海关出口数据、出口退税金额、境外客户应收账款函证情况与标的资产境外销售收入是否匹配进行核查；

（56）核查境外销售所采取的具体核查措施、比例和结果，确保核查比例足以支持核查结论；

（57）对标的资产外销产品销售价格、毛利率是否明显高于内销相同或同类产品进行核查，如是，对是否具有合理性和商业逻辑进行核查；

（58）对标的资产境外销售的主要地区与标的资产出口产品相关的贸易政策是否发生重大不利变化进行核查，如发生，核查其对标的资产未来业绩是否会造成重大不利影响；

（59）对标的资产出口主要结算货币的汇率报告期内是否稳定，汇兑损益对标的资产的业绩影响是否较大，标的资产是否采取了应对外汇波动风险的具体措施进行核查；

（60）对标的资产境外销售模式和占比与同行业可比公司是否存在显著差异，是否符合行业特征进行核查；

（61）对标的资产关于贸易政策、汇率影响的风险提示是否充分进行核查；

（62）如因核查范围受限、历史数据丢失、信息系统缺陷、涉及商业秘密等原因，导致无法获取全部或部分运营数据，无法进行充分核查的，独立财务顾问、会计师应当考虑该等情况是否存在异常，并就信息系统可靠性审慎发表核查意见，对该等事项是否构成本次重组的实质性障碍发表明确意见；

（63）对退换货所涉及的具体事项、金额、占当期营业收入比例、会计处理方法等进行核查；查阅销售合同、销售部门对销售退回的处理意见等资料，核查是否存在大额异常的销售退回，判断销售退回的真实性；

（64）对现金交易的必要性与合理性，是否与标的资产业务情况或行业惯例相符，与同行业或类似公司的比较情况进行核查；对现金交易的客户或供应商的情况，是否为标的资产的关联方进行核查；对相关收入确认及成本核算的原则与依据，是否存在体外循环或虚构业务情形进行核查；对与现金交易相关的内部控制制度的完备性、合理性与执行有效性进行核查；

（65）对第三方回款的原因、必要性及商业合理性进行核查；

（66）对标的资产及其实际控制人、董监高或其他关联方与第三方回款的支付方是否存在关联关系或其他利益安排进行核查；如境外销售涉及境外第三方的，对其代付行为的商业合理性或合法合规性进行核查；

（67）对报告期内是否存在因第三方回款导致的货款归属纠纷进行核查；如签订合同时已明确约定由其他第三方代购买方付款的，对该交易安排是否具有合理原因进行核查；

（68）对第三方回款形成收入占营业收入的比例进行核查；对资金流、

实物流与合同约定及商业实质是否一致进行核查；对第三方回款所对应营业收入是否真实、是否存在虚构交易或调节账龄情形进行核查；

（69）结合主要产品的产量、原材料价格变化情况，核查标的资产主要产品单位成本构成；

（70）根据成本构成因素分析，并结合市场和同行业企业情况，判断单位成本波动是否具有合理性；

（71）对劳务外包金额较大的原因、是否符合行业经营特点进行核查；

（72）对报告期各期劳务外包金额及占当期营业成本比例、劳务外包人数及占当期标的资产员工人数比例进行核查；

（73）对劳务公司是否存在较大变动，劳务费用定价是否公允，是否存在跨期核算情形，劳务数量及费用变动是否与标的资产经营业绩相匹配进行核查；

（74）结合销售模式、管理人员或销售人员数量等，分析各期间费用波动原因，并结合业务特点和经营模式分析管理费用率、销售费用率与可比公司是否存在显著差异，如存在，应说明原因及合理性；对销售人员、管理人员的平均薪酬变动情况，与同行业可比公司是否存在显著差异，是否低于标的资产所在地职工平均工资进行核查；

（75）结合产品生产技术所处的阶段，披露标的资产报告期内研发费用的会计处理及合规性；对各报告期研发费用波动情况及原因，研发人员人数变化情况，研发人员薪资水平与同行业、同地区公司相比是否存在显著差异，研发费用确认是否真实、准确进行核查；

（76）结合标的资产产品单位售价、单位成本、产品供需、客户等因素变化情况，分析标的资产主要产品毛利率发生波动的原因；

（77）对标的资产主要产品与可比公司相同或类似产品的毛利率及毛利率变化趋势存在差异的原因进行核查，并结合产品销售价格、产品用途、客户差异等判断标的资产主要产品毛利率是否正常；

（78）综合考虑行业特点、规模特征、销售模式等，并结合资产负债表和利润表相关数据勾稽关系，对标的资产经营活动现金进行全面分析；

（79）核查标的资产经营活动产生的现金流量及变动原因，判断标的资产资产流动性、偿债能力及风险；

（80）对于经营活动现金净流量持续为负或者远低于净利润的，应分析主要影响因素，并判断标的资产的持续经营能力；

（81）对报告期内股份变动是否适用《企业会计准则第 11 号——股份支付》规定进行核查；

（82）对股份支付相关权益工具公允价值的计量方法及结果是否合理，与同期可比公司估值是否存在重大差异及原因进行核查；

（83）对与股权所有权或收益权等相关的限制性条件是否真实、可行，服务期的判断是否准确，服务期各年/期确认的员工服务成本或费用是否准确进行核查；

（84）对相关会计处理是否符合企业会计准则相关规定进行核查。

附件4　需评估机构核查并发表意见的内容

（1）核查并说明标的资产与上市公司现有业务是否存在可显著量化的协同效应，如是，核查并说明对未来上市公司业绩的影响，交易定价是否考虑上述协同效应，本次交易定价的合理性；

（2）结合交易标的盈利能力、市盈率、作价依据等因素，核查并说明标的资产在挂牌期间股价与本次交易作价是否存在较大差异；

（3）核查并说明销售单价预测的合理性：结合标的资产主要核心产品所处生命周期、可替代性、市场竞争程度、报告期内售价水平、可比产品售价水平等，核查并说明预测期各期销售单价变动的合理性；

（4）核查并说明销售数量预测的合理性：结合标的资产主要产品或所处行业未来年度市场容量发展情况、标的资产所处的行业地位、现有客户关系维护及未来年度需求增长情况、新客户拓展、现有合同签订情况等，核查并说明预测期内各期销售数量的合理性及可实现性；结合标的资产的现有产能和产能利用率、未来年度产能扩张计划等，核查并说明预测期内销售数量与产能水平的匹配性；

（5）核查并说明营业成本预测的合理性：结合报告期内原材料的采购来源、原材料价格波动情况、市场供需情况、与原材料主要供应商的关系稳定性等，核查并说明预测期内营业成本预测的合理性；

（6）核查并说明毛利率预测的合理性：结合标的资产各主要产品报告期内毛利率水平、标的资产的核心竞争优势、原材料成本的预测情况、可比公司可比产品的毛利率情况，市场竞争程度、产品的可替代性、行业进入壁垒情况等，核查并说明预测期内毛利率水平预测依据及合理性；

（7）核查并说明期间费用预测的合理性：结合销售费用率与管理费用率水平、构成情况及其与报告期内的差异情况等，核查并说明销售费用及管理费用中的重要构成项目的预测依据是否充分、合理，是否与预测期内业务增长情况相匹配；

（8）核查并说明营运资金增加额预测的合理性：核查并说明营运资金增加额的计算过程，是否与标的资产未来年度的业务发展情况相匹配；

（9）核查并说明资本性支出预测的合理性：结合标的资产现有主要设备的成新率情况、未来厂房及产能扩建及更新计划等，核查并说明预测期内资本性支出预测的合理性；

（10）核查并说明折现率预测的合理性：结合折现率计算过程中主要参数的取值依据及合理性，核查并说明相关参数是否反应了标的资产所处行业的特定风险及自身财务风险水平，折现率取值是否合理；

（11）核查并说明预测期期限的合理性：结合详细预测期期限及预测期内各年经营业绩增速情况等，核查并说明是否存在为提高估值水平而刻意延长详细评估期间的情况，如存在详细评估期限较长的，核查并说明详细评估期较长的原因及合理性，是否符合谨慎性原则；

（12）核查并说明本次交易中市场法具体评估模型、价值比率的取值依据是否合理；

（13）核查并说明可比对象或可比案例的选取原则、调整因素和流动性折扣的取值依据及合理性，重点核查是否存在刻意只挑选有利可比公司，回避真正可比公司进行比较的情况；

（14）对本次交易以资产基础法为评估定价依据的原因及合理性，是否存在规避业绩承诺补偿的情形进行核查；

（15）核查标的资产各项目的账面价值与本次评估值情况，评估增值率情况，各资产评估值与账面值差异的原因及合理性，重点核查评估增值类科目的评估过程，主要评估参数的取值依据及合理性；

（16）结合标的资产最近三年内股权转让或增资的原因和交易背景，转让或增资价格，对应的标的资产作价情况，核查并说明本次交易中评估作价与历次股权转让或增资价格的差异原因及合理性；

（17）结合本次交易市盈率、市净率、评估增值率情况，并对比可比交易情况，核查本次交易评估作价的合理性；

（18）如采用收益法和资产基础法进行评估的，核查是否存在收益法评估结果低于资产基础法的情形，如是，核查标的资产是否存在经营性减值，相关减值资产的减值计提情况及会计处理合规性。